大入り袋！
この父・このテキ・この鞍上・この馬主 2023
SIRE / TRAINER / JOCKEY / OWNER

A-10解析班 著

ごま書房新社

はじめに

　例年お買い求めくださっている皆さま。そして、今回はじめて本書をお手に取っていただいた皆さま。誠にありがとうございます。おかげさまで、このように『この父 このテキ この鞍上 この馬主』シリーズの最新版となる2023年度版をお届けすることができました。

　さて、競馬で1年前のこととなると、はるか昔のように感じるものではありますが、2022年の頭から話題になったことがありました。それは、前年末のホープフルS以来、重賞で1番人気が負け続けたことです。

　ようやくストップしたのは2月20日の小倉大賞典。アリーヴォが勝って、不名誉な重賞1番人気の連敗記録を19で止めました。

　では、その後の重賞1番人気はどうだったのでしょうか。実は、連敗ストップ後も低空飛行が続き、最終的に129戦26勝、勝率20.2％、単勝回収値57という成績（平地重賞のみ。以下同）に終わりました。

　年初の19連敗以外にも、4月17日のアンタレスSから5月8日のNHKマイルCにかけて10連敗、6月19日のマーメイドSから8月7日のレパードSにかけて15連敗、11月5日のファンタジーSから11月26日の京都2歳Sにかけて11連敗と、平地重賞の1番人気は都合4回も10連敗以上を喫しています。

　不調の理由はいったい何だったのでしょう。22年になると、競馬場への入場制限が徐々に解除され、ファンの歓声が戻ってきました。これが影響しているという分析を何かで読んだことがあります（媒体は忘れました。すみません）。つまり、無観客競馬で結果を出して人気を背負うようになった馬が、有観客競馬では実力を発揮できずに敗退している、という構図です。

　確かにそういう一面もありそうです。ただし、サラブレッドの気持ちを知る術がない以上、仮に事実だとしても検証のしようがありません。そうかもしれないし、そうではないかもしれない。それ以上のことは言えません。

　我々A-10解析班は、あくまでデータに根拠を求めたいと思います。

　過去5年（18〜22年）重賞1番人気は「18年：131戦47勝、勝率35.9％」「19年：129戦43勝、勝率33.3％」「20年：129戦42勝、勝率32.6％」「21年：129戦32勝、勝率24.8％」「22年：129戦26勝、勝率20.2％」と推移しています。

　また、この5年の通算成績は647戦190勝、勝率29.4％となります。さらに5

年を遡って過去10年（13〜22年）で計算すると1279戦372勝、勝率29.1％です。

　あるいは、コロナ禍の影響がなかった直近５年（15〜19年）だと642戦200勝、勝率31.2％。同10年（10〜19年）では1263戦380勝、勝率30.1％となります。

　つまり、１年単位ではブレがあっても、５〜10年の期間があれば重賞１番人気は勝率30％前後に収束するもの、と考えていいのではないでしょうか。

　これを踏まえて前述した年別の数字を改めて確認すると、18〜20年の重賞１番人気はちょっと勝ちすぎでしょう。そのため本来の数字（勝率30％前後）に戻ろうとする力が働き、21年や22年の不調は当然予想できた、という見方もできます。

　いろいろと述べてきましたが、言いたいことはふたつあります。

　ひとつは、人間はすぐに忘れてしまうということです。重賞１番人気の年間勝率20.2％はけっこうなインパクトのある数字です。でも、１年のはじめにはあれだけ話題になった重賞１番人気というテーマそのものが、１年の終わりになると忘れ去られ、特に注目されることもありませんでした。

　もうひとつは、人間は理由を欲しがるものだということです。ある現象が起こって、その理由がわからないのはなんだか居心地が悪い。だから、もっともらしい説明が出てくるとすっかり納得してしまう。

　次から次へと新しい情報が現れては消えていく現代社会。とても全部は覚えきれません。少し前のことを忘れてしまうのも無理はないでしょう。また、もはや１年先、半年先の未来さえ見通せない時代です。つかの間の安心を求めて真偽不明の情報に飛びついたとしても、あまり責められない気もします。

　ただ、ギャンブルにおいて、そうした姿勢では勝てないと言わざるをえません。ことに競馬は昔から記憶のスポーツと言います。すべての事柄を覚えるのは難しくても、過去の出来事が蓄積されたデータを参考にすることは可能です。

　本書では「コース別で狙うべき種牡馬、厩舎、騎手」「競馬場別で狙うべき馬主」を紹介していきます。レース数が多く、集計期間内に統計が収束しやすいコースでは長期的に安定したデータを。レース数が少なく、偏りが生まれやすいコースでは、いま波に乗っているデータを。従来通りの一貫した方針のもと、当解析班の誇る精鋭たちが"勝てるデータ"を厳選しました。

　また１年、本書とともに競馬を楽しんでくださることを、切に願っております。

2023年１月
A−10解析班

東京競馬場

芝1400m ……………… 008
芝1600m ……………… 012
芝1800m ……………… 016
芝2000m ……………… 020
芝2400m ……………… 024
ダ1300m ……………… 026
ダ1400m ……………… 028
ダ1600m ……………… 032
ダ2100m ……………… 036
馬主 …………………… 038

中山競馬場

芝1200m ……………… 040
芝1600m ……………… 044
芝1800m ……………… 048
芝2000m ……………… 052
芝2200m ……………… 056
芝2500m ……………… 058
ダ1200m ……………… 060
ダ1800m ……………… 064
馬主 …………………… 068

阪神競馬場

芝1200m ……………… 070
芝1400m ……………… 074
芝1600m ……………… 078
芝1800m ……………… 082
芝2000m ……………… 086
芝2200m ……………… 090
芝2400m ……………… 092
ダ1200m ……………… 094
ダ1400m ……………… 098
ダ1800m ……………… 102
ダ2000m ……………… 106
馬主 …………………… 108

中京競馬場

芝1200m ……………… 110
芝1400m ……………… 114
芝1600m ……………… 118
芝2000m ……………… 122
芝2200m ……………… 126
ダ1200m ……………… 128
ダ1400m ……………… 130
ダ1800m ……………… 134
ダ1900m ……………… 138
馬主 …………………… 140

新潟競馬場

芝1000m ……………………… 142
芝1200m ……………………… 144
芝1400m ……………………… 146
芝1600m ……………………… 148
芝1800m ……………………… 150
芝2000m（内） ……………… 152
芝2000m（外） ……………… 154
芝2200m ……………………… 156
芝2400m ……………………… 158
ダ1200m ……………………… 160
ダ1800m ……………………… 164
馬主 …………………………… 168

福島競馬場

芝1200m ……………………… 170
芝1800m ……………………… 172
芝2000m ……………………… 174
芝2600m ……………………… 176
ダ1150m ……………………… 178
ダ1700m ……………………… 180
馬主 …………………………… 184

小倉競馬場

芝1200m ……………………… 186
芝1800m ……………………… 190
芝2000m ……………………… 192
芝2600m ……………………… 194
ダ1000m ……………………… 196
ダ1700m ……………………… 198
馬主 …………………………… 202

札幌競馬場

芝1200m ……………………… 204
芝1500m ……………………… 206
芝1800m ……………………… 208
芝2000m ……………………… 210
芝2600m ……………………… 212
ダ1000m ……………………… 214
ダ1700m ……………………… 216
馬主 …………………………… 220

函館競馬場

芝1200m ……………………… 222
芝1800m ……………………… 226
芝2000m ……………………… 228
芝2600m ……………………… 230
ダ1000m ……………………… 232
ダ1700m ……………………… 234
馬主 …………………………… 238

京都競馬場

現在、整備工事が行なわれており、2023年3月まで開催は休止になります。

本書の見方

▶本書では、施行回数の多いJRA競馬場の主要コース、および馬券につながるデータが確認できた計73コースについて取り上げています。

▶本書で扱っているデータは、20年1月5日〜22年12月28日に中央競馬で行なわれた平地競走の結果をもとにしています。施行重賞は22年12月発表時点のものです。馬主データの表内「オープン特別」にはリステッド競走も含まれます。

▶馬主に関するデータは各競馬場の最後にまとめました。基本的な見方は各コースのページと同じです。

▶降着（昇着）があったケースは確定着順で集計し、落馬や失格などで着順が記録されなかったケースについては除きました。

▶本文中の【4　3　1　0】という表記は、左から1着が4回、2着が3回、3着が1回、4着以下が0回ということを表します。

▶本文中および表中の表記で、勝率は1着率、連対率は2着以内率、複勝率は3着以内率のことを指します。なお、複勝率には複勝馬券が発売されていない7頭立て以下のレースで3着だった際の結果も含まれます。

▶本文中で「牡馬」と表記がある場合は、特に断りがない限りセン馬の成績も含みます。

▶同一種牡馬でも、内国産の産駒（例：父ヘニーヒューズ）と、外国産の産駒（例：父Henny Hughes）は、集計を別にしています。

▶回収値とは対象になるレースで該当馬すべての単勝、あるいは複勝を買い続けた場合の100円あたりの払戻額です。例えば東京芝2400mのディープインパクトの単勝回収値は148。これはデータ集計期間内に東京芝2400mに出走したディープインパクト産駒の単勝をすべて100円ずつ購入すると平均148円の払い戻しが受けられたということです。

006

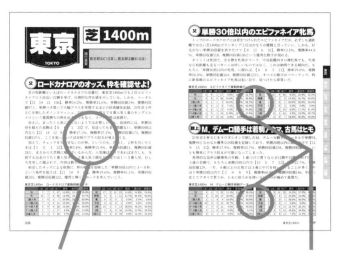

馬券作戦に必ず役立つ、狙い目の種牡馬、騎手、厩舎、馬主の特徴を詳しく解説。これを完璧にマスターすることが勝利への近道。

取り上げた種牡馬、騎手、厩舎、馬主に関する詳細なデータを掲載。ここをチェックして万馬券を狙い撃て！

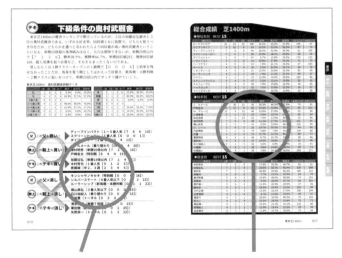

本文で解説した項目以外に、当該コースで特徴的な成績を残している種牡馬、騎手、厩舎、馬主を掲載しています（馬主は競馬場ごと）。各コースの総合成績と併せて活用してください。なお、「買い！」は「トータル成績が優秀な父、鞍上、テキ、馬主のなかでも特に買うべき条件」を、「消し！」は「トータル成績が振るわず、そのなかでも特に買えない条件」をそれぞれ掲載しています。

データ集計期間内における、当該コースの種牡馬、騎手、厩舎別の総合成績を着度数順に掲載しました（馬主の総合成績は競馬場ごと）。各項目の大まかな成績をここで判断します。なお、種牡馬、騎手、厩舎、馬主は当該コース（馬主は競馬場）上位から順に掲載しています。

本書の見方　　007

施行重賞
京王杯SC（GⅡ）、京王杯2歳S（GⅡ）

父 ロードカナロアのオッズ、枠を確認せよ!

　芝の短距離といえばロードカナロアの出番だ。東京芝1400mでも2位エピファネイアの3倍近い22勝を挙げ、圧倒的な存在感を示している。しかも、トータルで【22 14 13 106】、勝率14.2%、複勝率31.6%、単勝回収値144、複勝回収値97と、単勝ベタ買いで大幅プラスを実現するほどの好成績を記録。20年京王杯SCを制したダノンスマッシュ、21年京王杯2歳Sで8番人気1着のキングエルメスという重賞勝ちの例を出すまでもなく、コース適性は抜群だ。

　ゆえに、まったく人気にならないようではお察しレベル。具体的には、単勝50倍を超えた産駒は【0 0 1 25】で、見送ってもまず問題ない。単勝50倍以内なら【22 14 12 81】、勝率17.1%、複勝率37.2%、単勝回収値173、複勝回収値107と、ここを狙っていけば余裕でプラス収支が見えてくる。

　加えて、チェックを欠かせないのが枠。というのも、内の1、2枠を引いたときは【1 0 3 22】、勝率3.8%、複勝率15.4%、単勝回収値11、複勝回収値28と、まさかの大苦戦に喘いでいるからだ。人気薄ばかりであればまだしも、当該する26走のうち1番人気4頭、2番人気3頭など15走では1～5番人気。むしろ充実した顔ぶれで、内容は数字以上に悪い。

　前述したオッズによる取捨に、枠の傾向を加味した「単勝50倍以内で3～8枠」という条件を狙えば、【21 14 9 63】、勝率19.6%、複勝率41.1%、単勝回収値205、複勝回収値122。燦然と輝くVロードを歩んでいこう。

東京芝1400m　ロードカナロア産駒詳細データ

	1着	2着	3着	4着以下	勝率	連対率	複勝率
牡	7	7	5	47	10.6%	21.2%	28.8%
牝	15	7	8	59	16.9%	24.7%	33.7%
1番人気	7	4	2	7	35.0%	55.0%	65.0%
2～3番人気	7	3	4	14	25.0%	35.7%	50.0%
4～6番人気	4	4	4	28	10.0%	20.0%	30.0%
7～9番人気	2	1	2	27	6.3%	9.4%	15.6%
10番人気～	2	2	1	30	5.7%	11.4%	14.3%

	1着	2着	3着	4着以下	勝率	連対率	複勝率
良	17	9	12	93	13.0%	19.8%	29.0%
稍重	5	5	1	11	22.7%	45.5%	50.0%
重	0	0	1	1	0.0%	0.0%	0.0%
不良	0	0	1	1	0.0%	0.0%	0.0%
2歳	10	2	1	13	38.5%	46.2%	50.0%
3歳	5	6	4	34	10.2%	22.4%	30.6%
4歳以上	7	6	8	59	8.8%	16.3%	26.3%

(父) 単勝30倍以内のエピファネイア牝馬

　トップのロードカナロアには差をつけられたエピファネイアだが、必ずしも適距離ではない芝1400mでランキング2位はかなりの健闘と言っていい。しかも、好走がない単勝30倍超を消すだけで【8　12　6　32】、勝率13.8%、複勝率44.8%、単勝回収値118、複勝回収値106という優秀な数字が現れる。

　ポイントは性別で、全8勝を牝馬がマーク。中長距離向きの種牡馬でも、牝馬なら短距離も走るパターンは珍しいものではなく、これは納得できる傾向だ。もちろん「単勝30倍以内の牝馬」に限れば、【8　8　5　21】、勝率19.0%、複勝率50.0%、単勝回収値164、複勝回収値123と、すべての数字がパワーアップ。特に新馬戦のエピファネイア牝馬は狙い目で、見つけたら即買いだ。

東京芝1400m　エピファネイア産駒詳細データ

	1着	2着	3着	4着以下	勝率	連対率	複勝率
牡	0	4	1	17	0.0%	18.2%	22.7%
牝	8	8	5	36	14.0%	28.1%	36.8%
1番人気	4	1	1	3	44.4%	55.6%	66.7%
2～3番人気	1	3	2	8	7.1%	28.6%	42.9%
4～6番人気	1	8	2	13	4.2%	37.5%	45.8%
7～9番人気	2	0	1	14	11.8%	11.8%	17.6%
10番人気～	0	0	0	15	0.0%	0.0%	0.0%

	1着	2着	3着	4着以下	勝率	連対率	複勝率
良	5	10	4	40	8.5%	25.4%	32.2%
稍重	2	2	2	9	13.3%	26.7%	40.0%
重	1	0	0	1	50.0%	50.0%	50.0%
不良	0	0	0	3	0.0%	0.0%	0.0%
2歳	3	3	5	24	8.6%	17.1%	31.4%
3歳	1	6	1	22	3.3%	23.3%	26.7%
4歳以上	4	3	0	7	28.6%	50.0%	50.0%

(鞍上) M.デムーロ騎手は若駒アタマ、古馬はヒモ

　21年京王杯SCをラウダシオンで制したM.デムーロ騎手。トータルで単勝91、複勝98となかなか優秀な回収値を記録しており、単勝20倍以内に限るだけで【12　9　15　31】、勝率17.9%、複勝率53.7%、単勝回収値104、複勝回収値111。いとも簡単にプラス収支が可能になってしまった。

　馬券的な急所は騎乗馬の年齢。1着づけで買うなら全12勝中10勝を挙げた2、3歳の若駒で、もちろん単勝20倍以内で【10　5　7　22】、勝率22.7%、単勝回収値129。一方、4歳以上の古馬では3着に中穴を持ってくることが多く、やはり単勝20倍以内で【2　4　8　9】、複勝率60.9%、複勝回収値146。年齢に応じてアタマで買うか、ヒモに拾うかを使い分けるのが極めて重要だ。

東京芝1400m　M.デムーロ騎手詳細データ

	1着	2着	3着	4着以下	勝率	連対率	複勝率
牡	4	4	5	23	11.1%	22.2%	36.1%
牝	8	5	10	17	20.0%	32.5%	57.5%
1番人気	1	1	4	4	10.0%	20.0%	60.0%
2～3番人気	10	3	5	10	35.7%	46.4%	64.3%
4～6番人気	1	4	5	12	4.5%	22.7%	45.5%
7～9番人気	0	1	0	10	0.0%	9.1%	9.1%
10番人気～	0	0	1	4	0.0%	0.0%	20.0%

	1着	2着	3着	4着以下	勝率	連対率	複勝率
良	8	9	11	33	13.1%	27.9%	45.9%
稍重	3	0	4	5	25.0%	25.0%	58.3%
重	1	0	0	1	50.0%	50.0%	50.0%
不良	0	0	0	1	0.0%	0.0%	0.0%
2歳	5	1	4	13	21.7%	26.1%	43.5%
3歳	5	4	3	14	19.2%	34.6%	46.2%
4歳以上	2	4	8	13	7.4%	22.2%	51.9%

下級条件の奥村武厩舎

　東京芝1400mの厩舎ランキングで際立っているのが、2位の加藤征弘厩舎と3位の奥村武厩舎である。いずれも好走率、回収値ともに抜群で、どちらも狙うべき存在だが、どちらかを選べと言われたらより回収値が高い奥村武厩舎ということになる。単勝20倍超の馬券絡みはなく、大穴は期待できないが、単勝20倍以内で【7 2 3 6】、勝率38.9%、複勝率66.7%、単勝回収値283、複勝回収値168。超人気薄を狙う必要など、そもそもまったくないのである。

　惜しむらくは3勝クラス～オープンの上級戦で【0 0 0 4】と結果を残せなかったことだが、馬券を買う側としてはかえって好都合。新馬戦・未勝利戦～2勝クラスに狙いをつけて、単勝20倍以内でガッチリ儲けていこう。

東京芝1400m　奥村武厩舎詳細データ

	1着	2着	3着	4着以下	勝率	連対率	複勝率
牡	1	0	3	8	8.3%	8.3%	33.3%
牝	6	2	0	6	42.9%	57.1%	57.1%
1番人気	0	0	0	0	-	-	-
2～3番人気	4	1	2	3	40.0%	50.0%	70.0%
4～6番人気	3	1	0	3	42.9%	57.1%	57.1%
7～9番人気	0	0	1	5	0.0%	0.0%	16.7%
10番人気～	0	0	0	3	0.0%	0.0%	0.0%

	1着	2着	3着	4着以下	勝率	連対率	複勝率
良	5	1	3	11	25.0%	30.0%	45.0%
稍重	2	1	0	2	40.0%	60.0%	60.0%
重	0	0	0	1	0.0%	0.0%	0.0%
不良	0	0	0	0	-	-	-
2歳	5	0	2	2	55.6%	55.6%	77.8%
3歳	1	2	0	4	14.3%	42.9%	42.9%
4歳以上	1	0	1	8	10.0%	10.0%	20.0%

○ この父も買い！
- ディープインパクト（1～5番人気【7 6 6 10】）
- スクリーンヒーロー（1番人気【6 0 0 1】）
- ダイワメジャー（2歳【3 3 4 13】）

○ この鞍上も買い！
- C.ルメール（乗り替わり【14 9 4 20】）
- 津村明秀（単勝20倍以内【7 2 3 16】）
- 戸崎圭太（特別戦【6 4 4 19】）

○ このテキも買い！
- 加藤征弘（単勝15倍以内【7 1 4 6】）
- 木村哲也（1番人気【5 1 2 3】）
- 斎藤誠（中2、3週【2 3 4 5】）

× この父は消し！
- キンシャサノキセキ（特別戦【0 0 0 18】）
- シルバーステート（4番人気以下【0 0 2 23】）
- ルーラーシップ（新馬戦・未勝利戦【0 1 1 22】）

× この鞍上は消し！
- 横山典弘（3番人気以下【0 0 0 19】）
- 石川裕紀人（乗り替わり【0 0 2 33】）
- 吉田豊（トータル【0 2 2 55】）

× このテキは消し！
- 清水久詞（単勝7倍超【0 0 0 15】）
- 栗田徹（新馬戦以外【0 0 1 25】）
- 矢野英一（トータル【0 1 2 22】）

総合成績　芝1400m

●種牡馬別　BEST 15

種牡馬名	1着	2着	3着	4着以下	勝率	連対率	複勝率	単勝回収値	複勝回収値
ロードカナロア	22	14	13	106	14.2%	23.2%	31.6%	144	97
エピファネイア	8	12	6	53	10.1%	25.3%	32.9%	87	78
ディープインパクト	7	8	8	44	10.4%	22.4%	34.3%	61	105
スクリーンヒーロー	7	6	1	56	10.0%	18.6%	20.0%	28	58
ダイワメジャー	5	9	7	67	5.7%	15.9%	23.9%	176	122
ノヴェリスト	5	5	2	24	13.9%	27.8%	33.3%	71	75
ハーツクライ	4	8	2	43	7.0%	21.1%	24.6%	47	103
モーリス	4	5	4	30	9.3%	20.9%	30.2%	54	70
リオンディーズ	4	4	2	21	12.9%	25.8%	32.3%	85	65
ルーラーシップ	4	2	2	45	7.5%	11.3%	15.1%	56	37
マクフィ	4	2	2	23	12.9%	19.4%	25.8%	100	86
エイシンフラッシュ	3	4	4	47	5.2%	12.1%	19.0%	35	55
オルフェーヴル	3	3	4	28	7.9%	15.8%	26.3%	39	65
ドゥラメンテ	3	3	3	31	7.5%	15.0%	22.5%	16	37
マツリダゴッホ	3	3	2	50	5.2%	10.3%	13.8%	33	58

●騎手別　BEST 15

騎手名	1着	2着	3着	4着以下	勝率	連対率	複勝率	単勝回収値	複勝回収値
C．ルメール	26	20	11	42	26.3%	46.5%	57.6%	79	91
戸崎圭太	13	17	9	52	14.3%	33.0%	42.9%	61	121
M．デムーロ	12	9	15	40	15.8%	27.6%	47.4%	91	98
三浦皇成	8	6	5	70	9.0%	15.7%	21.3%	89	54
田辺裕信	7	5	15	62	7.9%	13.5%	30.3%	31	66
津村明秀	7	4	4	48	11.1%	17.5%	23.8%	121	91
横山武史	6	9	7	41	9.5%	23.8%	34.9%	156	90
D．レーン	5	4	3	22	14.7%	26.5%	35.3%	44	66
内田博幸	5	1	6	74	5.8%	7.0%	14.0%	129	68
武豊	5	0	3	15	21.7%	21.7%	34.8%	89	73
菅原明良	4	6	4	46	6.7%	16.7%	23.3%	30	46
福永祐一	4	4	3	17	14.3%	28.6%	39.3%	51	96
石川裕紀人	4	1	5	62	5.6%	6.9%	13.9%	18	41
石橋脩	3	6	2	50	4.9%	14.8%	18.0%	59	73
杉原誠人	3	4	1	35	7.0%	16.3%	18.6%	258	177

●厩舎別　BEST 15

厩舎名	1着	2着	3着	4着以下	勝率	連対率	複勝率	単勝回収値	複勝回収値
木村哲也	7	6	6	20	17.9%	33.3%	48.7%	93	91
加藤征弘	7	2	4	15	25.0%	32.1%	46.4%	126	108
奥村武	7	2	3	14	26.9%	34.6%	46.2%	196	116
高橋裕	6	9	6	57	7.7%	19.2%	26.9%	54	78
藤沢和雄	5	8	3	16	15.6%	40.6%	50.0%	74	101
斎藤誠	5	6	9	33	9.4%	20.8%	37.7%	62	101
鹿戸雄一	5	4	4	31	11.4%	20.5%	29.5%	37	56
国枝栄	5	3	1	18	18.5%	29.6%	33.3%	103	58
大竹正博	5	1	4	27	13.5%	16.2%	27.0%	530	194
古賀慎明	4	5	6	31	8.7%	19.6%	32.6%	48	87
堀宣行	4	3	1	12	20.0%	35.0%	40.0%	70	102
牧光二	4	3	0	31	10.5%	18.4%	18.4%	72	71
黒岩陽一	4	2	3	19	14.3%	21.4%	32.1%	125	80
尾関知人	4	2	1	24	12.9%	19.4%	22.6%	59	59
金成貴史	4	1	2	27	11.8%	14.7%	20.6%	75	49

東京　中山　阪神　中京　新潟　福島　小倉　札幌　函館

東京芝1400m

施行重賞: NHKマイルC（GI）、ヴィクトリアマイル（GI）、安田記念（GI）、富士S（GII）、東京新聞杯（GIII）、クイーンC（GIII）、サウジアラビアRC（GIII）、アルテミスS（GIII）

父 レース間隔のあいた単勝50倍以内のディープインパクト

　23年の4歳世代までは十分な数の産駒がいるディープインパクト。一定以上の出走を期待できるのは23年までということでもあり、当シリーズで推奨種牡馬として取り上げられるのも、本書が最後になりそうだ。

　東京芝1600mでは【39　16　17　157】、勝率17.0％、複勝率31.4％、単勝回収値111、複勝回収値64というトータル成績を記録。好走時には勝ち切ることが多く、実際に単勝回収値と複勝回収値で大きな差がついている。なるべく1着づけで狙っていったほうが効率はいい。

　そこで勝てない条件をつぶしていくと、わかりやすいのはオッズ。単勝50倍を超えると43走して2着が1回あるだけで、ここまでの人気薄にとどまった産駒は厳しい。単勝50倍以内に限れば【39　15　17　115】、勝率21.0％、単勝回収値137と、より1着づけで狙いやすい数字が現れる。

　出走間隔のチェックも必須。全39勝中、既走馬によるものは32勝を占めるが、うち21勝は中9週以上での出走だった。勝率24.7％、単勝回収値203も自身のトータルを大きく上回る。また、初出走馬も勝率29.2％、単勝回収値84と悪くない成績で、フレッシュな状態で出てきたら概ねよく走っている。

　もちろん狙い目は「中9週以上または初出走で、単勝50倍以内」。該当馬の成績は【28　6　8　53】、勝率29.5％、複勝率44.2％、単勝回収値203、複勝回収値89と、ディープ産駒で資金倍増のドリームプランが完成した。

東京芝1600m　ディープインパクト産駒詳細データ

	1着	2着	3着	4着以下	勝率	連対率	複勝率
牡	17	4	7	75	16.5%	20.4%	27.2%
牝	22	12	10	82	17.5%	27.0%	34.9%
1番人気	13	2	7	11	39.4%	45.5%	66.7%
2～3番人気	13	7	4	29	24.5%	37.7%	45.3%
4～6番人気	11	6	5	36	19.0%	29.3%	37.9%
7～9番人気	2	0	1	38	4.9%	4.9%	7.3%
10番人気～	0	1	0	43	0.0%	2.3%	2.3%

	1着	2着	3着	4着以下	勝率	連対率	複勝率
良	32	14	16	140	15.8%	22.8%	30.7%
稍重	5	1	1	11	27.8%	33.3%	38.9%
重	0	1	0	0	0.0%	100.0%	100.0%
不良	2	0	0	6	25.0%	25.0%	25.0%
2歳	10	5	2	13	33.3%	50.0%	56.7%
3歳	15	5	5	44	21.7%	29.0%	36.2%
4歳以上	14	6	10	100	10.8%	15.4%	23.1%

父 エピファネイアの2歳牝馬

　21年アルテミスSで7番人気1着のサークルオブライフ、8番人気3着のシゲルイワイザケは、いずれもエピファネイア産駒。父の当コース成績はトータル【13 11 10 70】、勝率12.5%、複勝率32.7%、単勝回収値90、複勝回収値82となかなか優秀で、血統好きならこの穴馬2頭は無理筋ではなかった。

　内容を確認しても、13勝中9勝は牝馬、同様に13勝中8勝は2歳馬が挙げており、合算した「2歳牝馬」の成績は【6 3 5 18】、勝率18.8%、複勝率43.8%、単勝回収値156、複勝回収値120と抜群。これは前述した2頭を含む数字だが、仮に集計から除外しても単勝回収値94、複勝回収値99と水準以上を確保する。エピファネイアの2歳牝馬は、やはりこのコースでオススメだ。

東京芝1600m　エピファネイア産駒詳細データ

	1着	2着	3着	4着以下	勝率	連対率	複勝率
牡	4	3	3	27	10.8%	18.9%	27.0%
牝	9	8	7	43	13.4%	25.4%	35.8%
1番人気	4	3	1	4	33.3%	58.3%	66.7%
2～3番人気	5	5	5	7	22.7%	45.5%	68.2%
4～6番人気	3	2	0	19	12.5%	20.8%	20.8%
7～9番人気	1	1	3	17	4.5%	9.1%	22.7%
10番人気～	0	0	1	23	0.0%	0.0%	4.2%

	1着	2着	3着	4着以下	勝率	連対率	複勝率
良	12	10	9	55	14.0%	25.6%	36.0%
稍重	0	1	0	11	0.0%	8.3%	8.3%
重	1	0	1	1	33.3%	33.3%	66.7%
不良	0	0	0	3	0.0%	0.0%	0.0%
2歳	8	3	5	27	18.6%	25.6%	37.2%
3歳	4	8	4	33	8.3%	25.0%	31.3%
4歳以上	1	0	2	10	7.7%	7.7%	23.1%

鞍上 1勝クラス～の菅原明良騎手

　東京芝1600mの騎手ランキングは上位の回収値が軒並みよくない。横山武史騎手が単勝回収値160で一見よさそうだが、単勝万馬券の1走を除くと54まで急降下し、見た目ほどの信用はない。

　代わって着目したのが、21年東京新聞杯をカラテで制した菅原明良騎手である。トータルの好走率は平均をやや上回る程度だが、回収値は単勝116、複勝152と抜群。ただし、新馬戦では【0 0 1 13】と苦しみ、未勝利戦も単勝回収値10、複勝回収値44と、明らかに馬が回ってきていない。1勝クラス～オープンに限れば【6 2 3 26】、勝率16.2%、複勝率29.7%、単勝回収値229、複勝回収値274。勝ち上がり済みの馬に照準を合わせていこう。

東京芝1600m　菅原明良騎手詳細データ

	1着	2着	3着	4着以下	勝率	連対率	複勝率
牡	3	4	6	25	7.9%	18.4%	34.2%
牝	4	1	0	32	10.8%	13.5%	13.5%
1番人気	1	0	0	2	33.3%	33.3%	33.3%
2～3番人気	3	3	1	3	30.0%	60.0%	70.0%
4～6番人気	2	1	4	12	10.5%	15.8%	36.8%
7～9番人気	1	0	1	16	5.9%	5.9%	5.9%
10番人気～	0	1	1	24	0.0%	3.8%	7.7%

	1着	2着	3着	4着以下	勝率	連対率	複勝率
良	5	5	5	46	8.2%	16.4%	24.6%
稍重	1	0	1	9	9.1%	9.1%	18.2%
重	0	0	0	0	-	-	-
不良	1	0	0	2	33.3%	33.3%	33.3%
2歳	0	1	2	24	0.0%	3.7%	11.1%
3歳	2	2	2	18	8.3%	16.7%	25.0%
4歳以上	5	2	2	15	20.8%	29.2%	37.5%

東京芝1600m　013

テキ C.ルメール騎手から乗り替わりの木村哲也厩舎

　ランキング１位の木村哲也厩舎が、【20　8　5　23】、勝率35.7％、複勝率58.9％、単勝回収値196、複勝回収値111という傑出したトータル成績を記録している。仮に、21年５月９日の湘南Ｓで単勝4870円を叩き出したハーメティキストの１走を除外しても単勝回収値111。物足りないのは集計期間内のＧⅠ勝ちがなかったことぐらいで、あとは好走率、回収値ともにずば抜けている。

　全20勝のうち半数近い９勝をＣ．ルメール騎手で挙げ、単勝回収値86、複勝回収値100も決して悪くはない。ただし、儲けやすいのはルメール騎手以外で、合算して単勝回収値267、複勝回収値119。そのなかでも「前走ルメール騎手から別の騎手への乗り替わり」は５戦３勝、単勝回収値282と狙い目だ。

東京芝1600m　木村哲也厩舎詳細データ

	1着	2着	3着	4着以下	勝率	連対率	複勝率
牡	12	3	2	8	48.0%	60.0%	68.0%
牝	8	5	3	15	25.8%	41.9%	51.6%
1番人気	12	5	2	4	52.2%	73.9%	82.6%
2～3番人気	4	3	1	9	23.5%	41.2%	47.1%
4～6番人気	3	0	2	2	42.9%	42.9%	71.4%
7～9番人気	0	0	0	3	0.0%	0.0%	0.0%
10番人気～	1	0	0	5	16.7%	16.7%	16.7%

	1着	2着	3着	4着以下	勝率	連対率	複勝率
良	18	8	5	23	33.3%	48.1%	57.4%
稍重	1	0	0	0	100.0%	100.0%	100.0%
重	0	0	0	0	-	-	-
不良	1	0	0	0	100.0%	100.0%	100.0%
2歳	3	3	2	4	25.0%	50.0%	66.7%
3歳	11	3	2	11	40.7%	51.9%	59.3%
4歳以上	6	2	1	8	35.3%	47.1%	52.9%

父 この父も買い！
- キタサンブラック（単勝10倍以内【7　2　1　6】）
- リアルインパクト（1～5番人気【4　4　4　6】）
- スクリーンヒーロー（1、2枠【4　1　5　9】）

鞍上 この鞍上も買い！
- 田辺裕信（単勝20倍以内【12　11　10　33】）
- 吉田豊（単勝20倍以内【7　4　2　9】）
- 津村明秀（1～5番人気【4　2　1　9】）

テキ このテキも買い！
- 国枝栄（単勝30倍以内【14　11　10　32】）
- 和田正一郎（単勝20倍以内【7　5　6　4】）
- 古賀慎明（中3週以上【6　7　3　22】）

父 この父は消し！
- ジャスタウェイ（6～8枠【0　1　0　21】）
- キンシャサノキセキ（トータル【0　2　3　35】）
- ダイワメジャー（4歳以上【1　0　1　28】）

鞍上 この鞍上は消し！
- 三浦皇成（1、2枠【0　0　0　19】）
- 石川裕紀人（特別戦【0　1　1　17】）
- 内田博幸（1～7枠【0　2　4　60】）

テキ このテキは消し！
- 中舘英二（1～3番人気【0　0　1　5】）
- 清水久詞（トータル【0　1　0　22】）
- 矢作芳人（4番人気以下【0　1　0　15】）

総合成績　芝1600m

●種牡馬別　BEST 15

種牡馬名	1着	2着	3着	4着以下	勝率	連対率	複勝率	単勝回収値	複勝回収値
ディープインパクト	39	16	17	157	17.0%	24.0%	31.4%	111	64
ロードカナロア	14	17	10	117	8.9%	19.6%	25.9%	63	52
エピファネイア	13	11	10	70	12.5%	23.1%	32.7%	90	82
ドゥラメンテ	11	12	8	61	12.0%	25.0%	33.7%	41	54
モーリス	7	11	6	69	7.5%	19.4%	25.8%	40	54
ルーラーシップ	7	5	8	74	7.4%	12.8%	21.3%	71	58
キタサンブラック	7	3	2	17	24.1%	34.5%	41.4%	110	87
スクリーンヒーロー	6	10	11	48	8.0%	21.3%	36.0%	43	153
ハーツクライ	6	8	14	65	6.5%	15.1%	30.1%	24	67
キングカメハメハ	6	8	5	51	8.6%	20.0%	27.1%	27	41
キズナ	5	10	4	50	7.2%	21.7%	27.5%	32	59
ハービンジャー	5	6	4	45	8.3%	18.3%	25.0%	30	90
リアルインパクト	5	5	4	32	10.9%	21.7%	30.4%	110	86
トゥザグローリー	5	0	1	12	27.8%	27.8%	33.3%	1816	313
ダイワメジャー	4	3	5	65	5.2%	9.1%	15.6%	34	49

●騎手別　BEST 15

騎手名	1着	2着	3着	4着以下	勝率	連対率	複勝率	単勝回収値	複勝回収値
C．ルメール	39	27	19	59	27.1%	45.8%	59.0%	66	81
戸崎圭太	15	13	18	72	12.7%	23.7%	39.0%	57	83
横山武史	13	12	10	67	12.7%	24.5%	34.3%	160	68
田辺裕信	12	13	14	76	10.4%	21.7%	33.9%	56	97
D．レーン	11	4	3	21	28.2%	38.5%	46.2%	88	76
M．デムーロ	10	10	3	68	11.0%	22.0%	25.3%	103	61
川田将雅	10	6	8	27	19.6%	31.4%	47.1%	169	84
菅原明良	7	5	6	57	9.3%	16.0%	24.0%	116	152
吉田豊	7	4	4	64	8.9%	13.9%	19.0%	76	62
福永祐一	6	6	11	34	10.5%	21.1%	40.4%	47	80
三浦皇成	5	10	8	84	4.7%	14.0%	21.5%	61	60
北村宏司	5	5	3	58	7.0%	14.1%	18.3%	92	75
津村明秀	5	4	5	53	7.5%	13.4%	20.9%	411	125
大野拓弥	5	4	3	77	5.6%	10.1%	13.5%	54	39
石橋脩	4	9	9	61	4.8%	15.7%	26.5%	26	88

●厩舎別　BEST 15

厩舎名	1着	2着	3着	4着以下	勝率	連対率	複勝率	単勝回収値	複勝回収値
木村哲也	20	8	5	23	35.7%	50.0%	58.9%	196	111
国枝栄	14	12	10	38	18.9%	35.1%	48.6%	106	96
藤沢和雄	10	5	4	33	19.2%	28.8%	36.5%	70	50
堀宣行	7	7	2	27	16.3%	32.6%	37.2%	39	63
和田正一郎	7	5	6	20	18.4%	31.6%	47.4%	91	99
古賀慎明	6	10	4	41	9.8%	26.2%	32.8%	90	83
萩原清	5	8	9	25	10.6%	27.7%	46.8%	124	101
手塚貴久	5	6	6	36	9.4%	20.8%	32.1%	44	68
中内田充正	5	1	2	11	26.3%	31.6%	42.1%	70	55
田村康仁	5	1	2	18	19.2%	23.1%	30.8%	100	59
林徹	5	1	0	19	20.0%	24.0%	24.0%	93	52
鹿戸雄一	4	6	5	41	7.1%	17.9%	26.8%	32	46
斎藤誠	4	4	4	34	8.7%	17.4%	26.1%	41	53
金成貴史	4	3	3	40	8.0%	14.0%	20.0%	104	55
黒岩陽一	4	3	3	18	14.3%	25.0%	35.7%	43	121

東京　中山　阪神　中京　新潟　福島　小倉　札幌　函館

東京芝1600m

施行重賞: 毎日王冠（GⅡ）、府中牝馬S（GⅡ）、東京スポーツ杯2歳S（GⅡ）、共同通信杯（GⅢ）、エプソムC（GⅢ）

父　人気のハーツクライ

　東京芝1800mに異変が起こっている。ディープインパクトがランキング1位になるのは当然だが、20年13勝→22年15勝→22年4勝と、直近の1年で急激に勝ち鞍を減らしたのだ。数だけでなく好走率も落としている。ディープ産駒には絶好の当コースだが、産駒が減少一途の今後は慎重に取捨したい。

　というわけで、本書では2位のハーツクライを取り上げる。トータル成績は【17 16 12 86】、勝率13.0%、複勝率34.4%、単勝回収値110、複勝回収値80。ただし、この単勝回収値は、20年11月14日のユートピアSで単勝8060円を決めたリンディーホップの影響も大きく、実態を反映しているとは言えない。むしろ、1、2番人気で【12 5 3 10】、勝率40.0%、複勝率66.7%、単勝回収値105、複勝回収値94と、本命・対抗級の評価を受けているときにしっかり走るのが、このコースのハーツクライの特徴。20年と22年に毎日王冠を制したサリオスも、どちらも1番人気の支持を集めていた。

　ほかに傾向が出ているファクターとしては年齢を挙げておきたい。2歳の産駒は【3 5 3 21】、勝率9.4%、複勝率34.4%、単勝回収値34、複勝回収値55といまひとつ。好走率自体は決して悪くないが、回収値がまったく振るわず、期待に応えられていない様子が見て取れる。また、6歳以上も15走して好走がなく、これは消し。残りの3〜5歳は【14 11 9 50】、勝率16.7%、複勝率40.5%、単勝回収値159、複勝回収値104で、この年齢なら安心だ。

東京芝1800m　ハーツクライ産駒詳細データ

	1着	2着	3着	4着以下	勝率	連対率	複勝率
牡	8	9	7	42	12.1%	25.8%	36.4%
牝	9	7	5	44	13.8%	24.6%	32.3%
1番人気	7	2	1	3	53.8%	69.2%	76.9%
2〜3番人気	7	6	5	15	21.2%	39.4%	54.5%
4〜6番人気	2	6	5	24	5.4%	21.6%	35.1%
7〜9番人気	0	2	1	20	0.0%	8.7%	13.0%
10番人気〜	1	0	0	24	4.0%	4.0%	4.0%

	1着	2着	3着	4着以下	勝率	連対率	複勝率
良	13	14	10	70	12.1%	25.2%	34.6%
稍重	3	1	1	9	21.4%	28.6%	35.7%
重	1	1	0	1	33.3%	66.7%	66.7%
不良	0	0	1	6	0.0%	0.0%	14.3%
2歳	3	5	3	21	9.4%	25.0%	34.4%
3歳	6	8	4	17	17.1%	40.0%	51.4%
4歳以上	8	3	5	48	12.5%	17.2%	25.0%

父　単勝10倍以内のモーリス

　集計期間内に産駒が30走以上した種牡馬のうち、いずれも最高の勝率18.6%、複勝率37.2%を記録したのがモーリスである。トータルで単勝回収値81、複勝回収値72と儲からないようだが、これは穴らしい穴がなかったため。単勝10倍以内に限れば【8　2　6　8】、勝率33.3%、複勝率66.7%、単勝回収値146、複勝回収値129と、人気サイドで確実に馬券に絡むのが本領だ。もちろん、22年エプソムCを制したノースブリッジも単勝7.3倍で条件に合致していた。

　また、オッズを問わず前走と同じ騎手が継続騎乗すると【5　1　1　7】、勝率35.7%、複勝率50.0%、単勝回収値189、複勝回収値126の好成績。特に1着づけで狙う場合には、継続騎乗か否かを必ず確認するようにしたい。

東京芝1800m　モーリス産駒詳細データ

	1着	2着	3着	4着以下	勝率	連対率	複勝率
牡	6	2	5	17	20.0%	26.7%	43.3%
牝	2	0	1	10	15.4%	15.4%	23.1%
1番人気	2	0	0	3	40.0%	40.0%	40.0%
2～3番人気	4	2	4	4	28.6%	42.9%	71.4%
4～6番人気	2	0	2	3	28.6%	28.6%	57.1%
7～9番人気	0	0	0	7	0.0%	0.0%	0.0%
10番人気～	0	0	0	10	0.0%	0.0%	0.0%

	1着	2着	3着	4着以下	勝率	連対率	複勝率
良	7	2	5	22	19.4%	25.0%	38.9%
稍重	0	0	0	4	0.0%	0.0%	0.0%
重	1	0	1	0	50.0%	50.0%	100.0%
不良	0	0	0	1	0.0%	0.0%	0.0%
2歳	2	1	0	10	15.4%	23.1%	23.1%
3歳	2	1	3	13	10.5%	15.8%	31.6%
4歳以上	4	0	3	4	36.4%	36.4%	63.6%

鞍上　M.デムーロ騎手の枠とオッズをチェック!

　ランキング上位騎手の回収値が全体にイマイチで悩ましい状況にある。9位の丸山元気騎手は一見よさそうだが、22年はわずかに2走のみと騎乗機会が激減し、これではちょっと推せない。

　消去法にはなるが、今回は3位のM.デムーロ騎手を取り上げたい。トータルの回収値は単勝78、複勝82と水準レベルは確保。そこから連対例のない単勝15倍超をオミットすると【11　7　7　29】、勝率20.4%、複勝率46.3%、単勝回収値111、複勝回収値99と引き締まる。さらに絞るなら27戦1勝の1～3枠もカット。残った「4～8枠で単勝15倍以内」を狙えば【10　4　5　18】、勝率27.0%、複勝率51.4%、単勝回収値158、複勝回収値106と、勝利が見えた。

東京芝1800m　M.デムーロ騎手詳細データ

	1着	2着	3着	4着以下	勝率	連対率	複勝率
牡	5	3	4	25	13.5%	21.6%	32.4%
牝	6	4	6	24	15.0%	25.0%	40.0%
1番人気	4	1	0	1	66.7%	83.3%	83.3%
2～3番人気	5	3	3	12	21.7%	34.8%	47.8%
4～6番人気	2	3	7	19	6.5%	16.1%	38.7%
7～9番人気	0	0	0	14	0.0%	0.0%	0.0%
10番人気～	0	0	0	3	0.0%	0.0%	0.0%

	1着	2着	3着	4着以下	勝率	連対率	複勝率
良	10	5	9	42	15.2%	22.7%	36.4%
稍重	1	2	1	2	16.7%	50.0%	66.7%
重	0	0	0	2	0.0%	0.0%	0.0%
不良	0	0	0	3	0.0%	0.0%	0.0%
2歳	4	1	2	15	18.2%	22.7%	31.8%
3歳	3	2	6	15	11.5%	19.2%	42.3%
4歳以上	4	4	2	19	13.8%	27.6%	34.5%

テキ 宮田敬介厩舎のノーザンF生産馬

　ランキング1位の堀宣行厩舎を狙ってまったく問題ないところだが、よくよく見ると、この名門をも上回る好走率を記録している新鋭厩舎がある。それが3位の宮田敬介厩舎だ。

　トータル成績は【11　6　5　11】、勝率33.3%、複勝率66.7%、単勝回収値116、複勝回収値110と珠玉。特に1、2番人気で【9　2　1　3】と、本命・対抗級の評価を受けたら鉄壁に近い。23年で開業4年目の若手がこれだけ勝てる理由は明快で、ノーザンファームのバックアップがあるから。このコースでも出走の大半はノーザンF生産馬で、それ以外では6戦して3着1回しかない。わかりやすい厩舎の経営方針に、こちらも乗っかっていこう。

東京芝1800m　宮田敬介厩舎詳細データ

	1着	2着	3着	4着以下	勝率	連対率	複勝率
牡	9	4	4	6	39.1%	56.5%	73.9%
牝	2	2	1	5	20.0%	40.0%	50.0%
1番人気	5	1	1	2	55.6%	66.7%	77.8%
2〜3番人気	5	3	3	3	35.7%	57.1%	78.6%
4〜6番人気	1	2	1	3	14.3%	42.9%	57.1%
7〜9番人気	0	0	0	0	-	-	-
10番人気〜	0	0	0	3	0.0%	0.0%	0.0%

	1着	2着	3着	4着以下	勝率	連対率	複勝率
良	10	6	4	11	32.3%	51.6%	64.5%
稍重	0	0	0	0	-	-	-
重	1	0	1	0	50.0%	50.0%	100.0%
不良	0	0	0	0	-	-	-
2歳	3	3	1	4	27.3%	54.5%	63.6%
3歳	4	2	1	4	36.4%	54.5%	63.6%
4歳以上	4	1	4	4	36.4%	45.5%	72.7%

父 この父も買い！
- キズナ（単勝10倍以内【7　5　2　8】）
- ジャスタウェイ（単勝15倍以内【6　4　4　8】）
- キングカメハメハ（1、2番人気【5　5　1　5】）

鞍上 この鞍上も買い！
- 戸崎圭太（単勝15倍以内【14　10　11　27】）
- 川田将雅（1、2番人気【7　4　2　4】）
- 松山弘平（特別戦【3　3　2　8】）

テキ このテキも買い！
- 堀宣行（中6週以上【9　3　3　17】）
- 木村哲也（単勝10倍以内【10　8　4　11】）
- 手塚貴久（単勝30倍以内【7　5　6　8】）

父 この父は消し！
- ハービンジャー（新馬戦【0　0　1　14】）
- ゴールドシップ（3〜8枠【0　0　7　48】）
- ロードカナロア（単勝7倍超【0　2　2　59】）

鞍上 この鞍上は消し！
- 石川裕紀人（特別戦【0　0　0　22】）
- 津村明秀（特別戦【0　0　1　15】）
- 横山典弘（トータル【0　1　2　23】）

テキ このテキは消し！
- 小笠倫弘（トータル【0　0　0　23】）
- 古賀慎明（単勝7倍超【0　0　0　20】）
- 林徹（トータル【0　0　0　19】）

総合成績　芝1800m

●種牡馬別　BEST 15

種牡馬名	1着	2着	3着	4着以下	勝率	連対率	複勝率	単勝回収値	複勝回収値
ディープインパクト	32	25	21	132	15.2%	27.1%	37.1%	79	84
ハーツクライ	17	16	12	86	13.0%	25.2%	34.4%	110	80
エピファネイア	9	9	6	64	10.2%	20.5%	27.3%	69	62
ドゥラメンテ	8	10	9	47	10.8%	24.3%	36.5%	31	66
ロードカナロア	8	9	9	72	8.2%	17.3%	26.5%	27	42
キングカメハメハ	8	8	6	48	11.4%	22.9%	31.4%	89	73
キズナ	8	5	6	40	13.6%	22.0%	32.2%	217	86
モーリス	8	2	6	27	18.6%	23.3%	37.2%	81	72
ジャスタウェイ	6	5	5	36	11.5%	21.2%	30.8%	79	84
ルーラーシップ	5	6	10	63	6.0%	13.1%	25.0%	41	90
ノヴェリスト	5	2	1	26	14.7%	20.6%	23.5%	46	46
ハービンジャー	4	5	3	59	5.6%	12.7%	16.9%	38	24
オルフェーヴル	4	4	4	38	8.0%	16.0%	24.0%	134	82
リオンディーズ	4	3	2	16	16.0%	28.0%	36.0%	264	107
キタサンブラック	4	1	0	10	26.7%	33.3%	33.3%	118	91

●騎手別　BEST 15

騎手名	1着	2着	3着	4着以下	勝率	連対率	複勝率	単勝回収値	複勝回収値
C．ルメール	27	28	15	44	23.7%	48.2%	61.4%	58	84
戸崎圭太	14	11	12	53	15.6%	27.8%	41.1%	70	71
M．デムーロ	11	7	10	49	14.3%	23.4%	36.4%	78	82
D．レーン	11	3	4	10	39.3%	50.0%	64.3%	123	87
石橋脩	9	8	5	47	13.0%	24.6%	31.9%	80	72
田辺裕信	8	6	6	64	9.5%	16.7%	23.8%	37	47
川田将雅	7	6	3	16	21.9%	40.6%	50.0%	54	74
横山武史	6	9	5	49	8.7%	21.7%	29.0%	41	53
丸山元気	5	5	3	31	11.4%	22.7%	29.5%	386	136
北村宏司	4	4	5	37	8.0%	16.0%	26.0%	57	55
松山弘平	4	4	2	17	14.8%	29.6%	37.0%	52	138
福永祐一	4	3	5	25	10.8%	18.9%	32.4%	59	77
岩田望来	4	3	4	14	16.0%	28.0%	44.0%	91	160
武豊	4	2	5	17	14.3%	21.4%	39.3%	108	74
大野拓弥	4	2	2	55	6.3%	9.5%	12.7%	28	21

●厩舎別　BEST 15

厩舎名	1着	2着	3着	4着以下	勝率	連対率	複勝率	単勝回収値	複勝回収値
堀宣行	15	7	5	25	28.8%	42.3%	51.9%	120	88
国枝栄	11	15	3	46	14.7%	34.7%	38.7%	51	57
宮田敬介	11	6	5	11	33.3%	51.5%	66.7%	116	110
木村哲也	10	8	6	19	23.3%	41.9%	55.8%	91	111
藤沢和雄	7	5	6	25	16.3%	27.9%	41.9%	60	78
手塚貴久	7	5	6	23	17.1%	29.3%	43.9%	62	87
友道康夫	5	1	4	13	21.7%	26.1%	43.5%	93	87
尾関知人	4	3	4	22	12.1%	21.2%	33.3%	122	78
上原博之	4	3	2	24	12.1%	21.2%	27.3%	150	121
田中博康	4	3	2	6	26.7%	46.7%	60.0%	88	86
金成貴史	4	3	1	27	11.4%	20.0%	22.9%	277	85
相沢郁	4	2	1	27	11.8%	17.6%	20.6%	87	55
黒岩陽一	4	0	1	21	15.4%	15.4%	19.2%	120	49
大竹正博	3	4	5	22	8.8%	20.6%	35.3%	70	71
安田翔伍	3	2	2	7	21.4%	35.7%	50.0%	193	91

東京　中山　阪神　中京　新潟　福島　小倉　札幌　函館

東京芝1800m

施行重賞 天皇賞・秋(GⅠ)、フローラS(GⅡ)

父 モーリスのオッズとローテに着目

　ディープインパクトが辛くもランキング1位を守った東京芝2000mだが、その内容は冴えない。勝率は10%を割り込み、単勝回収値はわずかに38。2着の多さも目立ち、現在となっては取り扱い注意の種牡馬と化している。2位のハーツクライも単勝回収値62、複勝回収値52とベタ買いは難しい。

　狙うべき種牡馬は、その下の3～5位に集中している。いずれも新しい種牡馬で、好走率、回収値ともに優秀。このコースにおいては世代交代の波が一気に押し寄せてきている。

　そのなかでも特に優秀な好走率を記録しているのが、3位のモーリス。トータル成績は【10　7　4　19】、勝率25.0%、複勝率52.5%、単勝回収値97、複勝回収値117で、自身が16年天皇賞・秋を快勝した舞台で躍動している。

　単勝オッズに応じて狙いを変えていくのがコツ。アタマで狙えるのは単勝10倍以内で、該当馬は【10　3　3　8】、勝率41.7%、複勝率66.7%、単勝回収値161、複勝回収値97。そして、単勝10倍を超えても【0　4　1　11】、複勝率31.3%、複勝回収値148とコンスタントに馬券に絡んでくるため、ヒモには押さえておきたい。

　また、オッズを問わず中4週以上で【9　2　3　7】、勝率42.9%、複勝率66.7%、単勝回収値158、複勝回収値151と素晴らしい成績を収めている。最低でも前走から1カ月。このローテに合致する産駒を狙っていこう。

東京芝2000m　モーリス産駒詳細データ

	1着	2着	3着	4着以下	勝率	連対率	複勝率
牡	10	6	4	15	28.6%	45.7%	57.1%
牝	0	1	0	4	0.0%	20.0%	20.0%
1番人気	4	3	1	1	44.4%	77.8%	88.9%
2～3番人気	4	0	2	4	40.0%	40.0%	60.0%
4～6番人気	2	2	0	7	18.2%	36.4%	36.4%
7～9番人気	0	2	1	3	0.0%	33.3%	50.0%
10番人気～	0	0	0	4	0.0%	0.0%	0.0%

	1着	2着	3着	4着以下	勝率	連対率	複勝率
良	9	4	4	19	25.0%	36.1%	47.2%
稍重	1	2	0	0	33.3%	100.0%	100.0%
重	0	1	0	0	0.0%	100.0%	100.0%
不良	0	0	0	0	-	-	-
2歳	3	6	2	9	15.0%	45.0%	55.0%
3歳	4	1	1	7	30.8%	38.5%	46.2%
4歳以上	3	0	1	3	42.9%	42.9%	57.1%

父 2、3歳のキズナ

　爆発力ならランキング4位のキズナだ。21年5月22日の3歳未勝利では、7番人気のローゼライトが2番手から押し切って単勝4250円。21年10月23日の2歳新馬でも、11番人気のデリカテスが単勝5910円を叩き出した。重賞では22年フローラSで9番人気のシンシアウィッシュが3着に食い込み、3連単25万馬券を演出している。そして、この3頭の激走が示すように、当コースのキズナは2、3歳が絶好調で、【6 3 3 15】、勝率22.2％、複勝率44.4％、単勝回収値431、複勝回収値150。若駒というだけで警戒せねばならない。

　加えて、年齢を問わず単勝7倍以内で【6 2 1 1】、単勝回収値216、複勝回収値121の好成績。上位人気でも強く、大変頼りになる存在だ。

東京芝2000m　キズナ産駒詳細データ

	1着	2着	3着	4着以下	勝率	連対率	複勝率
牡	6	1	2	12	28.6%	33.3%	42.9%
牝	2	2	1	10	13.3%	26.7%	33.3%
1番人気	4	0	0	1	80.0%	80.0%	80.0%
2～3番人気	2	2	0	1	40.0%	80.0%	80.0%
4～6番人気	0	1	2	9	0.0%	8.3%	25.0%
7～9番人気	1	0	1	7	11.1%	11.1%	22.2%
10番人気～	1	0	0	4	20.0%	20.0%	20.0%

	1着	2着	3着	4着以下	勝率	連対率	複勝率
良	7	3	2	17	24.1%	34.5%	41.4%
稍重	0	0	0	4	0.0%	0.0%	0.0%
重	0	0	1	0	0.0%	0.0%	100.0%
不良	1	0	0	1	50.0%	50.0%	50.0%
2歳	2	0	2	4	25.0%	25.0%	50.0%
3歳	4	3	1	11	21.1%	36.8%	42.1%
4歳以上	2	0	0	7	22.2%	22.2%	22.2%

鞍上 ひとケタ馬番の横山武史騎手

　ランキング2位の横山武史騎手だが、単複の回収値では1位のC．ルメール騎手を完全に上回っている。トータル成績は【9 4 9 39】、勝率14.8％、複勝率36.1％、単勝回収値150、複勝回収値108で、単複ともにベタ買いも可能。21年天皇賞・秋のエフフォーリア、20年フローラSのウインマリリンという重賞2勝も含まれ、内容も十分以上に伴っている。

　あとは東京芝2000mの有名なセオリーに従って買うだけ。全9勝を1～9番枠で挙げており、該当馬は【9 3 5 29】、勝率19.6％、複勝率37.0％、単勝回収値199、複勝回収値116。一方、10番枠から外では【0 1 4 10】と連対もおぼつかない。ふたケタ馬番を避け、ひとケタ馬番で勝負したい。

東京芝2000m　横山武史騎手詳細データ

	1着	2着	3着	4着以下	勝率	連対率	複勝率
牡	6	3	5	25	15.4%	23.1%	35.9%
牝	3	1	4	14	13.6%	18.2%	36.4%
1番人気	2	0	0	3	40.0%	40.0%	40.0%
2～3番人気	5	4	2	5	31.3%	56.3%	68.8%
4～6番人気	1	0	5	14	5.0%	5.0%	30.0%
7～9番人気	0	0	1	11	0.0%	0.0%	8.3%
10番人気～	1	0	1	6	12.5%	12.5%	25.0%

	1着	2着	3着	4着以下	勝率	連対率	複勝率
良	9	4	7	38	15.5%	22.4%	34.5%
稍重	0	0	2	1	0.0%	0.0%	66.7%
重	0	0	0	0	-	-	-
不良	0	0	0	0	-	-	-
2歳	2	1	3	14	10.0%	15.0%	30.0%
3歳	5	1	2	17	20.0%	24.0%	32.0%
4歳以上	2	2	4	8	12.5%	25.0%	50.0%

テキ # 堀宣行厩舎の新馬を即買い！

　東京芝2000mのランキング上位3つ、1位の国枝栄厩舎、2位の堀宣行厩舎、3位の手塚貴久厩舎はどれも買いだ。そのなかから今回は、好走率が特に高い堀厩舎を取り上げたい。【11　11　3　13】、勝率28.9%、複勝率65.8%、単勝回収値156、複勝回収値126というトータル成績を残しているのだが、よくよく確認すると馬券にならなかった13走のうち8走では4、5着まで来ていて、掲示板に載れなかったのは全38走中5走のみ。条件戦に限れば6着以下に終わったレースは1走しかなく、凡走らしい凡走は滅多にしない。

　条件戦のなかでも絶対に見逃してはならないのが【4　0　1　0】の新馬戦。単勝回収値636、複勝回収値272という妙味まで備える絶好のチャンスだ。

東京芝2000m　堀宣行厩舎詳細データ

	1着	2着	3着	4着以下	勝率	連対率	複勝率
牡	11	8	3	11	33.3%	57.6%	66.7%
牝	0	3	0	2	0.0%	60.0%	60.0%
1番人気	5	4	1	2	41.7%	75.0%	83.3%
2～3番人気	3	3	1	3	30.0%	60.0%	70.0%
4～6番人気	3	4	1	4	25.0%	58.3%	66.7%
7～9番人気	0	0	0	4	0.0%	0.0%	0.0%
10番人気～	0	0	0	0	-	-	-

	1着	2着	3着	4着以下	勝率	連対率	複勝率
良	10	9	3	12	29.4%	55.9%	64.7%
稍重	1	1	0	1	33.3%	66.7%	66.7%
重	0	0	0	0	-	-	-
不良	0	1	0	0	0.0%	100.0%	100.0%
2歳	6	1	2	0	66.7%	77.8%	100.0%
3歳	3	5	1	4	23.1%	61.5%	69.2%
4歳以上	2	5	0	9	12.5%	43.8%	43.8%

父 この父も買い！▶
- ハーツクライ（1、2番人気【9　1　4　4】）
- スクリーンヒーロー（中2週以上【6　2　3　12】）
- エピファネイア（2歳【5　1　3　10】）

鞍上 この鞍上も買い！▶
- 田辺裕信（単勝15倍以内【7　5　5　21】）
- M．デムーロ（7、8枠【4　0　7　11】）
- 菅原明良（5～8枠【3　4　2　9】）

テキ このテキも買い！▶
- 国枝栄（中4週以上【13　5　1　15】）
- 手塚貴久（2、3歳【6　3　1　9】）
- 相沢郁（2、3歳【4　1　3　13】）

父 この父は消し！▶
- ジャスタウェイ（4番人気以下【0　0　0　18】）
- オルフェーヴル（平場戦【0　0　2　19】）
- ルーラーシップ（単勝7倍超【0　2　2　41】）

鞍上 この鞍上は消し！▶
- 津村明秀（4番人気以下【0　1　1　22】）
- 内田博幸（4～8枠【0　2　1　23】）
- 戸崎圭太（4番人気以下【0　2　2　26】）

テキ このテキは消し！▶
- 黒岩陽一（3番人気以下【0　0　0　15】）
- 藤原英昭（単勝7倍超【0　0　0　11】）
- 武市康男（トータル【0　1　1　16】）

総合成績　芝2000m

●種牡馬別　BEST 15

種牡馬名	1着	2着	3着	4着以下	勝率	連対率	複勝率	単勝回収値	複勝回収値
ディープインパクト	15	25	16	105	9.3%	24.8%	34.8%	38	66
ハーツクライ	13	9	11	78	11.7%	19.8%	29.7%	62	52
モーリス	10	7	4	19	25.0%	42.5%	52.5%	97	117
キズナ	8	3	3	22	22.2%	30.6%	38.9%	342	120
エピファネイア	8	2	4	38	15.4%	19.2%	26.9%	146	47
キングカメハメハ	6	7	2	35	12.0%	26.0%	30.0%	61	54
スクリーンヒーロー	6	2	3	20	19.4%	25.8%	35.5%	280	205
ハービンジャー	5	8	6	49	7.4%	19.1%	27.9%	57	55
ドゥラメンテ	5	2	3	33	11.6%	16.3%	23.3%	105	113
ロードカナロア	4	10	10	38	6.5%	22.6%	38.7%	25	94
キタサンブラック	4	5	1	15	16.0%	36.0%	40.0%	40	91
ルーラーシップ	4	3	6	47	6.7%	11.7%	21.7%	26	43
ジャスタウェイ	4	3	0	22	13.8%	24.1%	24.1%	33	52
ゴールドシップ	3	4	11	52	4.3%	10.0%	25.7%	51	57
シルバーステート	3	2	1	2	37.5%	62.5%	75.0%	166	150

●騎手別　BEST 15

騎手名	1着	2着	3着	4着以下	勝率	連対率	複勝率	単勝回収値	複勝回収値
C．ルメール	29	12	15	32	33.0%	46.6%	63.6%	83	77
横山武史	9	4	9	39	14.8%	21.3%	36.1%	150	108
戸崎圭太	8	5	7	43	12.7%	20.6%	31.7%	46	52
M．デムーロ	7	6	14	40	10.4%	19.4%	40.3%	82	99
田辺裕信	7	6	5	49	10.4%	19.4%	26.9%	83	58
石橋脩	6	4	4	23	16.2%	27.0%	37.8%	111	80
三浦皇成	5	8	4	41	8.6%	22.4%	29.3%	96	65
福永祐一	5	6	3	13	18.5%	40.7%	51.9%	75	79
川田将雅	4	4	2	11	19.0%	38.1%	47.6%	45	64
菅原明良	3	4	3	23	9.1%	21.2%	30.3%	58	50
大野拓弥	3	2	5	38	6.3%	10.4%	20.8%	44	82
吉田豊	2	7	3	26	5.3%	23.7%	31.6%	40	132
武豊	2	5	4	11	9.1%	31.8%	50.0%	28	115
津村明秀	2	4	1	24	6.5%	19.4%	22.6%	35	31
松山弘平	2	4	1	14	9.5%	28.6%	33.3%	42	71

●厩舎別　BEST 15

厩舎名	1着	2着	3着	4着以下	勝率	連対率	複勝率	単勝回収値	複勝回収値
国枝栄	13	7	3	25	27.1%	41.7%	47.9%	144	95
堀宣行	11	11	3	13	28.9%	57.9%	65.8%	156	126
手塚貴久	6	6	1	15	21.4%	42.9%	46.4%	227	103
鹿戸雄一	4	4	5	22	11.4%	22.9%	37.1%	106	82
木村哲也	4	4	2	16	15.4%	30.8%	38.5%	27	45
久保田貴士	4	4	1	8	23.5%	47.1%	52.9%	74	82
相沢郁	4	3	3	24	11.8%	20.6%	29.4%	205	127
奥村武	4	2	2	15	17.4%	26.1%	34.8%	99	53
宮田敬介	4	1	4	10	21.1%	26.3%	47.4%	107	68
林徹	3	5	2	9	15.8%	42.1%	52.6%	26	67
友道康夫	3	5	0	12	15.0%	40.0%	40.0%	42	59
藤沢和雄	3	2	5	19	10.3%	17.2%	34.5%	55	49
宗像義忠	3	2	1	16	13.6%	22.7%	27.3%	51	172
加藤征弘	3	1	2	14	15.0%	20.0%	30.0%	30	40
尾関知人	3	1	0	18	13.6%	18.2%	18.2%	34	32

東京　中山　阪神　中京　新潟　福島　小倉　札幌　函館

東京芝2000m

東京 芝2400m

施行重賞 オークス（GI）、日本ダービー（GI）、ジャパンC（GI）、青葉賞（GII）

父 前走同距離か距離短縮のディープインパクト

コントレイルとシャフリヤールにより、集計期間内に東京芝2400mGIで計3勝を挙げたディープインパクト。人気になりがちな種牡馬だが、このコースではトータルで単勝回収値100と、意外な妙味を披露している。

特に美味しいのは、前走と同距離もしくは距離短縮で臨むケース。合算して【11 3 8 42】、勝率17.2%、複勝率34.4%、単勝回収値179、複勝回収値106と優秀な数字が並ぶ。一方、距離延長だと【11 15 7 69】、勝率10.8%、複勝率32.4%、単勝回収値52、複勝回収値61。好走率自体は悪くないものの、単複の回収値が振るわず、過剰人気に陥りやすい。前走距離の確認が肝だ。

東京芝2400m　ディープインパクト産駒詳細データ

	1着	2着	3着	4着以下	勝率	連対率	複勝率
牡	17	13	14	80	13.7%	24.2%	35.5%
牝	5	5	1	32	11.6%	23.3%	25.6%
1番人気	10	5	2	7	41.7%	62.5%	70.8%
2～3番人気	5	10	6	17	13.2%	39.5%	55.3%
4～6番人気	5	2	6	35	10.4%	14.6%	27.1%
7～9番人気	2	1	1	27	6.5%	9.7%	12.9%
10番人気～	0	0	0	26	0.0%	0.0%	0.0%

	1着	2着	3着	4着以下	勝率	連対率	複勝率
良	20	15	12	94	14.2%	24.8%	33.3%
稍重	2	2	3	11	11.1%	22.2%	38.9%
重	0	1	0	2	0.0%	33.3%	33.3%
不良	0	0	0	5	0.0%	0.0%	0.0%
2歳	0	0	0	0	-	-	-
3歳	13	13	8	45	16.5%	32.9%	43.0%
4歳以上	9	5	7	67	10.2%	15.9%	23.9%

鞍上 C.ルメール騎手×5歳以上

C.ルメール騎手がブッチギリの23勝をマークした。トータルで単勝110、複勝97の回収値や、20年7勝→21年8勝→22年8勝の安定感など、内容も極めて充実している。穴党の方は消して勝負したくなるジョッキーだろうが、このコースでは通常より多大なリスクを伴うことを覚悟しなければならない。

なにせ7割近い複勝率を残し、明確に消せる条件を見つけるのは困難。より買いやすい条件を探したほうがよさそうだ。意外なところでは、5歳以上の馬で【8 1 0 4】、勝率61.5%、複勝率69.2%、単勝回収値220、複勝回収値106。ベテランホースに乗ってきたルメール騎手に、勝算は大ありだ。

東京芝2400m　C.ルメール騎手詳細データ

	1着	2着	3着	4着以下	勝率	連対率	複勝率
牡	19	12	4	14	38.8%	63.3%	71.4%
牝	4	4	0	6	28.6%	57.1%	57.1%
1番人気	16	6	2	5	55.2%	75.9%	82.8%
2～3番人気	5	9	2	8	20.8%	58.3%	66.7%
4～6番人気	2	1	0	6	22.2%	33.3%	33.3%
7～9番人気	0	0	1	2	0.0%	0.0%	0.0%
10番人気～	0	0	0	0	-	-	-

	1着	2着	3着	4着以下	勝率	連対率	複勝率
良	21	15	4	17	36.8%	63.2%	70.2%
稍重	1	1	0	2	25.0%	50.0%	50.0%
重	1	0	0	0	100.0%	100.0%	100.0%
不良	0	0	0	1	0.0%	0.0%	0.0%
2歳	0	0	0	0	-	-	-
3歳	9	10	4	9	31.0%	65.5%	69.0%
4歳以上	14	6	0	11	41.2%	58.8%	67.6%

国枝栄厩舎の前走好走馬

　三冠馬3頭が激突した20年ジャパンC。世紀の一戦とも呼ばれたレースで、アーモンドアイは見事に有終の美を飾ってみせた。管理した国枝栄厩舎が東京芝2400mでランキング1位というのも妥当でしかない。

　トータルの回収値は単勝78、複勝82と標準レベル。とはいえ、3着1回だけの単勝10倍超を消すだけで【12　7　5　13】、勝率32.4%、複勝率64.9%、単勝回収値105、複勝回収値106と採算ラインを突破する。加えて「前走3着以内」という条件を課すと、【10　3　3　6】、勝率45.5%、複勝率72.7%、単勝回収値160、複勝回収値111。奇をてらわず、前走好走馬を素直に狙おう。

東京芝2400m　国枝栄厩舎詳細データ

	1着	2着	3着	4着以下	勝率	連対率	複勝率
牡	11	6	6	19	26.2%	40.5%	54.8%
牝	1	1	0	6	12.5%	25.0%	25.0%
1番人気	7	0	0	4	63.6%	63.6%	63.6%
2~3番人気	3	5	2	6	18.8%	50.0%	62.5%
4~6番人気	2	2	4	6	14.3%	28.6%	57.1%
7~9番人気	0	0	0	6	0.0%	0.0%	0.0%
10番人気~	0	0	0	3	0.0%	0.0%	0.0%

	1着	2着	3着	4着以下	勝率	連対率	複勝率
良	10	7	5	22	22.7%	38.6%	50.0%
稍重	2	0	1	1	50.0%	50.0%	75.0%
重	0	0	0	0	-	-	-
不良	0	0	0	2	0.0%	0.0%	0.0%
2歳	0	0	0	0	-	-	-
3歳	6	3	3	11	26.1%	39.1%	52.2%
4歳以上	6	4	3	14	22.2%	37.0%	48.1%

総合成績　芝2400m

●種牡馬別 BEST 10

種牡馬名	1着	2着	3着	4着以下	勝率	連対率	複勝率	単勝回収値	複勝回収値
ディープインパクト	22	18	15	112	13.2%	24.0%	32.9%	100	78
ハーツクライ	10	6	4	77	10.3%	16.5%	20.6%	35	34
ルーラーシップ	7	8	3	46	10.9%	23.4%	28.1%	60	57
ハービンジャー	6	7	2	38	11.3%	24.5%	28.3%	105	56
キングカメハメハ	6	3	1	27	16.2%	24.3%	27.0%	44	89
ドゥラメンテ	5	3	2	17	18.5%	29.6%	37.0%	64	65
オルフェーヴル	5	2	5	27	12.8%	17.9%	30.8%	34	109
ゴールドシップ	4	6	10	49	5.8%	14.5%	29.0%	42	95
ロードカナロア	3	2	1	11	17.6%	29.4%	35.3%	160	64
モーリス	3	0	1	9	23.1%	23.1%	30.8%	76	47

●騎手別 BEST 10

騎手名	1着	2着	3着	4着以下	勝率	連対率	複勝率	単勝回収値	複勝回収値
C.ルメール	23	16	4	20	36.5%	61.9%	68.3%	110	97
田辺裕信	8	12	4	30	14.8%	37.0%	44.4%	126	107
D.レーン	7	3	4	14	24.1%	34.5%	51.7%	69	100
M.デムーロ	5	3	9	24	12.2%	19.5%	41.5%	91	97
福永祐一	5	3	2	16	19.2%	30.8%	38.5%	75	75
三浦皇成	4	4	3	25	11.1%	22.2%	30.6%	48	49
横山武史	4	2	3	26	11.4%	17.1%	25.7%	33	40
戸崎圭太	3	8	2	30	7.0%	25.6%	30.2%	26	66
川田将雅	2	4	2	12	10.0%	30.0%	40.0%	18	48
柴田善臣	2	3	0	13	11.1%	27.8%	27.8%	253	92

●厩舎別 BEST 10

厩舎名	1着	2着	3着	4着以下	勝率	連対率	複勝率	単勝回収値	複勝回収値
国枝栄	12	7	6	25	24.0%	38.0%	50.0%	78	82
堀宣行	7	3	5	28	16.3%	23.3%	34.9%	80	58
木村哲也	4	5	4	10	17.4%	39.1%	56.5%	54	89
戸田博文	4	2	1	20	14.8%	22.2%	25.9%	92	140
藤原英昭	3	4	1	12	15.0%	35.0%	40.0%	83	66
奥村武	3	1	2	19	12.0%	16.0%	24.0%	96	59
田島俊明	3	1	1	3	37.5%	50.0%	62.5%	598	208
伊藤圭三	3	0	0	3	50.0%	50.0%	50.0%	511	116
鹿戸雄一	2	3	3	16	8.3%	20.8%	33.3%	198	140
友道康夫	2	3	0	19	8.3%	20.8%	20.8%	44	35

東京芝2400m　025

東京 ダ1300m　施行重賞 なし

（父）　安定のパイロ

　東京ダート1300mの種牡馬ランキングは悩ましい。1位のサウスヴィグラスは産駒が減少し、22年はわずか出走4回。2位のヘニーヒューズは好走率こそ悪くないが、単勝回収値24は厳しい。3位のアジアエクスプレスは単勝回収値343で面白い存在ながら、トータル【4　0　0　13】は極端にピーキーだ。

　消去法的な選択になるが、一定以上の出走が望め、好走率も安定しているのは4位のパイロだろう。単複ともに100以上の回収値を記録し、ベタ買いも可能。当日馬体重が460キロ以上の産駒だけ狙えば、【3　3　0　8】、勝率21.4%、複勝率42.9%、単勝回収値216、複勝回収値165という貴重な戦力になりうる。

東京ダ1300m　パイロ産駒詳細データ

	1着	2着	3着	4着以下	勝率	連対率	複勝率
牡	2	2	0	9	15.4%	30.8%	30.8%
牝	1	2	0	10	7.7%	23.1%	23.1%
1番人気	1	0	0	0	100.0%	100.0%	100.0%
2～3番人気	1	2	0	1	25.0%	75.0%	75.0%
4～6番人気	1	1	0	2	25.0%	50.0%	50.0%
7～9番人気	0	0	0	6	0.0%	0.0%	0.0%
10番人気～	0	1	0	10	0.0%	9.1%	9.1%

	1着	2着	3着	4着以下	勝率	連対率	複勝率
良	3	4	0	14	14.3%	33.3%	33.3%
稍重	0	0	0	3	0.0%	0.0%	0.0%
重	0	0	0	1	0.0%	0.0%	0.0%
不良	0	0	0	1	0.0%	0.0%	0.0%
2歳	1	2	0	6	11.1%	33.3%	33.3%
3歳	2	0	0	7	22.2%	22.2%	22.2%
4歳以上	0	2	0	6	0.0%	25.0%	25.0%

（鞍上）　内田博幸騎手の継続騎乗

　南関東出身の戸崎圭太騎手と内田博幸騎手がランキングの1、2位を占めた。騎乗馬の差もあり、好走率や馬券になる回数では戸崎騎手に分があるものの、肝心の回収値で大きくリードする内田騎手を本書では取り上げたい。

　予想の際に重視すべきは、継続騎乗か乗り替わりか。狙いたいのは継続騎乗で、【4　2　2　13】、勝率19.0%、複勝率38.1%、単勝回収値191、複勝回収値142と素晴らしい数字が並ぶ。一方、乗り替わりでは【1　2　2　20】、勝率4.0%、複勝率20.0%、単勝回収値38、複勝回収値90と、全項目にわたってパワーダウンする。継続騎乗のウチパクさんをパクパクつまんでいこう。

東京ダ1300m　内田博幸騎手詳細データ

	1着	2着	3着	4着以下	勝率	連対率	複勝率
牡	5	4	4	25	13.2%	23.7%	34.2%
牝	0	0	0	8	0.0%	0.0%	0.0%
1番人気	3	0	1	1	60.0%	60.0%	80.0%
2～3番人気	1	2	0	1	25.0%	75.0%	75.0%
4～6番人気	0	1	3	5	0.0%	11.1%	44.4%
7～9番人気	1	0	0	13	7.1%	7.1%	7.1%
10番人気～	0	1	0	13	0.0%	7.1%	7.1%

	1着	2着	3着	4着以下	勝率	連対率	複勝率
良	4	3	3	23	12.1%	21.2%	30.3%
稍重	0	1	0	4	0.0%	20.0%	20.0%
重	1	0	0	2	33.3%	33.3%	33.3%
不良	0	0	1	4	0.0%	0.0%	20.0%
2歳	0	0	0	6	0.0%	0.0%	0.0%
3歳	4	2	2	17	16.0%	24.0%	32.0%
4歳以上	1	2	2	10	6.7%	20.0%	33.3%

単勝30倍以内の竹内正洋厩舎

　ダート1300mというマイナーな条件ということもあり、関東の中堅厩舎がランキング上位にズラリと並ぶ。3勝を挙げた厩舎が5つあるが、2着5回がきいて竹内正洋厩舎がトップに立った。1～3着10回は最多で、異なる7頭が好走していることからも信頼性は高い。単勝30倍以内なら【3　5　2　6】、勝率18.8%、複勝率62.5%、単勝回収値193、複勝回収値161。軸馬としての安定感はかなりのもので、1着突き抜けを狙った買い目を組んでも面白い。

　そのほか、下表に掲載された厩舎は、軒並み上位人気で良好な成績を収めている。管理馬が有力視されている場合は、しっかり注意を払いたい。

東京ダ1300m　竹内正洋厩舎詳細データ

	1着	2着	3着	4着以下	勝率	連対率	複勝率
牡	3	2	2	10	17.6%	29.4%	41.2%
牝	0	3	0	4	0.0%	42.9%	42.9%
1番人気	1	2	0	0	33.3%	100.0%	100.0%
2～3番人気	1	2	0	1	25.0%	75.0%	75.0%
4～6番人気	0	1	2	1	0.0%	25.0%	75.0%
7～9番人気	1	0	0	6	14.3%	14.3%	14.3%
10番人気～	0	0	0	6	0.0%	0.0%	0.0%

	1着	2着	3着	4着以下	勝率	連対率	複勝率
良	1	2	2	9	7.1%	21.4%	35.7%
稍重	2	0	0	3	40.0%	40.0%	40.0%
重	0	2	0	0	0.0%	100.0%	100.0%
不良	0	1	0	2	0.0%	33.3%	33.3%
2歳	0	1	0	1	0.0%	50.0%	50.0%
3歳	3	3	0	7	23.1%	46.2%	46.2%
4歳以上	0	1	2	6	0.0%	11.1%	33.3%

総合成績　ダ1300m

●種牡馬別　BEST 10

種牡馬名	1着	2着	3着	4着以下	勝率	連対率	複勝率	単勝回収値	複勝回収値
サウスヴィグラス	5	4	4	30	11.6%	20.9%	30.2%	126	78
ヘニーヒューズ	4	5	7	41	7.0%	15.8%	28.1%	24	82
アジアエクスプレス	4	0	0	13	23.5%	23.5%	23.5%	343	92
パイロ	3	4	0	19	11.5%	26.9%	26.9%	116	102
ロードカナロア	3	2	2	15	13.6%	22.7%	31.8%	91	72
ヴィクトワールピサ	3	2	0	5	30.0%	50.0%	50.0%	164	112
ベルシャザール	3	0	0	11	21.4%	21.4%	21.4%	142	43
ミッキーアイル	2	2	1	8	15.4%	30.8%	38.5%	95	83
アドマイヤムーン	2	1	2	14	10.5%	15.8%	26.3%	60	138
ホッコータルマエ	2	1	1	13	11.8%	17.6%	23.5%	321	285

●騎手別　BEST 10

騎手名	1着	2着	3着	4着以下	勝率	連対率	複勝率	単勝回収値	複勝回収値
戸崎圭太	8	3	7	25	18.6%	25.6%	41.9%	66	90
内田博幸	5	4	4	33	10.9%	19.6%	28.3%	108	114
C.ルメール	5	1	2	10	27.8%	33.3%	44.4%	115	81
木幡巧也	5	1	0	30	13.9%	16.7%	16.7%	135	43
江田照男	4	2	1	32	10.3%	15.4%	17.9%	62	43
田辺裕信	3	6	3	21	9.1%	27.3%	36.4%	32	129
横山武史	3	5	2	26	8.3%	22.2%	27.8%	40	58
三浦皇成	3	4	4	23	8.8%	20.6%	32.4%	51	63
菅原明良	3	0	2	22	11.1%	11.1%	18.5%	222	58
松山弘平	3	0	0	4	42.9%	42.9%	42.9%	564	184

●厩舎別　BEST 10

厩舎名	1着	2着	3着	4着以下	勝率	連対率	複勝率	単勝回収値	複勝回収値
竹内正洋	3	5	2	14	12.5%	33.3%	41.7%	128	107
中野栄治	3	1	1	10	20.0%	26.7%	33.3%	197	70
堀井雅広	3	0	1	11	20.0%	20.0%	26.7%	90	59
高橋裕	3	0	0	15	16.7%	16.7%	16.7%	54	23
田中博康	3	0	0	9	25.0%	25.0%	25.0%	83	35
田村康仁	2	5	1	10	11.1%	38.9%	44.4%	119	198
石栗龍彦	2	4	1	19	7.7%	23.1%	26.9%	36	73
清水英克	2	3	0	9	14.3%	35.7%	35.7%	42	77
牧光二	2	2	1	11	12.5%	25.0%	31.3%	173	142
古賀史生	2	2	1	11	12.5%	25.0%	31.3%	106	72

東京ダ1300m　　027

施行重賞 根岸S（GⅢ）

父 シニスターミニスター、牡馬は堅実、牝馬は一発

　ランキング1位のヘニーヒューズも悪くないが、もっと狙うべき種牡馬がいる。2位のシニスターミニスターはトータル【15 12 10 76】、勝率13.3%、複勝率32.7%、単勝回収値135、複勝回収値106の好成績。重賞の根岸Sでは馬券になっていないものの、スリーグランドが21年2月14日のバレンタインS、ドライスタウトが22年11月20日の霜月Sと、オープン特別を2勝している。

　傾向が出ているファクターとして挙げたいのが性別。結論から言えば、堅実なのは牡馬、一発があるのは牝馬だ。

　牡馬は、条件を設けずとも勝率15.7%、複勝率41.4%と着実に馬券に絡んでくる。なかでも「単勝15倍以内の牡馬」は【11 9 3 12】、勝率31.4%、複勝率65.7%、単勝回収値152、複勝回収値129と実に優秀。一定以上の印が回っているシニミニ牡馬を見つけたら、しっかり買い目に加えておこう。

　対する牝馬は勝率9.3%、複勝率18.6%と、牡馬と比べて好走率は落ちる。しかし、牝馬が挙げた4勝のうち半分の2勝は9番人気、11番人気が挙げたもので、単勝回収値232の破壊力を秘めている。

　ここで問題となるのが、いつ激走するのか。チェックすべきは出走間隔だ。というのも、牝馬の4勝はすべて中4週以内という共通項を持っており、該当馬は【4 0 1 10】、勝率26.7%、複勝率33.3%、単勝回収値665、複勝回収値156と炸裂。続戦中のシニミニ牝馬で一攫千金を狙っていきたい。

東京ダ1400m　シニスターミニスター産駒詳細データ

	1着	2着	3着	4着以下	勝率	連対率	複勝率
牡	11	10	8	41	15.7%	30.0%	41.4%
牝	4	2	2	35	9.3%	14.0%	18.6%
1番人気	4	2	0	3	44.4%	66.7%	66.7%
2〜3番人気	6	5	2	7	30.0%	55.0%	65.0%
4〜6番人気	3	3	4	13	13.0%	26.1%	43.5%
7〜9番人気	1	2	4	22	3.4%	10.3%	24.1%
10番人気〜	1	0	0	31	3.1%	3.1%	3.1%

	1着	2着	3着	4着以下	勝率	連対率	複勝率
良	8	7	6	43	12.5%	23.4%	32.8%
稍重	3	3	2	19	11.1%	22.2%	29.6%
重	1	1	1	7	10.0%	20.0%	30.0%
不良	3	1	1	7	25.0%	33.3%	41.7%
2歳	3	1	2	9	20.0%	26.7%	40.0%
3歳	7	5	5	39	12.5%	21.4%	30.4%
4歳以上	5	6	3	28	11.9%	26.2%	33.3%

父 キンカメ後継、特にロードカナロア

キングカメハメハの後継種牡馬たちが優秀な成績を収めている。ランキング3位のロードカナロアは、トータル【14　7　9　90】、勝率11.7％、複勝率25.0％、単勝回収値130、複勝回収値95。ここから数字を上げるためのフィルターとして有力なのが枠だ。5〜8枠を引くと【10　5　5　44】、勝率15.6％、複勝率31.3％、単勝回収値197、複勝回収値105。さらに7、8枠まで絞ると【6　3　4　18】、勝率19.4％、複勝率41.9％、単勝回収値335、複勝回収値166まで急騰し、外枠に入ったカナロア産駒の爆発力には目を見張るものがある。

ほかにキンカメ後継では、ドゥラメンテがトータルで単勝回収値291。ルーラーシップは1〜5番人気で単勝回収値103、複勝回収値107と狙っていける。

東京ダ1400m　ロードカナロア産駒詳細データ

	1着	2着	3着	4着以下	勝率	連対率	複勝率
牡	8	3	6	57	10.8%	14.9%	23.0%
牝	6	4	3	33	13.0%	21.7%	28.3%
1番人気	3	3	1	2	33.3%	66.7%	77.8%
2〜3番人気	5	1	2	13	23.8%	28.6%	38.1%
4〜6番人気	2	2	4	21	12.9%	19.4%	32.3%
7〜9番人気	1	1	0	26	3.6%	7.1%	7.1%
10番人気〜	1	0	2	28	3.2%	3.2%	9.7%

	1着	2着	3着	4着以下	勝率	連対率	複勝率
良	7	4	5	54	10.0%	15.7%	22.9%
稍重	3	2	2	27	8.8%	14.7%	20.6%
重	2	1	2	5	11.1%	22.2%	44.4%
不良	3	0	0	4	42.9%	42.9%	42.9%
2歳	0	0	1	6	0.0%	0.0%	14.3%
3歳	6	3	3	26	15.8%	23.7%	31.6%
4歳以上	8	4	5	58	10.7%	16.0%	22.7%

鞍上 三浦皇成騎手はクラスで狙い方を変えるべし

狙ってみたいのはランキング2位の三浦皇成騎手。さすがにC.ルメール騎手には敵わないものの、騎乗馬の平均人気で上回る戸崎圭太騎手やM.デムーロ騎手にも匹敵する好走率を記録している。トータルの回収値は単勝112、複勝73と少し差がついており、馬単や3連単の1着づけで狙っていきたい。

取捨で重要なのはクラスだ。全19勝中12勝を新馬戦・未勝利戦で稼いでおり、合算して【12　4　6　28】、勝率24.0％、複勝率44.0％、単勝回収値234、複勝回収値101。特に新馬戦は10戦5勝、単勝回収値648と凄まじく、人気薄でも侮れない。一方、1勝クラス〜オープンは【7　5　8　63】、勝率8.4％、複勝率24.1％、単勝回収値39、複勝回収値57と凡庸で、ここは慎重にいきたい。

東京ダ1400m　三浦皇成騎手詳細データ

	1着	2着	3着	4着以下	勝率	連対率	複勝率
牡	13	7	11	55	15.1%	23.3%	36.0%
牝	6	2	3	36	12.8%	17.0%	23.4%
1番人気	6	3	0	6	40.0%	60.0%	60.0%
2〜3番人気	7	3	7	20	18.9%	27.0%	45.9%
4〜6番人気	4	3	5	31	9.3%	16.3%	27.9%
7〜9番人気	0	0	2	17	0.0%	0.0%	10.5%
10番人気〜	2	0	0	17	10.5%	10.5%	10.5%

	1着	2着	3着	4着以下	勝率	連対率	複勝率
良	14	4	10	50	17.9%	23.1%	35.9%
稍重	4	3	3	20	13.3%	23.3%	33.3%
重	1	1	1	16	5.3%	10.5%	15.8%
不良	0	1	0	5	0.0%	16.7%	16.7%
2歳	7	1	4	11	30.4%	34.8%	52.2%
3歳	7	6	6	42	11.5%	21.3%	31.1%
4歳以上	5	2	4	38	10.2%	14.3%	22.4%

東京ダ1400m

テキ 田中博康厩舎ベタ買いOK。戸崎騎手起用なら好走率倍増！

関東きってのダートホース工場である伊藤圭三厩舎がランキング1位に輝いているが、注目はその下。2位の田中博康厩舎がトータル【13　4　5　21】、勝率30.2％、複勝率51.2％、単勝回収値179、複勝回収値163という凄まじい成績を記録している。22年に当コースで4戦4勝のレモンポップが目立つものの、ほかにも7頭の異なる馬が勝利を挙げており、厩舎として東京ダート1400mへの適性が高いことが見て取れる。

そして、前述したレモンポップでも手綱を取る戸崎圭太騎手を起用してきたら完全に勝負がかりで、【8　1　0　4】、勝率61.5％、複勝率69.2％、単勝回収値306、複勝回収値136。この黄金コンビに、迷わず票を投じたい。

東京ダ1400m　田中博康厩舎詳細データ

	1着	2着	3着	4着以下	勝率	連対率	複勝率
牡	12	2	4	16	35.3%	41.2%	52.9%
牝	1	2	1	5	11.1%	33.3%	44.4%
1番人気	6	0	1	2	66.7%	66.7%	77.8%
2～3番人気	5	2	1	6	35.7%	50.0%	57.1%
4～6番人気	1	1	2	8	8.3%	25.0%	33.3%
7～9番人気	0	0	1	1	0.0%	0.0%	50.0%
10番人気～	1	0	1	4	16.7%	16.7%	33.3%

	1着	2着	3着	4着以下	勝率	連対率	複勝率
良	10	2	5	9	38.5%	46.2%	65.4%
稍重	3	0	0	8	27.3%	27.3%	27.3%
重	0	1	0	3	0.0%	25.0%	25.0%
不良	0	1	0	1	0.0%	50.0%	50.0%
2歳	2	1	0	2	40.0%	60.0%	60.0%
3歳	6	1	2	8	35.3%	41.2%	52.9%
4歳以上	5	2	3	11	23.8%	33.3%	47.6%

父 この父も買い！
- ヘニーヒューズ（単勝15倍以内【22　18　18　53】）
- エスポワールシチー（単勝20倍以内【7　3　2　9】）
- ドゥラメンテ（中3週以上【6　4　0　22】）

鞍上 この鞍上も買い！
- C．ルメール（5～8枠【24　6　5　20】）
- 横山典弘（単勝20倍以内【10　5　3　24】）
- 木幡巧也（単勝20倍以内【7　4　3　25】）

テキ このテキも買い！
- 伊藤圭三（単勝50倍以内【14　8　11　54】）
- 矢野英一（単勝20倍以内【10　6　6　20】）
- 鈴木伸尋（1～5番人気【7　8　1　16】）

父 この父は消し！
- ハーツクライ（中3週以上【0　0　1　21】）
- ジャスタウェイ（1～7枠【0　1　1　30】）
- ダイワメジャー（5～8枠【0　2　1　22】）

鞍上 この鞍上は消し！
- 岩田望来（1～5枠【0　0　1　20】）
- 和田竜二（1～5番人気【0　1　1　8】）
- 田辺裕信（特別戦【1　1　2　30】）

テキ このテキは消し！
- 小笠倫弘（中2週以上【0　0　1　25】）
- 宮田敬介（中3週以上【0　0　1　16】）
- 池上昌和（中2週以上【0　1　1　27】）

総合成績　ダ1400m

●種牡馬別　BEST 15

種牡馬名	1着	2着	3着	4着以下	勝率	連対率	複勝率	単勝回収値	複勝回収値
ヘニーヒューズ	24	23	24	153	10.7%	21.0%	31.7%	79	98
シニスターミニスター	15	12	10	76	13.3%	23.9%	32.7%	135	106
ロードカナロア	14	7	9	90	11.7%	17.5%	25.0%	130	95
キンシャサノキセキ	9	10	7	113	6.5%	13.7%	18.7%	40	155
ドゥラメンテ	7	5	1	29	16.7%	28.6%	31.0%	291	146
エスポワールシチー	7	3	3	33	15.2%	21.7%	28.3%	119	70
ルーラーシップ	6	2	4	35	12.8%	17.0%	25.5%	41	55
サウスヴィグラス	5	10	9	71	5.3%	15.8%	25.3%	25	119
キングカメハメハ	5	5	5	39	9.3%	18.5%	27.8%	45	86
Speightstown	5	5	1	12	21.7%	43.5%	47.8%	59	92
ディスクリートキャット	5	3	6	31	11.1%	17.8%	31.1%	74	78
クロフネ	5	3	4	45	8.8%	14.0%	21.1%	228	107
スズカコーズウェイ	5	2	4	39	10.0%	14.0%	22.0%	80	71
エイシンフラッシュ	5	1	2	45	9.4%	11.3%	15.1%	188	79
カレンブラックヒル	4	9	4	37	7.4%	24.1%	31.5%	124	152

●騎手別　BEST 15

騎手名	1着	2着	3着	4着以下	勝率	連対率	複勝率	単勝回収値	複勝回収値
C．ルメール	31	13	13	53	28.2%	40.0%	51.8%	94	79
三浦皇成	19	9	14	91	14.3%	21.1%	31.6%	112	73
戸崎圭太	18	15	7	80	15.0%	27.5%	33.3%	85	65
M．デムーロ	14	14	10	69	13.1%	26.2%	35.5%	50	82
横山武史	12	11	9	77	11.0%	21.1%	29.4%	125	90
田辺裕信	11	8	13	107	7.9%	13.7%	23.0%	51	48
内田博幸	10	14	19	127	5.9%	14.1%	25.3%	76	87
石橋脩	10	11	10	70	9.9%	20.8%	30.7%	50	93
横山典弘	10	5	3	41	16.9%	25.4%	30.5%	132	78
木幡巧也	8	6	7	120	5.7%	9.9%	14.9%	98	91
D．レーン	8	5	4	23	20.0%	32.5%	42.5%	58	57
津村明秀	7	10	9	91	6.0%	14.5%	22.2%	37	52
永野猛蔵	7	8	6	99	5.8%	12.5%	17.5%	26	85
大野拓弥	7	6	7	113	5.3%	9.8%	15.0%	48	47
石川裕紀人	6	10	8	113	4.4%	11.7%	17.5%	192	102

●厩舎別　BEST 15

厩舎名	1着	2着	3着	4着以下	勝率	連対率	複勝率	単勝回収値	複勝回収値
伊藤圭三	14	8	12	74	13.0%	20.4%	31.5%	71	94
田中博康	13	4	5	21	30.2%	39.5%	51.2%	179	163
矢野英一	10	6	8	46	14.3%	22.9%	34.3%	88	86
鈴木伸尋	8	10	4	63	9.4%	21.2%	25.9%	82	96
手塚貴久	8	4	3	34	16.3%	24.5%	30.6%	263	111
加藤士津八	8	3	1	42	14.8%	20.4%	22.2%	112	71
田村康仁	7	4	8	44	11.1%	17.5%	30.2%	82	82
岩戸孝樹	6	10	6	61	7.2%	19.3%	26.5%	37	79
奥村武	6	6	2	27	14.6%	29.3%	34.1%	94	86
加藤征弘	6	6	2	39	11.3%	22.6%	26.4%	47	54
藤沢和雄	6	4	0	8	33.3%	55.6%	55.6%	68	64
奥平雅士	5	6	4	55	7.1%	15.7%	21.4%	62	56
斎藤誠	5	4	3	43	8.8%	15.8%	24.6%	292	142
高木登	5	4	5	28	11.9%	21.4%	33.3%	70	98
田中剛	5	3	6	47	8.2%	13.1%	23.0%	47	102

東京　中山　阪神　中京　新潟　福島　小倉　札幌　函館

東京ダ1400m

東京 ダ1600m

施行重賞：フェブラリーS（GI）、ユニコーンS（GIII）、武蔵野S（GIII）

"ほどほど"ローテのパイロ

　22年2月12日の4歳以上2勝クラスを最低16番人気で制し、JRA史上3位の単勝5万4940円という超大穴をあけたヤマメ。父パイロは東京ダート1600mのランキング3位に位置し、当コースで一定の警戒が必要な種牡馬ではあるのだが、それにしてもまさかの激走だった。

　そのトータル成績は【12 10 9 92】、勝率9.8％、複勝率25.2％、単勝回収値535、複勝回収値152。好走率はそこまで高いわけではないが、特に単勝回収値が凄まじいことになっている。前述したヤマメ以外にも、5番人気と7番人気が2勝ずつ、9番人気が1勝。2、3着に突っ込んだ人気薄も多数おり、このコースでは常に激走の可能性を秘めていると考えなくてはならない。

　では、どんなタイミングで穴をあけるのか。ひとつ参考になりそうなのがローテーションで、これまでに触れた激走1着はすべて中2～8週の出走間隔から生まれている。該当馬は【11 5 4 43】、勝率17.5％、複勝率31.7％、単勝回収値1041、複勝回収値236。極端に詰まったローテではなく、余裕のあるローテでもない、ほどほどの出走間隔で使ってきた産駒に対しては、激走への警戒レベルを一段上げたい。

　なお、1、2番人気も【5 4 1 4】、勝率35.7％、複勝率71.4％、単勝回収値94、複勝回収値99と水準以上の走りを見せており、人気薄だけが走っているわけではない。退路を断たずにパイロで勝つ。これが合言葉だ。

東京ダ1600m　パイロ産駒詳細データ

	1着	2着	3着	4着以下	勝率	連対率	複勝率
牡	9	7	6	57	11.4%	20.3%	27.8%
牝	3	3	3	35	6.8%	13.6%	20.5%
1番人気	3	2	1	1	42.9%	71.4%	85.7%
2～3番人気	3	3	2	11	15.8%	31.6%	42.1%
4～6番人気	2	2	3	15	9.1%	18.2%	31.8%
7～9番人気	3	3	0	27	9.1%	18.2%	18.2%
10番人気～	1	0	3	38	2.4%	2.4%	9.5%

	1着	2着	3着	4着以下	勝率	連対率	複勝率
良	8	6	6	59	10.1%	17.7%	25.3%
稍重	2	1	2	15	10.0%	15.0%	25.0%
重	2	2	1	16	9.5%	19.0%	23.8%
不良	0	1	0	2	0.0%	33.3%	33.3%
2歳	1	1	1	17	5.0%	10.0%	15.0%
3歳	4	3	4	30	9.8%	17.1%	26.8%
4歳以上	7	6	4	45	11.3%	21.0%	27.4%

（父）ドレフォンの期待大条件はどれ？

　21年の新種牡馬で、集計期間内に走った産駒は２世代のみのドレフォンだが、東京ダート1600mで８勝を挙げてランキング９位に。重賞の出走はなかったが、21年11月27日のカトレアSをコンシリエーレ、22年10月10日のグリーンチャンネルCをデシエルト、22年11月26日のカトレアSをコンティノアールがそれぞれ制し、リステッド競走・オープン特別を計３勝。内容も充実している。

　特に期待できるシチュエーションを挙げておくと、【6　1　4　15】、勝率23.1％、複勝率42.3％、単勝回収値213、複勝回収値227の５〜８枠。あるいは、【6　0　3　12】、勝率28.6％、複勝率42.9％、単勝回収値276、複勝回収値271の中9週以上。どちらかに当てはまれば、倍プッシュの価値はある。

東京ダ1600m　ドレフォン産駒詳細データ

	1着	2着	3着	4着以下	勝率	連対率	複勝率
牡	4	3	2	21	13.3%	23.3%	30.0%
牝	4	1	2	20	14.8%	18.5%	25.9%
1番人気	2	1	1	1	33.3%	50.0%	83.3%
2〜3番人気	3	1	1	8	23.1%	30.8%	38.5%
4〜6番人気	2	1	0	10	15.4%	23.1%	23.1%
7〜9番人気	1	0	0	9	10.0%	10.0%	10.0%
10番人気〜	0	1	1	13	0.0%	6.7%	13.3%

	1着	2着	3着	4着以下	勝率	連対率	複勝率
良	2	2	2	27	6.1%	12.1%	18.2%
稍重	4	1	1	6	33.3%	41.7%	50.0%
重	2	0	1	3	33.3%	33.3%	50.0%
不良	0	1	0	5	0.0%	16.7%	16.7%
2歳	3	3	2	15	13.0%	26.1%	34.8%
3歳	5	1	2	26	14.7%	17.6%	23.5%
4歳以上	0	0	0	0	-	-	-

（鞍上）田辺裕信騎手は内枠1着づけ、外枠ヒモ穴

　東京ダート1600mでランキング１位のC．ルメール騎手、２位の戸崎圭太騎手は、いずれも単勝回収値60台にとどまる。魅力があるのは単勝回収値214の横山典弘騎手だが、現在は関西を拠点としており、騎乗機会が大幅に減少している。となると、狙ってみたいのは３位の田辺裕信騎手ということになる。

　消去法のような書き方になってしまったが、トータルで単勝回収値124と普通にベタ買いも可能なレベルだ。注目したいファクターは馬番。１〜８番枠を引いたときは【16　10　4　67】、勝率16.5％、単勝回収値190と１着づけに向く。一方、9〜16番枠では【8　12　10　56】、複勝率34.9％、複勝回収値110とヒモ穴に最適。馬番に応じて対応を変えるのが、このコースの田辺騎手の急所だ。

東京ダ1600m　田辺裕信騎手詳細データ

	1着	2着	3着	4着以下	勝率	連対率	複勝率
牡	15	17	11	90	11.3%	24.1%	32.3%
牝	9	5	3	33	18.0%	28.0%	34.0%
1番人気	7	7	2	6	31.8%	63.6%	72.7%
2〜3番人気	10	6	8	20	22.7%	36.4%	54.5%
4〜6番人気	5	7	2	42	8.9%	21.4%	25.0%
7〜9番人気	1	1	1	34	2.7%	5.4%	8.1%
10番人気〜	1	1	1	21	4.2%	8.3%	12.5%

	1着	2着	3着	4着以下	勝率	連対率	複勝率
良	12	12	12	82	10.2%	20.3%	30.5%
稍重	7	5	1	23	19.4%	33.3%	36.1%
重	2	2	1	13	11.1%	22.2%	27.8%
不良	3	3	0	5	27.3%	54.5%	54.5%
2歳	6	6	4	19	17.1%	34.3%	45.7%
3歳	9	11	5	55	11.3%	25.0%	31.3%
4歳以上	9	5	5	49	13.2%	20.6%	27.9%

テキ 加藤征弘厩舎は過剰人気に注意

　久保田貴士厩舎の単勝回収値807、堀宣行厩舎の勝率47.6%という数字に目を奪われそうになるが、ランキング1位の加藤征弘厩舎を紹介する。

　2位以下を大きく引き離す17勝を挙げ、勝率20.7%、単勝回収値271。また、異なる11頭が勝利を挙げた層の厚さや、20年275→21年150→22年374という単勝回収値の推移を見ても、東京ダート1600mのベスト厩舎で間違いない。とはいえ完全無欠ではなく、1番人気で【4　4　3　8】、勝率21.1%、複勝率57.9%、単勝回収値44、複勝回収値73と水準に届かないのは数少ない弱点のひとつ。また、C.ルメール騎手の起用時は過剰人気が著しく、単勝回収値57、複勝回収値72にとどまる。この2点に注意して、加藤征弘厩舎で勝とうじゃないか。

東京ダ1600m　加藤征弘厩舎詳細データ

	1着	2着	3着	4着以下	勝率	連対率	複勝率
牡	8	6	5	30	16.3%	28.6%	38.8%
牝	9	3	3	18	27.3%	36.4%	45.5%
1番人気	4	4	3	8	21.1%	42.1%	57.9%
2～3番人気	6	3	3	10	27.3%	40.9%	54.5%
4～6番人気	1	1	1	10	20.0%	26.7%	33.3%
7～9番人気	2	0	1	8	18.2%	18.2%	27.3%
10番人気～	2	1	0	12	13.3%	20.0%	20.0%

	1着	2着	3着	4着以下	勝率	連対率	複勝率
良	12	4	8	31	21.8%	29.1%	43.6%
稍重	3	3	0	9	20.0%	40.0%	40.0%
重	1	1	0	6	12.5%	25.0%	25.0%
不良	1	1	0	2	25.0%	50.0%	50.0%
2歳	3	2	4	8	17.6%	29.4%	52.9%
3歳	6	3	3	21	18.2%	27.3%	36.4%
4歳以上	8	4	1	19	25.0%	37.5%	40.6%

父 この父も買い！ ▶▶▶
- ヘニーヒューズ（1、2番人気【19　11　7　17】）
- ロードカナロア（単勝15倍以内【12　7　11　33】）
- ホッコータルマエ（中5週以内【7　2　3　34】）

鞍上 この鞍上も買い！ ▶▶▶
- 津村明秀（5～8枠【11　3　6　41】）
- 大野拓弥（単勝20倍以内【8　3　8　39】）
- M.デムーロ（1、2枠【4　4　1　10】）

テキ このテキも買い！ ▶▶▶
- 斎藤誠（単勝30倍以内【11　9　8　30】）
- 堀宣行（1～3番人気【10　0　1　4】）
- 久保田貴士（中4週以上【8　4　5　30】）

父 この父は消し！ ▶▶▶
- エピファネイア（単勝7倍超【0　0　1　48】）
- フリオーソ（4番人気以下【0　1　2　47】）
- クロフネ（1～6枠【0　2　3　45】）

鞍上 この鞍上は消し！ ▶▶▶
- 和田竜二（1～5枠【0　1　1　21】）
- 内田博幸（7、8枠【0　2　1　39】）
- 武豊（4番人気以下【1　0　0　24】）

テキ このテキは消し！ ▶▶▶
- 田村康仁（中9週以上【0　0　0　18】）
- 菊沢隆徳（4歳以上【0　0　0　16】）
- 大竹正博（4番人気以下【0　0　1　26】）

総合成績　ダ1600m

◉種牡馬別　BEST **15**

種牡馬名	1着	2着	3着	4着以下	勝率	連対率	複勝率	単勝回収値	複勝回収値
ヘニーヒューズ	24	27	18	146	11.2%	23.7%	32.1%	52	90
ロードカナロア	14	7	15	92	10.9%	16.4%	28.1%	109	79
パイロ	12	10	9	92	9.8%	17.9%	25.2%	535	152
ドゥラメンテ	12	10	8	56	14.0%	25.6%	34.9%	60	70
キングカメハメハ	11	14	6	84	9.6%	21.7%	27.0%	70	86
キズナ	9	5	8	61	10.8%	16.9%	26.5%	58	67
マクフィ	9	1	4	43	15.8%	17.5%	24.6%	81	51
ホッコータルマエ	8	5	7	57	10.4%	16.9%	26.0%	305	119
ドレフォン	8	4	4	41	14.0%	21.1%	28.1%	116	142
キンシャサノキセキ	7	12	9	55	8.4%	22.9%	33.7%	71	115
シニスターミニスター	7	7	10	91	6.1%	12.2%	20.9%	60	75
アイルハヴアナザー	7	4	7	75	7.5%	11.8%	19.4%	136	103
ハーツクライ	7	4	6	61	9.0%	14.1%	21.8%	122	64
ジャスタウェイ	7	4	3	54	10.3%	16.2%	20.6%	91	58
ルーラーシップ	6	11	12	90	5.0%	14.3%	24.4%	33	78

◉騎手別　BEST **15**

騎手名	1着	2着	3着	4着以下	勝率	連対率	複勝率	単勝回収値	複勝回収値
C．ルメール	37	28	25	85	21.1%	37.1%	51.4%	61	78
戸崎圭太	28	16	13	106	17.2%	27.0%	35.0%	66	76
田辺裕信	24	22	14	123	13.1%	25.1%	32.8%	124	91
三浦皇成	15	23	13	114	9.1%	23.0%	30.9%	82	75
M．デムーロ	14	18	9	69	12.7%	29.1%	37.3%	82	102
横山武史	13	14	11	79	11.1%	23.1%	32.5%	126	75
石橋脩	12	12	13	86	9.8%	19.5%	30.1%	56	82
横山典弘	12	10	4	43	17.4%	31.9%	37.7%	214	104
津村明秀	11	9	14	86	9.2%	16.7%	28.3%	88	110
D．レーン	11	7	5	23	23.9%	39.1%	50.0%	71	76
福永祐一	10	5	5	39	16.9%	25.4%	33.9%	72	84
大野拓弥	10	3	10	122	6.9%	9.0%	15.9%	93	47
横山和生	9	4	7	64	10.7%	15.5%	23.8%	72	80
菅原明良	8	13	11	98	6.2%	16.2%	24.6%	31	82
石川裕紀人	8	6	6	119	5.8%	10.1%	14.4%	119	83

◉厩舎別　BEST **15**

厩舎名	1着	2着	3着	4着以下	勝率	連対率	複勝率	単勝回収値	複勝回収値
加藤征弘	17	9	8	48	20.7%	31.7%	41.5%	271	122
斎藤誠	11	9	11	58	12.4%	22.5%	34.8%	69	98
久保田貴士	11	8	7	60	12.8%	22.1%	30.2%	807	184
堀宣行	10	1	2	8	47.6%	52.4%	61.9%	172	114
藤沢和雄	9	14	5	26	16.7%	42.6%	51.9%	57	89
中舘英二	9	7	8	81	8.6%	15.2%	22.9%	104	72
小笠倫弘	9	5	4	62	11.3%	17.5%	22.5%	149	73
手塚貴久	8	10	11	40	11.6%	26.1%	42.0%	83	107
高木登	8	2	6	50	12.1%	15.2%	24.2%	78	70
古賀慎明	7	8	1	42	12.1%	25.9%	27.6%	70	59
伊藤圭三	7	5	7	64	8.4%	14.5%	22.9%	43	53
宗像義忠	7	3	6	30	15.2%	21.7%	34.8%	172	117
池上昌和	7	3	4	38	13.5%	19.2%	26.9%	89	75
田中博康	7	3	4	31	15.6%	22.2%	31.1%	40	45
木村哲也	7	2	2	24	20.0%	25.7%	31.4%	110	74

東京ダ1600m

東京 TOKYO ダ2100m 施行重賞 なし

父 単勝20倍以内のキングカメハメハ

東京ダート2100mで圧倒的なのがキングカメハメハ。ランキング2位のディープインパクトが6勝のところ、こちらは2倍半の15勝を挙げ、トータル成績も【15　8　8　50】、勝率18.5%、複勝率38.3%、単勝回収値513、複勝回収値166と凄まじいことになっている。

もっとも、この単勝回収値は21年6月13日の八王子特別で3万3350円の特穴をあけたリキサンダイオーの影響が大きく、実態にはそぐわない。残りの1〜3着30回は単勝20倍以内に限られ、該当馬は【14　8　8　26】、勝率25.0%、複勝率53.6%、単勝回収値147、複勝回収値123。大振りせず、確実にいこう。

東京ダ2100m　キングカメハメハ産駒詳細データ

	1着	2着	3着	4着以下	勝率	連対率	複勝率
牡	15	8	7	45	20.0%	30.7%	40.0%
牝	0	0	1	5	0.0%	0.0%	16.7%
1番人気	5	3	0	4	41.7%	66.7%	66.7%
2〜3番人気	5	0	6	8	26.3%	26.3%	57.9%
4〜6番人気	4	4	2	13	17.4%	34.8%	43.5%
7〜9番人気	0	1	0	8	0.0%	11.1%	11.1%
10番人気〜	1	0	0	17	5.6%	5.6%	5.6%

	1着	2着	3着	4着以下	勝率	連対率	複勝率
良	9	5	4	29	19.1%	29.8%	38.3%
稍重	3	1	1	9	21.4%	28.6%	35.7%
重	3	2	2	8	20.0%	33.3%	46.7%
不良	0	0	1	4	0.0%	0.0%	20.0%
2歳	0	0	0	0	-	-	-
3歳	4	1	4	11	20.0%	25.0%	45.0%
4歳以上	11	7	4	39	18.0%	29.5%	36.1%

鞍上 中枠の菅原明良騎手

C.ルメール騎手がずば抜けた13勝を挙げるも、回収値はせいぜい並。的中のためには買わざるをえないが、収支プラスに導いてくれる存在ではない。

狙いたいジョッキーは、ランキング表の真ん中からちょい下のあたりにいる。6位の菅原明良騎手は単複の回収値がトータル100オーバー。関東所属で騎乗数も見込める。しかも、好走が中枠に集中しているため取捨もわかりやすい。3〜6枠を引いたら【5　2　2　12】、勝率23.8%、複勝率42.9%、単勝回収値209、複勝回収値184のビッグチャンスが到来だ。もうひとり、7位の武豊騎手もトータルで勝率31.3%、単勝回収値212と、こちらもオススメだ。

東京ダ2100m　菅原明良騎手詳細データ

	1着	2着	3着	4着以下	勝率	連対率	複勝率
牡	5	3	3	26	13.5%	21.6%	29.7%
牝	0	0	0	4	0.0%	0.0%	0.0%
1番人気	1	1	0	0	50.0%	100.0%	100.0%
2〜3番人気	1	0	1	6	12.5%	12.5%	25.0%
4〜6番人気	3	1	0	6	30.0%	40.0%	40.0%
7〜9番人気	0	0	2	9	0.0%	0.0%	18.2%
10番人気〜	0	1	0	9	0.0%	10.0%	10.0%

	1着	2着	3着	4着以下	勝率	連対率	複勝率
良	2	0	2	14	11.1%	11.1%	22.2%
稍重	1	2	0	3	16.7%	50.0%	50.0%
重	1	0	1	6	12.5%	12.5%	25.0%
不良	1	1	0	7	11.1%	22.2%	22.2%
2歳	0	0	0	0	-	-	-
3歳	3	1	1	19	12.5%	16.7%	20.8%
4歳以上	2	2	2	11	11.8%	23.5%	35.3%

堀宣行厩舎×外国人騎手

近年、レース数が増えている東京ダート2100mは、中央では唯一の距離設定。そのためスペシャリストが何度も出走することが多く、ランキング上位でも好走したのは2、3頭だけという厩舎が珍しくない。

そうした事情を考慮すると、最多タイの異なる6頭を好走させたうえでランキング1位の堀宣行厩舎は、数字以上に評価すべきだ。そして、全4勝を外国人騎手（中央所属を含む）で挙げており、勝負がかりのタイミングが大変わかりやすい。該当馬の成績は【4 2 3 4】、勝率30.8％、複勝率69.2％、単勝回収値120、複勝回収値113。ここを狙って着実に収益を稼いでいこう。

東京ダ2100m 堀宣行厩舎詳細データ

	1着	2着	3着	4着以下	勝率	連対率	複勝率
牡	4	4	4	11	17.4%	34.8%	52.2%
牝	0	0	0	0	-	-	-
1番人気	2	2	1	2	28.6%	57.1%	71.4%
2～3番人気	1	1	2	3	14.3%	28.6%	57.1%
4～6番人気	1	1	1	2	20.0%	40.0%	60.0%
7～9番人気	0	0	0	1	0.0%	0.0%	0.0%
10番人気～	0	0	0	3	0.0%	0.0%	0.0%

	1着	2着	3着	4着以下	勝率	連対率	複勝率
良	2	2	3	6	15.4%	30.8%	53.8%
稍重	0	1	1	3	0.0%	20.0%	40.0%
重	1	0	0	2	33.3%	33.3%	33.3%
不良	1	1	0	0	50.0%	100.0%	100.0%
2歳	0	0	0	0			
3歳	3	2	1	4	30.0%	50.0%	60.0%
4歳以上	1	2	3	7	7.7%	23.1%	46.2%

総合成績 ダ2100m

●種牡馬別 BEST10

種牡馬名	1着	2着	3着	4着以下	勝率	連対率	複勝率	単勝回収値	複勝回収値
キングカメハメハ	15	8	8	50	18.5%	28.4%	38.3%	513	166
ディープインパクト	6	6	4	38	11.1%	22.2%	29.6%	106	82
キズナ	5	4	5	37	9.8%	17.6%	27.5%	177	86
クロフネ	5	2	2	19	17.9%	25.0%	32.1%	118	73
ホッコータルマエ	4	2	7	22	11.4%	17.1%	37.1%	127	97
ゴールドアリュール	4	2	4	24	11.8%	17.6%	29.4%	37	86
スクリーンヒーロー	4	0	3	16	17.4%	17.4%	30.4%	68	70
オルフェーヴル	3	5	4	35	6.4%	17.0%	25.5%	48	87
シニスターミニスター	3	3	0	13	15.8%	31.6%	31.6%	73	69
リオンディーズ	3	2	1	6	25.0%	41.7%	50.0%	146	95

●騎手別 BEST10

騎手名	1着	2着	3着	4着以下	勝率	連対率	複勝率	単勝回収値	複勝回収値
C.ルメール	13	8	6	28	23.6%	38.2%	49.1%	65	81
戸崎圭太	7	8	3	35	13.2%	28.3%	34.0%	58	65
田辺裕信	6	4	5	38	11.3%	18.9%	28.3%	75	64
M.デムーロ	5	6	3	23	13.5%	29.7%	37.8%	60	83
三浦皇成	5	5	9	35	9.3%	18.5%	35.2%	45	82
菅原明良	5	3	3	30	12.2%	19.5%	26.8%	107	109
武豊	5	2	1	8	31.3%	43.8%	50.0%	212	113
吉田豊	4	3	2	42	7.8%	13.7%	17.6%	58	48
田中勝春	4	2	2	22	13.3%	20.0%	26.7%	53	78
大野拓弥	3	8	6	39	5.4%	19.6%	30.4%	46	91

●厩舎別 BEST10

厩舎名	1着	2着	3着	4着以下	勝率	連対率	複勝率	単勝回収値	複勝回収値
堀宣行	4	4	4	11	17.4%	34.8%	52.2%	68	100
高木登	4	4	0	14	18.2%	36.4%	36.4%	102	110
萱野浩二	4	3	3	18	14.3%	25.0%	35.7%	81	122
加藤征弘	4	2	3	15	16.7%	25.0%	37.5%	67	95
中川公成	4	1	2	15	18.2%	22.7%	31.8%	336	150
戸田博文	4	0	2	24	13.3%	13.3%	20.0%	65	57
相沢郁	4	0	2	29	11.4%	11.4%	17.1%	426	85
菊沢隆徳	3	3	0	10	18.8%	37.5%	37.5%	60	69
武市康男	3	2	3	7	20.0%	33.3%	53.3%	108	144
田中博康	3	2	1	13	15.8%	26.3%	31.6%	37	47

芝のシルクレーシング

　東京の馬主ランキングでは、1位のシルクレーシングと2位のサンデーレーシングが完全に二強体制を築いている。馬券的により有望なのは、トータルで単勝回収値92を記録しているシルクレーシングであるのは明らかだ。全94勝の約8割にあたる75勝を挙げた芝に限れば勝率20.5%、単勝回収値100に達する。

　オッズ別の成績によると、単勝30倍を超えると好走率が著しく下がり、1着もない。「芝で単勝30倍以内」なら【75 35 39 150】、勝率25.1%、複勝率49.8%、単勝回収値123、複勝回収値96とハイレベルで、そのなかでも重賞では勝率29.4%、単勝回収値197と抜群。シルクの肌触りを存分に堪能するがいい。

東京　シルクレーシング所有馬データ

	1着	2着	3着	4着以下	勝率	連対率	複勝率
牡	47	30	32	186	15.9%	26.1%	36.9%
牝	47	24	20	129	21.4%	32.3%	41.4%
1番人気	42	14	12	36	40.4%	53.8%	65.4%
2〜3番人気	33	24	21	54	25.0%	43.2%	59.1%
4〜6番人気	14	12	15	75	12.1%	22.4%	35.3%
7〜9番人気	5	4	2	76	5.7%	10.3%	12.6%
10番人気〜	0	0	2	74	0.0%	0.0%	2.6%

	1着	2着	3着	4着以下	勝率	連対率	複勝率
新馬	14	4	4	21	32.6%	41.9%	51.2%
未勝利	19	9	13	56	19.6%	28.9%	42.3%
1勝クラス	21	16	17	61	18.3%	32.2%	47.0%
2勝クラス	15	12	10	67	14.4%	26.0%	35.6%
3勝クラス	6	5	3	48	9.7%	17.7%	22.6%
オープン特別	3	1	2	18	12.5%	16.7%	25.0%
重賞	16	7	3	44	22.9%	32.9%	37.1%

ダートの「テソーロ」

　個人オーナーで健闘しているのが、冠名「テソーロ」の了徳寺健二ホールディングス。トータルの回収値は単勝71、複勝59にすぎず、見落としてしまいそうだが、内容を確認すると数字以上に使いでがあることがわかる。

　東京で挙げた全25勝中21勝がダートと偏っており、基本的に芝は捨てていい。そして、「ダートで単勝20倍以内」なら【20 13 4 36】、勝率27.4%、複勝率50.7%、単勝回収値170、複勝回収値112と、いとも簡単にプラス収支が可能になる。また、ジョッキーでは8勝の戸崎圭太騎手、厩舎では9勝の田中博康厩舎、6勝の加藤士津八厩舎が抜群の成績で、これらを狙う作戦も有力だ。

東京　了徳寺健二HD所有馬データ

	1着	2着	3着	4着以下	勝率	連対率	複勝率
牡	21	14	6	145	11.3%	18.8%	22.0%
牝	4	7	2	59	5.6%	15.3%	18.1%
1番人気	11	3	2	11	40.7%	51.9%	59.3%
2〜3番人気	8	5	4	16	24.2%	39.4%	51.5%
4〜6番人気	3	7	0	28	7.9%	26.3%	26.3%
7〜9番人気	2	5	2	57	3.0%	10.6%	13.6%
10番人気〜	1	1	0	92	1.1%	2.1%	2.1%

	1着	2着	3着	4着以下	勝率	連対率	複勝率
新馬	2	5	0	26	6.1%	21.2%	21.2%
未勝利	6	6	2	72	7.0%	14.0%	16.3%
1勝クラス	9	5	2	55	12.7%	19.7%	22.5%
2勝クラス	4	2	1	25	12.5%	18.8%	21.9%
3勝クラス	3	3	3	17	11.5%	23.1%	34.6%
オープン特別	1	0	0	5	16.7%	16.7%	16.7%
重賞	0	0	0	4	0.0%	0.0%	0.0%

単勝30倍以内のウイン

　ランキング17位と地味な位置ではあるが、いぶし銀の好成績を収めているのがクラブ馬主のウイン。全13勝のうち12勝が芝に偏っており、当然芝で狙っていきたい。その芝に限れば単勝回収値176。この数値は単勝万馬券に引き上げられており、やや再現性に欠けるが、芝における好走の大半を占める単勝30倍以内に限っても【11　9　10　21】、勝率21.6％、複勝率58.8％、単勝回収値163、複勝回収値155で、より確実に儲けられるはずだ。

　また、20年オークスで２着のウインマリリン、３着のウインマイティー、21年目黒記念を制したウインキートスなど、牝馬が目立つことも記しておきたい。

東京　ウイン所有馬データ

	1着	2着	3着	4着以下	勝率	連対率	複勝率
牡	4	7	11	80	3.9%	10.8%	21.6%
牝	9	3	5	30	19.1%	25.5%	36.2%
1番人気	4	1	1	1	57.1%	71.4%	85.7%
2〜3番人気	4	4	5	7	20.0%	40.0%	65.0%
4〜6番人気	2	3	5	20	6.7%	16.7%	33.3%
7〜9番人気	3	2	3	34	7.1%	11.9%	19.0%
10番人気〜	0	0	2	48	0.0%	0.0%	4.0%

	1着	2着	3着	4着以下	勝率	連対率	複勝率
新馬	1	1	1	16	5.3%	10.5%	15.8%
未勝利	1	2	5	28	2.8%	8.3%	22.2%
1勝クラス	2	2	3	25	6.3%	12.5%	21.9%
2勝クラス	2	0	2	14	11.1%	11.1%	22.2%
3勝クラス	3	4	3	16	11.5%	26.9%	38.5%
オープン特別	2	0	0	3	40.0%	40.0%	40.0%
重賞	2	1	2	8	15.4%	23.1%	38.5%

この馬主も買い！
- 金子真人ＨＤ（単勝20倍以内【28　19　11　65】）
- ロードホースクラブ（単勝50倍以内【13　11　5　64】）
- ノルマンディーＴＲ（中２週以内【10　9　3　55】）

この馬主は消し！
- 田頭勇貴（２歳【0　0　0　48】）
- 岡田牧雄（特別戦【0　1　0　23】）
- ＴＣラフィアン（柴田大知【0　4　9　113】）

総合成績　馬主別 BEST 20

馬主名	1着	2着	3着	4着以下	勝率	連対率	複勝率	単勝回収値	複勝回収値
シルクレーシング	94	54	52	315	18.3%	28.7%	38.8%	92	81
サンデーレーシング	87	71	56	308	16.7%	30.3%	41.0%	70	79
キャロットファーム	55	66	35	295	12.2%	26.2%	34.6%	61	76
社台レースホース	52	59	42	322	10.9%	23.4%	32.2%	93	83
ゴドルフィン	45	27	40	355	9.6%	15.4%	24.0%	66	74
東京ホースレーシング	30	27	16	147	13.6%	25.9%	33.2%	92	77
金子真人ホールディングス	28	21	12	133	14.4%	25.3%	31.4%	71	67
了徳寺健二ホールディングス	25	21	8	204	9.7%	17.8%	20.9%	71	59
Ｇ１レーシング	23	30	20	201	8.4%	19.3%	26.6%	121	94
西山茂行	19	25	24	319	4.9%	11.4%	17.6%	101	76
ノルマンディーサラブレッドレーシング	18	16	14	197	7.3%	13.9%	19.6%	79	66
吉田照哉	17	12	20	187	7.2%	12.3%	20.8%	125	97
ダノックス	17	11	13	74	14.8%	24.3%	35.7%	117	83
ビッグレッドファーム	16	12	26	328	4.2%	7.3%	14.1%	126	70
吉田勝己	14	19	16	142	7.3%	17.3%	25.7%	33	70
ロードホースクラブ	13	12	6	102	9.8%	18.8%	23.3%	119	81
ウイン	13	10	16	110	8.4%	16.4%	26.2%	133	83
島川隆哉	12	14	17	146	6.3%	13.8%	22.8%	47	65
北所直人	12	10	10	207	5.0%	9.2%	13.4%	71	55
吉田和美	12	10	8	83	10.6%	19.5%	26.5%	24	64

中山 芝1200m

施行重賞: スプリンターズS（GⅠ）、オーシャンS（GⅢ）

父 オープンでは不振もロードカナロアが良績

　現役時代にスプリンターズS連覇を達成した中山芝1200mで、ロードカナロアが当然のランキング１位の座についた。ただし、産駒はスプリンターズSで【０　１　０　６】。集計期間以前を含めても20年２着のダノンスマッシュが最高着順で、まだ父仔制覇は成し遂げていない。また、オープンというくくりでも【１　２　１　16】、勝率5.0％、複勝率20.0％、単勝回収値10、複勝回収値29と期待に応えられておらず、基本的には条件戦で狙っていきたい。

　取捨の基準としてわかりやすいのはオッズ。単勝15倍を超えた産駒は、34走して３着以内に入った例がなく、バッサリと消し去っていい。単勝15倍以内に限るだけで単勝回収値97、複勝回収値91と一気に買いやすくなる。父が得意とするスプリント戦で人気にならない段階で、能力的な限界が見えている。

　馬番の確認も欠かせない。１〜８番枠の【10　４　３　32】、勝率20.4％、複勝率34.7％、単勝回収値104、複勝回収値75に対し、９〜16番枠を引いたときは【１　３　３　34】、勝率2.4％、複勝率17.1％、単勝回収値８、複勝回収値35。そもそも内枠有利、外枠不利の傾向が見られるコースだが、ロードカナロアは成績の差がかなり大きい部類に入るため、しっかりケアしておきたい。

　そして、以上の買い条件が重なり合う「条件戦で１〜８番枠に入って単勝15倍以内」なら【９　２　３　14】、勝率32.1％、複勝率50.0％、単勝回収値175、複勝回収値116。やや複雑な条件だが、手をかけるだけの価値はあるだろう。

中山芝1200m　ロードカナロア産駒詳細データ

	1着	2着	3着	4着以下	勝率	連対率	複勝率
牡	5	4	2	31	11.9%	21.4%	26.2%
牝	6	3	4	35	12.5%	18.8%	27.1%
1番人気	7	1	1	4	53.8%	61.5%	69.2%
2〜3番人気	2	3	3	13	9.5%	23.8%	38.1%
4〜6番人気	1	3	2	14	5.0%	20.0%	30.0%
7〜9番人気	1	0	0	11	8.3%	8.3%	8.3%
10番人気〜	0	0	0	24	0.0%	0.0%	0.0%

	1着	2着	3着	4着以下	勝率	連対率	複勝率
良	8	4	6	51	11.6%	17.4%	26.1%
稍重	1	3	0	8	8.3%	33.3%	33.3%
重	2	0	0	4	33.3%	33.3%	33.3%
不良	0	0	0	3	0.0%	0.0%	0.0%
2歳	2	1	1	5	22.2%	33.3%	44.4%
3歳	2	0	2	9	15.4%	15.4%	30.8%
4歳以上	7	6	3	52	10.3%	19.1%	23.5%

父 3歳以上のアドマイヤムーン

　種牡馬ランキング3位のアドマイヤムーンは、トータル【5 6 6 25】、勝率11.9%、複勝率40.5%、単勝回収値46、複勝回収値150という成績。集計期間における複勝回収値の推移は、20年103→21年201→22年110と安定しており、基本的にはワイドや3連複の軸ないしはヒモとして狙いたい。とはいえ、全5勝を挙げた1～3番人気なら【5 2 4 7】、勝率27.8%、複勝率61.1%、単勝回収値108、複勝回収値119と、上位人気馬であれば1着固定も可能だ。

　注目のファクターは年齢。2歳は【0 1 0 12】とほぼ勝負になっていないため、買うなら3歳になるのを待ってから。3歳以上に限定するだけで複勝率55.2%、複勝回収値212と、中山芝1200mの安定財源になってくれる。

中山芝1200m　アドマイヤムーン産駒詳細データ

	1着	2着	3着	4着以下	勝率	連対率	複勝率
牡	0	0	0	11	0.0%	0.0%	0.0%
牝	5	6	6	14	16.1%	35.5%	54.8%
1番人気	3	1	0	3	42.9%	57.1%	57.1%
2～3番人気	2	1	4	4	18.2%	27.3%	63.6%
4～6番人気	0	4	1	3	0.0%	50.0%	62.5%
7～9番人気	0	0	0	6	0.0%	0.0%	0.0%
10番人気～	0	0	1	9	0.0%	0.0%	10.0%

	1着	2着	3着	4着以下	勝率	連対率	複勝率
良	5	6	3	15	17.2%	37.9%	48.3%
稍重	0	0	0	6	0.0%	0.0%	0.0%
重	0	0	2	4	0.0%	0.0%	33.3%
不良	0	0	1	0	0.0%	0.0%	100.0%
2歳	0	1	0	12	0.0%	7.7%	7.7%
3歳	4	1	0	1	66.7%	83.3%	83.3%
4歳以上	1	4	6	12	4.3%	21.7%	47.8%

鞍上 M.デムーロ騎手はベタ買いでも勝てるが、さらに……

　勝率20%を超えるランキング1～3位の誰かを取り上げたいところで、騎乗データを確認すると、3位のM.デムーロ騎手の内容がもっともいい。トータルで単勝回収値101と、ベタ買いでも損をすることはない。ただ、勝ち切れるのは単勝10倍以内に限られ、該当馬は【7 2 1 10】、勝率35.0%、複勝率50.0%、単勝回収値162、複勝回収値96。アタマで狙うのはここだけでいい。

　加えて、全7勝中6勝を乗り替わりで挙げているのも見逃せない。「乗り替わりで単勝10倍以内」に狙いをつければ【6 0 0 4】という極端な成績ながらも、単勝回収値290、複勝回収値116と爆発力がさらにアップ。1着固定でリスクを背負っても、それ以上のリターンを十分に見込めるはずだ。

中山芝1200m　M.デムーロ騎手詳細データ

	1着	2着	3着	4着以下	勝率	連対率	複勝率
牡	4	0	3	11	22.2%	22.2%	38.9%
牝	3	2	1	8	21.4%	35.7%	42.9%
1番人気	2	1	0	2	40.0%	60.0%	60.0%
2～3番人気	5	0	0	3	62.5%	62.5%	62.5%
4～6番人気	0	1	3	10	0.0%	7.1%	28.6%
7～9番人気	0	0	1	3	0.0%	0.0%	25.0%
10番人気～	0	0	0	1	0.0%	0.0%	0.0%

	1着	2着	3着	4着以下	勝率	連対率	複勝率
良	5	1	4	17	18.5%	22.2%	37.0%
稍重	0	1	0	1	0.0%	50.0%	50.0%
重	1	0	0	1	50.0%	50.0%	50.0%
不良	1	0	0	0	100.0%	100.0%	100.0%
2歳	1	1	1	4	14.3%	28.6%	42.9%
3歳	3	0	2	1	50.0%	50.0%	83.3%
4歳以上	3	1	1	14	15.8%	21.1%	26.3%

中山芝1200m　041

テキ 人気でも、人気薄でも斎藤誠厩舎

　20年３月14日の房総特別で単勝5030円のレストンベと、20年９月19日の２歳未勝利で単勝2700円のオリアメンディは、いずれもランキング１位の斎藤誠厩舎に所属。この２勝を含め、全６勝中４勝が前走４着以下からの巻き返しだったこともあり、トータル【６　３　４　22】、勝率17.1％、複勝率37.1％、単勝回収値284、複勝回収値116の爆発力を秘めている。

　巻き返しだけでなく、前走１～３着馬でも【２　２　１　５】、勝率20.0％、複勝率50.0％、単勝回収値119、複勝回収値110の好成績。強いて弱点を挙げるなら、３勝クラス～オープンで【０　２　３　６】と１着がないことだが、複勝率45.5％、複勝回収値121を軽視はできない。基本、買いをオススメする。

中山芝1200m　斎藤誠厩舎詳細データ

	1着	2着	3着	4着以下	勝率	連対率	複勝率
牡	2	1	0	7	20.0%	30.0%	30.0%
牝	4	2	4	15	16.0%	24.0%	40.0%
1番人気	1	1	0	1	33.3%	66.7%	66.7%
2～3番人気	3	0	2	2	42.9%	42.9%	71.4%
4～6番人気	0	2	2	5	0.0%	22.2%	44.4%
7～9番人気	1	0	0	6	14.3%	14.3%	14.3%
10番人気～	1	0	0	8	11.1%	11.1%	11.1%

	1着	2着	3着	4着以下	勝率	連対率	複勝率
良	4	2	2	17	16.0%	24.0%	32.0%
稍重	1	0	0	2	33.3%	33.3%	33.3%
重	1	1	1	2	20.0%	40.0%	60.0%
不良	0	0	1	1	0.0%	0.0%	50.0%
2歳	1	0	0	6	14.3%	14.3%	14.3%
3歳	4	0	1	9	28.6%	28.6%	35.7%
4歳以上	1	3	3	7	7.1%	28.6%	50.0%

父 この父も買い！
- マツリダゴッホ（単勝30倍以内【４　１　５　12】）
- エイシンフラッシュ（平場戦【４　１　１　12】）
- マクフィ（単勝30倍以内【２　２　２　４】）

鞍上 この鞍上も買い！
- 横山武史（１～４枠【７　１　３　11】）
- 横山和生（単勝30倍以内【５　４　３　10】）
- 田辺裕信（乗り替わり【５　３　２　19】）

テキ このテキも買い！
- 宗像義忠（単勝30倍以内【２　３　２　９】）
- 西村真幸（重賞以外【２　３　１　４】）
- 清水英克（平場戦【２　１　４　９】）

父 この父は消し！
- ヨハネスブルグ（トータル【０　０　０　21】）
- モーリス（平場戦【０　０　０　11】）
- キンシャサノキセキ（５～８枠【０　１　１　31】）

鞍上 この鞍上は消し！
- 内田博幸（１～４枠【０　０　０　10】）
- 津村明秀（トータル【０　２　２　49】）
- 戸崎圭太（特別戦【０　２　３　18】）

テキ このテキは消し！
- 伊藤大士（トータル【０　０　２　23】）
- 手塚貴久（特別戦【０　１　０　14】）
- 音無秀孝（単勝７倍超【０　１　０　11】）

総合成績　芝1200m

●種牡馬別　BEST 15

種牡馬名	1着	2着	3着	4着以下	勝率	連対率	複勝率	単勝回収値	複勝回収値
ロードカナロア	11	7	6	66	12.2%	20.0%	26.7%	60	57
ダイワメジャー	7	6	6	57	9.2%	17.1%	25.0%	90	58
アドマイヤムーン	5	6	6	25	11.9%	26.2%	40.5%	46	150
マツリダゴッホ	4	1	6	25	11.1%	13.9%	30.6%	97	114
エイシンフラッシュ	4	1	2	23	13.3%	16.7%	23.3%	137	123
シルバーステート	4	0	1	9	28.6%	28.6%	35.7%	289	122
ディープインパクト	3	1	2	23	10.3%	13.8%	20.7%	234	74
ジャスタウェイ	3	1	1	12	17.6%	23.5%	29.4%	159	102
Kitten's Joy	3	0	0	1	75.0%	75.0%	75.0%	722	210
スクリーンヒーロー	2	2	2	23	6.9%	13.8%	20.7%	63	46
マクフィ	2	2	2	8	14.3%	28.6%	42.9%	244	98
ゴールドシップ	2	2	2	7	15.4%	30.8%	46.2%	121	122
トゥザワールド	2	2	1	11	12.5%	25.0%	31.3%	252	151
キタサンブラック	2	2	1	1	33.3%	66.7%	83.3%	111	135
ワールドエース	2	1	2	8	15.4%	23.1%	38.5%	43	67

●騎手別　BEST 15

騎手名	1着	2着	3着	4着以下	勝率	連対率	複勝率	単勝回収値	複勝回収値
横山武史	10	8	6	26	20.0%	36.0%	48.0%	71	91
C．ルメール	7	3	3	15	25.0%	35.7%	46.4%	118	86
M．デムーロ	7	2	4	19	21.9%	28.1%	40.6%	101	94
田辺裕信	6	7	5	29	12.8%	27.7%	38.3%	130	93
横山和生	5	4	3	21	15.2%	27.3%	36.4%	100	88
木幡巧也	5	3	5	42	9.1%	14.5%	23.6%	116	103
石川裕紀人	4	1	3	25	12.1%	15.2%	24.2%	236	81
石橋脩	4	0	3	26	12.1%	12.1%	21.2%	176	89
戸崎圭太	3	8	4	35	6.0%	22.0%	30.0%	12	67
丹内祐次	3	5	6	40	5.6%	14.8%	25.9%	45	101
丸田恭介	3	3	3	15	12.5%	25.0%	37.5%	288	205
菅原明良	3	2	7	39	5.9%	9.8%	23.5%	46	75
荻野極	3	1	0	3	42.9%	57.1%	57.1%	412	174
岩田康誠	3	0	0	8	27.3%	27.3%	27.3%	611	146
丸山元気	2	4	0	30	5.6%	16.7%	16.7%	111	68

●厩舎別　BEST 15

厩舎名	1着	2着	3着	4着以下	勝率	連対率	複勝率	単勝回収値	複勝回収値
斎藤誠	6	3	4	22	17.1%	25.7%	37.1%	284	116
岩戸孝樹	4	5	1	22	12.5%	28.1%	31.3%	74	68
藤岡健一	4	0	0	13	23.5%	23.5%	23.5%	105	44
清水英克	3	1	5	16	12.0%	16.0%	36.0%	148	174
牧浦充徳	3	1	0	13	17.6%	23.5%	23.5%	117	65
藤沢和雄	3	0	2	5	30.0%	30.0%	50.0%	388	103
萩原清	3	0	1	4	37.5%	37.5%	50.0%	147	93
池江泰寿	3	0	1	3	42.9%	42.9%	57.1%	412	165
中野栄治	2	4	2	21	6.9%	20.7%	27.6%	40	71
安田隆行	2	4	1	5	16.7%	50.0%	58.3%	59	100
杉浦宏昭	2	4	0	30	5.6%	16.7%	16.7%	29	59
宗像義忠	2	3	3	19	7.4%	18.5%	29.6%	63	206
石毛善彦	2	3	2	38	4.4%	11.1%	15.6%	12	58
木村哲也	2	3	2	7	14.3%	35.7%	50.0%	32	127
西村真幸	2	3	1	9	13.3%	33.3%	40.0%	450	182

中山芝1200m

施行重賞 ニュージーランドT（GⅡ）、フェアリーS（GⅢ）、ダービー卿チャレンジT（GⅢ）、京成杯オータムH（GⅢ）、ターコイズS（GⅢ）

父 ダイワメジャーはクラス、年齢で狙い方を変えるのがコツ

　中山芝1600mのランキング1位はディープインパクトだが、全19勝中12勝は2、3歳が挙げている。もう2歳のデビューはなく、3歳もごくわずかしかいない23年に、ディープ産駒を推奨するわけにはいかない。

　このディープインパクトを除き、ランキング上位の種牡馬で単複の回収値が水準を上回っているのは、3位のダイワメジャーぐらいしか見当たらない。トータル成績は【11 10 16 78】、勝率9.6％、複勝率32.2％、単勝回収値80、複勝回収値96で、やや詰めの甘いところが見受けられる。その傾向は上級戦にいくほど顕著で、3勝クラス～オープンでは【2 7 12 27】、勝率4.2％、複勝率43.8％、単勝回収値41、複勝回収値142という成績が残っている。複勝率や複勝回収値は優秀で、決して通用していないわけではないのだが、とにかく2、3着が多い。上級戦においては、裏を押さえる、ワイドや3連複で狙うなど、取りこぼしを想定した買い目を組むことが重要だ。

　年齢も参考にしたいファクターだ。ダイワメジャーといえば仕上がりの早さが売りのひとつ。このコースにおいても、全11勝中10勝を2～4歳が挙げており、【10 6 10 55】、勝率12.3％、複勝率32.1％、単勝回収値103、複勝回収値81とアタマでも狙いやすい。一方、5歳以上の産駒は【1 4 6 23】、勝率2.9％、複勝率32.4％、単勝回収値25、複勝回収値132。3着以内には絡んでくるものの、アタマを獲り切るのは難しく、ヒモ扱いが正解となる。

中山芝1600m　ダイワメジャー産駒詳細データ

	1着	2着	3着	4着以下	勝率	連対率	複勝率
牡	7	9	12	40	10.3%	23.5%	41.2%
牝	4	1	4	38	8.5%	10.6%	19.1%
1番人気	3	3	2	3	27.3%	54.5%	72.7%
2～3番人気	3	3	2	9	17.6%	35.3%	47.1%
4～6番人気	3	3	6	22	8.8%	17.6%	35.3%
7～9番人気	2	0	3	15	10.0%	10.0%	25.0%
10番人気～	0	1	3	29	0.0%	3.0%	12.1%

	1着	2着	3着	4着以下	勝率	連対率	複勝率
良	8	5	13	53	10.1%	16.5%	32.9%
稍重	2	3	1	17	8.7%	21.7%	26.1%
重	1	2	2	7	8.3%	25.0%	41.7%
不良	0	0	0	1	0.0%	0.0%	0.0%
2歳	3	1	1	20	12.0%	16.0%	20.0%
3歳	4	4	5	27	10.0%	20.0%	32.5%
4歳以上	4	5	10	31	8.0%	18.0%	38.0%

（父）条件絞りで狙えるハーツクライが出現！

　見た目の数字以上に狙いやすい種牡馬として、ランキング４位のハーツクライを紹介したい。トータルでは単勝回収値71、複勝回収値54にすぎず、好走率が特別高いわけではない。中身を精査しなければ、狙えない種牡馬としてスルーされても仕方がないだろう。

　しかし、【０　０　２　38】の単勝20倍超を消すだけで【10　６　２　28】、勝率21.7％、複勝率39.1％、単勝回収値133、複勝回収値85と、にわかに軽視できない成績が出現する。ここからさらに「平場戦で単勝20倍以内」まで限定すれば、【８　２　０　13】、勝率34.8％、複勝率43.5％、単勝回収値175、複勝回収値85。リスクを背負って１着固定で攻める価値ある数字のおましだ。

中山芝1600m　ハーツクライ産駒詳細データ

	1着	2着	3着	4着以下	勝率	連対率	複勝率
牡	3	3	0	27	9.1%	18.2%	18.2%
牝	7	3	4	39	13.2%	18.9%	26.4%
1番人気	2	0	0	8	20.0%	20.0%	20.0%
2～3番人気	5	4	0	7	31.3%	56.3%	56.3%
4～6番人気	2	1	2	12	11.8%	17.6%	29.4%
7～9番人気	1	1	1	15	5.6%	11.1%	16.7%
10番人気～	0	0	1	24	0.0%	0.0%	4.0%

	1着	2着	3着	4着以下	勝率	連対率	複勝率
良	5	4	2	53	7.8%	14.1%	17.2%
稍重	3	2	1	7	23.1%	38.5%	46.2%
重	2	0	1	6	22.2%	22.2%	33.3%
不良	0	0	0	0	-	-	-
2歳	1	2	0	9	9.1%	27.3%	27.3%
3歳	5	2	1	8	31.3%	43.8%	50.0%
4歳以上	4	2	3	50	6.8%	10.2%	15.3%

（鞍上）平場戦の横山和生騎手

　注目はランキング５位の横山和生騎手。トータルで100を超える単複の回収値を記録し、ベタ買いが可能なことを示している。しかも、本格ブレイク前だった20年は、平均10.4番人気の騎乗馬しか回ってきておらず、ノーカウントに近い。勝負になる馬に乗れるようになった21、22年の２年間に限った成績を出すと、【９　４　４　30】、勝率19.1％、複勝率36.2％、単勝回収値182、複勝回収値130とかなり優秀な数字が並ぶ。要するに、もっと買えるジョッキーだ。

　いかんせん、特別戦では【０　０　３　20】とまだ苦しんでおり、ひとまず静観。現状は、平場戦の【９　５　１　22】、勝率24.3％、複勝率40.5％、単勝回収値231、複勝回収値153でしっかり稼いでいくのが無難だろう。

中山芝1600m　横山和生騎手詳細データ

	1着	2着	3着	4着以下	勝率	連対率	複勝率
牡	2	0	1	20	8.7%	8.7%	13.0%
牝	7	5	3	22	18.9%	32.4%	40.5%
1番人気	2	0	0	1	66.7%	66.7%	66.7%
2～3番人気	3	1	1	3	37.5%	50.0%	62.5%
4～6番人気	2	3	3	7	13.3%	33.3%	53.3%
7～9番人気	1	1	0	15	5.9%	11.8%	11.8%
10番人気～	1	0	0	16	5.9%	5.9%	5.9%

	1着	2着	3着	4着以下	勝率	連対率	複勝率
良	6	4	1	30	14.6%	24.4%	26.8%
稍重	3	0	2	7	25.0%	25.0%	41.7%
重	0	1	1	3	0.0%	20.0%	40.0%
不良	0	0	0	2	0.0%	0.0%	0.0%
2歳	4	2	2	11	21.1%	31.6%	42.1%
3歳	3	2	0	18	13.0%	21.7%	21.7%
4歳以上	2	1	2	13	11.1%	16.7%	27.8%

テキ 休み明けではない大竹正博厩舎

中山芝1600mで狙ってみたいのが大竹正博厩舎。トータルでも余裕で100を上回る単複の回収値を記録し、ベタ買いでもかまわないが、好走がない単勝50倍超を消すことで【7 4 5 25】、勝率17.1％、複勝率39.0％、単勝回収値149、複勝回収値137と、簡単に収益を増やすことができる。

加えて、出走間隔という有力なフィルターまで存在するのだからありがたい。好走が集中する中7週以内なら【7 2 3 12】、勝率29.2％、複勝率50.0％、単勝回収値254、複勝回収値202と抜群。ところが、中8週以上もしくは初出走だと【0 2 2 20】、複勝率16.7％、複勝回収値32と急落下してしまう。あまり間隔が空いていない、順調に使われている馬を狙うのが急所だ。

中山芝1600m　大竹正博厩舎詳細データ

	1着	2着	3着	4着以下	勝率	連対率	複勝率
牡	6	2	2	11	28.6%	38.1%	47.6%
牝	1	2	3	21	3.7%	11.1%	22.2%
1番人気	3	1	1	1	50.0%	66.7%	83.3%
2～3番人気	1	0	0	4	20.0%	20.0%	20.0%
4～6番人気	2	3	2	8	13.3%	33.3%	46.7%
7～9番人気	1	0	1	8	10.0%	10.0%	20.0%
10番人気～	0	0	1	11	0.0%	0.0%	8.3%

	1着	2着	3着	4着以下	勝率	連対率	複勝率
良	5	2	2	21	16.7%	23.3%	30.0%
稍重	1	1	2	10	7.1%	14.3%	28.6%
重	1	0	1	1	33.3%	33.3%	66.7%
不良	0	1	0	0	0.0%	100.0%	100.0%
2歳	1	1	1	7	10.0%	20.0%	30.0%
3歳	5	3	2	13	21.7%	34.8%	43.5%
4歳以上	1	0	2	12	6.7%	6.7%	20.0%

父 この父も買い！	リオンディーズ（1～5枠【5 5 3 14】） イスラボニータ（単勝50倍以内【5 4 1 19】） リアルインパクト（4～8枠【4 1 4 17】）
鞍上 この鞍上も買い！	横山武史（単勝7倍以内【16 3 3 26】） M.デムーロ（5～8枠【7 5 4 23】） 石川裕紀人（継続騎乗【4 6 4 22】）
テキ このテキも買い！	国枝栄（単勝15倍以内【9 3 3 21】） 堀宣行（1、2番人気【7 1 2 9】） 和田正一郎（平場戦【4 4 6 18】）
父 この父は消し！	スクリーンヒーロー（新馬戦【0 0 0 9】） キングカメハメハ（5～8枠【0 0 3 25】） エピファネイア（4番人気以下【0 2 3 58】）
鞍上 この鞍上は消し！	永野猛蔵（新馬戦・未勝利戦【0 0 0 25】） 石橋脩（7、8枠【0 0 2 14】） 田辺裕信（オープン【0 1 0 13】）
テキ このテキは消し！	高木登（単勝7倍超【0 0 2 21】） 久保田貴士（トータル【0 1 0 18】） 尾関知人（4番人気以下【0 1 2 24】）

総合成績　芝1600m

●種牡馬別　BEST 15

種牡馬名	1着	2着	3着	4着以下	勝率	連対率	複勝率	単勝回収値	複勝回収値
ディープインパクト	19	10	8	91	14.8%	22.7%	28.9%	132	87
ロードカナロア	14	17	7	92	10.8%	23.8%	29.2%	70	83
ダイワメジャー	11	10	16	78	9.6%	18.3%	32.2%	80	96
ハーツクライ	10	6	4	66	11.6%	18.6%	23.3%	71	54
エピファネイア	8	6	6	75	8.4%	14.7%	21.1%	30	47
ドゥラメンテ	7	6	6	42	11.5%	21.3%	31.1%	49	52
モーリス	6	2	6	56	8.6%	11.4%	20.0%	21	140
ルーラーシップ	5	8	6	50	7.2%	18.8%	27.5%	23	86
リオンディーズ	5	8	4	24	12.2%	31.7%	41.5%	43	86
イスラボニータ	5	4	1	23	15.2%	27.3%	30.3%	112	89
リアルインパクト	5	2	5	29	12.2%	17.1%	29.3%	222	97
キングズベスト	5	0	0	14	26.3%	26.3%	26.3%	903	192
キズナ	4	8	5	53	5.7%	17.1%	24.3%	19	100
ハービンジャー	4	3	8	47	6.5%	11.3%	24.2%	73	91
ドレフォン	4	3	2	23	12.5%	21.9%	28.1%	66	93

●騎手別　BEST 15

騎手名	1着	2着	3着	4着以下	勝率	連対率	複勝率	単勝回収値	複勝回収値
横山武史	18	8	6	81	15.9%	23.0%	28.3%	64	71
C. ルメール	17	5	4	41	25.4%	32.8%	38.8%	63	54
M. デムーロ	14	9	8	46	18.2%	29.9%	40.3%	112	110
戸崎圭太	10	11	12	51	11.9%	25.0%	39.3%	63	80
横山和生	9	5	4	42	15.0%	23.3%	30.0%	143	106
石橋脩	8	6	5	53	11.1%	19.4%	26.4%	54	60
三浦皇成	7	14	12	55	8.0%	23.9%	37.5%	48	106
田辺裕信	7	11	7	79	6.7%	17.3%	24.0%	30	47
大野拓弥	7	7	9	82	6.7%	13.3%	21.9%	72	70
津村明秀	6	11	11	71	6.1%	17.2%	28.3%	72	124
菅原明良	6	8	5	62	7.4%	17.3%	23.5%	88	75
石川裕紀人	5	9	5	70	5.6%	15.7%	21.3%	111	100
柴田善臣	5	1	3	32	12.2%	14.6%	22.0%	90	101
木幡巧也	4	4	5	65	5.1%	10.3%	16.7%	47	70
川田将雅	4	3	4	6	23.5%	41.2%	64.7%	69	97

●厩舎別　BEST 15

厩舎名	1着	2着	3着	4着以下	勝率	連対率	複勝率	単勝回収値	複勝回収値
国枝栄	9	3	4	31	19.1%	25.5%	34.0%	81	74
大竹正博	7	4	5	32	14.6%	22.9%	33.3%	127	117
堀宣行	7	3	2	22	20.6%	29.4%	35.3%	77	85
藤沢和雄	7	2	3	32	15.9%	20.5%	27.3%	79	70
高橋祥泰	6	3	5	16	20.0%	30.0%	46.7%	266	288
手塚貴久	6	3	4	34	12.8%	19.1%	27.7%	91	83
小桧山悟	6	0	2	45	11.3%	11.3%	15.1%	461	113
和田正一郎	5	9	8	23	11.1%	31.1%	48.9%	133	152
斎藤誠	5	7	7	35	9.3%	22.2%	35.2%	51	99
林徹	5	5	1	21	15.6%	31.3%	34.4%	137	101
池江泰寿	5	1	0	12	27.8%	33.3%	33.3%	90	57
木村哲也	4	5	8	23	10.0%	22.5%	42.5%	56	76
栗田徹	4	3	3	31	9.8%	17.1%	24.4%	97	61
小島茂之	4	3	2	27	11.1%	19.4%	25.0%	171	254
相沢郁	4	3	1	42	8.0%	14.0%	16.0%	449	115

東京　中山　阪神　中京　新潟　福島　小倉　札幌　函館

中山芝1600m

中山 芝1800m

施行重賞: 中山記念（GⅡ）、スプリングS（GⅡ）、中山牝馬S（GⅢ）、フラワーC（GⅢ）

父　午後早めまでのドゥラメンテ

　中山芝1800mで最多の12勝を挙げたのはドゥラメンテ。現役時代に16年中山記念を制した舞台で、トータル【12　5　5　38】、勝率20.0％、複勝率36.7％、単勝回収値155、複勝回収値103という好成績を収めている。

　惜しむらくは、2勝クラス〜オープンで【1　0　1　8】と、中堅〜上級戦であまり結果が出ておらず、好走の大半が下級戦という点か。もっとも、データを把握している側としては、来るクラスで待ち構えればいいだけのこと。実際、新馬戦・未勝利戦・1勝クラスで【11　5　4　30】、勝率22.0％、複勝率40.0％、単勝回収値179、複勝回収値118という数字が残っており、午前から午後早めにかけて包囲網を張っておけばいい。

　また、前述したトータル成績に示されている通り、このコースのドゥラメンテは勝ち切りが多いことも特徴のひとつ。そして、その目安としてチェックしておきたいのが出走間隔だ。中4週以上で【7　2　1　20】、勝率23.3％、複勝率33.3％、単勝回収値220、複勝回収値79。初出走も【3　2　0　9】、勝率21.4％、複勝率35.7％、単勝回収値130、複勝回収値181と、いずれも20％を超える高勝率を記録している。

　反面、中3週以内では【2　1　4　9】、勝率12.5％、複勝率43.8％、単勝回収値55、複勝回収値81。致命的とまでは言えないが、勝率はかなり下がってしまう。なるべくフレッシュな状態で出てきた産駒の勝ち切りを狙いたい。

中山芝1800m　ドゥラメンテ産駒詳細データ

	1着	2着	3着	4着以下	勝率	連対率	複勝率
牡	5	2	4	16	18.5%	25.9%	40.7%
牝	7	3	1	22	21.2%	30.3%	33.3%
1番人気	2	0	2	5	22.2%	22.2%	44.4%
2〜3番人気	9	3	2	4	50.0%	66.7%	77.8%
4〜6番人気	0	1	0	9	0.0%	10.0%	10.0%
7〜9番人気	0	0	1	8	0.0%	0.0%	11.1%
10番人気〜	1	1	0	12	7.1%	14.3%	14.3%

	1着	2着	3着	4着以下	勝率	連対率	複勝率
良	9	4	3	27	20.9%	30.2%	37.2%
稍重	2	1	0	8	18.2%	27.3%	27.3%
重	0	0	2	3	0.0%	0.0%	40.0%
不良	1	0	0	0	100.0%	100.0%	100.0%
2歳	5	3	2	12	22.7%	36.4%	45.5%
3歳	7	2	2	20	22.6%	29.0%	35.5%
4歳以上	0	0	1	6	0.0%	0.0%	14.3%

父 手堅さなら単勝15倍以内のエピファネイア

　種牡馬ランキング4位のエピファネイアは、トータル【7　4　5　52】、勝率10.3％、複勝率23.5％、単勝回収値162、複勝回収値69という成績。やや安定感を欠くものの、かなりの破壊力を秘めている。そして、中4週以上もしくは初出走に限れば【7　2　5　39】、勝率13.2％、複勝率26.4％、単勝回収値208、複勝回収値77とさらに爆発力を増す。奇遇にも、この出走間隔の買い条件はドゥラメンテとまったく同じなので、まとめて覚えておくといい。

　のみならず、より手堅く的中を目指すルートも存在する。単勝15倍以内に限れば【6　2　5　10】、勝率26.1％、複勝率56.5％、単勝回収値116、複勝回収値111。本命党も穴党も満足させるエピファネイアに酔いしれよう。

中山芝1800m　エピファネイア産駒詳細データ

	1着	2着	3着	4着以下	勝率	連対率	複勝率
牡	3	1	1	19	12.5%	16.7%	20.8%
牝	4	3	4	33	9.1%	15.9%	25.0%
1番人気	3	0	2	1	50.0%	50.0%	83.3%
2～3番人気	1	0	1	5	14.3%	14.3%	28.6%
4～6番人気	2	2	2	12	11.1%	22.2%	33.3%
7～9番人気	0	0	2	14	0.0%	12.5%	12.5%
10番人気～	1	0	0	20	4.8%	4.8%	4.8%

	1着	2着	3着	4着以下	勝率	連対率	複勝率
良	6	3	3	34	13.0%	19.6%	26.1%
稍重	1	0	2	9	8.3%	8.3%	25.0%
重	0	1	0	8	0.0%	11.1%	11.1%
不良	0	0	0	1	0.0%	0.0%	0.0%
2歳	2	2	1	15	10.0%	20.0%	25.0%
3歳	5	2	4	23	14.7%	20.6%	32.4%
4歳以上	0	0	0	14	0.0%	0.0%	0.0%

鞍上 戸崎圭太騎手の前走惜敗馬

　騎手ランキングを確認すると、騎乗数の多い上位ジョッキーの回収値が軒並み振るわない。ならば的中を重視し、最多の13勝を挙げ、勝率21.7％の戸崎圭太騎手を狙いたい。実のところ、単勝10倍以内なら【13　1　3　21】、勝率34.2％、複勝率44.7％、単勝回収値134、複勝回収値71と、100を大きく上回る回収値が現れる。決して的中だけではなく、収支プラスも不可能ではない。

　ただし、オッズを問わずオープンでは【0　0　0　6】と、条件戦で狙うのが基本。特に「前走2～5着に敗れ、今走で条件戦に出走して単勝10倍以内」なら【7　1　0　11】、勝率36.8％、単勝回収値161と数字を上げてくる。前走で惜敗した条件馬に騎乗し、昇級を勝ち取る戸崎騎手を狙い撃ちだ。

中山芝1800m　戸崎圭太騎手詳細データ

	1着	2着	3着	4着以下	勝率	連対率	複勝率
牡	6	1	2	23	18.8%	21.9%	28.1%
牝	7	0	3	18	25.0%	25.0%	35.7%
1番人気	6	0	0	6	50.0%	50.0%	50.0%
2～3番人気	7	0	2	12	33.3%	33.3%	42.9%
4～6番人気	0	1	3	12	0.0%	6.3%	25.0%
7～9番人気	0	0	0	8	0.0%	0.0%	0.0%
10番人気～	0	0	0	3	0.0%	0.0%	0.0%

	1着	2着	3着	4着以下	勝率	連対率	複勝率
良	8	1	3	26	21.1%	23.7%	31.6%
稍重	3	0	1	8	25.0%	25.0%	33.3%
重	1	0	1	6	12.5%	12.5%	25.0%
不良	1	0	0	1	50.0%	50.0%	50.0%
2歳	5	0	2	12	26.3%	26.3%	36.8%
3歳	4	0	1	9	28.6%	28.6%	35.7%
4歳以上	4	1	2	20	14.8%	18.5%	25.9%

中山芝1800m

テキ 国枝栄厩舎を1着固定で狙う!

　中山芝1800mで頭ひとつ抜けた9勝をマークしたのは国枝栄厩舎。トータル成績は【9　4　3　23】、勝率23.1%、複勝率41.0%、単勝回収値93、複勝回収値66という成績で、好走時には勝ち切りが多い傾向が見られる。反面、複勝回収値は水準に満たないため、馬券では1着固定で攻めたほうがいい。

　重要なのは勝ち切れるレースの見極めだ。参考になるのが出走間隔で、全9勝を挙げた中4週以上なら【9　3　3　13】、勝率32.1%、複勝率53.6%、単勝回収値130、複勝回収値88。好走がない単勝15倍超を蹴り飛ばせば勝率39.1%、単勝回収値158まで上昇し、これなら勝負する価値がある。ただし、初出走は4戦凡走と、フレッシュな状態なら買えるわけではない点には注意したい。

中山芝1800m　国枝栄厩舎詳細データ

	1着	2着	3着	4着以下	勝率	連対率	複勝率
牡	3	1	1	9	21.4%	28.6%	35.7%
牝	6	3	2	14	24.0%	36.0%	44.0%
1番人気	5	3	0	4	41.7%	66.7%	66.7%
2〜3番人気	3	1	3	5	25.0%	33.3%	58.3%
4〜6番人気	1	0	0	7	12.5%	12.5%	12.5%
7〜9番人気	0	0	0	5	0.0%	0.0%	0.0%
10番人気〜	0	0	0	2	0.0%	0.0%	0.0%

	1着	2着	3着	4着以下	勝率	連対率	複勝率
良	6	3	2	10	28.6%	42.9%	52.4%
稍重	1	1	1	9	8.3%	16.7%	25.0%
重	2	0	0	2	50.0%	50.0%	50.0%
不良	0	0	0	0	0.0%	0.0%	0.0%
2歳	2	0	0	6	25.0%	25.0%	25.0%
3歳	5	1	3	10	26.3%	31.6%	47.4%
4歳以上	2	3	0	7	16.7%	41.7%	41.7%

父　この父も買い！
- ロードカナロア（単勝10倍以内【9　6　2　12】）
- キズナ（特別戦【2　3　3　10】）
- キングカメハメハ（1〜4枠【2　3　1　3】）

鞍上　この鞍上も買い！
- 三浦皇成（1〜3番人気【8　2　4　15】）
- 北村宏司（1〜6枠【4　6　4　25】）
- 川田将雅（トータル【4　2　2　4】）

テキ　このテキも買い！
- 伊藤大士（単勝30倍以内【5　0　5　17】）
- 尾関知人（中4週以上【4　2　1　8】）
- 宮田敬介（1〜3番人気【4　0　1　0】）

父　この父は消し！
- ジャスタウェイ（4番人気以下【0　0　1　27】）
- ダイワメジャー（1〜4枠【0　1　0　14】）
- ハーツクライ（2歳【0　1　1　10】）

鞍上　この鞍上は消し！
- 内田博幸（特別戦【0　1　0　14】）
- 田辺裕信（4番人気以下【0　2　1　33】）
- 津村明秀（4番人気以下【0　4　1　41】）

テキ　このテキは消し！
- 奥村武（トータル【0　0　0　13】）
- 栗田徹（単勝7倍超【0　0　0　11】）
- 加藤征弘（トータル【0　1　0　9】）

総合成績　芝1800m

●種牡馬別　BEST **15**

種牡馬名	1着	2着	3着	4着以下	勝率	連対率	複勝率	単勝回収値	複勝回収値
ドゥラメンテ	12	5	5	38	20.0%	28.3%	36.7%	155	103
ディープインパクト	11	10	7	61	12.4%	23.6%	31.5%	62	64
ロードカナロア	9	8	2	39	15.5%	29.3%	32.8%	61	55
エピファネイア	7	4	5	52	10.3%	16.2%	23.5%	162	69
ルーラーシップ	5	11	9	52	6.5%	20.8%	32.5%	36	87
ハーツクライ	4	5	4	50	6.3%	14.3%	20.6%	37	46
モーリス	4	4	5	28	9.8%	19.5%	31.7%	74	90
スクリーンヒーロー	4	0	5	30	10.3%	10.3%	23.1%	76	60
ジャスタウェイ	4	0	1	30	11.4%	11.4%	14.3%	58	27
ゴールドシップ	3	6	5	42	5.4%	16.1%	25.0%	46	67
キズナ	3	6	5	31	6.7%	20.0%	31.1%	189	123
ダイワメジャー	3	4	1	32	7.5%	17.5%	20.0%	70	60
ローエングリン	3	1	1	12	17.6%	23.5%	29.4%	370	115
キングズベスト	3	0	1	1	60.0%	60.0%	80.0%	558	184
ノヴェリスト	3	0	0	14	17.6%	17.6%	17.6%	140	37

●騎手別　BEST **15**

騎手名	1着	2着	3着	4着以下	勝率	連対率	複勝率	単勝回収値	複勝回収値
戸崎圭太	13	1	5	41	21.7%	23.3%	31.7%	85	55
三浦皇成	8	6	8	41	12.7%	22.2%	34.9%	50	72
C．ルメール	6	9	1	19	17.1%	42.9%	45.7%	45	63
北村宏司	5	7	4	35	9.8%	23.5%	31.4%	66	92
横山武史	4	10	12	28	7.4%	25.9%	48.1%	45	85
川田将雅	4	2	2	4	33.3%	50.0%	66.7%	185	134
M．デムーロ	3	5	7	24	7.7%	20.5%	38.5%	27	68
田辺裕信	3	5	5	43	5.4%	14.3%	23.2%	41	46
菅原明良	3	5	3	33	6.8%	18.2%	25.0%	49	69
津村明秀	3	5	2	49	5.1%	13.6%	16.9%	21	39
柴田大知	3	4	3	40	6.0%	14.0%	20.0%	78	88
丸田恭介	3	3	0	14	15.0%	30.0%	30.0%	90	54
吉田豊	3	2	2	28	8.6%	14.3%	20.0%	52	63
丸山元気	3	1	2	32	7.9%	10.5%	15.8%	61	27
江田照男	3	1	1	23	10.7%	14.3%	17.9%	241	72

●厩舎別　BEST **15**

厩舎名	1着	2着	3着	4着以下	勝率	連対率	複勝率	単勝回収値	複勝回収値
国枝栄	9	4	3	23	23.1%	33.3%	41.0%	93	66
尾関知人	5	3	2	16	19.2%	30.8%	38.5%	65	97
鹿戸雄一	5	2	6	33	10.9%	15.2%	28.3%	73	51
伊藤大士	5	0	5	30	12.5%	12.5%	25.0%	144	76
池上昌和	4	7	3	12	15.4%	42.3%	53.8%	71	137
堀宣行	4	5	4	12	16.0%	36.0%	52.0%	35	129
黒岩陽一	4	2	2	16	16.7%	25.0%	33.3%	137	75
宮田敬介	4	0	1	5	40.0%	40.0%	50.0%	123	70
木村哲也	3	5	3	18	10.3%	27.6%	37.9%	38	73
上原博之	3	2	1	24	10.0%	16.7%	20.0%	96	48
田中博康	3	2	1	9	20.0%	33.3%	40.0%	152	92
青木孝文	3	0	2	13	16.7%	16.7%	27.8%	532	105
辻哲英	3	0	2	9	21.4%	21.4%	35.7%	483	179
杉山晴紀	3	0	1	2	50.0%	50.0%	66.7%	396	140
中内田充正	3	0	0	1	75.0%	75.0%	75.0%	587	187

東京　中山　阪神　中京　新潟　福島　小倉　札幌　函館

中山芝1800m

施行重賞 皐月賞（GI）、ホープフルS（GI）、弥生賞ディープインパクト記念（GII）、中山金杯（GIII）、京成杯（GIII）、紫苑S（GIII）※GII昇格申請中

父 ハーツクライはオッズ、ローテ重視で

　中山芝2000mの種牡馬ツートップとなっているのが、15勝のディープインパクトと14勝のハーツクライ。両者の成績を比較すると、好走率では前者に分があるものの、回収値では後者のほうが高い。特に勝率の差はほとんどないのに、単勝回収値はディープ63、ハーツ172と大差で、このコースでどちらが儲けやすい種牡馬であるのかは考えるまでもない。

　そのハーツクライのオッズ別成績を見ると、単勝100倍を超える産駒の好走はなく、さすがに消していい。たったこれだけの手間を加えるだけで、単勝回収値190、複勝回収値104となり、いとも簡単にプラス収支が実現する。

　出走間隔も重要なファクターだ。中3週以内の詰まった間隔で出走したハーツ産駒は【1　3　1　33】、勝率2.6%、複勝率13.2%、単勝回収値19、複勝回収値42とまったく振るわず、大幅な減点材料となる。一方、中4週以上で出てきたら【9　7　5　35】、勝率16.1%、複勝率37.5%、単勝回収値302、複勝回収値134と見違える好成績。初出走も【4　2　2　12】、勝率20.0%、複勝率40.0%、単勝回収値97、複勝回収値79と安定している。

　以上の買い条件をまとめた「中4週以上または初出走で単勝100倍以内」に合致すれば、【13　9　7　40】、勝率18.8%、複勝率42.0%、単勝回収値273、複勝回収値131。21年中山金杯1着のヒシイグアスや21年京成杯1着のグラティアスもこの条件をきっちり満たし、GIII制覇を達成している。

中山芝2000m　ハーツクライ産駒詳細データ

	1着	2着	3着	4着以下	勝率	連対率	複勝率
牡	10	6	6	57	12.7%	20.3%	27.8%
牝	4	6	2	23	11.4%	28.6%	34.3%
1番人気	4	5	1	3	30.8%	69.2%	76.9%
2～3番人気	6	2	0	16	25.0%	33.3%	33.3%
4～6番人気	2	3	3	16	8.3%	20.8%	33.3%
7～9番人気	1	2	3	20	3.8%	11.5%	23.1%
10番人気～	1	0	1	25	3.7%	3.7%	7.4%

	1着	2着	3着	4着以下	勝率	連対率	複勝率
良	11	10	6	52	13.9%	26.6%	34.2%
稍重	2	1	2	21	7.7%	11.5%	19.2%
重	1	1	0	5	14.3%	28.6%	28.6%
不良	0	0	0	2	0.0%	0.0%	0.0%
2歳	5	4	2	23	14.7%	26.5%	32.4%
3歳	7	4	5	32	14.6%	22.9%	33.3%
4歳以上	2	4	1	25	6.3%	18.8%	21.9%

父 ドゥラメンテの勝ち上がり馬

　22年ホープフルSで単勝9060円の大穴をあけたドゥラエレーデは、その名から想像できるようにドゥラメンテの産駒。ほかにもタイトルホルダーが21年弥生賞を逃げ切り、21年皐月賞でも2着に食い込むなど、中山芝2000mの重賞で軽視すると痛い目に遭いかねない。

　馬券的なポイントはクラスだ。新馬戦・未勝利戦では【3　1　3　30】、勝率8.1%、複勝率18.9%、単勝回収値42、複勝回収値33と、前述した重賞での好成績を思えば意外なほど低調な数字が並ぶ。一方、1勝クラス～オープンでは【4　6　3　18】、勝率12.9%、複勝率41.9%、単勝回収値436、複勝回収値148と圧巻。つまり、勝ち上がり済みのドゥラメンテ産駒を狙うのが肝心だ。

中山芝2000m　ドゥラメンテ産駒詳細データ

	1着	2着	3着	4着以下	勝率	連対率	複勝率
牡	7	5	5	36	13.2%	22.6%	32.1%
牝	0	2	1	12	0.0%	13.3%	20.0%
1番人気	0	1	3	1	0.0%	20.0%	80.0%
2～3番人気	2	3	1	4	20.0%	50.0%	60.0%
4～6番人気	3	1	2	16	13.6%	18.2%	27.3%
7～9番人気	1	2	0	15	5.6%	16.7%	16.7%
10番人気～	1	0	0	12	7.7%	7.7%	7.7%

	1着	2着	3着	4着以下	勝率	連対率	複勝率
良	5	6	5	40	8.9%	19.6%	28.6%
稍重	2	1	1	4	25.0%	37.5%	50.0%
重	0	0	0	3	0.0%	0.0%	0.0%
不良	0	0	0	1	0.0%	0.0%	0.0%
2歳	3	3	4	22	9.4%	18.8%	31.3%
3歳	4	4	1	23	12.5%	25.0%	28.1%
4歳以上	0	0	1	3	0.0%	0.0%	25.0%

鞍上 フルゲート以外の菅原明良騎手

　このコースでイチ押しのジョッキーが、ランキング5位の菅原明良騎手だ。なんといっても光るのが22年京成杯で、6番人気のオニャンコポンで差し切って話題を振りまいた。まだGIやGIIで通用するほどの馬は回ってきていないが、中山芝2000mのGIIIまでなら積極的に狙っていく価値がある。

　少し気になるのは、フルゲートの18頭立てで【0　0　1　10】と振るわないこと。15～17頭立てでは【4　2　2　17】、勝率16.0%、複勝率32.0%、単勝回収値202、複勝回収値104と結果を出しており、18頭立てだけダメという合理的な理由は見出しづらいものの、頭の片隅には入れておきたい。あとは、単勝100倍を超えるレベルの超人気薄でなければ、買い目に加えておきたい。

中山芝2000m　菅原明良騎手詳細データ

	1着	2着	3着	4着以下	勝率	連対率	複勝率
牡	7	7	5	32	13.7%	27.5%	37.3%
牝	0	1	3	9	0.0%	7.7%	30.8%
1番人気	0	2	2	1	0.0%	40.0%	80.0%
2～3番人気	1	3	1	3	12.5%	50.0%	62.5%
4～6番人気	5	3	2	17	18.5%	29.6%	37.0%
7～9番人気	1	0	3	5	11.1%	11.1%	44.4%
10番人気～	0	0	0	15	0.0%	0.0%	0.0%

	1着	2着	3着	4着以下	勝率	連対率	複勝率
良	6	6	4	29	13.3%	26.7%	35.6%
稍重	1	2	4	6	7.7%	23.1%	53.8%
重	0	0	0	5	0.0%	0.0%	0.0%
不良	0	0	0	1	0.0%	0.0%	0.0%
2歳	2	5	4	15	7.7%	26.9%	42.3%
3歳	3	2	1	17	13.0%	21.7%	26.1%
4歳以上	2	1	3	9	13.3%	20.0%	40.0%

テキ 鹿戸雄一厩舎の1着固定で勝負！

中山芝2000mでランキング1位の鹿戸雄一厩舎は、管理するエフフォーリアで21年皐月賞を勝利。重賞勝ちはこれが唯一だが、ほかにオープン特別を2勝しており、内容面もしっかり伴っている。派手な激走は少なく、単勝15倍を超えると16走で3着1回だけ。単勝15倍以内に限れば【10 3 3 15】、勝率32.3%、複勝率51.6%、単勝回収値226、複勝回収値91と十分なリターンを見込める。また、好走時には勝ち切りが多く、1着固定で攻めていきたい。

特に狙いたいのが、前走からマイナス馬体重で使ったときで、単勝15倍以内なら【4 1 2 3】、勝率40.0%、複勝率70.0%、単勝回収値268、複勝回収値113と有望。馬体を絞って勝負仕上げを施してきたら、迎撃態勢を整えよう。

中山芝2000m　鹿戸雄一厩舎詳細データ

	1着	2着	3着	4着以下	勝率	連対率	複勝率
牡	9	2	1	21	27.3%	33.3%	36.4%
牝	1	1	3	9	7.1%	14.3%	35.7%
1番人気	2	1	1	3	28.6%	42.9%	57.1%
2～3番人気	4	2	2	5	30.8%	46.2%	61.5%
4～6番人気	4	0	0	9	30.8%	30.8%	30.8%
7～9番人気	0	0	1	5	0.0%	0.0%	16.7%
10番人気～	0	0	0	8	0.0%	0.0%	0.0%

	1着	2着	3着	4着以下	勝率	連対率	複勝率
良	6	1	1	20	21.4%	25.0%	28.6%
稍重	3	2	2	7	21.4%	35.7%	50.0%
重	1	0	0	3	25.0%	25.0%	25.0%
不良	0	0	1	0	0.0%	0.0%	100.0%
2歳	4	2	0	6	33.3%	50.0%	50.0%
3歳	2	1	3	19	8.0%	12.0%	24.0%
4歳以上	4	0	1	5	40.0%	40.0%	50.0%

父 この父も買い！
- キングカメハメハ（平場戦【7 2 4 14】）
- モーリス（新馬戦以外【6 6 5 25】）
- エイシンフラッシュ（単勝50倍以内【5 6 3 19】）

鞍上 この鞍上も買い！
- 横山武史（単勝20倍以内【14 12 11 33】）
- 大野拓弥（単勝30倍以内【7 7 4 16】）
- 横山和生（1～5番人気【4 3 1 5】）

テキ このテキも買い！
- 国枝栄（単勝30倍以内【9 8 5 20】）
- 堀宣行（1、2番人気【6 3 2 4】）
- 手塚貴久（1～5番人気【4 6 5 9】）

父 この父は消し！
- キタサンブラック（トータル【0 1 0 19】）
- ジャスタウェイ（単勝5倍超【0 1 1 31】）
- ゴールドシップ（新馬戦【0 2 0 21】）

鞍上 この鞍上は消し！
- 津村明秀（新馬戦【0 0 0 13】）
- 内田博幸（未勝利戦以外【0 1 1 29】）
- 石川裕紀人（1～7枠【0 3 0 39】）

テキ このテキは消し！
- 矢作芳人（単勝7倍超【0 0 0 11】）
- 相沢郁（トータル【0 1 2 31】）
- 斎藤誠（トータル【0 2 1 19】）

総合成績　芝2000m

●種牡馬別　BEST 15

種牡馬名	1着	2着	3着	4着以下	勝率	連対率	複勝率	単勝回収値	複勝回収値
ディープインパクト	15	18	13	70	12.9%	28.4%	39.7%	63	85
ハーツクライ	14	12	8	80	12.3%	22.8%	29.8%	172	94
ルーラーシップ	9	8	14	75	8.5%	16.0%	29.2%	87	69
キングカメハメハ	9	4	6	29	18.8%	27.1%	39.6%	110	73
エピファネイア	8	8	11	59	9.3%	18.6%	31.4%	35	81
ハービンジャー	8	8	6	69	8.8%	17.6%	24.2%	43	46
ドゥラメンテ	7	7	6	48	10.3%	20.6%	29.4%	222	86
モーリス	6	7	5	32	12.0%	26.0%	36.0%	67	109
エイシンフラッシュ	5	6	3	35	10.2%	22.4%	28.6%	172	77
ロードカナロア	5	4	3	38	10.0%	18.0%	24.0%	78	87
キズナ	5	0	2	42	10.2%	10.2%	14.3%	88	41
オルフェーヴル	4	4	4	51	6.3%	12.7%	19.0%	30	57
スクリーンヒーロー	4	4	1	41	8.0%	16.0%	18.0%	45	40
タートルボウル	4	1	0	7	33.3%	41.7%	41.7%	137	76
ゴールドシップ	3	11	3	102	2.5%	11.8%	14.3%	48	57

●騎手別　BEST 15

騎手名	1着	2着	3着	4着以下	勝率	連対率	複勝率	単勝回収値	複勝回収値
C．ルメール	15	13	8	31	22.4%	41.8%	53.7%	53	82
横山武史	14	12	11	54	15.4%	28.6%	40.7%	82	72
戸崎圭太	10	13	10	45	12.8%	29.5%	42.3%	137	111
M．デムーロ	10	6	8	47	14.1%	22.5%	33.8%	53	67
菅原明良	7	8	8	41	10.9%	23.4%	35.9%	149	140
田辺裕信	7	7	9	49	9.7%	19.4%	31.9%	82	138
大野拓弥	7	7	4	53	9.9%	19.7%	25.4%	82	50
石橋脩	6	3	4	42	10.9%	16.4%	23.6%	35	56
横山和生	5	3	3	37	10.4%	16.7%	22.9%	143	76
丹内祐次	4	5	4	53	6.1%	13.6%	19.7%	63	88
柴田大知	4	5	3	60	5.6%	12.5%	16.7%	32	46
北村宏司	4	2	3	41	8.0%	12.0%	18.0%	39	41
武豊	4	2	3	10	21.1%	31.6%	47.4%	152	113
武藤雅	4	1	6	29	10.0%	12.5%	27.5%	289	157
三浦皇成	3	7	7	49	4.5%	15.2%	25.8%	44	70

●厩舎別　BEST 15

厩舎名	1着	2着	3着	4着以下	勝率	連対率	複勝率	単勝回収値	複勝回収値
鹿戸雄一	10	3	4	30	21.3%	27.7%	36.2%	149	78
国枝栄	9	8	5	27	18.4%	34.7%	44.9%	113	88
木村哲也	7	7	1	24	17.9%	35.9%	38.5%	82	63
堀宣行	6	4	3	18	19.4%	32.3%	41.9%	61	65
手塚貴久	4	6	6	20	11.1%	27.8%	44.4%	71	92
田村康仁	4	3	3	21	12.9%	22.6%	32.3%	68	66
田中博康	4	3	3	21	12.9%	22.6%	32.3%	65	91
武井亮	4	3	2	23	12.5%	21.9%	28.1%	59	114
小島茂之	4	3	0	21	14.3%	25.0%	25.0%	203	67
奥村武	4	2	1	20	14.8%	22.2%	25.9%	247	118
岩戸孝樹	4	0	0	11	26.7%	26.7%	26.7%	152	53
戸田博文	3	4	7	20	8.8%	20.6%	41.2%	88	98
栗田徹	3	4	1	14	13.6%	31.8%	36.4%	121	84
尾関知人	3	3	3	15	12.5%	25.0%	37.5%	39	69
高木登	3	3	3	19	10.7%	21.4%	32.1%	92	106

東京　中山　阪神　中京　新潟　福島　小倉　札幌　函館

中山芝2000m

中山 芝2200m

施行重賞：アメリカジョッキークラブC（GⅡ）、セントライト記念（GⅡ）、オールカマー（GⅡ）

父　単勝20倍以内のエピファネイア

　中山芝2200mで種牡馬ランキング4位に入ったエピファネイア。重賞は21年AJCCをアリストテレスが制しているが、それ以上に22年AJCCでオーソクレースが、22年オールカマーでデアリングタクトが、それぞれ1番人気に推されながら6着に敗れた印象のほうが強いかもしれない。

　とはいえ、トータル成績は水準以上で、すべての好走が該当する単勝20倍以内に限れば【4　1　4　11】、勝率20.0％、複勝率45.0％、単勝回収値122、複勝回収値109に上昇。また、全4勝をすべて継続騎乗したジョッキーが挙げており、乗り替わりマークの有無も確認しておくと万全の態勢が整う。

中山芝2200m　エピファネイア産駒詳細データ

	1着	2着	3着	4着以下	勝率	連対率	複勝率
牡	3	1	4	10	16.7%	22.2%	44.4%
牝	1	0	0	7	12.5%	12.5%	12.5%
1番人気	1	0	0	2	33.3%	33.3%	33.3%
2～3番人気	1	0	1	1	33.3%	33.3%	66.7%
4～6番人気	2	1	2	7	16.7%	25.0%	41.7%
7～9番人気	0	0	1	4	0.0%	0.0%	20.0%
10番人気～	0	0	0	3	0.0%	0.0%	0.0%

	1着	2着	3着	4着以下	勝率	連対率	複勝率
良	2	0	2	9	15.4%	15.4%	30.8%
稍重	1	1	2	6	10.0%	20.0%	40.0%
重	0	0	0	2	0.0%	0.0%	0.0%
不良	1	0	0	1	50.0%	50.0%	50.0%
2歳	0	0	0	0	-	-	-
3歳	3	1	4	12	15.0%	20.0%	40.0%
4歳以上	1	0	0	5	16.7%	16.7%	16.7%

鞍上　内枠の横山武史騎手

　21年はウインマリリン、22年はジェラルディーナにそれぞれ騎乗し、オールカマー連覇を達成した横山武史騎手。集計期間内7勝は頭ひとつ抜けた数で、1～3着13回も最多と、間違いなく中山芝2200mの最重要ジョッキーだ。

　横山武史騎手といえばイン突きの印象も強いが、このコースでも全7勝中6勝を1～3枠でマーク。該当馬は【6　2　0　2】、単勝回収値375、複勝回収値154と、内枠を引いたときは絶好の勝負どきとなる。一方で4～8枠を引いたときは【1　2　2　16】と凡走が目立ち、1番人気で【0　0　0　3】、1～3番人気でも【1　2　1　7】と振るわず、大幅減点せざるをえない。

中山芝2200m　横山武史騎手詳細データ

	1着	2着	3着	4着以下	勝率	連対率	複勝率
牡	4	3	1	11	21.1%	36.8%	42.1%
牝	3	1	1	7	25.0%	33.3%	41.7%
1番人気	2	1	0	3	33.3%	50.0%	50.0%
2～3番人気	4	3	1	6	28.6%	50.0%	57.1%
4～6番人気	1	0	1	3	20.0%	20.0%	40.0%
7～9番人気	0	0	0	4	0.0%	0.0%	0.0%
10番人気～	0	0	2	2	0.0%	0.0%	0.0%

	1着	2着	3着	4着以下	勝率	連対率	複勝率
良	5	3	2	11	23.8%	38.1%	47.6%
稍重	1	1	0	3	20.0%	40.0%	40.0%
重	1	0	2	1	25.0%	25.0%	25.0%
不良	0	0	0	1	0.0%	0.0%	0.0%
2歳	0	0	0	0	-	-	-
3歳	4	3	0	10	23.5%	41.2%	41.2%
4歳以上	3	1	2	8	21.4%	28.6%	42.9%

手塚貴久厩舎が抜群！

中山芝2200mでランキング1位の手塚貴久厩舎は、【5　3　2　15】、勝率20.0％、複勝率40.0％、単勝回収値246、複勝回収値190とトータル成績も抜群だ。16頭を出走させ、半分の8頭が1～3着を記録。21年セントライト記念はアサマノイタズラで9番人気1着、21年オールカマーはウインマリリンで2番人気1着、22年AJCCはマイネルファンロンで11番人気2着と、重賞でも結果を残し、まったくもって文句のつけようがない。

特に中5週以上の出走は、【4　2　2　7】、勝率26.7％、複勝率53.3％、単勝回収値372、複勝回収値298。十万馬力の手塚先生で、ラララ儲けよう。

中山芝2200m　手塚貴久厩舎詳細データ

	1着	2着	3着	4着以下	勝率	連対率	複勝率
牡	4	3	2	12	19.0%	33.3%	42.9%
牝	1	0	0	3	25.0%	25.0%	25.0%
1番人気	1	0	0	2	33.3%	33.3%	33.3%
2～3番人気	2	2	0	1	40.0%	80.0%	80.0%
4～6番人気	1	0	0	6	14.3%	14.3%	14.3%
7～9番人気	1	0	1	5	14.3%	14.3%	28.6%
10番人気～	0	1	1	1	0.0%	33.3%	66.7%

	1着	2着	3着	4着以下	勝率	連対率	複勝率
良	4	2	1	8	26.7%	40.0%	46.7%
稍重	0	0	1	3	0.0%	0.0%	25.0%
重	1	0	0	3	25.0%	25.0%	25.0%
不良	0	1	0	1	0.0%	50.0%	50.0%
2歳	0	0	0	0	-	-	-
3歳	3	2	2	8	20.0%	33.3%	46.7%
4歳以上	2	1	0	7	20.0%	30.0%	30.0%

総合成績　芝2200m

●種牡馬別　BEST 10

種牡馬名	1着	2着	3着	4着以下	勝率	連対率	複勝率	単勝回収値	複勝回収値
ディープインパクト	8	8	3	41	13.3%	26.7%	31.7%	89	65
ルーラーシップ	4	5	3	31	9.3%	20.9%	27.9%	85	71
オルフェーヴル	4	3	5	24	11.1%	19.4%	33.3%	80	81
エピファネイア	4	1	4	17	15.4%	19.2%	34.6%	94	83
キングカメハメハ	4	0	1	14	21.1%	21.1%	26.3%	74	54
ゴールドシップ	3	10	5	38	5.4%	23.2%	32.1%	17	146
モーリス	3	1	3	15	13.6%	18.2%	31.8%	130	90
ノヴェリスト	3	0	2	5	30.0%	30.0%	50.0%	141	94
ロードカナロア	3	0	0	9	25.0%	25.0%	25.0%	116	50
ハーツクライ	2	3	3	36	4.5%	11.4%	18.2%	47	43

●騎手別　BEST 10

騎手名	1着	2着	3着	4着以下	勝率	連対率	複勝率	単勝回収値	複勝回収値
横山武史	7	4	2	18	22.6%	35.5%	41.9%	134	84
戸崎圭太	4	6	2	14	15.4%	38.5%	46.2%	64	68
田辺裕信	4	5	3	19	12.9%	29.0%	38.7%	226	101
石橋脩	4	2	3	18	14.8%	22.2%	33.3%	149	75
C.ルメール	3	4	4	12	13.0%	30.4%	47.8%	58	85
川田将雅	3	1	2	6	25.0%	33.3%	50.0%	58	69
大野拓弥	3	0	2	26	9.7%	9.7%	16.1%	50	28
津村明秀	2	4	2	16	8.3%	25.0%	33.3%	47	100
M.デムーロ	2	3	6	14	8.0%	20.0%	44.0%	108	112
横山典弘	2	3	2	12	10.5%	26.3%	36.8%	60	86

●厩舎別　BEST 10

厩舎名	1着	2着	3着	4着以下	勝率	連対率	複勝率	単勝回収値	複勝回収値
手塚貴久	5	3	2	15	20.0%	32.0%	40.0%	246	190
堀宣行	5	1	5	17	17.9%	21.4%	39.3%	88	64
黒岩陽一	4	0	1	3	50.0%	50.0%	62.5%	347	131
戸田博文	3	0	2	12	17.6%	17.6%	29.4%	90	58
矢野英一	2	3	0	4	22.2%	55.6%	55.6%	60	75
大竹正博	2	2	1	8	15.4%	30.8%	38.5%	40	53
宗像義忠	2	2	1	8	15.4%	30.8%	38.5%	50	99
奥村武	2	2	0	9	15.4%	30.8%	30.8%	213	68
安田翔伍	2	0	0	4	33.3%	33.3%	33.3%	190	83
高橋祥泰	1	3	1	8	7.7%	30.8%	38.5%	18	396

中山芝2200m

中山 NAKAYAMA 芝2500m

施行重賞 有馬記念（GI）、日経賞（GII）

父 ハーツクライの重賞以外の特別戦

種牡馬ランキングの上位で目につくのは、ハーツクライの単勝回収値170、複勝回収値203である。好走率はそこまで高いわけではないが、全部で9回あった1〜3着のうち、半数以上の5回は6番人気以下と激走の多さが目立つ。

また、上位人気を含め、好走の多くを特別戦で記録しているのも特徴で、該当馬は【3　2　3　19】、勝率11.1％、複勝率29.6％、単勝回収値208、複勝回収値234の好成績。ただし、重賞に限ると【0　0　0　5】という結果に終わっており、「条件クラスの特別戦」で買うのがポイントだ。19年有馬記念でリスグラシューが圧勝した印象も残るが、すでに過去の出来事と心得たい。

中山芝2500m　ハーツクライ産駒詳細データ

	1着	2着	3着	4着以下	勝率	連対率	複勝率
牡	2	1	1	15	10.5%	15.8%	21.1%
牝	1	1	3	9	7.1%	14.3%	35.7%
1番人気	0	0	0	0	-	-	-
2〜3番人気	1	1	2	3	14.3%	28.6%	57.1%
4〜6番人気	0	0	1	8	0.0%	0.0%	11.1%
7〜9番人気	1	0	1	5	14.3%	14.3%	28.6%
10番人気〜	1	1	0	8	10.0%	20.0%	20.0%

	1着	2着	3着	4着以下	勝率	連対率	複勝率
良	1	2	3	17	4.3%	13.0%	26.1%
稍重	1	0	1	6	12.5%	12.5%	25.0%
重	1	0	0	1	50.0%	50.0%	50.0%
不良	0	0	0	0	-	-	-
2歳	0	0	0	0	-	-	-
3歳	2	0	0	3	40.0%	40.0%	40.0%
4歳以上	1	2	4	21	3.6%	10.7%	25.0%

鞍上 C.ルメール騎手の継続騎乗

20年はフィエールマン、21年はクロノジェネシスでそれぞれ3着。22年はイクイノックスで1着と、集計期間内の有馬記念ですべて好走したC.ルメール騎手。その実績が物語るように、中山芝2500mはトータル【5　1　3　3】、勝率41.7％、複勝率75.0％、単勝回収値140、複勝回収値117の得意コースで、なかでも継続騎乗した場合は【4　0　0　1】と大体勝ち切る。よほど気に入らない馬でもない限り、消して得することはないだろう。

ほかに、単勝回収値982の横山和生騎手も要注意。21、22年と有馬記念で2年連続凡走のタイトルホルダーの印象に引きづられると、痛い目に遭うぞ。

中山芝2500m　C.ルメール騎手詳細データ

	1着	2着	3着	4着以下	勝率	連対率	複勝率
牡	5	1	1	3	50.0%	60.0%	70.0%
牝	0	0	2	0	0.0%	0.0%	100.0%
1番人気	4	1	0	1	66.7%	83.3%	83.3%
2〜3番人気	0	0	3	1	0.0%	0.0%	75.0%
4〜6番人気	1	0	0	1	50.0%	50.0%	50.0%
7〜9番人気	0	0	0	0	-	-	-
10番人気〜	0	0	0	0	-	-	-

	1着	2着	3着	4着以下	勝率	連対率	複勝率
良	4	1	3	2	40.0%	50.0%	80.0%
稍重	1	0	0	1	50.0%	50.0%	50.0%
重	0	0	0	0	-	-	-
不良	0	0	0	0	-	-	-
2歳	0	0	0	0	-	-	-
3歳	1	0	0	0	100.0%	100.0%	100.0%
4歳以上	4	1	3	3	36.4%	45.5%	72.7%

058

中7週以上の木村哲也厩舎

　安定感でいえばランキング3位の木村哲也厩舎が間違いない。22年有馬記念を制したイクイノックスを筆頭に、1～3着5回をすべて異なる馬で記録。単勝10倍以内なら【2 1 2 1】、勝率33.3%、複勝率83.3%、単勝回収値88、複勝回収値133と、相当に手堅い軸馬になってくれる。また、すべての好走を、中7週以上のローテーションでマークしたことも付記しておきたい。

　もちろん、唯一の3勝厩舎となった中野栄治厩舎も忘れてはならない。この3勝を別の馬で挙げており、1、2番人気なら【3 0 1 0】と鉄板級。24年2月に定年予定で、本書刊行から1年あまりがラストチャンスとなる。

中山芝2500m　木村哲也厩舎詳細データ

	1着	2着	3着	4着以下	勝率	連対率	複勝率
牡	2	1	0	1	50.0%	75.0%	75.0%
牝	0	0	2	2	0.0%	0.0%	50.0%
1番人気	2	1	0	0	66.7%	100.0%	100.0%
2～3番人気	0	0	1	0	0.0%	0.0%	100.0%
4～6番人気	0	0	1	1	0.0%	0.0%	50.0%
7～9番人気	0	0	0	2	0.0%	0.0%	0.0%
10番人気～	0	0	0	0	-	-	-

	1着	2着	3着	4着以下	勝率	連対率	複勝率
良	2	1	2	2	28.6%	42.9%	71.4%
稍重	0	0	0	1	0.0%	0.0%	0.0%
重	0	0	0	0	-	-	-
不良	0	0	0	0	-	-	-
2歳	0	0	0	0	-	-	-
3歳	1	1	1	2	20.0%	40.0%	60.0%
4歳以上	1	0	1	1	33.3%	33.3%	66.7%

総合成績　芝2500m

●種牡馬別　BEST 10

種牡馬名	1着	2着	3着	4着以下	勝率	連対率	複勝率	単勝回収値	複勝回収値
エピファネイア	4	1	0	7	33.3%	41.7%	41.7%	82	55
ディープインパクト	3	4	7	44	5.2%	12.1%	24.1%	15	51
ハーツクライ	3	2	4	24	9.1%	15.2%	27.3%	170	203
ゴールドシップ	2	3	0	16	9.5%	23.8%	23.8%	21	45
ジャスタウェイ	2	2	0	5	22.2%	44.4%	44.4%	51	56
トーセンラー	2	0	0	0	100.0%	100.0%	100.0%	1680	445
ヴィクトワールピサ	1	1	0	5	14.3%	28.6%	28.6%	44	38
ドゥラメンテ	1	1	0	6	12.5%	25.0%	25.0%	20	30
ナカヤマフェスタ	1	1	0	4	16.7%	33.3%	33.3%	41	56
スクリーンヒーロー	1	1	0	3	20.0%	40.0%	40.0%	170	100

●騎手別　BEST 10

騎手名	1着	2着	3着	4着以下	勝率	連対率	複勝率	単勝回収値	複勝回収値
C.ルメール	5	1	3	3	41.7%	50.0%	75.0%	140	117
横山典弘	4	1	0	7	33.3%	41.7%	41.7%	117	57
横山和生	3	2	1	4	30.0%	50.0%	60.0%	982	285
田辺裕信	3	0	4	9	18.8%	18.8%	43.8%	206	109
戸崎圭太	2	4	2	6	14.3%	42.9%	57.1%	42	95
横山武史	2	1	3	12	11.1%	16.7%	33.3%	58	56
津村明秀	2	0	2	13	11.8%	11.8%	23.5%	84	46
大野拓弥	2	0	0	17	10.5%	10.5%	10.5%	25	12
北村友一	2	0	0	2	50.0%	50.0%	50.0%	162	80
丹内祐次	1	2	0	12	6.7%	20.0%	20.0%	22	39

●厩舎別　BEST 10

厩舎名	1着	2着	3着	4着以下	勝率	連対率	複勝率	単勝回収値	複勝回収値
中野栄治	3	0	1	3	42.9%	42.9%	57.1%	114	72
国枝栄	2	3	1	11	11.8%	29.4%	35.3%	31	59
木村哲也	2	1	2	3	25.0%	37.5%	62.5%	66	100
久保田貴士	2	0	2	5	22.2%	22.2%	44.4%	46	60
栗田徹	2	0	0	6	25.0%	25.0%	25.0%	373	76
上原博之	2	0	0	3	40.0%	40.0%	40.0%	544	102
堀宣行	1	2	0	9	8.3%	25.0%	25.0%	15	53
田村康仁	1	1	0	5	14.3%	28.6%	28.6%	32	31
鹿戸雄一	1	1	0	1	33.3%	66.7%	66.7%	70	96
小西一男	1	1	0	0	50.0%	100.0%	100.0%	125	170

施行重賞 カペラS（GⅢ）

父 良馬場のヘニーヒューズ

　中山ダート1200mで最多の37勝をマークしたヘニーヒューズ。トータル成績も【37 16 17 158】、勝率16.2％、複勝率30.7％、単勝回収値96、複勝回収値75となかなか優秀。ここから、63走して勝ち鞍がなかった単勝30倍超を消せば、【37 15 16 97】、勝率22.4％、複勝率41.2％、単勝回収値133、複勝回収値89と、ますます数字を上げてくる。

　オッズではなく人気別で言えば、1番人気で【16 0 5 5】、勝率61.5％、複勝率80.8％、単勝回収値143、複勝回収値106と抜群に勝ち切ってくる。また、2番人気も【8 4 2 8】、勝率36.4％、複勝率63.6％、単勝回収値145、複勝回収値101と、平均的な1番人気と同等以上の数字が並ぶ。3番人気や4番人気の成績も水準以上で、上位人気時の信頼性は相当に高い。

　注意すべきは馬場状態で、稍重～不良では【8 6 5 71】、勝率8.9％、複勝率21.1％、単勝回収値42、複勝回収値40と大幅ダウン。それでも、1～4番人気なら【8 5 4 13】、勝率26.7％、複勝率56.7％、単勝回収値126、複勝回収値101と大丈夫だが、5番人気以下は【0 1 1 58】と絶望的。湿った馬場になったら、ヘニーヒューズの穴はあきらめたほうがいい。

　一方、良馬場は【29 10 12 87】、勝率21.0％、複勝率37.0％、単勝回収値131、複勝回収値97。5番人気以下も【7 5 4 66】、勝率8.5％、複勝率19.5％、単勝回収値138、複勝回収値98と、激走を期待するなら良馬場に限る。

中山ダ1200m　ヘニーヒューズ産駒詳細データ

	1着	2着	3着	4着以下	勝率	連対率	複勝率
牡	22	5	14	77	18.6%	22.9%	34.7%
牝	15	11	3	81	13.6%	23.6%	26.4%
1番人気	16	0	5	5	61.5%	61.5%	80.8%
2～3番人気	11	9	5	19	25.0%	45.5%	56.8%
4～6番人気	7	5	4	44	11.7%	20.0%	26.7%
7～9番人気	3	0	3	40	6.5%	6.5%	13.0%
10番人気～	0	2	0	50	0.0%	3.8%	3.8%

	1着	2着	3着	4着以下	勝率	連対率	複勝率
良	29	10	12	87	21.0%	28.3%	37.0%
稍重	5	4	2	48	8.5%	15.3%	18.6%
重	3	1	2	17	13.0%	17.4%	26.1%
不良	0	1	1	6	0.0%	12.5%	25.0%
2歳	6	3	6	20	17.1%	25.7%	42.9%
3歳	22	5	5	57	24.7%	30.3%	36.0%
4歳以上	9	8	6	81	8.7%	16.3%	22.1%

父 リオンディーズはベタ買いでOK！

　わずか5戦で現役を退いたリオンディーズ。その真の適性がどこにあったのかは想像するしかないが、種牡馬として中山ダート1200mを得意としているのは意表を突く。トータルで【13　6　4　34】、勝率22.8%、複勝率40.4%、単勝回収値332、複勝回収値133。特定の数頭が好走しまくったわけではなく、異なる10頭が勝ち鞍を挙げており、信憑性はしっかり担保されている。

　あらゆる条件で、と言っても過言ないほど、どんな切り口をとっても優秀な数値が現れ、明確な取捨の基準を見つけるのに苦労するほど。単勝ベタ買いでも5回に1回は当たり、資金3倍になるのだから、無理に消す必要もないだろう。9走すべて凡走の単勝100倍超を除き、とりあえず買っておいて問題ない。

中山ダ1200m　リオンディーズ産駒詳細データ

	1着	2着	3着	4着以下	勝率	連対率	複勝率
牡	5	2	2	15	20.8%	29.2%	37.5%
牝	8	4	2	19	24.2%	36.4%	42.4%
1番人気	3	1	0	3	42.9%	57.1%	57.1%
2～3番人気	6	1	2	7	37.5%	43.8%	56.3%
4～6番人気	2	4	0	5	18.2%	54.5%	54.5%
7～9番人気	1	0	1	5	14.3%	14.3%	28.6%
10番人気～	1	0	1	14	6.3%	6.3%	12.5%

	1着	2着	3着	4着以下	勝率	連対率	複勝率
良	8	3	3	19	24.2%	33.3%	42.4%
稍重	3	3	1	11	16.7%	33.3%	38.9%
重	1	0	0	3	25.0%	25.0%	25.0%
不良	1	0	0	1	50.0%	50.0%	50.0%
2歳	2	0	2	13	11.8%	11.8%	23.5%
3歳	8	6	2	18	23.5%	41.2%	47.1%
4歳以上	3	0	0	3	50.0%	50.0%	50.0%

鞍上 平場戦の田辺裕信騎手

　ランキング2位の22勝を挙げた田辺裕信騎手は、単複の回収値も90台となかなか優秀。ここからどのようにプラス収支に持っていくかだが、わかりやすいのは平場戦で狙うこと。【21　16　10　64】、勝率18.9%、複勝率42.3%、単勝回収値118、複勝回収値106と、あっさりと単複100オーバーの回収値が実現する。対して特別戦では【1　0　5　24】、勝率3.3%、複勝率20.0%、単勝回収値12、複勝回収値41と、連対も困難になってしまう。午前中ないしは午後の早い時間帯までに勝負を決めてしまいたい。

　そのほか、加藤士津八厩舎で【4　3　1　5】、中舘英二厩舎で【4　0　1　5】と結果を出しており、お得意先からのアプローチも効果的だ。

中山ダ1200m　田辺裕信騎手詳細データ

	1着	2着	3着	4着以下	勝率	連対率	複勝率
牡	15	12	7	62	15.6%	28.1%	35.4%
牝	7	4	8	26	15.6%	24.4%	42.2%
1番人気	10	4	1	9	41.7%	58.3%	62.5%
2～3番人気	8	6	3	15	25.0%	43.8%	53.1%
4～6番人気	3	4	8	33	6.3%	14.6%	31.3%
7～9番人気	1	1	3	20	4.0%	8.0%	20.0%
10番人気～	0	1	0	11	0.0%	8.3%	8.3%

	1着	2着	3着	4着以下	勝率	連対率	複勝率
良	16	11	12	53	17.4%	29.3%	42.4%
稍重	4	4	3	22	12.1%	24.2%	33.3%
重	2	0	0	11	15.4%	15.4%	15.4%
不良	0	1	0	2	0.0%	33.3%	33.3%
2歳	6	2	1	9	33.3%	44.4%	50.0%
3歳	12	9	7	33	19.7%	34.4%	45.9%
4歳以上	4	5	7	46	6.5%	14.5%	25.8%

中山ダ1200m

テキ # 中舘英二厩舎を堅軸に

　僅差の争いを一歩抜け出してランキング１位に輝いたのは中舘英二厩舎。トータル成績は【13　10　1　48】、勝率18.1％、複勝率33.3％、単勝回収値136、複勝回収値71というもので、馬連の軸として狙いつつ、勝ち切れる条件であれば馬単や３連単の１着づけで攻めてもいい。

　オッズ的には単勝30倍を超えると馬券絡みがなく、これは消し。また、２歳は【１　０　０　８】と大半が凡走に終わり、唯一の好走も１番人気の順当勝ちにすぎない。これらを除いた「３歳以上で単勝30倍以内」の条件に該当すれば、【12　10　1　18】、勝率29.3％、複勝率56.1％、単勝回収値232、複勝回収値121。馬連で頼りになり、１着づけも狙える、最高の狙い目が完成した。

中山ダ1200m　中舘英二厩舎詳細データ

	1着	2着	3着	4着以下	勝率	連対率	複勝率
牡	9	5	0	27	22.0%	34.1%	34.1%
牝	4	5	1	21	12.9%	29.0%	32.3%
1番人気	6	1	1	4	50.0%	58.3%	66.7%
2〜3番人気	2	7	0	8	11.8%	52.9%	52.9%
4〜6番人気	4	2	0	8	28.6%	42.9%	42.9%
7〜9番人気	1	0	0	10	9.1%	9.1%	9.1%
10番人気〜	0	0	0	18	0.0%	0.0%	0.0%

	1着	2着	3着	4着以下	勝率	連対率	複勝率
良	10	4	1	32	21.3%	29.8%	31.9%
稍重	2	6	0	7	13.3%	53.3%	53.3%
重	1	0	0	7	12.5%	12.5%	12.5%
不良	0	0	0	0	0.0%	0.0%	0.0%
2歳	1	0	0	8	11.1%	11.1%	11.1%
3歳	7	2	1	19	24.1%	31.0%	34.5%
4歳以上	5	8	0	21	14.7%	38.2%	38.2%

父 **この父も買い！** ▶▶▶
- アジアエクスプレス（単勝50倍以内【14　18　10　54】）
- キンシャサノキセキ（新馬戦・未勝利戦【11　3　9　39】）
- ディスクリートキャット（単勝15倍以内【9　8　6　15】）

鞍上 **この鞍上も買い！** ▶▶▶
- 三浦皇成（単勝10倍以内【24　9　16　41】）
- 江田照男（単勝50倍以内【15　11　12　74】）
- 小林脩斗（単勝100倍以内【13　11　2　80】）

テキ **このテキも買い！** ▶▶▶
- 武藤善則（単勝15倍以内【11　4　5　21】）
- 竹内正洋（単勝30倍以内【8　8　8　40】）
- 斎藤誠（中5週以上【5　4　2　33】）

父 **この父は消し！** ▶▶▶
- ダンカーク（4番人気以下【0　0　3　47】）
- マクフィ（1〜6枠【0　1　0　38】）
- スマートファルコン（2、3歳【0　1　2　21】）

鞍上 **この鞍上は消し！** ▶▶▶
- 丹内祐次（1、2枠【0　1　0　25】）
- 岩田望来（トータル【0　2　0　20】）
- 永野猛蔵（単勝7倍超【0　3　4　95】）

テキ **このテキは消し！** ▶▶▶
- 和田正一郎（3番人気以下【0　0　1　33】）
- 清水英克（中4週以上【0　1　0　41】）
- 伊藤大士（未勝利戦以外【0　1　3　40】）

総合成績　ダ1200m

●種牡馬別　BEST 15

種牡馬名	1着	2着	3着	4着以下	勝率	連対率	複勝率	単勝回収値	複勝回収値
ヘニーヒューズ	37	16	17	158	16.2%	23.2%	30.7%	96	75
キンシャサノキセキ	18	10	22	147	9.1%	14.2%	25.4%	84	99
アジアエクスプレス	14	19	10	84	11.0%	26.0%	33.9%	78	100
ロードカナロア	14	6	11	102	10.5%	15.0%	23.3%	105	65
リオンディーズ	13	6	4	34	22.8%	33.3%	40.4%	332	133
サウスヴィグラス	11	17	15	150	5.7%	14.5%	22.3%	22	83
ディスクリートキャット	9	8	6	61	10.7%	20.2%	27.4%	47	48
アポロキングダム	9	6	6	40	14.8%	24.6%	34.4%	100	87
パイロ	9	3	8	88	8.3%	11.1%	18.5%	55	64
モーリス	9	2	3	42	16.1%	19.6%	25.0%	305	84
カレンブラックヒル	8	9	2	59	10.3%	21.8%	24.4%	249	90
シニスターミニスター	8	4	10	88	7.3%	10.9%	20.0%	96	102
ダイワメジャー	7	6	5	60	9.0%	16.7%	23.1%	83	64
スズカコーズウェイ	6	8	6	35	10.9%	25.5%	36.4%	34	125
ザファクター	6	2	9	39	10.7%	14.3%	30.4%	118	94

●騎手別　BEST 15

騎手名	1着	2着	3着	4着以下	勝率	連対率	複勝率	単勝回収値	複勝回収値
三浦皇成	24	13	19	95	15.9%	24.5%	37.1%	61	77
田辺裕信	22	16	15	88	15.6%	27.0%	37.6%	96	92
戸崎圭太	19	16	9	81	15.2%	28.0%	35.2%	74	69
横山武史	18	12	21	107	11.4%	19.0%	32.3%	83	89
Ｃ．ルメール	16	6	11	45	20.5%	28.2%	42.3%	66	68
江田照男	15	12	14	150	7.9%	14.1%	21.5%	82	86
大野拓弥	14	5	12	140	8.2%	11.1%	18.1%	46	46
小林脩斗	13	11	2	134	8.1%	15.0%	16.3%	214	67
石橋脩	12	22	13	74	9.9%	28.1%	38.8%	41	86
永野猛蔵	12	8	8	107	8.9%	14.8%	20.7%	30	46
石川裕紀人	11	11	7	129	7.0%	13.9%	18.4%	33	72
菅原明良	10	11	9	117	6.8%	14.3%	20.4%	64	77
横山和生	10	5	7	105	7.9%	11.8%	17.3%	48	51
丸山元気	9	16	12	100	6.6%	18.2%	27.0%	63	88
Ｍ．デムーロ	9	14	10	64	9.3%	23.7%	34.0%	82	83

●厩舎別　BEST 15

厩舎名	1着	2着	3着	4着以下	勝率	連対率	複勝率	単勝回収値	複勝回収値
中舘英二	13	10	1	48	18.1%	31.9%	33.3%	136	71
伊藤圭三	12	15	10	85	9.8%	22.1%	30.3%	37	95
武藤善則	12	5	6	86	11.0%	15.6%	21.1%	110	48
矢野英一	10	10	6	69	10.5%	21.1%	27.4%	59	81
田島俊明	10	5	4	90	9.2%	13.8%	17.4%	52	35
竹内正洋	9	9	9	62	10.1%	20.2%	30.3%	164	106
斎藤誠	9	5	6	53	12.3%	19.2%	27.4%	444	160
加藤士津八	8	6	8	39	13.1%	23.0%	36.1%	64	98
宮田敬介	8	1	6	21	22.2%	25.0%	41.7%	99	129
水野貴広	7	8	5	69	7.9%	16.9%	22.5%	350	111
小野次郎	7	4	3	50	10.9%	17.2%	21.9%	69	47
加藤征弘	7	3	6	52	10.3%	14.7%	23.5%	54	70
相沢郁	7	2	4	27	17.5%	22.5%	32.5%	109	110
鈴木伸尋	6	10	8	60	7.1%	19.0%	28.6%	136	129
萱野浩二	6	8	9	68	6.6%	15.4%	25.3%	45	154

中山ダ1200m

施行重賞　マーチS（GⅢ）

父　回収値重視でシニスターミニスター

　種牡馬ランキングはかなりの混戦で、どれを選ぶべきか非常に悩ましい。そのなかから、中山ダート1800mでもっとも安定して儲けやすい種牡馬と判断したのが、5位のシニスターミニスターである。

　トータル成績は【13　16　8　86】、勝率10.6％、複勝率30.1％、単勝回収値118、複勝回収値101。1着より2着の数が多く、若干の詰めの甘さは有するものの、ランキング1～15位の種牡馬では唯一、単複両方で100を上回る回収値を記録している。さらに、34走で3着が1回しかない単勝50倍超を切り落とすだけで、【13　16　7　53】、勝率14.6％、複勝率40.4％、単勝回収値163、複勝回収値122と、ますます儲けやすくなってくる。

　牡牝の差も見逃せないところ。先に若干詰めが甘いことを指摘したが、牡馬に限れば【9　5　6　52】と、好走時にはアタマを獲れる。となると、勝ち切れないのは牝馬ということになり、実際に【4　11　2　34】と2着の山を築いている。複勝率の比較で言えば、牡馬27.8％、牝馬33.3％となっており、決して牝馬がダメというわけではない。ただ、牡馬は勝ち切りが多く、牝馬は2着に取りこぼしがち。その傾向の違いを買い目に反映させていきたい。

　最後にもうひとつ、前走6着以下馬が【7　9　2　47】、勝率10.8％、複勝率27.7％、単勝回収値145、複勝回収値130と、しばしば巻き返して馬券に絡んでくることも押さえておきたい。

中山ダ1800m　シニスターミニスター産駒詳細データ

	1着	2着	3着	着以下	勝率	連対率	複勝率
牡	9	5	6	52	12.5%	19.4%	27.8%
牝	4	11	2	34	7.8%	29.4%	33.3%
1番人気	2	4	2	0	25.0%	75.0%	100.0%
2～3番人気	5	3	1	10	26.3%	42.1%	47.4%
4～6番人気	4	5	4	19	12.5%	28.1%	40.6%
7～9番人気	1	4	0	23	3.6%	17.9%	17.9%
10番人気～	1	0	1	34	2.8%	2.8%	5.6%

	1着	2着	3着	着以下	勝率	連対率	複勝率
良	10	9	7	53	12.7%	24.1%	32.9%
稍重	1	4	0	15	5.0%	25.0%	25.0%
重	0	2	0	15	0.0%	11.8%	11.8%
不良	2	1	1	3	28.6%	42.9%	57.1%
2歳	2	3	3	21	6.9%	17.2%	27.6%
3歳	7	10	4	39	11.9%	28.8%	33.9%
4歳以上	4	3	2	26	11.4%	20.0%	25.7%

3歳以上のキズナ

新しめの種牡馬ではキズナが面白い。トータル成績は【13 5 7 75】、勝率13.0%、複勝率25.0%、単勝回収値205、複勝回収値98。好走時は勝ち切る傾向がある。この単勝回収値が示す通り、激走を多発しており、全13勝のうち半数以上の7勝を単勝10倍以上の産駒がマーク。単勝100倍超の好走はないので、単勝10～100倍で【7 1 5 42】、勝率12.7%、複勝率23.6%、単勝回収値338、複勝回収値143というのがボリュームゾーンになっている。

気をつけたいのは、2歳は【0 0 1 11】とサッパリ走らないこと。3歳以上であればオッズを問わず【13 5 6 64】、勝率14.8%、複勝率27.3%、単勝回収値233、複勝回収値109で、ここを狙うのも手っ取り早い。

中山ダ1800m　キズナ産駒詳細データ

	1着	2着	3着	4着以下	勝率	連対率	複勝率
牡	7	2	5	41	12.7%	16.4%	25.5%
牝	6	3	2	34	13.3%	20.0%	24.4%
1番人気	4	1	0	1	66.7%	83.3%	83.3%
2～3番人気	2	2	2	15	9.5%	19.0%	28.6%
4～6番人気	5	2	4	16	18.5%	25.9%	40.7%
7～9番人気	0	0	0	12	0.0%	0.0%	0.0%
10番人気～	2	0	1	31	5.9%	5.9%	8.8%

	1着	2着	3着	4着以下	勝率	連対率	複勝率
良	8	2	5	50	12.3%	15.4%	23.1%
稍重	3	1	1	13	16.7%	22.2%	27.8%
重	1	2	1	6	10.0%	30.0%	40.0%
不良	1	0	0	6	14.3%	14.3%	14.3%
2歳	0	0	1	11	0.0%	0.0%	8.3%
3歳	8	2	4	49	12.5%	15.6%	23.4%
4歳以上	5	3	2	15	20.8%	33.3%	37.5%

石橋脩騎手は多頭数に強し

集計期間内に20勝以上を挙げたランキング1～4位のジョッキーは、いずれも回収値が標準レベルにとどまる。そこで目をつけたのが5位の石橋脩騎手で、トータル成績は【18 11 11 93】、勝率13.5%、複勝率30.1%、単勝回収値103、複勝回収値86。重賞のマーチSでも、20年にクリンチャーで4番人気2着、21年にレピアーウィットで6番人気1着と、2年連続好走を果たした。

満遍なく好走しており、際立った買い条件が意外と見つからないものの、フルゲートの16頭立てや15頭立ての多頭数に強いのはひとつの特徴。オッズを絡めた「15、16頭立てで単勝50倍以内」なら【13 8 8 52】、勝率16.0%、複勝率35.8%、単勝回収値145、複勝回収値119で、これは狙ってみたい。

中山ダ1800m　石橋脩騎手詳細データ

	1着	2着	3着	4着以下	勝率	連対率	複勝率
牡	14	10	8	78	12.7%	21.8%	29.1%
牝	4	1	3	15	17.4%	21.7%	34.8%
1番人気	6	0	0	2	75.0%	75.0%	75.0%
2～3番人気	4	7	5	14	13.3%	36.7%	53.3%
4～6番人気	7	2	1	31	17.1%	22.0%	24.4%
7～9番人気	1	1	4	20	3.8%	7.7%	23.1%
10番人気～	0	1	1	26	0.0%	3.6%	7.1%

	1着	2着	3着	4着以下	勝率	連対率	複勝率
良	9	8	7	59	10.8%	20.5%	28.9%
稍重	7	3	2	25	18.9%	27.0%	32.4%
重	2	0	0	6	25.0%	25.0%	25.0%
不良	0	0	2	3	0.0%	0.0%	40.0%
2歳	2	3	2	12	10.5%	26.3%	36.8%
3歳	9	2	5	44	15.0%	18.3%	26.7%
4歳以上	7	6	4	37	13.0%	24.1%	31.5%

テキ # 1番人気の中舘英二厩舎

　ダントツの21勝をマークし、勝率15.7%、単勝回収値113も優秀な中舘英二厩舎以外を取り上げたら読者に申し訳が立たない。特定の馬が荒稼ぎしたわけでもなく、最高でも各馬2勝までと分散しており、厩舎そのものの得意コースと判断してまず間違いあるまい。

　鉄板級の条件がふたつあるので、それらを紹介しておきたい。まず、C.ルメール騎手を起用してきたら【4　1　0　0】。また、騎手を問わず1番人気に推されていたら【9　2　0　1】。意外性には乏しいが、とにかく確実なのは間違いない。一方、消し材料としては、初出走の【1　1　1　15】、勝率5.6%、複勝率16.7%、単勝回収値18、複勝回収値24を挙げておく。

中山ダ1800m　中舘英二厩舎詳細データ

	1着	2着	3着	4着以下	勝率	連対率	複勝率
牡	16	13	6	61	16.7%	30.2%	36.5%
牝	5	2	4	27	13.2%	18.4%	28.9%
1番人気	9	2	0	1	75.0%	91.7%	91.7%
2〜3番人気	7	6	3	19	20.0%	37.1%	45.7%
4〜6番人気	2	6	3	26	5.4%	21.6%	29.7%
7〜9番人気	3	0	3	23	10.3%	10.3%	20.7%
10番人気〜	0	1	1	19	0.0%	4.8%	9.5%

	1着	2着	3着	4着以下	勝率	連対率	複勝率
良	14	5	7	53	17.7%	24.1%	32.9%
稍重	5	6	1	19	16.1%	35.5%	38.7%
重	0	3	2	8	0.0%	23.1%	38.5%
不良	2	1	0	8	18.2%	27.3%	27.3%
2歳	4	3	1	18	15.4%	26.9%	30.8%
3歳	10	10	4	48	13.9%	27.8%	33.3%
4歳以上	7	2	5	22	19.4%	25.0%	38.9%

父 この**父**も**買い**！
- クロフネ（平場戦【14　12　13　75】）
- ドゥラメンテ（単勝20倍以内【14　8　5　42】）
- パイロ（単勝15倍以内【12　8　4　24】）

鞍上 この**鞍上**も**買い**！
- 横山武史（単勝20倍以内【33　27　13　90】）
- 三浦皇成（単勝20倍以内【23　21　18　61】）
- C.ルメール（8枠【10　5　1　5】）

テキ この**テキ**も**買い**！
- 栗田徹（中4週以上【8　2　3　21】）
- 田村康仁（単勝30倍以内【11　11　3　46】）
- 池上昌和（平場戦【9　10　8　42】）

父 この**父**は**消し**！
- ダイワメジャー（1〜4枠【0　0　2　23】）
- フリオーソ（7、8枠【0　0　1　21】）
- モーリス（単勝7倍超【0　2　0　33】）

鞍上 この**鞍上**は**消し**！
- 横山琉人（5〜8枠【0　0　0　40】）
- 永野猛蔵（7、8枠【0　0　0　25】）
- 津村明秀（2歳【1　1　3　22】）

テキ この**テキ**は**消し**！
- 和田正一郎（トータル【0　0　0　35】）
- 伊藤大士（トータル【0　1　0　33】）
- 手塚貴久（単勝4倍超【0　1　2　43】）

総合成績　ダ1800m

●種牡馬別　BEST 15

種牡馬名	1着	2着	3着	4着以下	勝率	連対率	複勝率	単勝回収値	複勝回収値
キングカメハメハ	16	17	8	99	11.4%	23.6%	29.3%	186	75
ヘニーヒューズ	16	13	17	96	11.3%	20.4%	32.4%	73	76
クロフネ	14	14	13	94	10.4%	20.7%	30.4%	77	101
ドゥラメンテ	14	8	5	68	14.7%	23.2%	28.4%	82	60
シニスターミニスター	13	16	8	86	10.6%	23.6%	30.1%	118	101
キズナ	13	5	7	75	13.0%	18.0%	25.0%	205	98
ハーツクライ	12	11	8	93	9.7%	18.5%	25.0%	95	64
パイロ	12	11	6	69	12.2%	23.5%	29.6%	72	69
ホッコータルマエ	12	5	6	79	11.8%	16.7%	22.5%	94	90
スクリーンヒーロー	11	8	12	69	11.0%	19.0%	31.0%	80	66
ロードカナロア	11	5	3	65	13.1%	19.0%	22.6%	73	57
エスケンデレヤ	10	10	5	79	9.6%	19.2%	24.0%	86	115
エスポワールシチー	10	7	6	49	13.9%	23.6%	31.9%	71	170
ゴールドアリュール	9	8	6	67	10.0%	18.9%	25.6%	94	81
ジャスタウェイ	9	7	10	88	7.9%	14.0%	22.8%	42	42

●騎手別　BEST 15

騎手名	1着	2着	3着	4着以下	勝率	連対率	複勝率	単勝回収値	複勝回収値
C．ルメール	34	17	10	47	31.5%	47.2%	56.5%	78	81
横山武史	33	27	13	120	17.1%	31.1%	37.8%	84	65
田辺裕信	23	30	22	114	12.2%	28.0%	39.7%	75	85
三浦皇成	23	24	21	102	13.5%	27.6%	40.0%	71	86
石橋脩	18	11	11	93	13.5%	21.8%	30.1%	103	86
戸崎圭太	17	16	18	83	12.7%	24.6%	38.1%	83	74
大野拓弥	17	14	18	179	7.5%	13.6%	21.5%	110	87
内田博幸	15	17	11	183	6.6%	14.2%	19.0%	87	69
横山和生	14	13	8	114	9.4%	18.1%	23.5%	69	59
M．デムーロ	14	10	11	54	15.7%	27.0%	39.3%	58	60
石川裕紀人	11	11	10	140	6.4%	12.8%	18.6%	79	82
菅原明良	11	10	14	143	6.2%	11.8%	19.7%	47	77
北村宏司	10	12	12	126	6.3%	13.8%	21.3%	68	87
横山典弘	10	7	9	32	17.2%	29.3%	44.8%	104	96
木幡巧也	9	13	11	180	4.2%	10.3%	15.5%	105	78

●厩舎別　BEST 15

厩舎名	1着	2着	3着	4着以下	勝率	連対率	複勝率	単勝回収値	複勝回収値
中舘英二	21	15	10	88	15.7%	26.9%	34.3%	113	97
田村康仁	12	12	5	87	10.3%	20.7%	25.0%	135	104
栗田徹	12	7	7	35	19.7%	31.1%	42.6%	111	93
中川公成	12	7	3	62	14.3%	22.6%	26.2%	91	60
斎藤誠	11	13	8	59	12.1%	26.4%	35.2%	60	72
池上昌和	11	12	8	61	12.0%	25.0%	33.7%	136	110
伊藤圭三	11	5	5	51	15.3%	22.2%	29.2%	71	46
菊沢隆徳	11	1	4	43	18.6%	20.3%	27.1%	78	53
高木登	9	7	7	60	10.8%	19.3%	27.7%	51	82
田中博康	9	7	6	36	15.5%	27.6%	37.9%	125	93
牧光二	9	5	8	112	6.7%	10.4%	16.4%	201	74
戸田博文	8	13	6	64	8.8%	23.1%	29.7%	50	70
加藤征弘	8	5	5	54	11.1%	18.1%	25.0%	96	63
小笠倫弘	8	4	10	72	8.5%	12.8%	23.4%	92	65
萩原清	8	4	4	33	16.3%	24.5%	32.7%	133	86

東京　中山　阪神　中京　新潟　福島　小倉　札幌　函館

中山ダ1800m　　067

中山 馬主 HORSE OWNER

馬主 ダートで好調、ゴドルフィン

　中山の馬主ランキングを見て興味深いのが、ノーザンファーム傘下のクラブ馬主の単勝回収値がいずれも60前後にとどまること。ノーザンF生産馬が有する優れた瞬発力が、威力を削がれるのが急坂・小回りの中山なのである。

　裏を返せば、非ノーザン陣営にもチャンスが広がる。ゴドルフィンは欧州系の繁殖牝馬を多く繋養しており、急坂をこなすパワーに優れた馬を生産・所有する力がある。特にダートが好調で、1、2番人気で【18 6 6 14】、勝率40.9％、複勝率68.2％、単勝回収値128、複勝回収値101。3、4番人気の単勝回収値も90台を記録し、ダートで人気のロイヤルブルーは信頼性抜群だ。

中山　ゴドルフィン所有馬データ

	1着	2着	3着	4着以下	勝率	連対率	複勝率
牡	30	15	25	160	13.0%	19.6%	30.4%
牝	12	7	12	75	11.3%	17.9%	29.2%
1番人気	18	4	6	10	47.4%	57.9%	73.7%
2～3番人気	13	6	13	40	18.1%	26.4%	44.4%
4～6番人気	6	6	9	65	7.0%	14.0%	24.4%
7～9番人気	4	4	4	56	5.7%	11.4%	20.0%
10番人気～	1	2	3	64	1.4%	4.3%	8.6%

	1着	2着	3着	4着以下	勝率	連対率	複勝率
新馬	1	6	6	28	2.4%	17.1%	31.7%
未勝利	16	5	12	74	15.0%	19.6%	30.8%
1勝クラス	9	3	7	41	15.0%	20.0%	31.7%
2勝クラス	10	5	4	27	21.7%	32.6%	41.3%
3勝クラス	5	3	2	28	13.2%	21.1%	26.3%
オープン特別	1	0	2	17	5.0%	5.0%	15.0%
重賞	0	0	4	20	0.0%	0.0%	16.7%

馬主 ご当地馬主「ホウオウ」をチェック！

　21年フラワーCを制したホウオウイクセルは小笹芳央氏の所有馬。そして、小笹氏にとってはこれが嬉しい重賞初制覇となった。中山におけるトータル成績は【22 13 8 102】、勝率15.2％、複勝率29.7％、単勝回収値140、複勝回収値77となかなか優秀で、好走時にしっかり勝ち切ってくる。小笹氏は中山馬主協会に所属するご当地馬主で、勝負度合いの高さは想像に難くない。

　また、中山では芝・ダートともに1800mに強いという特徴もある。合算した成績は【14 7 4 40】、勝率21.5％、複勝率38.5％、単勝回収値193、複勝回収値99。フラワーCも芝1800m戦で、データ通りの好走ではあったのだ。

中山　小笹芳央オーナー所有馬データ

	1着	2着	3着	4着以下	勝率	連対率	複勝率
牡	17	7	5	66	17.9%	25.3%	30.5%
牝	5	6	3	36	10.0%	22.0%	28.0%
1番人気	6	1	1	2	60.0%	70.0%	80.0%
2～3番人気	8	1	2	14	32.0%	36.0%	44.0%
4～6番人気	6	10	3	26	13.3%	35.6%	42.2%
7～9番人気	1	1	2	20	4.2%	8.3%	16.7%
10番人気～	1	0	0	40	2.4%	2.4%	2.4%

	1着	2着	3着	4着以下	勝率	連対率	複勝率
新馬	3	3	1	11	16.7%	33.3%	38.9%
未勝利	6	3	0	22	19.4%	29.0%	29.0%
1勝クラス	4	1	5	24	10.5%	13.2%	26.3%
2勝クラス	6	1	1	14	27.3%	31.8%	36.4%
3勝クラス	2	3	1	11	11.8%	29.4%	35.3%
オープン特別	0	1	0	9	0.0%	10.0%	10.0%
重賞	1	1	0	7	11.1%	22.2%	22.2%

馬主 ダートで3歳以上の「ペイシャ」「キタノ」

冠名「ペイシャ」「キタノ」を使用する北所直人氏も面白い存在だ。北所氏は新冠町で育成牧場を運営しており、自ら育てた馬を走らせているだけあって所有馬の適性も熟知していることだろう。

中山で挙げた全14勝中13勝がダート。そのダートでは単勝回収値104、複勝回収値114という数字が残っており、ベタ買いしても損はしない。ただし、得意のダートでも、2歳は【1　1　2　37】と苦戦。そこで「ダートで3歳以上」に絞って狙えば【12　15　11　118】、勝率7.7%、複勝率24.4%、単勝回収値127、複勝回収値132。収支を改善する妙薬として、買い目に入れる価値はある。

中山　北所直人オーナー所有馬データ

	1着	2着	3着	4着以下	勝率	連対率	複勝率
牡	9	10	6	83	8.3%	17.6%	23.1%
牝	5	7	8	105	4.0%	9.6%	16.0%
1番人気	3	1	1	1	50.0%	66.7%	83.3%
2〜3番人気	6	8	4	14	18.8%	43.8%	56.3%
4〜6番人気	2	2	3	25	6.3%	12.5%	21.9%
7〜9番人気	2	5	4	40	3.9%	13.7%	21.6%
10番人気〜	1	1	2	108	0.9%	1.8%	3.6%

	1着	2着	3着	4着以下	勝率	連対率	複勝率
新馬	3	2	0	25	10.0%	16.7%	16.7%
未勝利	5	5	7	110	3.9%	7.9%	13.4%
1勝クラス	2	8	1	24	5.7%	28.6%	31.4%
2勝クラス	2	1	2	14	10.5%	15.8%	26.3%
3勝クラス	1	0	3	13	5.9%	5.9%	23.5%
オープン特別	1	1	1	2	20.0%	40.0%	60.0%
重賞	0	0	0	0	-	-	-

馬主 この馬主も買い！
- 吉田勝己（平場戦【17　9　8　61】）
- 西山茂行（1、2番人気【11　3　4　12】）
- ロードホースクラブ（ダート【10　5　6　49】）

馬主 この馬主は消し！
- ビッグレッドファーム（芝2000m以上【0　5　5　84】）
- ライオンレースホース（4番人気以下【1　4　4　64】）
- 島川隆哉（単勝10倍超【1　3　6　125】）

●馬主別 BEST 20　総合成績

馬主名	1着	2着	3着	4着以下	勝率	連対率	複勝率	単勝回収値	複勝回収値
サンデーレーシング	47	44	37	209	13.9%	27.0%	38.0%	62	82
キャロットファーム	46	34	44	248	12.4%	21.5%	33.3%	63	78
ゴドルフィン	42	22	37	235	12.5%	19.0%	30.1%	80	84
社台レースホース	41	39	38	311	9.6%	18.6%	27.5%	79	80
シルクレーシング	37	38	28	224	11.3%	22.9%	31.5%	57	76
吉田勝己	23	13	13	113	14.2%	22.2%	30.2%	101	70
Ｇ1レーシング	22	18	15	165	10.0%	18.2%	25.0%	96	64
小笹芳央	22	13	8	102	15.2%	24.1%	29.7%	140	77
西山茂行	21	20	25	235	7.0%	13.6%	21.9%	71	73
吉田照哉	21	15	19	164	9.6%	16.4%	25.1%	68	63
東京ホースレーシング	21	14	17	123	12.0%	20.0%	29.7%	82	66
サラブレッドクラブ・ラフィアン	18	29	32	338	4.3%	11.3%	18.9%	57	68
ノルマンディーサラブレッドレーシング	18	29	16	194	7.0%	18.3%	24.5%	61	75
ミルファーム	17	19	29	392	3.7%	7.9%	14.2%	53	68
ウイン	15	18	14	146	7.8%	17.1%	24.4%	49	102
ダノックス	15	8	4	55	18.3%	28.0%	32.9%	64	101
岡田牧雄	15	5	13	207	6.3%	8.3%	13.8%	79	62
北所直人	14	17	14	188	6.0%	13.3%	19.3%	95	100
ロードホースクラブ	14	13	7	77	12.6%	24.3%	30.6%	129	122
ビッグレッドファーム	13	31	28	355	3.0%	10.3%	16.9%	33	69

中山　馬主　069

父 ロードカナロアの2～5番人気がアタマ向き

　ロードカナロア産駒が阪神芝1200mの重賞でしばしば好走している。集計期間内のセントウルSは3年とも中京開催となったが、代わって京都から移ってきた京阪杯で、20年にカレンモエが1番人気2着、21年にファストフォースが6番人気3着、22年にキルロードが10番人気2着と立て続けに産駒が好走。また、20年CBC賞でもアンヴァルが11番人気2着に激走している。

　これらの3重賞は、いずれも23年から本来の競馬場に戻る。3年ぶりに阪神で開催されるセントウルSでも、人気薄までしっかりロードカナロア産駒をフォローしておきたい。

　もちろん、重賞以外のレースでも狙っていく価値は高い。なにせトータル成績が【16 18 10 72】、勝率13.8%、複勝率37.9%、単勝回収値120、複勝回収値113とベタ買いも可能なレベル。基本的には買いの方向で間違いない。

　とはいえ、知っておくべき注意事項も存在する。特に重要なのは1番人気の扱いだ。というのも、【3 10 1 5】、勝率15.8%、複勝率73.7%、単勝回収値37、複勝回収値103と、堅実ではあるものの2着どまりを連発しているからだ。1番人気だからと安易にアタマで狙わず、取りこぼしを想定した買い目を組むよう心がけたい。むしろ、2～5番人気のほうが【10 4 3 23】、勝率25.0%、単勝回収値159と勝ち切れるぐらいで、本命視されていない産駒を1着づけで狙って勝負する手はあるだろう。

阪神芝1200m　ロードカナロア産駒詳細データ

	1着	2着	3着	4着以下	勝率	連対率	複勝率
牡	10	11	5	43	14.5%	30.4%	37.7%
牝	6	7	5	29	12.8%	27.7%	38.3%
1番人気	3	10	1	5	15.8%	68.4%	73.7%
2～3番人気	6	2	2	13	26.1%	34.8%	43.5%
4～6番人気	4	2	3	16	16.0%	24.0%	36.0%
7～9番人気	3	1	3	21	10.7%	14.3%	25.0%
10番人気～	0	3	1	17	0.0%	14.3%	19.0%

	1着	2着	3着	4着以下	勝率	連対率	複勝率
良	10	10	9	54	12.0%	24.1%	34.9%
稍重	3	4	0	13	15.0%	35.0%	35.0%
重	3	4	1	7	23.1%	53.8%	61.5%
不良	0	0	0	0	-	-	-
2歳	6	2	2	12	27.3%	36.4%	45.5%
3歳	4	2	1	14	19.0%	28.6%	33.3%
4歳以上	6	14	7	46	8.2%	27.4%	37.0%

父 フレッシュなダイワメジャー

ダイワメジャーには詰めが甘い産駒も少なくないのだが、阪神芝1200mはまるで別。トータル【11 2 2 34】、勝率22.4%、複勝率30.6%、単勝回収値525、複勝回収値126と好走時にしっかり勝ち切っている。1〜5番人気の有力馬なら【9 2 2 9】、勝率40.9%、複勝率59.1%、単勝回収値290、複勝回収値124。さらに、22年4月2日の仲春特別で単勝1万7260円を叩き出したエーティーメジャーのような人気薄も、アタマまで突き抜けてくる。

では、勝ち切れるタイミングはいつかといえば、フレッシュな状態のとき。具体的には、中9週以上もしくは初出走で【7 1 1 11】、勝率35.0%、複勝率45.0%、単勝回収値1119、複勝回収値236と、ただただ凄まじい。

阪神芝1200m ダイワメジャー産駒詳細データ

	1着	2着	3着	4着以下	勝率	連対率	複勝率
牡	6	2	2	21	19.4%	25.8%	32.3%
牝	5	0	0	13	27.8%	27.8%	27.8%
1番人気	2	2	0	0	50.0%	100.0%	100.0%
2〜3番人気	3	0	0	5	37.5%	37.5%	37.5%
4〜6番人気	4	0	1	6	36.4%	36.4%	45.5%
7〜9番人気	1	0	0	10	9.1%	9.1%	9.1%
10番人気〜	1	0	0	14	6.7%	6.7%	6.7%

	1着	2着	3着	4着以下	勝率	連対率	複勝率
良	8	0	2	24	23.5%	23.5%	29.4%
稍重	2	2	0	9	15.4%	30.8%	30.8%
重	1	0	0	1	50.0%	50.0%	50.0%
不良	0	0	0	0	-	-	-
2歳	5	1	1	7	35.7%	42.9%	50.0%
3歳	1	0	0	4	20.0%	20.0%	20.0%
4歳以上	5	1	1	23	16.7%	20.0%	23.3%

鞍上 武豊騎手の継続騎乗に凡走なし

阪神芝1200mでレジェンド・武豊騎手がランキング1位に輝いた。集計期間内は重賞勝ちこそなかったが、毎年2勝以上を挙げる安定感はピカイチだ。そして、単勝15倍以内に限れば【7 3 2 11】、勝率30.4%、複勝率52.2%、単勝回収値137、複勝回収値95と、堅実さに磨きがかかる。

また、継続騎乗で【4 1 1 0】、勝率66.7%、複勝率100.0%、単勝回収値161、複勝回収値161と凡走がない。たとえば、22年2月27日のマーガレットSを制したジャングロは、過去6戦のうち2戦目を除いて武豊騎手が騎乗。もちろん前走でも手綱を取っており、見事連覇に導いた。一方、乗り替わりは【2 1 1 11】。可能性は残るが、どちらを狙うべきかは説明不要だろう。

阪神芝1200m 武豊騎手詳細データ

	1着	2着	3着	4着以下	勝率	連対率	複勝率
牡	2	3	1	7	15.4%	38.5%	46.2%
牝	5	0	1	6	41.7%	41.7%	50.0%
1番人気	4	1	1	2	50.0%	62.5%	75.0%
2〜3番人気	1	2	0	4	14.3%	42.9%	42.9%
4〜6番人気	2	0	1	4	28.6%	28.6%	42.9%
7〜9番人気	0	0	0	3	0.0%	0.0%	0.0%
10番人気〜	0	0	0	0	-	-	-

	1着	2着	3着	4着以下	勝率	連対率	複勝率
良	7	3	2	9	33.3%	47.6%	57.1%
稍重	0	0	0	3	0.0%	0.0%	0.0%
重	0	0	0	1	0.0%	0.0%	0.0%
不良	0	0	0	0	-	-	-
2歳	2	2	0	3	28.6%	57.1%	57.1%
3歳	3	0	0	4	42.9%	42.9%	42.9%
4歳以上	2	1	2	6	18.2%	27.3%	45.5%

森秀行厩舎×武豊騎手

　このコースで唯一の4勝厩舎となったのは森秀行厩舎。1〜3着8回を7頭の馬で記録し、全4勝をすべて異なる馬でマークしている。近年預託されるのは米国系のスピード血統馬が多く、実際に勝った4頭もアメリカ生まれの外国産馬。こうした内情もあって今後もコンスタントな出走が望める。

　全4勝を挙げた単勝10倍以内であれば【4 2 0 7】、勝率30.8%、複勝率46.2%、単勝回収値126、複勝回収値94。1〜3着8回がすべて収まる単勝30倍以内なら【4 3 1 14】、勝率18.2%、複勝率36.4%、単勝回収値75、複勝回収値122。オッズに応じてアタマで買うか、ヒモに拾うかを選ぶのが正解だ。それ以上に、【3 1 0 2】の武豊騎手起用時を狙うのがわかりやすいか。

阪神芝1200m　森秀行厩舎詳細データ

	1着	2着	3着	4着以下	勝率	連対率	複勝率
牡	3	2	1	15	14.3%	23.8%	28.6%
牝	1	1	0	6	12.5%	25.0%	25.0%
1番人気	2	0	0	2	50.0%	50.0%	50.0%
2〜3番人気	1	2	0	1	25.0%	75.0%	75.0%
4〜6番人気	1	0	0	7	12.5%	12.5%	12.5%
7〜9番人気	0	1	1	6	12.5%	12.5%	25.0%
10番人気〜	0	0	0	5	0.0%	0.0%	0.0%

	1着	2着	3着	4着以下	勝率	連対率	複勝率
良	4	3	0	18	16.0%	28.0%	28.0%
稍重	0	0	0	1	0.0%	0.0%	0.0%
重	0	0	1	2	0.0%	0.0%	33.3%
不良	0	0	0	0	-	-	-
2歳	1	1	0	2	25.0%	50.0%	50.0%
3歳	2	0	0	12	14.3%	14.3%	14.3%
4歳以上	1	2	1	7	9.1%	27.3%	36.4%

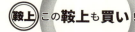

父 この父も買い！	ジャスタウェイ（単勝10倍以内【3　1　0　1】） ブラックタイド（単勝100倍以内【2　4　4　11】） アドマイヤムーン（1勝クラス〜オープン【2　1　4　5】）
鞍上 この鞍上も買い！	松山弘平（1〜5番人気【5　7　2　16】） 北村友一（トータル【5　2　0　8】） 坂井瑠星（平場戦【4　0　2　4】）
テキ このテキも買い！	宗像義忠（単勝100倍以内【2　4　1　4】） 西村真幸（中3週以上【2　6　1　9】） 清水久詞（単勝15倍以内【2　3　2　4】）

父 この父は消し！	ディープインパクト（6〜8枠【0　0　1　12】） モーリス（未勝利戦以外【0　0　1　10】） キンシャサノキセキ（トータル【0　1　2　31】）
鞍上 この鞍上は消し！	幸英明（6〜8枠【0　0　0　15】） 浜中俊（トータル【0　1　0　17】） 池添謙一（トータル【0　1　1　14】）
テキ このテキは消し！	音無秀孝（4番人気以下【0　0　0　15】） 笹田和秀（トータル【0　0　0　14】） 高野友和（4番人気以下【0　1　1　12】）

総合成績　芝1200m

●種牡馬別　BEST 15

種牡馬名	1着	2着	3着	4着以下	勝率	連対率	複勝率	単勝回収値	複勝回収値
ロードカナロア	16	18	10	72	13.8%	29.3%	37.9%	120	113
ダイワメジャー	11	2	2	34	22.4%	26.5%	30.6%	525	126
キズナ	3	5	3	34	6.7%	17.8%	24.4%	35	89
ジャスタウェイ	3	1	0	14	16.7%	22.2%	22.2%	87	42
メイショウボーラー	3	0	0	12	20.0%	20.0%	20.0%	98	30
ブラックタイド	2	4	4	14	8.3%	25.0%	41.7%	199	199
ビッグアーサー	2	1	4	10	11.8%	17.6%	41.2%	56	87
アドマイヤムーン	2	1	4	11	11.1%	16.7%	38.9%	217	227
ヴァンセンヌ	2	1	0	12	13.3%	20.0%	20.0%	102	45
ミッキーアイル	2	0	1	16	10.5%	10.5%	15.8%	40	22
Fastnet Rock	2	0	0	0	100.0%	100.0%	100.0%	370	170
カレンブラックヒル	1	3	1	5	10.0%	40.0%	50.0%	38	326
ルーラーシップ	1	2	2	12	5.9%	17.6%	29.4%	24	70
エピファネイア	1	2	2	13	5.6%	16.7%	27.8%	20	77
リオンディーズ	1	2	1	8	8.3%	25.0%	33.3%	40	70

●騎手別　BEST 15

騎手名	1着	2着	3着	4着以下	勝率	連対率	複勝率	単勝回収値	複勝回収値
武豊	7	3	2	13	28.0%	40.0%	48.0%	126	87
松山弘平	5	9	2	29	11.1%	31.1%	35.6%	67	107
北村友一	5	2	0	8	33.3%	46.7%	46.7%	423	220
坂井瑠星	5	1	3	11	25.0%	30.0%	45.0%	477	155
藤岡康太	4	4	1	22	12.9%	25.8%	29.0%	176	91
岩田康誠	4	4	0	12	20.0%	40.0%	40.0%	170	85
岩田望来	4	2	5	22	12.1%	18.2%	33.3%	61	81
鮫島克駿	4	2	4	23	12.1%	18.2%	30.3%	52	79
秋山真一郎	3	2	0	15	15.0%	25.0%	25.0%	162	111
吉田隼人	3	1	1	18	13.0%	17.4%	21.7%	252	78
福永祐一	2	4	6	23	5.7%	17.1%	34.3%	12	86
川田将雅	2	4	1	10	11.8%	35.3%	41.2%	32	57
幸英明	2	3	2	37	4.5%	11.4%	15.9%	44	59
酒井学	2	3	1	27	6.1%	15.2%	18.2%	39	37
松若風馬	2	2	2	33	5.1%	10.3%	15.4%	31	71

●厩舎別　BEST 15

厩舎名	1着	2着	3着	4着以下	勝率	連対率	複勝率	単勝回収値	複勝回収値
森秀行	4	3	1	21	13.8%	24.1%	27.6%	56	92
藤岡健一	3	3	0	15	14.3%	28.6%	28.6%	64	104
矢作芳人	3	0	2	8	23.1%	23.1%	38.5%	522	140
西村真幸	2	6	1	14	8.7%	34.8%	39.1%	54	156
宗像義忠	2	4	1	6	15.4%	46.2%	53.8%	144	344
清水久詞	2	3	3	10	11.1%	27.8%	44.4%	70	105
音無秀孝	2	1	1	18	9.1%	13.6%	18.2%	28	25
森田直行	2	1	0	22	8.0%	12.0%	12.0%	398	78
武幸四郎	2	1	0	12	13.3%	20.0%	20.0%	56	38
飯田祐史	2	1	0	7	20.0%	30.0%	30.0%	253	87
安田翔伍	2	1	0	5	25.0%	37.5%	37.5%	192	63
中尾秀正	2	1	0	8	18.2%	27.3%	27.3%	70	45
大根田裕之	2	1	0	8	18.2%	27.3%	27.3%	359	139
松永幹夫	2	1	0	3	33.3%	50.0%	50.0%	326	125
木原一良	2	1	0	0	66.7%	100.0%	100.0%	1146	373

阪神芝1200m

施行重賞: フィリーズレビュー（GⅡ）、阪神C（GⅡ）、京都牝馬S（GⅢ）、阪急杯（GⅢ）

父 単勝10倍以内のロードカナロア、出走間隔にも要注目

　このコースでトップの15勝を挙げたロードカナロア。出走数や1～3着数も最多で、やはり短距離では切っても切り離せない存在だ。重賞での活躍も顕著で、その筆頭が22年に阪急杯、スワンS、阪神Cと、阪神芝1400m重賞を3勝したダイアトニック。ほかにも21年京都牝馬Sのイベリス、22年フィリーズレビューのサブライムアンセムがいて、集計期間内に重賞5勝を挙げている。

　というと、なんでもかんでも買えばよさそうに聞こえるかもしれないが、トータル成績は【15 9 13 105】、勝率10.6％、複勝率26.1％、単勝回収値62、複勝回収値72。ベタ買いでは全然儲からない。かといって、出走数、1着数、1～3着数がいずれも最多のカナロア産駒を避けては馬券が当たらない。意外と悩ましい存在で、取捨においては厳選が求められる。

　まず、オッズの目安は単勝10倍以内。ここに絞るだけで【14 7 7 32】、勝率23.3％、複勝率46.7％、単勝回収値112、複勝回収値84とかなり改善される。

　出走間隔も注目だ。中9週以上は【3 3 3 24】とイマイチ。また、初出走も【2 0 0 22】と凡走が目立つ。このコースのロードカナロアは、フレッシュな状態で出てきたときに意外なほど動けないという弱点がある。

　以上から導かれる狙い目は「中8週以内で単勝10倍以内」。これに合致した産駒は【9 5 6 17】、勝率24.3％、複勝率54.1％、単勝回収値137、複勝回収値101。前述した重賞5勝も、すべてこの条件に該当している。

阪神芝1400m　ロードカナロア産駒詳細データ

	1着	2着	3着	4着以下	勝率	連対率	複勝率
牡	8	4	8	57	10.4%	15.6%	26.0%
牝	7	5	5	48	10.8%	18.5%	26.2%
1番人気	5	1	2	10	27.8%	33.3%	44.4%
2～3番人気	7	4	3	17	22.6%	35.5%	45.2%
4～6番人気	2	4	2	25	6.1%	18.2%	24.2%
7～9番人気	1	0	2	24	3.7%	3.7%	11.1%
10番人気～	0	0	4	29	0.0%	0.0%	12.1%

	1着	2着	3着	4着以下	勝率	連対率	複勝率
良	13	8	11	88	10.8%	17.5%	26.7%
稍重	2	1	2	16	9.5%	14.3%	23.8%
重	0	0	0	1	0.0%	0.0%	0.0%
不良	0	0	0	0	-	-	-
2歳	3	2	0	25	10.0%	16.7%	16.7%
3歳	4	5	6	43	6.9%	15.5%	25.9%
4歳以上	8	2	7	37	14.8%	18.5%	31.5%

父 内枠を利せるダイワメジャー

　阪神芝1400mでランキング3位のダイワメジャーは、【9　6　7　63】、勝率10.6％、複勝率25.9％、単勝回収値61、複勝回収値103というトータル成績を記録。単勝回収値の低さは気になるが、激走1着がなかったため伸び悩んだだけ。ヒモ穴は数多く出しており、1回でもアタマまで突き抜けていればまったく違う数字になっていたはずだ。それでも1着づけで狙うのであれば、単勝10倍以内に限ること。該当馬は【9　3　3　12】、勝率33.3％、複勝率55.6％、単勝回収値193、複勝回収値102と、これなら問題なく買える。

　また、全9勝中6勝を1～4枠で挙げているのも重要なところ。持ち前の先行力や機動力を生かすためには、内枠を引いたほうが好都合なのである。

阪神芝1400m　ダイワメジャー産駒詳細データ

	1着	2着	3着	4着以下	勝率	連対率	複勝率
牡	3	2	4	44	5.7%	9.4%	17.0%
牝	6	4	3	19	18.8%	31.3%	40.6%
1番人気	3	2	1	2	37.5%	62.5%	75.0%
2～3番人気	3	1	2	3	33.3%	44.4%	66.7%
4～6番人気	3	2	3	17	12.0%	20.0%	32.0%
7～9番人気	0	0	0	15	0.0%	0.0%	0.0%
10番人気～	0	1	1	26	0.0%	3.6%	7.1%

	1着	2着	3着	4着以下	勝率	連対率	複勝率
良	9	5	6	58	11.5%	17.9%	25.6%
稍重	0	1	1	3	0.0%	20.0%	40.0%
重	0	0	0	2	0.0%	0.0%	0.0%
不良	0	0	0	0	-	-	-
2歳	2	4	1	25	6.3%	18.8%	21.9%
3歳	3	1	2	13	15.8%	21.1%	31.6%
4歳以上	4	1	4	25	11.8%	14.7%	26.5%

鞍上 外枠、または乗り替わりの坂井瑠星騎手

　恐るべき成績を残したのがC.デムーロ騎手。21、22年に短期免許で騎乗しただけで、ランキング2位に食い込んでしまった。さすがに通年乗らないジョッキーを推奨銘柄にはできないが、来日時はバンバン狙っていこう。

　日本人ジョッキーでは坂井瑠星騎手が面白い。トータルで単勝回収値137、複勝回収値112とベタで買ってもプラス。ホウオウアマゾンに騎乗して21年スワンS3着、21年阪神C2着と重賞で2回好走したほか、10番人気1着や15番人気2着の激走もある。注目の条件は、【5　1　1　12】、勝率26.3％、複勝率36.8％、単勝回収値293、複勝回収値91の7、8枠と、【5　2　1　17】、勝率20.0％、複勝率32.0％、単勝回収値230、複勝回収値75の乗り替わり時だ。

阪神芝1400m　坂井瑠星騎手詳細データ

	1着	2着	3着	4着以下	勝率	連対率	複勝率
牡	2	3	1	15	9.5%	23.8%	28.6%
牝	5	2	1	21	17.2%	24.1%	27.6%
1番人気	4	1	0	3	50.0%	62.5%	62.5%
2～3番人気	0	1	1	8	0.0%	10.0%	20.0%
4～6番人気	2	2	1	8	15.4%	30.8%	38.5%
7～9番人気	0	0	0	10	0.0%	0.0%	0.0%
10番人気～	1	1	0	7	11.1%	22.2%	22.2%

	1着	2着	3着	4着以下	勝率	連対率	複勝率
良	5	4	2	33	11.4%	20.5%	25.0%
稍重	1	1	0	3	20.0%	40.0%	40.0%
重	1	0	0	0	100.0%	100.0%	100.0%
不良	0	0	0	0	-	-	-
2歳	2	1	1	15	10.5%	15.8%	21.1%
3歳	3	3	1	12	15.8%	31.6%	36.8%
4歳以上	2	1	0	9	16.7%	25.0%	25.0%

テキ 無条件で中内田充正厩舎、中4週以上ならさらに買い!

20年阪神Ｃと21年スワンＣを勝ったダノンファンタジー。21年阪神Ｃを制したグレナディアガーズ。この両馬は、ほかにも阪神芝1400m重賞で好走を記録しているが、所属する中内田充正厩舎そのものがトータル【8　6　4　15】、勝率24.2%、複勝率54.5%、単勝回収値136、複勝回収値120と非常に得意としている点は見逃せない。

特に中4週以上で使ってきたときは【7　2　1　10】、勝率35.0%、複勝率50.0%、単勝回収値214、複勝回収値101と絶好の狙いどき。また、初出走でも【1　1　2　1】、複勝率80.0%、複勝回収値276と、良血馬ぞろいの中内田厩舎にしては美味しい。詰まったローテでなければ、自信を持って勝負だ。

阪神芝1400m　中内田充正厩舎詳細データ

	1着	2着	3着	4着以下	勝率	連対率	複勝率
牡	5	4	1	5	33.3%	60.0%	66.7%
牝	3	2	3	10	16.7%	27.8%	44.4%
1番人気	3	3	0	3	33.3%	66.7%	66.7%
2〜3番人気	1	2	2	7	8.3%	25.0%	41.7%
4〜6番人気	4	1	1	4	40.0%	50.0%	60.0%
7〜9番人気	0	0	0	1	0.0%	0.0%	0.0%
10番人気〜	0	0	1	0	0.0%	0.0%	100.0%

	1着	2着	3着	4着以下	勝率	連対率	複勝率
良	6	4	4	11	24.0%	40.0%	56.0%
稍重	1	2	0	3	16.7%	50.0%	50.0%
重	1	0	0	1	50.0%	50.0%	50.0%
不良	0	0	0	0	-	-	-
2歳	4	1	1	1	57.1%	71.4%	85.7%
3歳	1	3	2	7	7.7%	30.8%	46.2%
4歳以上	3	2	1	7	23.1%	38.5%	46.2%

父 この父も買い!
- ディープインパクト（単勝30倍以内【10　3　11　38】）
- オルフェーヴル（1〜5枠【6　6　0　23】）
- リオンディーズ（1〜5番人気【5　3　3　7】）

鞍上 この鞍上も買い!
- 団野大成（単勝20倍以内【8　6　4　17】）
- 幸英明（1〜4枠【5　2　3　24】）
- 浜中俊（単勝30倍以内【4　5　3　16】）

テキ このテキも買い!
- 池江泰寿（トータル【6　2　7　9】）
- 清水久詞（平場戦【6　1　4　13】）
- 斉藤崇史（トータル【5　4　3　12】）

父 この父は消し!
- ドレフォン（4番人気以下【0　0　0　20】）
- ハービンジャー（4番人気以下【0　0　1　25】）
- キンシャサノキセキ（1〜5番人気【0　0　2　9】）

鞍上 この鞍上は消し!
- 吉田隼人（5〜8枠【0　0　0　20】）
- 今村聖奈（トータル【0　0　0　17】）
- 池添謙一（2歳【0　0　2　16】）

テキ このテキは消し!
- 森田直行（4番人気以下【0　0　0　25】）
- 大久保龍志（トータル【0　0　1　17】）
- 西園正都（4番人気以下【0　1　1　28】）

076

総合成績　芝1400m

●種牡馬別　BEST 15

種牡馬名	1着	2着	3着	4着以下	勝率	連対率	複勝率	単勝回収値	複勝回収値
ロードカナロア	15	9	13	105	10.6%	16.9%	26.1%	62	72
ディープインパクト	10	4	12	60	11.6%	16.3%	30.2%	95	97
ダイワメジャー	9	6	7	63	10.6%	17.6%	25.9%	61	103
オルフェーヴル	7	8	1	40	12.5%	26.8%	28.6%	156	108
モーリス	7	3	6	53	10.1%	14.5%	23.2%	102	67
キズナ	5	7	8	48	7.4%	17.6%	29.4%	33	103
ルーラーシップ	5	5	2	50	8.1%	16.1%	19.4%	51	43
リオンディーズ	5	3	5	24	13.5%	21.6%	35.1%	64	132
ミッキーアイル	5	3	4	21	15.2%	24.2%	36.4%	98	110
ヴィクトワールピサ	3	5	4	35	6.4%	17.0%	25.5%	24	56
エピファネイア	3	5	2	40	6.0%	16.0%	20.0%	102	75
ドゥラメンテ	3	2	0	23	10.7%	17.9%	17.9%	126	44
ハービンジャー	3	1	1	26	9.7%	12.9%	16.1%	32	43
ハーツクライ	2	3	4	26	5.7%	14.3%	25.7%	17	68
スクリーンヒーロー	2	3	4	27	5.6%	13.9%	25.0%	51	84

●騎手別　BEST 15

騎手名	1着	2着	3着	4着以下	勝率	連対率	複勝率	単勝回収値	複勝回収値
福永祐一	11	4	7	39	18.0%	24.6%	36.1%	65	69
C．デムーロ	9	2	0	5	56.3%	68.8%	68.8%	270	116
川田将雅	8	9	10	19	17.4%	37.0%	58.7%	74	98
松山弘平	8	7	4	50	11.6%	21.7%	27.5%	46	56
団野大成	8	7	4	35	14.8%	27.8%	35.2%	59	85
幸英明	8	4	6	68	9.3%	14.0%	20.9%	81	95
岩田望来	7	10	11	43	9.9%	23.9%	39.4%	75	104
坂井瑠星	7	5	2	36	14.0%	24.0%	28.0%	137	112
武豊	5	3	5	36	10.2%	16.3%	26.5%	30	64
岩田康誠	5	1	2	27	14.3%	17.1%	22.9%	94	62
和田竜二	4	14	8	67	4.3%	19.4%	28.0%	38	92
浜中俊	4	5	4	32	8.9%	20.0%	28.9%	134	98
北村友一	4	0	7	27	10.5%	10.5%	28.9%	206	91
C．ルメール	3	6	2	14	12.0%	36.0%	44.0%	48	91
藤岡佑介	3	3	7	39	5.8%	11.5%	25.0%	62	56

●厩舎別　BEST 15

厩舎名	1着	2着	3着	4着以下	勝率	連対率	複勝率	単勝回収値	複勝回収値
中内田充正	8	6	4	15	24.2%	42.4%	54.5%	136	120
清水久詞	7	4	6	34	13.7%	21.6%	33.3%	89	71
池江泰寿	6	2	7	9	25.0%	33.3%	62.5%	72	174
佐々木晶三	6	2	4	23	17.1%	22.9%	34.3%	84	78
斉藤崇史	5	4	3	12	20.8%	37.5%	50.0%	95	157
安田隆行	5	2	3	18	17.9%	25.0%	35.7%	71	58
高橋亮	4	3	1	17	16.0%	28.0%	32.0%	38	45
池添学	4	3	1	18	15.4%	26.9%	30.8%	88	56
藤原英昭	4	2	2	13	19.0%	28.6%	38.1%	213	92
西村真幸	3	5	2	20	10.0%	26.7%	33.3%	34	81
須貝尚介	3	3	6	24	8.3%	16.7%	33.3%	29	97
松永幹夫	3	3	2	18	11.5%	23.1%	30.8%	54	91
西園正都	3	3	1	31	7.9%	15.8%	18.4%	34	53
矢作芳人	3	2	2	28	8.6%	14.3%	20.0%	78	64
武幸四郎	3	2	2	21	10.7%	17.9%	25.0%	204	88

東京　中山　阪神　中京　新潟　福島　小倉　札幌　函館

阪神芝1400m

父　単勝15倍以内のハーツクライ

　阪神芝1600mでランキング１位のディープインパクト、２位のロードカナロアは、馬券になる回数も最多と２番目。的中のためには買わざるをえない種牡馬には違いない。しかし、肝心の単勝回収値がいずれも36。いくら条件を絞ってもプラス収支にもっていくのは困難を極め、とても推奨はできない。

　この２頭に限らず、出走数が十分に多い種牡馬の単勝回収値が概してよくない。そんななか、単勝回収値116と気を吐いているのが３位のハーツクライである。21年朝日杯ＦＳをドウデュース、22年阪神牝馬Ｓをメイショウミモザがそれぞれ勝利。特に９番人気だった後者は単勝6870円の大穴をあけている。

　ただし、激走を連発しているわけではなく、このコースでは上位人気時にしっかりと走るタイプ。具体的には、単勝15倍以内で【12 8 9 29】、勝率20.7％、複勝率50.0％、単勝回収値116、複勝回収値92と、基本的にはこのゾーンを狙っていきたい。

　もうひとつ注目したいファクターが年齢。前述したオッズ条件から外れる単勝15倍超の年齢別成績を確認すると、２、３歳は【０ ０ ０ 31】と全滅に終わっている。伏兵扱いのハーツクライの若駒に期待をかけても無駄、というのがデータの語る事実である。特に３歳は、買えるはずの単勝15倍以内に収まっていても【１ ２ １ ９】とイマイチで、危険な年齢となっている。２歳もしくは４歳以上を狙うようにすれば、さらに収支を改善していける。

阪神芝1600m　ハーツクライ産駒詳細データ

	1着	2着	3着	4着以下	勝率	連対率	複勝率
牡	6	0	4	36	13.0%	13.0%	21.7%
牝	7	8	8	48	9.9%	21.1%	32.4%
１番人気	4	0	1	2	57.1%	57.1%	71.4%
２〜３番人気	6	6	4	11	22.2%	44.4%	59.3%
４〜６番人気	1	2	5	22	3.3%	10.0%	26.7%
７〜９番人気	2	0	1	19	9.1%	9.1%	13.6%
10番人気〜	0	0	1	30	0.0%	0.0%	3.2%

	1着	2着	3着	4着以下	勝率	連対率	複勝率
良	9	6	11	60	10.5%	17.4%	30.2%
稍重	2	2	0	19	8.7%	17.4%	17.4%
重	2	0	1	5	25.0%	25.0%	37.5%
不良	0	0	0	0	-	-	-
2歳	6	4	2	18	20.0%	33.3%	40.0%
3歳	1	2	1	30	2.9%	8.8%	11.8%
4歳以上	6	2	9	36	11.3%	15.1%	32.1%

父 単勝20倍以内のルーラーシップ

　22年末、阪神芝1600mの２歳ＧＩでルーラーシップ産駒が立て続けに好走した。阪神ＪＦで10番人気のドゥアイズが３着に健闘すると、翌週の朝日杯ＦＳでは１番人気のドルチェモアが期待に応えて１着。ほかに22年マイラーズＣで６番人気１着のソウルラッシュもいて、重賞でなかなかの活躍を見せている。

　トータル成績は【13　6　7　70】で、勝ち切りが多いのが特徴。回収値は単複ともに70台ながら、全13勝を挙げた単勝20倍以内で【13　6　2　25】、勝率28.3％、複勝率45.7％、単勝回収値151、複勝回収値80と１着づけで狙うことが可能。さらに、中３週以上という条件を加えると【11　6　1　11】、勝率37.9％、複勝率62.1％、単勝回収値183、複勝回収値111の爆勝宣言だ。

阪神芝1600m　ルーラーシップ産駒詳細データ

	1着	2着	3着	4着以下	勝率	連対率	複勝率
牡	11	6	5	35	19.3%	29.8%	38.6%
牝	2	0	2	35	5.1%	5.1%	10.3%
1番人気	8	1	1	4	57.1%	64.3%	71.4%
2〜3番人気	2	4	1	8	13.3%	40.0%	46.7%
4〜6番人気	3	0	0	13	18.8%	18.8%	18.8%
7〜9番人気	0	1	3	19	0.0%	4.3%	17.4%
10番人気〜	0	0	2	26	0.0%	0.0%	7.1%

	1着	2着	3着	4着以下	勝率	連対率	複勝率
良	8	3	5	50	12.1%	16.7%	24.2%
稍重	5	2	2	18	18.5%	25.9%	33.3%
重	0	1	0	2	0.0%	33.3%	33.3%
不良	0	0	0	0	-	-	-
2歳	3	0	2	21	11.5%	11.5%	19.2%
3歳	3	4	2	25	8.8%	20.6%	26.5%
4歳以上	7	2	3	24	19.4%	25.0%	33.3%

鞍上 川田将雅騎手に敵なし！

　ダントツの26勝を挙げた川田将雅騎手が単勝回収値129となれば、逆らう必要はどこにもない。しかも、重賞成績が【7　2　5　7】、勝率33.3％、複勝率66.7％、単勝回収値219、複勝回収値131と超抜で、グレナディアガーズの20年朝日杯ＦＳ、スターズオンアースの22年桜花賞、リバティアイランドの22年阪神ＪＦとＧＩ３勝も含まれる。

　全26勝中18勝を占める１番人気での成績も【18　5　4　7】、勝率52.9％、複勝率79.4％、単勝回収値136、複勝回収値103と優秀で、基本的には信用できる。ただし、単勝１倍台に限っては【2　2　2　1】で、このオッズの１番人気としては意外に取りこぼす。この点には厳重注意だ。

阪神芝1600m　川田将雅騎手詳細データ

	1着	2着	3着	4着以下	勝率	連対率	複勝率
牡	11	7	9	15	26.2%	42.9%	64.3%
牝	15	0	3	18	41.7%	41.7%	50.0%
1番人気	18	5	4	7	52.9%	67.6%	79.4%
2〜3番人気	6	1	3	15	24.0%	28.0%	40.0%
4〜6番人気	0	1	5	10	0.0%	6.3%	37.5%
7〜9番人気	2	0	0	1	66.7%	66.7%	66.7%
10番人気〜	0	0	0	0	-	-	-

	1着	2着	3着	4着以下	勝率	連対率	複勝率
良	18	6	10	21	32.7%	43.6%	61.8%
稍重	5	1	1	10	29.4%	35.3%	41.2%
重	3	0	1	2	50.0%	50.0%	66.7%
不良	0	0	0	0	-	-	-
2歳	12	4	3	9	42.9%	57.1%	67.9%
3歳	10	2	4	14	33.3%	40.0%	53.3%
4歳以上	4	1	5	10	20.0%	25.0%	50.0%

阪神芝1600m

中４週以上の須貝尚介厩舎

テキ

　ランキング１位の中内田充正厩舎はトータルで単勝回収値109を記録し、間違いなく有力な選択肢である。ただし、全12勝中８勝を川田将雅騎手でマークしており、内容的に重複する部分が少なくない。

　そこで本書では、単複の回収値がともに100を超える４位の須貝尚介厩舎を取り上げたい。狙い目は中４週以上で使ってきたときで、【６　１　３　22】、勝率18.8%、複勝率31.3%、単勝回収値140、複勝回収値166と素晴らしい数字を記録している。ソダシで20年阪神ＪＦと21年桜花賞を、ドルチェモアで22年朝日杯ＦＳを制し、このコースで集計期間内にＧＩを３勝しているが、いずれも中４週以上での出走だった。栄光をつかむＶローテにこちらも相乗り希望だ。

阪神芝1600m　須貝尚介厩舎詳細データ

	1着	2着	3着	4着以下	勝率	連対率	複勝率
牡	5	1	5	17	17.9%	21.4%	39.3%
牝	4	2	2	25	12.1%	18.2%	24.2%
1番人気	3	0	1	2	50.0%	50.0%	66.7%
2～3番人気	3	2	4	8	17.6%	29.4%	52.9%
4～6番人気	2	0	1	13	12.5%	12.5%	18.8%
7～9番人気	1	0	0	9	10.0%	10.0%	10.0%
10番人気～	0	1	1	10	0.0%	8.3%	16.7%

	1着	2着	3着	4着以下	勝率	連対率	複勝率
良	7	2	4	33	15.2%	19.6%	28.3%
稍重	1	1	3	8	7.7%	15.4%	38.5%
重	1	0	0	1	50.0%	50.0%	50.0%
不良	0	0	0	0	-	-	-
2歳	5	1	1	17	20.8%	25.0%	29.2%
3歳	1	2	2	11	6.3%	18.8%	31.3%
4歳以上	3	0	4	14	14.3%	14.3%	33.3%

父 この**父**も**買い！** ▶▶
- キングカメハメハ（1～5番人気【12　8　2　21】）
- キズナ（単勝30倍以内【9　6　8　48】）
- イスラボニータ（平場戦【5　3　4　17】）

鞍上 この**鞍上**も**買い！** ▶▶
- 藤岡佑介（単勝20倍以内【9　6　1　23】）
- 幸英明（1～3枠【6　5　3　29】）
- 鮫島克駿（1～5番人気【5　1　3　10】）

テキ この**テキ**も**買い！** ▶▶
- 池添学（単勝20倍以内【9　8　2　22】）
- 中内田充正（中5週以上【9　3　2　15】）
- 矢作芳人（中4週以上【5　3　15】）

父 この**父**は**消し！** ▶▶
- ジャスタウェイ（2歳【0　0　2　15】）
- ダイワメジャー（5歳以上【0　1　1　23】）
- エイシンフラッシュ（未勝利戦以外【0　2　0　35】）

鞍上 この**鞍上**は**消し！** ▶▶
- 角田大河（トータル【0　0　0　21】）
- 富田暁（1～6枠【0　0　2　32】）
- 松山弘平（新馬戦【0　2　1　20】）

テキ この**テキ**は**消し！** ▶▶
- 中竹和也（平場戦【0　0　1　20】）
- 斉藤崇史（2番人気以下【0　0　1　19】）
- 友道康夫（中8週以上【0　0　1　14】）

総合成績　芝1600m

◉種牡馬別 BEST 15

種牡馬名	1着	2着	3着	4着以下	勝率	連対率	複勝率	単勝回収値	複勝回収値
ディープインパクト	21	24	22	145	9.9%	21.2%	31.6%	36	73
ロードカナロア	13	17	15	125	7.6%	17.6%	26.5%	36	64
ハーツクライ	13	8	12	84	11.1%	17.9%	28.2%	116	71
ルーラーシップ	13	6	7	70	13.5%	19.8%	27.1%	72	73
エピファネイア	12	12	13	85	9.8%	19.7%	30.3%	74	95
キングカメハメハ	12	8	2	45	17.9%	29.9%	32.8%	85	48
キズナ	9	10	9	85	8.0%	16.8%	24.8%	75	125
モーリス	8	7	10	65	8.9%	16.7%	27.8%	66	61
ドゥラメンテ	8	4	3	63	10.3%	15.4%	19.2%	64	46
ダイワメジャー	7	14	6	69	7.3%	21.9%	28.1%	32	43
リオンディーズ	5	5	6	54	7.1%	14.3%	22.9%	227	85
イスラボニータ	5	3	4	22	14.7%	23.5%	35.3%	76	78
ミッキーアイル	5	1	2	28	13.9%	16.7%	22.2%	34	107
ハービンジャー	4	4	6	61	5.3%	10.7%	18.7%	34	62
オルフェーヴル	4	1	7	49	6.6%	8.2%	19.7%	31	105

◉騎手別 BEST 15

騎手名	1着	2着	3着	4着以下	勝率	連対率	複勝率	単勝回収値	複勝回収値
川田将雅	26	7	12	33	33.3%	42.3%	57.7%	129	91
福永祐一	17	11	13	62	16.5%	27.2%	39.8%	64	60
松山弘平	11	11	8	80	10.0%	20.0%	27.3%	63	54
幸英明	9	12	11	96	7.0%	16.4%	25.0%	106	103
岩田望来	9	10	9	81	8.3%	17.4%	25.7%	41	100
藤岡佑介	9	6	1	59	12.0%	20.0%	21.3%	82	47
武豊	8	11	6	57	9.8%	23.2%	30.5%	64	65
和田竜二	7	15	9	86	6.0%	18.8%	26.5%	59	65
Ｃ．ルメール	7	8	5	20	17.5%	37.5%	50.0%	64	80
浜中俊	6	3	6	54	8.7%	13.0%	21.7%	67	60
鮫島克駿	6	2	4	51	9.5%	12.7%	19.0%	156	59
坂井瑠星	5	12	5	45	7.5%	25.4%	32.8%	33	64
吉田隼人	5	7	4	41	8.8%	21.1%	28.1%	40	78
岩田康誠	5	2	5	42	9.3%	13.0%	22.2%	107	70
酒井学	4	4	4	40	7.7%	15.4%	23.1%	370	137

◉厩舎別 BEST 15

厩舎名	1着	2着	3着	4着以下	勝率	連対率	複勝率	単勝回収値	複勝回収値
中内田充正	12	10	4	27	22.6%	41.5%	49.1%	109	83
高野友和	11	6	9	20	23.9%	37.0%	56.5%	81	99
池添学	9	8	3	29	18.4%	34.7%	40.8%	96	79
須貝尚介	9	3	7	42	14.8%	19.7%	31.1%	104	122
矢作芳人	6	6	7	42	9.8%	19.7%	31.1%	38	168
藤原英昭	6	2	6	37	11.8%	15.7%	27.5%	63	76
友道康夫	5	4	3	43	9.1%	16.4%	21.8%	40	40
安田隆行	4	9	6	19	10.5%	34.2%	50.0%	58	93
池江泰寿	4	7	4	35	8.0%	22.0%	30.0%	29	58
清水久詞	4	6	6	40	7.1%	17.9%	28.6%	29	66
西村真幸	4	6	0	23	12.1%	30.3%	30.3%	34	63
橋口慎介	4	3	1	21	13.8%	24.1%	27.6%	40	45
石坂公一	4	3	0	18	16.0%	28.0%	28.0%	45	50
吉村圭司	4	2	2	27	11.4%	17.1%	22.9%	64	49
笹田和秀	4	2	1	18	16.0%	24.0%	28.0%	52	101

阪神芝1600m

施行重賞　ローズS（GⅡ）、毎日杯（GⅢ）

父　爆発力にも期待できるキズナ

　阪神芝1800mといえばディープインパクトの舞台ではあるのだが、今回はさすがに推奨しづらい。というのも、全35勝のうち2、3歳で23勝を挙げているのだが、23年は最終世代の3歳が数頭いるだけで、もはや出走をほとんど望めないからだ。一方、4歳以上の出走機会は23年も一定以上あるだろう。ただし、肝心の回収値は単勝74、複勝69という凡庸な数字にとどまる。

　代わってディープ後継のキズナを狙いたい。トータル【9　8　6　61】、勝率10.7％、複勝率27.4％、単勝回収値263、複勝回収値121という成績。好走率では父に敵わないものの、爆発力は十分。20年11月22日の2歳未勝利で単勝1万4170円の大穴をあけたエイカイファントムの影響も大きいが、とはいえ単勝20倍以内に限っても【8　8　3　28】、勝率17.0％、複勝率40.4％、単勝回収値170、複勝回収値114。普通の馬でも十分に儲けることができる。

　普通という意味では、枠もチェックしたい。内の1枠および外の8枠を引いた場合は【0　1　2　16】と勝ち鞍がないのだ。極端な枠は明らかにマイナスで、2～7枠の【9　7　4　45】、勝率13.8％、複勝率30.8％、単勝回収値341、複勝回収値139を狙ったほうがはるかに儲けやすい。

　そして、オッズと枠の狙い目が重なる「2～7枠で単勝20倍以内」という条件に合致すれば、【8　7　2　20】、勝率21.6％、複勝率45.9％、単勝回収値216、複勝回収値129。資金倍増を祝う凱歌に酔いしれよう。

阪神芝1800m　キズナ産駒詳細データ

	1着	2着	3着	4着以下	勝率	連対率	複勝率
牡	6	3	3	33	13.3%	20.0%	26.7%
牝	3	5	3	28	7.7%	20.5%	28.2%
1番人気	1	0	0	4	20.0%	20.0%	20.0%
2～3番人気	3	4	1	9	17.6%	41.2%	47.1%
4～6番人気	3	4	3	14	12.5%	29.2%	41.7%
7～9番人気	1	0	1	14	6.3%	6.3%	12.5%
10番人気～	1	0	1	20	4.5%	4.5%	9.1%

	1着	2着	3着	4着以下	勝率	連対率	複勝率
良	9	5	4	45	14.3%	22.2%	28.6%
稍重	0	2	2	13	0.0%	11.8%	23.5%
重	0	0	0	3	0.0%	0.0%	0.0%
不良	0	1	0	0	0.0%	100.0%	100.0%
2歳	5	2	0	13	25.0%	35.0%	35.0%
3歳	2	4	4	30	5.0%	15.0%	25.0%
4歳以上	2	2	2	18	8.3%	16.7%	25.0%

ドゥラメンテの新馬・初出走

ランキング5位のドゥラメンテは、【7 9 12 42】、勝率10.0%、複勝率40.0%、単勝回収値72、複勝回収値100というトータル成績を記録。やや勝ち切れないところはあるが、3着以内に絡む確率はかなり高い。

なんといっても注目したいのが新馬戦で、【5 1 3 8】、勝率29.4%、複勝率52.9%、単勝回収値264、複勝回収値127。全体の傾向とは異なり、新馬はしっかり勝ち切れる。また、未勝利戦デビューの3頭中2頭も馬券になっており、初出走というくくりでも【5 2 4 9】、勝率25.0%、複勝率55.0%、単勝回収値225、複勝回収値224と抜群。裏を返すと、既走馬はますます勝ち切れず、数字としては【2 7 8 33】。ヒモまでにしておくのが正解だ。

阪神芝1800m　ドゥラメンテ産駒詳細データ

	1着	2着	3着	4着以下	勝率	連対率	複勝率
牡	3	1	6	26	8.3%	11.1%	27.8%
牝	4	8	6	16	11.8%	35.3%	52.9%
1番人気	2	5	3	4	14.3%	50.0%	71.4%
2～3番人気	3	3	4	8	16.7%	33.3%	55.6%
4～6番人気	1	0	4	11	6.3%	6.3%	31.3%
7～9番人気	1	1	0	10	8.3%	16.7%	16.7%
10番人気～	0	0	1	9	0.0%	0.0%	10.0%

	1着	2着	3着	4着以下	勝率	連対率	複勝率
良	5	7	11	36	8.5%	20.3%	39.0%
稍重	2	2	1	6	18.2%	36.4%	45.5%
重	0	0	0	0	-	-	-
不良	0	0	0	0	-	-	-
2歳	6	4	5	24	15.4%	25.6%	38.5%
3歳	0	4	4	16	0.0%	16.7%	33.3%
4歳以上	1	1	3	2	14.3%	28.6%	71.4%

上位人気の池添謙一騎手、枠の確認もお忘れなく

ランキング上位のなかでは比較的高い単勝回収値80、複勝回収値110を記録したのが池添謙一騎手。複勝率45.7%は、騎乗30回以上のジョッキーで川田将雅騎手に次いで高く、阪神芝1800mで屈指の安定感を誇る。特に1、2番人気で【5 3 0 1】と手堅く、3～5番人気でも【3 3 4 12】、勝率13.6%、複勝率45.5%、単勝回収値104、複勝回収値90。上位人気に推されたケースでは確実に馬券圏内に捉えてくる。

ただし、7、8枠を引いたときは、人気を問わず【0 0 0 6】と不発。「1～6枠で1～5番人気」であれば【8 6 4 11】、勝率27.6%、複勝率62.1%、単勝回収値128、複勝回収値111と、ますます堅実さを増してくる。

阪神芝1800m　池添謙一騎手詳細データ

	1着	2着	3着	4着以下	勝率	連対率	複勝率
牡	4	7	2	16	13.8%	37.9%	44.8%
牝	4	2	2	9	23.5%	35.3%	47.1%
1番人気	2	1	0	0	66.7%	100.0%	100.0%
2～3番人気	4	3	2	4	30.8%	53.8%	69.2%
4～6番人気	2	2	2	13	10.5%	21.1%	31.6%
7～9番人気	0	3	0	6	0.0%	33.3%	33.3%
10番人気～	0	0	0	2	0.0%	0.0%	0.0%

	1着	2着	3着	4着以下	勝率	連対率	複勝率
良	7	9	4	21	17.1%	39.0%	48.8%
稍重	1	0	0	4	20.0%	20.0%	20.0%
重	0	0	0	0	-	-	-
不良	0	0	0	0	-	-	-
2歳	4	4	1	10	21.1%	42.1%	47.4%
3歳	2	2	2	8	14.3%	28.6%	42.9%
4歳以上	2	3	1	7	15.4%	38.5%	46.2%

テキ 斉藤崇史厩舎は人気に応じて使い分けろ

　藤原英昭厩舎の単勝回収値516に目を奪われるが、これは大穴一発の影響が大。となると、ランキング２位で単勝回収値114の斉藤崇史厩舎が儲けやすそうだ。トータル成績は【8　5　0　14】、勝率29.6%、複勝率48.1%、単勝回収値114、複勝回収値86。人気別成績を見ると、１番人気は【5　1　0　0】と１着づけで勝負可能。２〜５番人気の【3　3　0　6】は馬連の軸に向いている。そして、６番人気以下は【0　1　0　8】で、まず馬券にならない。

　さらに前走着順もチェックし、「前走１〜４着かつ今走１〜５番人気」まで絞り込めば【8　2　0　2】、勝率66.7%、複勝率83.3%、単勝回収値257、複勝回収値128。「斉藤堅し」とダジャレを言いながら、即座に◎を打とう。

阪神芝1800m　斉藤崇史厩舎詳細データ

	1着	2着	3着	4着以下	勝率	連対率	複勝率
牡	5	2	0	8	33.3%	46.7%	46.7%
牝	3	3	0	6	25.0%	50.0%	50.0%
1番人気	5	1	0	0	83.3%	100.0%	100.0%
2〜3番人気	2	2	0	5	22.2%	44.4%	44.4%
4〜6番人気	1	2	0	4	14.3%	42.9%	42.9%
7〜9番人気	0	0	0	3	0.0%	0.0%	0.0%
10番人気〜	0	0	0	2	0.0%	0.0%	0.0%

	1着	2着	3着	4着以下	勝率	連対率	複勝率
良	8	4	0	11	34.8%	52.2%	52.2%
稍重	0	1	0	3	0.0%	25.0%	25.0%
重	0	0	0	0	-	-	-
不良	0	0	0	0	-	-	-
2歳	3	3	0	4	30.0%	60.0%	60.0%
3歳	1	2	0	7	10.0%	30.0%	30.0%
4歳以上	4	0	0	3	57.1%	57.1%	57.1%

父 この父も買い！
- モーリス（単勝15倍以内【6　4　4　10】）
- シルバーステート（1〜5番人気【4　2　3　4】）
- ゴールドシップ（トータル【0　5　6　12】）

鞍上 この鞍上も買い！
- 武豊（単勝5倍以内【9　3　1　5】）
- 横山典弘（単勝20倍以内【5　2　2　6】）
- 北村友一（5〜8枠【3　4　1　9】）

テキ このテキも買い！
- 高野友和（単勝7倍以内【5　3　1　3】）
- 石坂公一（中2週以上【4　2　5　5】）
- 武幸四郎（中4週以上【2　1　4　5】）

父 この父は消し！
- オルフェーヴル（新馬戦・未勝利戦【0　0　1　23】）
- ハービンジャー（平場戦【0　1　2　37】）
- ロードカナロア（単勝7倍超【0　2　2　56】）

鞍上 この鞍上は消し！
- 松若風馬（7、8枠【0　1　0　15】）
- 鮫島克駿（4番人気以下【0　2　1　29】）
- 団野大成（特別戦【1　0　0　19】）

テキ このテキは消し！
- 池江泰寿（単勝5倍超【0　0　0　13】）
- 松永幹夫（2歳【0　1　0　11】）
- 音無秀孝（トータル【0　2　1　24】）

084

総合成績　芝1800m

●種牡馬別　BEST 15

種牡馬名	1着	2着	3着	4着以下	勝率	連対率	複勝率	単勝回収値	複勝回収値
ディープインパクト	35	26	19	104	19.0%	33.2%	43.5%	110	73
ハーツクライ	11	9	10	82	9.8%	17.9%	26.8%	73	90
キズナ	9	8	6	61	10.7%	20.2%	27.4%	263	121
エピファネイア	8	10	7	57	9.8%	22.0%	30.5%	140	73
ドゥラメンテ	7	9	12	42	10.0%	22.9%	40.0%	72	100
モーリス	6	5	4	33	12.5%	22.9%	31.3%	64	84
ルーラーシップ	5	13	6	56	6.3%	22.5%	30.0%	46	83
ロードカナロア	5	4	2	69	6.3%	11.3%	13.8%	23	32
ジャスタウェイ	5	2	1	32	12.5%	17.5%	20.0%	80	66
シルバーステート	4	2	3	14	17.4%	26.1%	39.1%	54	70
スクリーンヒーロー	4	1	1	13	21.1%	26.3%	31.6%	111	48
リオンディーズ	3	7	3	21	8.8%	29.4%	38.2%	22	72
ヴィクトワールピサ	3	4	2	37	6.5%	15.2%	19.6%	235	125
オルフェーヴル	3	2	5	34	6.8%	11.4%	22.7%	28	42
ブラックタイド	2	3	5	25	5.7%	14.3%	28.6%	131	107

●騎手別　BEST 15

騎手名	1着	2着	3着	4着以下	勝率	連対率	複勝率	単勝回収値	複勝回収値
川田将雅	18	17	7	20	29.0%	56.5%	67.7%	71	86
福永祐一	17	9	5	37	25.0%	38.2%	45.6%	60	64
武豊	10	5	4	43	16.1%	24.2%	30.6%	51	42
池添謙一	8	9	4	25	17.4%	37.0%	45.7%	80	110
岩田望来	7	9	14	43	9.6%	21.9%	41.1%	64	92
松山弘平	7	8	7	61	8.4%	18.1%	26.5%	64	49
Ｃ．ルメール	6	5	4	11	23.1%	42.3%	57.7%	123	95
和田竜二	5	8	13	69	5.3%	13.7%	27.4%	37	77
北村友一	5	7	3	21	13.9%	33.3%	41.7%	65	87
藤岡佑介	5	2	6	25	13.2%	18.4%	34.2%	138	90
横山典弘	5	2	2	17	19.2%	26.9%	34.6%	183	95
坂井瑠星	4	7	4	37	7.7%	21.2%	28.8%	27	48
幸英明	4	5	8	74	4.4%	9.9%	18.7%	30	50
団野大成	4	3	1	45	7.5%	13.2%	15.1%	66	30
藤岡康太	4	1	6	36	8.5%	10.6%	23.4%	53	93

●厩舎別　BEST 15

厩舎名	1着	2着	3着	4着以下	勝率	連対率	複勝率	単勝回収値	複勝回収値
友道康夫	13	8	7	27	23.6%	38.2%	50.9%	74	71
斉藤崇史	8	5	0	14	29.6%	48.1%	48.1%	114	86
藤原英昭	6	4	4	19	18.2%	30.3%	42.4%	516	149
中内田充正	5	6	6	18	14.3%	31.4%	48.6%	79	78
高野友和	5	4	2	10	23.8%	42.9%	52.4%	58	70
矢作芳人	4	3	4	30	9.8%	17.1%	26.8%	87	98
石坂公一	4	2	6	12	16.7%	25.0%	50.0%	89	104
安田翔伍	4	2	2	10	22.2%	33.3%	44.4%	118	87
中竹和也	4	2	1	13	20.0%	30.0%	35.0%	74	123
辻野泰之	4	2	0	6	33.3%	50.0%	50.0%	167	108
奥村豊	4	1	3	12	20.0%	25.0%	40.0%	133	135
安田隆行	4	1	2	12	21.1%	26.3%	36.8%	235	68
清水久詞	3	3	3	26	8.6%	17.1%	25.7%	61	64
平田修	3	2	1	17	13.0%	21.7%	26.1%	70	39
松永幹夫	3	2	0	25	10.0%	16.7%	16.7%	43	27

東京 / 中山 / 阪神 / 中京 / 新潟 / 福島 / 小倉 / 札幌 / 函館

阪神芝1800m　　085

施行重賞 大阪杯（GI）、鳴尾記念（GIII）、マーメイドS（GIII）、チャレンジC（GIII）

父 内枠のルーラーシップが激アツ！

　ランキング1位のディープインパクトと互角の好走率を残し、馬券的な妙味では断然上回るのが2位のルーラーシップだ。重賞勝ちはワンダフルタウンの20年京都2歳Sのみだが、【13 9 12 50】、勝率15.5%、複勝率40.5%、単勝回収値140、複勝回収値136と抜群のトータル成績を記録している。

　注目のファクターは馬番。1～3番枠で【9 4 5 9】、勝率33.3%、複勝率66.7%、単勝回収値360、複勝回収値304と驚異的で、特に単勝15倍以内に限ると【8 3 5 1】と鉄板。そのうえ、20年11月21日の2歳未勝利で14番人気2着のビルボードクィーン、21年3月28日の四国新聞杯で9番人気1着のペプチドフシチョウと大穴も出す。内枠を引いたら激アツ中の激アツだ。

　クラスによって成績が激動する傾向も押さえておきたい。走らないクラスのほうを押さえておくと手っ取り早そうで、まずダメなのが【0 0 1 7】の新馬戦。また、オープンも【1 0 2 10】とひと息で、ちょっと勝負しづらい。買えるのは未勝利～3勝クラスで、合算して【12 9 9 33】、勝率19.0%、複勝率47.6%、単勝回収値180、複勝回収値169。つまりは「新馬を除く条件馬」のルーラーシップ産駒を狙えば、自然と収益が上がっていく。

　最後にもうひとつ、ジョッキーを問わず継続騎乗で【9 5 3 12】、勝率31.0%、複勝率58.6%、単勝回収値333、複勝回収値262と圧巻の成績を残している。馬柱に乗り替わりマークがない産駒を狙うだけで、資金3倍の法則だ。

阪神芝2000m　ルーラーシップ産駒詳細データ

	1着	2着	3着	4着以下	勝率	連対率	複勝率
牡	11	6	8	28	20.8%	32.1%	47.2%
牝	2	3	4	22	6.5%	16.1%	29.0%
1番人気	3	4	0	1	37.5%	87.5%	87.5%
2～3番人気	7	3	2	4	43.8%	62.5%	75.0%
4～6番人気	2	1	6	9	10.0%	15.0%	55.0%
7～9番人気	1	0	2	22	4.0%	4.0%	12.0%
10番人気～	0	1	0	14	0.0%	6.7%	6.7%

	1着	2着	3着	4着以下	勝率	連対率	複勝率
良	12	7	11	39	17.4%	27.5%	43.5%
稍重	1	2	1	10	7.1%	21.4%	28.6%
重	0	0	0	1	0.0%	0.0%	0.0%
不良	0	0	0	0	-	-	-
2歳	4	3	4	15	15.4%	26.9%	42.3%
3歳	2	3	3	18	7.7%	19.2%	30.8%
4歳以上	7	3	5	17	21.9%	31.3%	46.9%

父 ドゥラメンテ含め、キンカメ親仔に注目！

　左記ルーラーシップもそうだが、阪神芝2000mはキングカメハメハの後継種牡馬が元気だ。ランキング4位のドゥラメンテも、トータル【11 10 7 33】、勝率18.0%、複勝率45.9%、単勝回収値75、複勝回収値130と優秀な成績を収めている。激走1着がなかったため単勝回収値が伸び悩んだものの、全11勝をマークした単勝10倍以内に限れば【11 7 4 13】、勝率31.4%、単勝回収値131とアタマでも買える。あとは単勝10倍超をヒモ穴で押さえれば、まったく問題はない。

　ちなみに、後継だけでなく、キングカメハメハ自身も【12 10 5 41】、勝率17.6%、複勝率39.7%、単勝回収値106、複勝回収値124と素晴らしいトータル成績を収めている。この親仔あわせて3頭を積極的に狙っていこう。

阪神芝2000m　ドゥラメンテ産駒詳細データ

	1着	2着	3着	4着以下	勝率	連対率	複勝率
牡	10	8	5	17	25.0%	45.0%	57.5%
牝	1	2	2	16	4.8%	14.3%	23.8%
1番人気	5	0	1	2	62.5%	62.5%	75.0%
2～3番人気	4	3	3	7	23.5%	41.2%	58.8%
4～6番人気	2	7	1	9	10.5%	47.4%	52.6%
7～9番人気	0	0	1	8	0.0%	0.0%	11.1%
10番人気～	0	0	1	7	0.0%	0.0%	12.5%

	1着	2着	3着	4着以下	勝率	連対率	複勝率
良	9	9	7	25	18.0%	36.0%	50.0%
稍重	2	1	0	6	22.2%	33.3%	33.3%
重	0	0	0	2	0.0%	0.0%	0.0%
不良	0	0	0	0	-	-	-
2歳	6	8	2	12	21.4%	50.0%	57.1%
3歳	5	2	4	17	17.9%	25.0%	39.3%
4歳以上	0	0	1	4	0.0%	0.0%	20.0%

鞍上 先行押し切り勝ちが得意の和田竜二騎手

　騎乗数の多いランキング上位ジョッキーの回収値が全体的にイマイチだが、比較的狙いやすそうなのは3位の和田竜二騎手だ。20年京都2歳Sをワンダフルタウンで、22年マーメイドSをウインマイティーでそれぞれ制し、重賞は2勝。オッズ別成績を見ると、単勝15倍以内で【9 5 2 13】、勝率31.0%、複勝率55.2%、単勝回収値182、複勝回収値108。基本的にはこの範囲で買いたい。単勝15倍超でもノーチャンスではないが、【0 2 2 36】と苦しい。

　そして、和田騎手は先行押し切り勝ちを得意とするだけに、前走で4角を1～4番手で回っていた馬に騎乗すると期待感がさらに増す。もちろん単勝15倍以内で【6 2 0 6】、勝率42.9%、単勝回収値245。ここで勝負だ。

阪神芝2000m　和田竜二騎手詳細データ

	1着	2着	3着	4着以下	勝率	連対率	複勝率
牡	4	5	2	32	9.3%	20.9%	25.6%
牝	5	2	2	17	19.2%	26.9%	34.6%
1番人気	3	0	0	3	50.0%	50.0%	50.0%
2～3番人気	4	1	1	3	44.4%	55.6%	66.7%
4～6番人気	1	5	1	10	5.9%	35.3%	41.2%
7～9番人気	0	0	2	22	0.0%	0.0%	8.3%
10番人気～	1	1	0	11	7.7%	15.4%	15.4%

	1着	2着	3着	4着以下	勝率	連対率	複勝率
良	8	6	2	38	14.8%	25.9%	29.6%
稍重	1	1	2	7	9.1%	18.2%	36.4%
重	0	0	0	4	0.0%	0.0%	0.0%
不良	0	0	0	0	-	-	-
2歳	3	2	1	14	15.0%	25.0%	30.0%
3歳	3	2	1	17	12.5%	20.8%	29.2%
4歳以上	3	3	1	18	12.0%	24.0%	28.0%

阪神芝2000m

テキ 友道康夫厩舎のフレッシュな人気馬が買い

　断然の19勝を挙げた友道康夫厩舎は、トータル成績も【19　9　12　24】、勝率29.7％、複勝率62.5％、単勝回収値174、複勝回収値95と実に素晴らしい。目立つのは、22年大阪杯で単勝5870円を決めたポタジェで、この一発が単勝回収値にも反映されているのだが、好走の大半は上位人気馬が記録している。具体的には、単勝10倍以内で【18　9　11　8】、勝率39.1％、複勝率82.6％、単勝回収値115、複勝回収値103と、人気時の確実性は極めて高い。

　さらに出走間隔を加味した「中6週以上もしくは初出走で単勝10倍以内」に絞れば【16　4　6　3】、勝率55.2％、複勝率89.7％、単勝回収値172、複勝回収値115。フレッシュな状態で人気なら、もはや友道厩舎に逆らう術はない。

阪神芝2000m　友道康夫厩舎詳細データ

	1着	2着	3着	4着以下	勝率	連対率	複勝率
牡	16	6	7	18	34.0%	46.8%	61.7%
牝	3	3	5	6	17.6%	35.3%	64.7%
1番人気	12	4	6	3	48.0%	64.0%	88.0%
2～3番人気	6	3	5	2	37.5%	56.3%	87.5%
4～6番人気	0	2	1	9	0.0%	16.7%	25.0%
7～9番人気	1	0	0	5	16.7%	16.7%	16.7%
10番人気～	0	0	0	5	0.0%	0.0%	0.0%

	1着	2着	3着	4着以下	勝率	連対率	複勝率
良	16	8	7	20	31.4%	47.1%	60.8%
稍重	2	1	3	1	28.6%	42.9%	85.7%
重	1	0	2	3	16.7%	16.7%	50.0%
不良	0	0	0	0	-	-	-
2歳	9	4	3	3	47.4%	68.4%	84.2%
3歳	6	1	8	5	30.0%	35.0%	75.0%
4歳以上	4	4	1	16	16.0%	32.0%	36.0%

父 この父も買い！
- オルフェーヴル（単勝15倍以内【7　3　5　18】）
- ロードカナロア（1～5番人気【6　4　1　14】）
- ゴールドシップ（単勝30倍以内【6　1　1　10】）

鞍上 この鞍上も買い！
- 川田将雅（継続騎乗【12　4　7　8】）
- 坂井瑠星（1～5番人気【7　4　7　13】）
- C.ルメール（1番人気【5　1　1　0】）

テキ このテキも買い！
- 斉藤崇史（単勝20倍以内【10　8　6　16】）
- 高野友和（1～5番人気【9　7　3　10】）
- 中内田充正（川田将雅【6　0　3　3】）

父 この父は消し！
- ブラックタイド（単勝7倍超【0　0　0　26】）
- モーリス（3番人気以下【0　0　1　26】）
- ジャスタウェイ（単勝4倍超【0　1　1　34】）

鞍上 この鞍上は消し！
- 鮫島克駿（特別戦【0　0　0　18】）
- 幸英明（7、8枠【0　0　1　24】）
- 岩田望来（4番人気以下【0　1　2　40】）

テキ このテキは消し！
- 清水久詞（4番人気以下【0　0　0　23】）
- 西村真幸（単勝5倍超【0　0　0　13】）
- 池江泰寿（4番人気以下【0　1　1　16】）

総合成績　芝2000m

◉種牡馬別　BEST 15

種牡馬名	1着	2着	3着	4着以下	勝率	連対率	複勝率	単勝回収値	複勝回収値
ディープインパクト	23	21	21	99	14.0%	26.8%	39.6%	84	72
ルーラーシップ	13	9	12	50	15.5%	26.2%	40.5%	140	136
キングカメハメハ	12	10	5	41	17.6%	32.4%	39.7%	106	124
ドゥラメンテ	11	10	7	33	18.0%	34.4%	45.9%	75	130
ハーツクライ	11	7	11	96	8.8%	14.4%	23.2%	62	41
キズナ	9	12	9	59	10.1%	23.6%	33.7%	289	123
オルフェーヴル	7	3	5	46	11.5%	16.4%	24.6%	59	46
ロードカナロア	6	4	2	37	12.2%	20.4%	24.5%	61	52
ゴールドシップ	6	2	1	21	20.0%	26.7%	30.0%	111	138
エピファネイア	4	10	6	50	5.7%	20.0%	28.6%	32	105
ハービンジャー	4	4	16	65	4.5%	9.0%	27.0%	42	100
モーリス	4	1	3	29	10.8%	13.5%	21.6%	32	29
キタサンブラック	3	5	4	14	11.5%	30.8%	46.2%	26	121
スクリーンヒーロー	3	1	2	28	8.8%	11.8%	17.6%	91	31
ブラックタイド	3	0	0	30	9.1%	9.1%	9.1%	37	12

◉騎手別　BEST 15

騎手名	1着	2着	3着	4着以下	勝率	連対率	複勝率	単勝回収値	複勝回収値
川田将雅	20	11	13	20	31.3%	48.4%	68.8%	75	99
松山弘平	11	8	8	45	15.3%	26.4%	37.5%	63	77
和田竜二	9	7	4	49	13.0%	23.2%	29.0%	76	90
福永祐一	8	10	12	33	12.7%	28.6%	47.6%	114	75
武豊	7	5	7	27	15.2%	26.1%	41.3%	53	80
坂井瑠星	7	4	7	32	14.0%	22.0%	36.0%	88	64
C．ルメール	7	4	2	15	25.0%	39.3%	46.4%	62	60
岩田望来	6	6	5	51	8.8%	17.6%	25.0%	35	38
岩田康誠	5	7	6	17	14.3%	34.3%	51.4%	83	288
藤岡佑介	4	10	4	26	9.1%	31.8%	40.9%	35	80
北村友一	4	4	2	18	14.3%	28.6%	35.7%	111	103
吉田隼人	4	3	2	29	10.5%	18.4%	23.7%	206	86
M．デムーロ	4	1	2	12	21.1%	26.3%	36.8%	164	70
C．デムーロ	4	0	3	8	26.7%	26.7%	46.7%	72	71
池添謙一	3	7	5	27	7.1%	23.8%	35.7%	28	83

◉厩舎別　BEST 15

厩舎名	1着	2着	3着	4着以下	勝率	連対率	複勝率	単勝回収値	複勝回収値
友道康夫	19	9	12	24	29.7%	43.8%	62.5%	174	95
斉藤崇史	10	8	6	23	21.3%	38.3%	51.1%	121	93
高野友和	9	7	3	15	26.5%	47.1%	55.9%	135	99
中内田充正	9	1	5	13	32.1%	35.7%	53.6%	76	72
矢作芳人	5	6	3	34	10.4%	22.9%	29.2%	68	64
須貝尚介	5	3	0	20	17.9%	28.6%	28.6%	57	51
音無秀孝	4	5	2	18	13.8%	31.0%	37.9%	123	80
藤原英昭	4	2	4	18	14.3%	21.4%	35.7%	159	64
橋口慎介	4	2	4	22	12.5%	18.8%	31.3%	99	75
武英智	3	5	5	14	11.1%	29.6%	48.1%	280	275
池江泰寿	3	5	4	27	7.7%	20.5%	30.8%	15	45
佐々木晶三	3	4	0	6	23.1%	53.8%	53.8%	196	136
杉山晴紀	3	2	5	21	9.7%	16.1%	32.3%	38	107
昆貢	3	2	3	12	15.0%	25.0%	40.0%	286	135
松永幹夫	3	2	0	18	13.0%	21.7%	21.7%	797	151

阪神芝2000m

阪神 芝2200m

施行重賞 宝塚記念（GI）、京都記念（GII）

父 牡馬混合戦でもキズナ牝馬

　狙ってみたいのはキズナだ。なにより21年エリザベス女王杯が印象的で、アカイイトが10番人気1着、ステラリアが7番人気2着。このワンツー決着に代表されるように、このコースでは牝馬が【4 2 0 5】、勝率36.4%、複勝率54.5%、単勝回収値879、複勝回収値296と元気いっぱい。牝馬限定戦だけでなく、牡馬混合戦でも【2 0 0 2】としっかり走っている。

　対照的に牡馬は【1 1 2 16】と振るわない。ただし、1、2番人気に限れば【1 1 2 1】と凡走は少ない。ということは、3番人気以下だと【0 0 0 15】。本命・対抗級以外のキズナ牡馬は、見送りが正解だ。

阪神芝2200m　キズナ産駒詳細データ

	1着	2着	3着	4着以下	勝率	連対率	複勝率
牡	1	1	2	16	5.0%	10.0%	20.0%
牝	4	2	0	5	36.4%	54.5%	54.5%
1番人気	1	0	2	1	25.0%	25.0%	75.0%
2～3番人気	1	1	0	3	20.0%	40.0%	40.0%
4～6番人気	2	0	0	6	25.0%	25.0%	25.0%
7～9番人気	0	2	0	5	0.0%	28.6%	28.6%
10番人気～	1	0	0	6	14.3%	14.3%	14.3%

	1着	2着	3着	4着以下	勝率	連対率	複勝率
良	4	3	2	15	16.7%	29.2%	37.5%
稍重	0	0	0	0	-	-	-
重	1	0	0	6	14.3%	14.3%	14.3%
不良	0	0	0	0	-	-	-
2歳	0	0	0	0	-	-	-
3歳	4	3	1	15	17.4%	30.4%	34.8%
4歳以上	1	0	1	6	12.5%	12.5%	25.0%

鞍上 バレないうちに幸英明騎手で勝負！

　失礼を承知で書くが、幸英明騎手がランキング1位のコースもそうはない。決して馬鹿にしているわけではなく、同じように知らない人がほとんどのはずだ。その証拠に、トータルで単勝回収値432、複勝回収値159という美味しすぎる数字が残っている。つまり、多くのファンから軽視されているのである。

　20年6月21日の3歳未勝利で11番人気1着のエバーマノ、21年エリザベス女王杯で10番人気1着のアカイイトのほか、22年にも8番人気2着を2回決めている。もちろん、穴馬だけでなく、1～3番人気は【3 0 0 1】と確実に勝たせている。本命党も穴党も幸せにする幸騎手を買わない手はない。

阪神芝2200m　幸英明騎手詳細データ

	1着	2着	3着	4着以下	勝率	連対率	複勝率
牡	2	2	1	11	12.5%	25.0%	31.3%
牝	3	0	0	6	33.3%	33.3%	33.3%
1番人気	1	0	0	0	100.0%	100.0%	100.0%
2～3番人気	2	0	0	1	66.7%	66.7%	66.7%
4～6番人気	0	0	1	4	0.0%	0.0%	20.0%
7～9番人気	0	2	0	8	0.0%	20.0%	20.0%
10番人気～	2	0	0	4	33.3%	33.3%	33.3%

	1着	2着	3着	4着以下	勝率	連対率	複勝率
良	5	1	1	11	27.8%	33.3%	38.9%
稍重	0	1	0	3	0.0%	25.0%	25.0%
重	0	0	0	3	0.0%	0.0%	0.0%
不良	0	0	0	0	-	-	-
2歳	0	0	0	0	-	-	-
3歳	3	1	1	5	30.0%	40.0%	50.0%
4歳以上	2	1	0	12	13.3%	20.0%	20.0%

軸は矢作芳人厩舎

　ランキング4位の矢作芳人厩舎はトータル【2 2 5 8】、勝率11.8％、複勝率52.9％、単勝回収値41、複勝回収値143と、軸馬向きの成績を収めている。重賞実績も豊富で、21年京都記念では1着ラヴズオンリーユー、2着ステイフーリッシュでワンツーを決めたほか、ラヴズオンリーユーは20年エリザベス女王杯でも3着。さらに、21年宝塚記念で2着のユニコーンライオンもいる。

　なお、GIに限った実績でさらに上をいくのが1位の斉藤崇史厩舎で、クロノジェネシスで20年と21年の宝塚記念を連覇し、ジェラルディーナで22年エリザベス女王杯を勝利。全4勝中3勝がGIというのは驚異的と言うほかない。

阪神芝2200m　矢作芳人厩舎詳細データ

	1着	2着	3着	4着以下	勝率	連対率	複勝率
牡	1	2	4	6	7.7%	23.1%	53.8%
牝	1	0	1	2	25.0%	25.0%	50.0%
1番人気	1	0	0	0	100.0%	100.0%	100.0%
2〜3番人気	1	1	1	1	25.0%	50.0%	75.0%
4〜6番人気	0	0	3	2	0.0%	0.0%	60.0%
7〜9番人気	0	1	1	3	0.0%	20.0%	40.0%
10番人気〜	0	0	0	2	0.0%	0.0%	0.0%

	1着	2着	3着	4着以下	勝率	連対率	複勝率
良	2	2	5	6	13.3%	26.7%	60.0%
稍重	0	0	0	0	-	-	-
重	0	0	0	2	0.0%	0.0%	0.0%
不良	0	0	0	0	-	-	-
2歳	0	0	0	0	-	-	-
3歳	0	0	3	4	0.0%	0.0%	42.9%
4歳以上	2	2	2	4	20.0%	40.0%	60.0%

総合成績　芝2200m

●種牡馬別 BEST10

種牡馬名	1着	2着	3着	4着以下	勝率	連対率	複勝率	単勝回収値	複勝回収値
ディープインパクト	5	7	6	56	6.8%	16.2%	24.3%	55	57
キズナ	5	3	2	21	16.1%	25.8%	32.3%	317	121
ハーツクライ	4	1	2	27	11.8%	14.7%	20.6%	43	31
ドゥラメンテ	3	2	1	3	33.3%	55.6%	66.7%	136	143
ハービンジャー	3	1	2	14	15.0%	20.0%	30.0%	57	101
キングカメハメハ	2	5	1	21	6.9%	24.1%	27.6%	45	56
オルフェーヴル	2	2	1	20	8.0%	16.0%	20.0%	29	87
ゴールドシップ	2	0	2	7	18.2%	18.2%	36.4%	62	63
バゴ	2	0	0	0	100.0%	100.0%	100.0%	295	145
ノヴェリスト	1	2	2	7	8.3%	25.0%	41.7%	141	147

●騎手別 BEST10

騎手名	1着	2着	3着	4着以下	勝率	連対率	複勝率	単勝回収値	複勝回収値
幸英明	5	2	1	17	20.0%	28.0%	32.0%	432	159
川田将雅	5	0	3	12	25.0%	25.0%	40.0%	68	57
坂井瑠星	3	2	1	8	21.4%	35.7%	42.9%	102	79
武豊	3	1	2	11	17.6%	23.5%	35.3%	71	81
福永祐一	2	3	1	13	10.5%	26.3%	31.6%	63	50
北村友一	2	3	1	7	15.4%	38.5%	46.2%	58	88
団野大成	2	2	1	9	14.3%	28.6%	35.7%	424	97
岩田望来	2	1	2	18	8.7%	13.0%	21.7%	19	36
C.ルメール	2	1	1	7	20.0%	30.0%	30.0%	51	37
藤懸貴志	2	0	0	3	40.0%	40.0%	40.0%	456	102

●厩舎別 BEST10

厩舎名	1着	2着	3着	4着以下	勝率	連対率	複勝率	単勝回収値	複勝回収値
斉藤崇史	4	1	0	10	26.7%	33.3%	33.3%	112	101
辻野泰之	3	0	1	2	50.0%	50.0%	66.7%	255	160
奥村豊	3	0	0	4	42.9%	42.9%	42.9%	155	61
矢作芳人	2	2	5	8	11.8%	23.5%	52.9%	41	143
佐々木晶三	2	2	1	4	22.2%	44.4%	55.6%	120	115
武英智	2	2	0	6	20.0%	40.0%	40.0%	214	162
松永幹夫	2	1	1	7	18.2%	27.3%	36.4%	84	49
須貝尚介	2	0	2	4	25.0%	25.0%	50.0%	136	68
高野友和	2	0	1	5	25.0%	25.0%	37.5%	285	81
森秀行	2	0	0	5	28.6%	28.6%	28.6%	95	44

阪神芝2200m　　091

| 阪神 HANSHIN | 芝2400m | 施行重賞 | 神戸新聞杯（GⅡ） |

（父） 上位人気のエピファネイア

　1勝差でランキング1位を逃したエピファネイアだが、【6 2 3 14】、勝率24.0%、複勝率44.0%、単勝回収値474、複勝回収値120のトータル成績は、内容的にナンバーワンと言ってよい。

　目につくのは、22年2月19日の3歳未勝利で単勝1万100円を叩き出したアップデートだが、激走らしい激走はこの1走ぐらい。あとの1〜3着は単勝15倍以内に限られ、該当馬は【5 2 3 6】、勝率31.3%、複勝率62.5%、単勝回収値110、複勝回収値110。特に5倍以内なら【4 1 3 1】と鉄板級で、基本的には上位人気に推されている産駒を狙っていきたい。

阪神芝2400m　エピファネイア産駒詳細データ

	1着	2着	3着	4着以下	勝率	連対率	複勝率
牡	5	2	3	9	26.3%	36.8%	52.6%
牝	1	0	0	5	16.7%	16.7%	16.7%
1番人気	1	1	1	1	25.0%	50.0%	75.0%
2〜3番人気	3	0	2	2	42.9%	42.9%	71.4%
4〜6番人気	1	0	0	8	11.1%	11.1%	11.1%
7〜9番人気	0	1	0	2	0.0%	33.3%	33.3%
10番人気〜	1	0	0	1	50.0%	50.0%	50.0%

	1着	2着	3着	4着以下	勝率	連対率	複勝率
良	4	1	3	10	22.2%	27.8%	44.4%
稍重	2	0	0	3	40.0%	40.0%	40.0%
重	0	1	0	1	0.0%	50.0%	50.0%
不良	0	0	0	0	-	-	-
2歳	0	0	0	0	-	-	-
3歳	6	1	3	12	27.3%	31.8%	45.5%
4歳以上	0	1	0	2	0.0%	33.3%	33.3%

（鞍上） 上位人気の川田将雅騎手に凡走なし

　面白みはないが、手堅いのは川田将雅騎手。騎乗馬の半数以上が1番人気という極上の質を誇り、その1番人気で【7 1 3 1】、勝率58.3%、複勝率91.7%、単勝回収値123、複勝回収値110と期待に応えている。馬券にならなかった唯一のレースも4着で、1番人気で凡走はないと言っても過言ではない。

　また、2、3番人気では【0 2 3 2】、複勝率71.4%、複勝回収値100。勝ち鞍こそないが、馬券に絡む仕事はきっちり果たしている。2、3番人気で4着以下に終わった2走のうち1走は競走中止で、もう1走も3着と0秒1差には来ている。阪神芝2400mで人気の川田騎手を買って、そう後悔はないはずだ。

阪神芝2400m　川田将雅騎手詳細データ

	1着	2着	3着	4着以下	勝率	連対率	複勝率
牡	7	2	6	5	35.0%	45.0%	75.0%
牝	0	1	0	0	100.0%	100.0%	100.0%
1番人気	7	1	3	1	58.3%	66.7%	91.7%
2〜3番人気	0	2	3	2	0.0%	28.6%	71.4%
4〜6番人気	0	0	0	1	0.0%	0.0%	0.0%
7〜9番人気	0	0	0	1	0.0%	0.0%	0.0%
10番人気〜	0	0	0	1	0.0%	0.0%	0.0%

	1着	2着	3着	4着以下	勝率	連対率	複勝率
良	5	1	4	3	38.5%	46.2%	76.9%
稍重	2	2	2	1	28.6%	57.1%	85.7%
重	0	0	0	1	0.0%	0.0%	0.0%
不良	0	0	0	0	-	-	-
2歳	0	0	0	0	-	-	-
3歳	4	2	5	2	30.8%	46.2%	84.6%
4歳以上	3	1	1	3	37.5%	50.0%	62.5%

テキ 友道康夫厩舎でも妙味のある条件とは

阪神芝2400mで断然の8勝を挙げた友道康夫厩舎。【8　2　3　5】、勝率44.4%、複勝率72.2%、単勝回収値267、複勝回収値127のトータル成績も文句なしで、狙わない理由が見当たらない。なかでも印象に残るのは21年京都大賞典で、かつてのダービー馬マカヒキを約5年ぶりの勝利に導いた。

もっとも、この激走を除く17走では1～3番人気に推され、普通は上位人気馬を狙うことになる。そして、「前走4着以下かつ今走1～3番人気」というシチュエーションだと【4　1　1　1】、勝率57.1%、単勝回収値151。人気ではあるが、前走着順のぶん過剰人気にはならず、意外な妙味を備えている。

阪神芝2400m　友道康夫厩舎詳細データ

	1着	2着	3着	4着以下	勝率	連対率	複勝率
牡	8	1	3	5	47.1%	52.9%	70.6%
牝	0	1	0	0	0.0%	100.0%	100.0%
1番人気	6	0	2	2	60.0%	60.0%	80.0%
2～3番人気	1	2	1	3	14.3%	42.9%	57.1%
4～6番人気	-	-	-	-	-	-	-
7～9番人気	1	0	0	0	100.0%	100.0%	100.0%
10番人気～	0	0	0	0	-	-	-

	1着	2着	3着	4着以下	勝率	連対率	複勝率
良	6	2	1	3	50.0%	66.7%	75.0%
稍重	2	0	2	2	33.3%	33.3%	66.7%
重	0	0	0	0	-	-	-
不良	0	0	0	0	-	-	-
2歳	0	0	0	0	-	-	-
3歳	6	1	3	2	50.0%	58.3%	83.3%
4歳以上	2	1	0	3	33.3%	50.0%	50.0%

総合成績　芝2400m

●種牡馬別　BEST 10

種牡馬名	1着	2着	3着	4着以下	勝率	連対率	複勝率	単勝回収値	複勝回収値
ディープインパクト	7	7	6	48	10.3%	20.6%	29.4%	79	53
エピファネイア	6	2	3	14	24.0%	32.0%	44.0%	474	120
ハーツクライ	4	3	3	37	8.5%	14.9%	21.3%	108	59
ルーラーシップ	4	1	6	33	9.1%	11.4%	25.0%	41	53
キズナ	4	1	2	11	22.2%	27.8%	38.9%	141	81
キングカメハメハ	3	6	4	14	11.1%	33.3%	48.1%	39	120
オルフェーヴル	3	5	3	19	10.0%	26.7%	36.7%	44	55
スクリーンヒーロー	3	0	0	5	37.5%	37.5%	37.5%	93	42
リオンディーズ	3	0	0	1	75.0%	75.0%	75.0%	642	105
ジャスタウェイ	2	3	0	6	18.2%	45.5%	45.5%	51	90

●騎手別　BEST 10

騎手名	1着	2着	3着	4着以下	勝率	連対率	複勝率	単勝回収値	複勝回収値
福永祐一	7	4	5	6	31.8%	50.0%	72.7%	95	117
川田将雅	7	3	6	5	33.3%	47.6%	76.2%	70	96
和田竜二	4	5	5	10	16.7%	37.5%	58.3%	465	136
松山弘平	4	3	1	15	17.4%	30.4%	34.8%	90	61
鮫島克駿	4	0	0	12	25.0%	25.0%	25.0%	360	101
岩田望来	3	3	0	22	10.7%	21.4%	21.4%	30	31
坂井瑠星	3	1	1	10	20.0%	26.7%	33.3%	207	70
菱田裕二	3	0	0	3	50.0%	50.0%	50.0%	428	70
武豊	2	3	1	5	18.2%	45.5%	54.5%	56	88
幸英明	2	1	2	27	6.3%	9.4%	15.6%	12	54

●厩舎別　BEST 10

厩舎名	1着	2着	3着	4着以下	勝率	連対率	複勝率	単勝回収値	複勝回収値
友道康夫	8	2	3	5	44.4%	55.6%	72.2%	267	127
矢作芳人	3	1	3	18	12.0%	16.0%	28.0%	108	83
佐々木晶三	3	0	1	3	42.9%	42.9%	57.1%	330	148
岡田稲男	3	0	0	1	75.0%	75.0%	75.0%	642	105
本田優	2	4	1	9	12.5%	37.5%	43.8%	90	112
池江泰寿	2	2	0	11	11.1%	33.3%	38.9%	15	52
中内田充正	2	1	1	3	28.6%	42.9%	57.1%	50	62
宮本博	2	1	1	3	28.6%	42.9%	57.1%	71	78
長谷川浩大	2	1	0	5	25.0%	37.5%	37.5%	97	56
橋口慎介	2	0	0	2	50.0%	50.0%	50.0%	952	217

阪神芝2400m

ダ1200m

施行重賞 なし

父 フレッシュかつ中型以上のキンシャノキセキ

　阪神ダート1200mは、ランキング上位にひと目見て狙いたい種牡馬はいないというのが正直な印象だ。消去法的な選択とはなるが、1～3着36回が2番目に多く、複勝回収値が100を超えているキンシャサノキセキを取り上げたい。

　トータル【9　11　16　77】、勝率8.0%、複勝率31.9%、単勝回収値25、複勝回収値109という成績が示す通り、ワイドや3連複の軸馬、あるいはヒモで狙っていくのが基本だ。ただし、1番人気だけは【5　3　2　1】、勝率45.5%、複勝率90.9%、単勝回収値109、複勝回収値120とアタマでも買える。

　予想で参考にしたいのは出走間隔。中9週以上で【2　5　5　20】、複勝率37.5%、複勝回収値174。また、初出走も【1　2　1　4】、複勝率50.0%、複勝回収値390と、いずれも高確率で馬券に絡み、複勝回収値も非常に高い。一方、中8週以内では【6　4　10　53】、複勝率27.4%、複勝回収値51という成績。それなりに馬券にはなっているが、大半は上位人気で、収支にはあまり貢献しない。穴を期待するなら、フレッシュな状態を望めるローテに限る。

　馬体重もチェックしたい。中型馬のサイズは欲しいところで、当日460キロ以上なら【8　8　12　47】、複勝率37.3%、複勝回収値149。対して、当日460キロ未満だと【1　3　4　30】、複勝率21.1%、複勝回収値32と、かなり数字が落ちてしまう。特に牝馬で460キロを割り込むと厳しい結果が待っており、馬体重で一定のパワーが担保される産駒を狙っていきたい。

阪神ダ1200m　キンシャサノキセキ産駒詳細データ

	1着	2着	3着	4着以下	勝率	連対率	複勝率
牡	8	9	11	41	11.6%	24.6%	40.6%
牝	1	2	5	36	2.3%	6.8%	18.2%
1番人気	5	3	2	1	45.5%	72.7%	90.9%
2～3番人気	3	3	8	10	12.5%	25.0%	58.3%
4～6番人気	1	1	4	19	4.0%	8.0%	24.0%
7～9番人気	0	3	1	16	0.0%	15.0%	20.0%
10番人気～	0	1	1	31	0.0%	3.0%	6.1%

	1着	2着	3着	4着以下	勝率	連対率	複勝率
良	7	8	13	50	9.0%	19.2%	35.9%
稍重	1	0	1	8	10.0%	10.0%	20.0%
重	1	1	1	12	6.7%	13.3%	20.0%
不良	0	2	1	7	0.0%	20.0%	30.0%
2歳	3	3	4	9	15.8%	31.6%	52.6%
3歳	1	4	6	32	2.3%	11.6%	25.6%
4歳以上	5	4	6	36	9.8%	17.6%	29.4%

父 1〜5番人気、中〜外枠のドレフォン

　今後出走が増えてきそうな新しい種牡馬で期待したいのがドレフォンだ。初年度産駒がデビューした21年から【2　1　1　5】と走ってきて、トータルでも【7　3　3　22】、勝率20.0％、複勝率37.1％、単勝回収値117、複勝回収値80の好成績を記録。走ったのは集計期間の半分ほどだが、ランキング9位に食い込む健闘を見せている。

　好走は1〜5番人気のみで、該当馬は【7　3　3　5】、勝率38.9％、複勝率72.2％、単勝回収値228、複勝回収値155と非常に堅実。また、4〜8枠で【6　2　3　14】、勝率24.0％、複勝率44.0％、単勝回収値142、複勝回収値98と、中〜外枠で大半の好走をマーク。ひとまずこの2点を確認しておきたい。

阪神ダ1200m　ドレフォン産駒詳細データ

	1着	2着	3着	4着以下	勝率	連対率	複勝率
牡	4	0	2	14	20.0%	20.0%	30.0%
牝	3	3	1	8	20.0%	40.0%	46.7%
1番人気	2	1	0	0	66.7%	100.0%	100.0%
2〜3番人気	3	0	1	3	42.9%	42.9%	57.1%
4〜6番人気	2	2	2	5	18.2%	36.4%	54.5%
7〜9番人気	0	0	0	9	0.0%	0.0%	0.0%
10番人気〜	0	0	0	5	0.0%	0.0%	0.0%

	1着	2着	3着	4着以下	勝率	連対率	複勝率
良	5	1	2	17	20.0%	24.0%	32.0%
稍重	0	2	1	3	0.0%	33.3%	50.0%
重	0	0	0	1	0.0%	0.0%	0.0%
不良	2	0	0	1	66.7%	66.7%	66.7%
2歳	2	1	2	12	11.8%	17.6%	29.4%
3歳	5	2	1	10	27.8%	38.9%	44.4%
4歳以上	0	0	0	0	-	-	-

鞍上 良馬場の岩田望来騎手

　22年に自身初の年間100勝を達成した岩田望来騎手が、阪神ダート1200mで集計期間内最多の18勝をマーク。トータルの単勝回収値も119に達し、馬券的な価値も高い。18勝中11勝を1番人気で挙げており、【11　2　2　6】、勝率52.4％、複勝率71.4％、単勝回収値139、複勝回収値99と成績も優秀だ。

　チェックしたいファクターとしては馬場状態を挙げておきたい。良馬場の成績が非常に安定しており、【15　6　9　43】、勝率20.5％、複勝率41.1％、単勝回収値160、複勝回収値100。対して稍重〜不良では【3　4　4　26】、勝率8.1％、複勝率29.7％、単勝回収値38、複勝回収値65と、数字がだいぶ下がってしまう。湿った馬場になった場合は評価を下げ、乾いた馬場で狙いたい。

阪神ダ1200m　岩田望来騎手詳細データ

	1着	2着	3着	4着以下	勝率	連対率	複勝率
牡	13	6	7	39	20.0%	29.2%	40.0%
牝	5	4	6	30	11.1%	20.0%	33.3%
1番人気	11	2	2	6	52.4%	61.9%	71.4%
2〜3番人気	5	4	5	15	17.2%	31.0%	48.3%
4〜6番人気	1	2	3	16	4.5%	13.6%	27.3%
7〜9番人気	1	2	2	20	4.0%	12.0%	20.0%
10番人気〜	0	0	1	12	0.0%	0.0%	7.7%

	1着	2着	3着	4着以下	勝率	連対率	複勝率
良	15	6	9	43	20.5%	28.8%	41.1%
稍重	2	3	1	15	9.5%	23.8%	28.6%
重	0	1	1	6	0.0%	12.5%	25.0%
不良	1	0	2	5	12.5%	12.5%	37.5%
2歳	4	1	1	13	21.1%	26.3%	31.6%
3歳	9	3	9	30	17.6%	23.5%	41.2%
4歳以上	5	6	3	26	12.5%	27.5%	35.0%

阪神ダ1200m

テキ 前走同距離の安田隆行厩舎

　ランキング１位の安田隆行厩舎は、トータル成績も【8　3　5　18】、勝率23.5%、複勝率47.1%、単勝回収値135、複勝回収値129と抜群。24年２月末の解散予定で、この恩恵にあずかれるラストチャンスを見逃す手はない。

　馬券を買ううえで参考にしたいのが前走距離。同じ1200mを使っていたケースでの勝ち切りが多く、【5　1　1　9】、勝率31.3%、複勝率43.8%、単勝回収値177、複勝回収値91。一方、短縮、延長を問わず距離を変えてきた場合は【1　2　3　9】、勝率6.7%、複勝率40.0%、単勝回収値92、複勝回収値169とヒモ穴を連発しており、上手に使い分けるのがポイントだ。なお、前走が存在しない初出走は【2　0　1　0】で、初戦からしっかり動いてくる。

阪神ダ1200m　安田隆行厩舎詳細データ

	1着	2着	3着	4着以下	勝率	連対率	複勝率
牡	7	1	4	11	30.4%	34.8%	52.2%
牝	1	2	1	7	9.1%	27.3%	36.4%
1番人気	2	0	0	2	50.0%	50.0%	50.0%
2〜3番人気	3	1	3	2	33.3%	44.4%	77.8%
4〜6番人気	3	2	0	7	25.0%	41.7%	41.7%
7〜9番人気	0	0	2	1	0.0%	0.0%	66.7%
10番人気〜	0	0	0	6	0.0%	0.0%	0.0%

	1着	2着	3着	4着以下	勝率	連対率	複勝率
良	1	0	2	12	6.7%	6.7%	20.0%
稍重	3	2	0	5	30.0%	50.0%	50.0%
重	1	1	2	1	20.0%	40.0%	80.0%
不良	3	0	1	0	75.0%	75.0%	100.0%
2歳	2	1	2	3	25.0%	37.5%	62.5%
3歳	3	1	3	8	20.0%	26.7%	46.7%
4歳以上	3	1	0	7	27.3%	36.4%	36.4%

父 この父も買い！
- ミッキーアイル（単勝10倍以内【9　3　1　11】）
- シニスターミニスター（4〜8枠【7　7　3　34】）
- スマートファルコン（5〜8枠【6　3　2　17】）

鞍上 この鞍上も買い！
- 川田将雅（1、2番人気【15　8　3　12】）
- 川須栄彦（4〜8枠【10　9　5　53】）
- 吉田隼人（単勝20倍以内【8　3　2　12】）

テキ このテキも買い！
- 上村洋行（単勝15倍以内【6　5　2　10】）
- 木原一良（単勝10倍以内【6　4　3　12】）
- 加用正（中7週以上【3　2　1　1】）

父 この父は消し！
- ダンカーク（1〜4枠【0　0　0　16】）
- ドゥラメンテ（トータル【0　2　0　37】）
- ルーラーシップ（単勝5倍超【0　2　1　29】）

鞍上 この鞍上は消し！
- 今村聖奈（単勝10倍以内【0　0　0　12】）
- 横山典弘（3番人気以下【0　1　0　16】）
- 岩田康誠（2歳【0　1　0　12】）

テキ このテキは消し！
- 牧浦充徳（中3週以上【0　0　0　20】）
- 松下武士（4番人気以下【0　1　1　35】）
- 杉山晴紀（単勝3倍超【0　2　0　17】）

総合成績　ダ1200m

●種牡馬別　BEST 15

種牡馬名	1着	2着	3着	4着以下	勝率	連対率	複勝率	単勝回収値	複勝回収値
ヘニーヒューズ	15	19	14	107	9.7%	21.9%	31.0%	86	72
サウスヴィグラス	14	9	9	108	10.0%	16.4%	22.9%	56	64
ロードカナロア	10	10	14	94	7.8%	15.6%	26.6%	42	70
キンシャサノキセキ	9	11	16	77	8.0%	17.7%	31.9%	25	109
ミッキーアイル	9	4	3	36	17.3%	25.0%	30.8%	72	64
ダイワメジャー	8	8	6	77	8.1%	16.2%	22.2%	72	74
シニスターミニスター	8	8	3	53	11.1%	22.2%	26.4%	155	77
ディスクリートキャット	7	4	5	47	11.1%	17.5%	25.4%	73	58
ドレフォン	7	3	3	22	20.0%	28.6%	37.1%	117	80
パイロ	6	6	9	58	7.6%	15.2%	26.6%	33	60
スマートファルコン	6	3	3	32	13.6%	20.5%	27.3%	204	84
モーリス	5	4	2	26	13.5%	24.3%	29.7%	75	48
メイショウボーラー	4	5	5	88	3.9%	8.8%	13.7%	33	41
エスポワールシチー	4	2	2	28	11.1%	16.7%	22.2%	46	48
アジアエクスプレス	4	0	3	35	9.5%	9.5%	16.7%	231	43

●騎手別　BEST 15

騎手名	1着	2着	3着	4着以下	勝率	連対率	複勝率	単勝回収値	複勝回収値
岩田望来	18	10	13	69	16.4%	25.5%	37.3%	119	88
福永祐一	16	10	6	30	25.8%	41.9%	51.6%	113	93
川田将雅	15	10	3	17	33.3%	55.6%	62.2%	83	89
松山弘平	14	11	12	76	12.4%	22.1%	32.7%	67	64
幸英明	13	13	13	119	8.2%	16.5%	24.7%	43	52
川須栄彦	11	12	7	85	9.6%	20.0%	26.1%	136	98
武豊	10	4	4	36	18.5%	25.9%	33.3%	96	58
藤岡康太	8	10	2	58	10.3%	23.1%	25.6%	72	73
吉田隼人	8	4	3	28	18.6%	27.9%	34.9%	108	107
北村友一	6	7	4	20	16.2%	35.1%	45.9%	98	88
松若風馬	6	6	4	83	6.1%	12.1%	16.2%	104	48
鮫島克駿	6	5	6	63	7.5%	13.8%	21.3%	82	94
藤岡佑介	6	5	4	45	10.0%	18.3%	25.0%	59	56
国分恭介	6	4	2	71	7.2%	12.0%	14.5%	140	108
和田竜二	5	13	10	97	4.0%	14.4%	22.4%	36	66

●厩舎別　BEST 15

厩舎名	1着	2着	3着	4着以下	勝率	連対率	複勝率	単勝回収値	複勝回収値
安田隆行	8	3	5	18	23.5%	32.4%	47.1%	135	129
浅見秀一	7	4	3	48	11.3%	17.7%	22.6%	135	54
木原一良	6	5	5	43	10.2%	18.6%	27.1%	57	70
上村洋行	6	5	2	26	15.4%	28.2%	33.3%	81	63
加用正	6	4	3	28	14.6%	24.4%	31.7%	71	173
清水久詞	6	4	2	38	12.0%	20.0%	24.0%	43	44
音無秀孝	6	3	3	28	15.0%	22.5%	30.0%	94	87
森秀行	5	5	5	51	7.6%	15.2%	22.7%	38	89
寺島良	5	5	2	32	11.4%	22.7%	27.3%	202	91
吉田直弘	5	4	2	37	10.4%	18.8%	22.9%	44	50
角田晃一	5	2	2	34	11.6%	16.3%	20.9%	47	72
今野貞一	5	1	1	30	13.5%	16.2%	18.9%	205	58
藤原英昭	5	0	0	5	50.0%	50.0%	50.0%	175	82
西園正都	4	5	6	47	6.5%	14.5%	24.2%	45	80
松永昌博	4	5	4	28	9.8%	22.0%	31.7%	121	94

東京　中山　阪神　中京　新潟　福島　小倉　札幌　函館

阪神ダ1200m

ダ1400m

施行重賞 なし

父 単勝10倍以内のキズナ、特に牡馬

　ダート専門というわけでも、短距離が得意というわけでもないキズナが、阪神ダート1400mでランキング2位に大健闘している。勝率15.3％は産駒が30走以上した種牡馬でトップの数字で、しっかり勝ち切れるのが特徴だ。

　トータル成績は【15 7 7 69】、勝率15.3％、複勝率29.6％、単勝回収値70、複勝回収値72。単複の回収値がイマイチなようだが、全15勝を挙げた単勝10倍以内に限れば【15 3 5 19】、勝率35.7％、複勝率54.8％、単勝回収値163、複勝回収値101と、十分に利益を出せるレベルまで上昇する。しかし、単勝10倍を超えると【0 4 2 50】、複勝率10.7％、複勝回収値51。どうしても消しきれない馬だけヒモに拾っておけば事足りるだろう。

　また、牡牝の差も見逃せない。牡馬の【12 6 6 42】、勝率18.2％、複勝率36.4％、単勝回収値85、複勝回収値87に対し、牝馬は【3 1 1 27】、勝率9.4％、複勝率15.6％、単勝回収値38、複勝回収値42にとどまる。牝馬でも単勝7倍以内の有力馬なら【3 0 1 3】と悪くないが、単勝7倍を超えると【0 1 0 24】と苦しく、穴狙いはあきらめたほうがいい。

　ローテーションも重要で、前走からあまり間隔を空けずに使ったほうが結果を出している。前述したオッズ条件も加味した「中8週以内で単勝10倍以内」であれば【14 3 5 14】、勝率38.9％、複勝率61.1％、単勝回収値177、複勝回収値110。キズナのキズなしデータを発見し、もはや勝算しかない。

阪神ダ1400m　キズナ産駒詳細データ

	1着	2着	3着	4着以下	勝率	連対率	複勝率
牡	12	6	6	42	18.2%	27.3%	36.4%
牝	3	1	1	27	9.4%	12.5%	15.6%
1番人気	5	2	2	2	45.5%	63.6%	81.8%
2〜3番人気	7	0	2	13	31.8%	31.8%	40.9%
4〜6番人気	3	3	2	15	13.0%	26.1%	34.8%
7〜9番人気	0	2	1	14	0.0%	11.8%	17.6%
10番人気〜	0	0	0	25	0.0%	0.0%	0.0%

	1着	2着	3着	4着以下	勝率	連対率	複勝率
良	12	7	5	44	17.6%	27.9%	35.3%
稍重	1	0	1	7	11.1%	11.1%	22.2%
重	2	0	1	17	10.0%	10.0%	15.0%
不良	0	0	0	1	0.0%	0.0%	0.0%
2歳	2	1	2	11	12.5%	18.8%	31.3%
3歳	5	2	2	36	10.9%	15.2%	21.7%
4歳以上	8	4	2	22	22.2%	33.3%	38.9%

（父）内枠以外のシニスターミニスター

　トータル【9　4　14　56】、勝率10.8%、複勝率32.5%、単勝回収値136、複勝回収値130とハイレベルな成績を残したシニスターミニスター。1〜3着27回のうち約4割の11回が6番人気以下で、激走の多さが際立っている。

　注目すべきファクターは枠。1、2枠は【0　0　4　18】と連対に至っていない。このコースはスタート地点が芝で、外枠有利、内枠不利の傾向がある。しかも、シニスターミニスターはダート特化型で芝適性が低く、内枠を引くとますます不利になるのだろう。この苦手な1、2枠を避けて、3〜8枠を狙うだけで【9　4　10　38】、勝率14.8%、複勝率37.7%、単勝回収値186、複勝回収値160。ずいぶんと簡単な収支アップ法があったものである。

阪神ダ1400m　シニスターミニスター産駒詳細データ

	1着	2着	3着	4着以下	勝率	連対率	複勝率
牡	7	2	7	41	12.3%	15.8%	28.1%
牝	2	2	7	15	7.7%	15.4%	42.3%
1番人気	2	1	1	2	33.3%	50.0%	66.7%
2〜3番人気	2	1	4	5	16.7%	25.0%	58.3%
4〜6番人気	3	1	3	13	15.0%	20.0%	35.0%
7〜9番人気	0	0	4	20	0.0%	0.0%	16.7%
10番人気〜	2	1	2	16	9.5%	14.3%	23.8%

	1着	2着	3着	4着以下	勝率	連対率	複勝率
良	6	4	9	32	11.8%	19.6%	37.3%
稍重	1	0	3	11	6.7%	6.7%	26.7%
重	2	0	1	11	14.3%	14.3%	21.4%
不良	0	0	1	2	0.0%	0.0%	33.3%
2歳	4	3	6	11	16.7%	29.2%	54.2%
3歳	5	1	7	38	9.8%	11.8%	25.5%
4歳以上	0	0	1	7	0.0%	0.0%	12.5%

（鞍上）松山弘平騎手のオッズと枠で好走を見極める

　ランキング1位の松山弘平騎手は単勝回収値100、2位の川田将雅騎手は単複の回収値がともに90台。どちらも狙いが立つところだが、今回は28勝、1〜3着56回がいずれも最多の前者を分析したい。

　まず、単勝20倍を超えた27走では3着1回しかなく、これは消していいだろう。また、1、2枠は【2　0　3　19】、勝率8.3%、複勝率20.8%、単勝回収値27、複勝回収値36と低調で、このコース首位の松山騎手でもレイアウトに起因する内枠不利の傾向には逆らえない。これらの条件を避けた「3〜8枠で単勝20倍以内」を狙っていけば【26　24　11　32】、勝率31.3%、複勝率61.4%、単勝回収値147、複勝回収値112。もはや勝ったも同然だ。

阪神ダ1400m　松山弘平騎手詳細データ

	1着	2着	3着	4着以下	勝率	連対率	複勝率
牡	19	9	11	51	21.1%	31.1%	43.3%
牝	9	5	3	21	23.7%	36.8%	44.7%
1番人気	12	4	6	5	44.4%	59.3%	81.5%
2〜3番人気	12	7	5	20	27.3%	43.2%	54.5%
4〜6番人気	3	3	3	25	8.8%	17.6%	26.5%
7〜9番人気	1	0	0	17	5.6%	5.6%	5.6%
10番人気〜	0	0	0	5	0.0%	0.0%	0.0%

	1着	2着	3着	4着以下	勝率	連対率	複勝率
良	17	10	8	45	21.3%	33.8%	43.8%
稍重	5	1	3	14	21.7%	26.1%	39.1%
重	5	3	2	10	25.0%	40.0%	50.0%
不良	1	0	1	3	20.0%	20.0%	40.0%
2歳	6	1	7	15	20.0%	26.7%	50.0%
3歳	17	6	3	33	28.8%	39.0%	44.1%
4歳以上	5	6	4	24	12.8%	28.2%	38.5%

阪神ダ1400m

テキ 上村洋行厩舎は単勝30倍以内の若駒狙い

　阪神ダート1400mで10勝以上を挙げた杉山晴紀厩舎と上村洋行厩舎は、傾向もよく似ている。そこで勝ち馬の数を比較すると、杉山晴紀厩舎が異なる8頭で13勝を挙げたのに対し、上村厩舎は9頭で11勝。僅差ではあるが、今回は1頭の馬への依存度が低い上村厩舎を分析してみたい。

　オッズは単勝30倍が目安となり、これを超えた21走はすべて4着以下に終わっている。また、4歳以上は【0　1　0　7】と凡走が目立ち、これも狙いたくはない。すなわち、ターゲットは「単勝30倍以内の2、3歳」で、該当すれば【11　3　1　15】、勝率36.7%、複勝率50.0%、単勝回収値250、複勝回収値111。さほどのリスクを背負うことなく、ハイリターンを望むことができる。

阪神ダ1400m　上村洋行厩舎詳細データ

	1着	2着	3着	4着以下	勝率	連対率	複勝率
牡	6	2	1	23	18.8%	25.0%	28.1%
牝	5	2	0	18	20.0%	28.0%	28.0%
1番人気	3	3	0	3	33.3%	66.7%	66.7%
2〜3番人気	5	0	0	3	62.5%	62.5%	62.5%
4〜6番人気	2	1	0	9	16.7%	25.0%	25.0%
7〜9番人気	1	0	1	8	10.0%	10.0%	20.0%
10番人気〜	0	0	0	18	0.0%	0.0%	0.0%

	1着	2着	3着	4着以下	勝率	連対率	複勝率
良	6	2	0	30	15.8%	21.1%	21.1%
稍重	3	2	0	6	27.3%	45.5%	45.5%
重	1	0	1	4	16.7%	16.7%	33.3%
不良	1	0	0	1	50.0%	50.0%	50.0%
2歳	3	0	0	7	30.0%	30.0%	30.0%
3歳	8	3	1	27	20.5%	28.2%	30.8%
4歳以上	0	1	0	7	0.0%	12.5%	12.5%

父 この父も買い！
- ヘニーヒューズ（1〜5番人気【20　11　11　46】）
- アジアエクスプレス（単勝10倍以内【6　5　4　7】）
- ホッコータルマエ（5〜8枠【4　3　1　13】）

鞍上 この鞍上も買い！
- 川田将雅（4歳以上【16　3　3　12】）
- 北村友一（単勝20倍以内【7　4　6　14】）
- 藤岡佑介（平場戦【3　9　4　36】）

テキ このテキも買い！
- 杉山晴紀（単勝20倍以内【13　6　2　18】）
- 大久保龍志（平場戦【7　5　2　22】）
- 大橋勇樹（中8週以内【7　2　1　23】）

父 この父は消し！
- ダンカーク（1〜6枠【0　0　1　22】）
- ミッキーアイル（新馬戦・未勝利戦【0　0　2　17】）
- オルフェーヴル（トータル【0　3　2　55】）

鞍上 この鞍上は消し！
- 西村淳也（単勝7倍超【0　0　4　53】）
- 今村聖奈（2番人気以下【0　1　0　31】）
- C.ルメール（単勝4倍超【0　2　2　14】）

テキ このテキは消し！
- 安田隆行（単勝7倍超【0　0　0　27】）
- 高野友和（中3週以上【0　0　1　16】）
- 安田翔伍（トータル【0　2　1　29】）

総合成績　ダ1400m

◉種牡馬別　BEST 15

種牡馬名	1着	2着	3着	4着以下	勝率	連対率	複勝率	単勝回収値	複勝回収値
ヘニーヒューズ	21	14	12	155	10.4%	17.3%	23.3%	71	54
キズナ	15	7	7	69	15.3%	22.4%	29.6%	70	72
ダイワメジャー	9	11	7	86	8.0%	17.7%	23.9%	74	145
ゴールドアリュール	9	5	7	70	9.9%	15.4%	23.1%	100	104
シニスターミニスター	9	4	14	56	10.8%	15.7%	32.5%	136	130
パイロ	8	5	6	59	10.3%	16.7%	24.4%	83	57
マジェスティックウォリアー	7	15	8	72	6.9%	21.6%	29.4%	25	89
キンシャサノキセキ	7	11	12	99	5.4%	14.0%	23.3%	87	99
アジアエクスプレス	7	5	5	36	13.2%	22.6%	32.1%	84	65
ロードカナロア	6	10	9	111	4.4%	11.8%	18.4%	16	63
モーリス	6	4	3	49	9.7%	16.1%	21.0%	80	55
エピファネイア	5	5	4	48	8.1%	16.1%	22.6%	37	61
ドレフォン	5	3	6	43	8.8%	14.0%	24.6%	45	53
ドゥラメンテ	5	3	2	36	10.9%	17.4%	21.7%	49	72
ディープブリランテ	5	2	3	37	10.6%	14.9%	21.3%	70	56

◉騎手別　BEST 15

騎手名	1着	2着	3着	4着以下	勝率	連対率	複勝率	単勝回収値	複勝回収値
松山弘平	28	14	14	72	21.9%	32.8%	43.8%	100	80
川田将雅	24	14	8	27	32.9%	52.1%	63.0%	95	92
幸英明	12	15	14	147	6.4%	14.4%	21.8%	23	54
岩田望来	12	6	10	102	9.2%	13.8%	21.5%	39	82
武豊	11	11	9	51	13.4%	26.8%	37.8%	89	101
福永祐一	11	7	18	54	12.2%	20.0%	40.0%	43	64
坂井瑠星	10	11	12	56	11.2%	23.6%	37.1%	75	93
松若風馬	10	5	4	117	7.4%	11.0%	14.0%	63	40
鮫島克駿	8	7	8	71	8.5%	16.0%	24.5%	82	92
岩田康誠	8	4	9	60	9.9%	14.8%	25.9%	47	116
団野大成	8	4	6	94	7.1%	10.7%	16.1%	94	46
吉田隼人	8	2	8	48	12.1%	15.2%	27.3%	172	91
和田竜二	7	18	14	129	4.2%	14.9%	23.2%	39	87
藤岡康太	7	10	9	81	6.5%	15.9%	24.3%	24	98
北村友一	7	4	6	31	14.6%	22.9%	35.4%	99	85

◉厩舎別　BEST 15

厩舎名	1着	2着	3着	4着以下	勝率	連対率	複勝率	単勝回収値	複勝回収値
杉山晴紀	13	7	2	41	20.6%	31.7%	34.9%	120	71
上村洋行	11	4	1	41	19.3%	26.3%	28.1%	131	65
大久保龍志	8	5	3	31	17.0%	27.7%	34.0%	92	84
大橋勇樹	8	3	3	45	13.6%	18.6%	23.7%	271	119
吉田直弘	7	3	6	42	12.1%	17.2%	27.6%	85	67
寺島良	6	5	7	34	11.5%	21.2%	34.6%	48	65
高橋亮	6	5	5	47	9.5%	17.5%	25.4%	31	74
斉藤崇史	6	2	4	22	17.6%	23.5%	35.3%	55	67
西村真幸	6	2	0	29	16.2%	21.6%	21.6%	62	38
村山明	5	11	5	72	5.4%	17.2%	22.6%	36	96
石橋守	5	5	2	42	9.3%	18.5%	22.2%	52	62
北出成人	5	3	2	46	8.9%	14.3%	17.9%	117	52
服部利之	5	2	2	40	10.2%	14.3%	18.4%	96	144
中竹和也	5	2	1	27	14.3%	20.0%	22.9%	251	133
森秀行	5	1	3	40	10.2%	12.2%	18.4%	65	68

東京　中山　阪神　中京　新潟　福島　小倉　札幌　函館

阪神ダ1400m

施行重賞 アンタレスS（GⅢ）

父 キズナの大型2、3歳馬

　種牡馬ランキング1位になったのはキズナ。1～3着77回も最多で、阪神ダート1800mで馬券を的中させるためには非常に重要な存在となっている。全26勝のうち、新馬戦・未勝利戦・1勝クラスで計23勝を挙げるなど多くは下級クラスでの好走だが、22年10月15日の太秦Sを制し、3週後の22年みやこSでも2着に入ったハギノアレグリアスがいて、オープンでも通用している。

　トータル成績は【26 31 20 124】、勝率12.9％、複勝率38.3％、単勝回収値59、複勝回収値100。1着づけには向かないが、馬連・ワイド・3連複の軸馬やヒモ穴要員にはもってこいで、収支の向上につなげていきたいところだ。

　まず押さえておきたいのは、2、3歳の若駒と4歳以上の古馬の違い。買えるのは2、3歳で、【22 25 12 76】、勝率16.2％、複勝率43.7％、単勝回収値71、複勝回収値120。対する4歳以上は【4 6 8 48】、勝率6.1％、複勝率27.3％、単勝回収値33、複勝回収値61と、軒並み数字が下がってしまう。前述したハギノアレグリアスのようなオープン馬はともかく、条件戦でウロウロしている古馬のキズナ産駒は深追いしないほうがいい。

　また、牡牝を問わず馬体重は当日480キロ以上を狙いたい。ダート専門ではないキズナだけに、馬体重でパワーの担保が欲しいのだ。そして「当日馬体重480キロ以上の2、3歳」なら【14 16 3 36】、勝率20.3％、複勝率47.8％、単勝回収値97、複勝回収値152。頼りがいのある軸馬になってくれるだろう。

阪神ダ1800m　キズナ産駒詳細データ

	1着	2着	3着	4着以下	勝率	連対率	複勝率
牡	19	20	14	88	13.5%	27.7%	37.6%
牝	7	11	6	36	11.7%	30.0%	40.0%
1番人気	11	11	2	15	28.2%	56.4%	61.5%
2～3番人気	11	12	9	17	22.4%	46.9%	65.3%
4～6番人気	3	5	6	37	5.9%	15.7%	27.5%
7～9番人気	1	2	2	35	2.5%	7.5%	12.5%
10番人気～	0	1	1	20	0.0%	4.5%	9.1%

	1着	2着	3着	4着以下	勝率	連対率	複勝率
良	13	13	17	89	9.8%	19.7%	32.6%
稍重	3	8	2	20	9.1%	33.3%	39.4%
重	7	5	0	4	43.8%	75.0%	75.0%
不良	3	5	1	11	15.0%	40.0%	45.0%
2歳	5	3	5	19	15.6%	25.0%	40.6%
3歳	17	22	7	57	16.5%	37.9%	44.7%
4歳以上	4	6	8	48	6.1%	15.2%	27.3%

父 本命から穴まで狙いどころ満載のシニスターミニスター

ランキング3位のシニスターミニスターは、本命党の方にも穴党の方にも推奨できる種牡馬だ。本命党の方の場合、単勝3倍以内の産駒がいたら即座に◎を打っていただきたい。【9 3 0 2】と鉄板級の軸馬になってくれる。一方、穴党の方は単勝30倍以内がメドで、該当馬は【18 12 6 32】、勝率26.5%、複勝率52.9%、単勝回収値166、複勝回収値125と素晴らしい。

枠もチェックしたい。ダート専門だけあって内枠を苦にせず、1～4枠で18勝中13勝をマーク。「1～4枠で単勝30倍以内」なら【13 7 1 11】、勝率40.6%、複勝率65.6%、単勝回収値271、複勝回収値125と圧巻の数字が並ぶ。本命党だろうと穴党だろうと関係なく、ぜひとも購入をオススメしたい。

阪神ダ1800m　シニスターミニスター産駒詳細データ

	1着	2着	3着	4着以下	勝率	連対率	複勝率
牡	13	13	5	48	16.5%	32.9%	39.2%
牝	5	0	1	31	13.5%	13.5%	16.2%
1番人気	9	3	0	2	64.3%	85.7%	85.7%
2～3番人気	3	3	2	13	14.3%	28.6%	38.1%
4～6番人気	6	6	1	12	24.0%	48.0%	52.0%
7～9番人気	0	1	3	20	0.0%	4.2%	16.7%
10番人気～	0	0	0	32	0.0%	0.0%	0.0%

	1着	2着	3着	4着以下	勝率	連対率	複勝率
良	9	9	5	60	10.8%	21.7%	27.7%
稍重	7	2	1	12	31.8%	40.9%	45.5%
重	2	2	0	4	25.0%	50.0%	50.0%
不良	0	0	0	3	0.0%	0.0%	0.0%
2歳	7	4	2	11	29.2%	45.8%	54.2%
3歳	8	6	2	44	13.3%	23.3%	26.7%
4歳以上	3	3	2	24	9.4%	18.8%	25.0%

鞍上 単勝15倍以内の岩田望来騎手

阪神ダート1800mの騎手ランキングは30勝台の4人による僅差の争いとなった。4人ともプラス収支に持っていけそうだが、ここは素直に単勝回収値116の岩田望来騎手を分析したい。オッズ的には、全32勝中31勝を単勝15倍以内で挙げており、該当馬は【31 24 18 59】、勝率23.5%、複勝率55.3%、単勝回収値120、複勝回収値95と、着実に回収値を上げることができる。

そして、外枠を引けばさらにチャンス拡大。「7、8枠かつ単勝15倍以内」なら【13 4 6 9】、勝率40.6%、複勝率71.9%、単勝回収値164、複勝回収値117と抜群だ。なお、ここで誤解して欲しくないのは、1～6枠でも消しではないこと。あくまで7、8枠ならより狙える、という理解でお願いしたい。

阪神ダ1800m　岩田望来騎手詳細データ

	1着	2着	3着	4着以下	勝率	連対率	複勝率
牡	18	23	13	89	12.6%	28.7%	37.8%
牝	14	5	9	35	22.2%	30.2%	44.4%
1番人気	11	9	9	10	28.2%	51.3%	74.4%
2～3番人気	10	9	8	13	25.0%	47.5%	67.5%
4～6番人気	10	7	3	46	15.2%	25.8%	30.3%
7～9番人気	0	3	1	38	0.0%	7.1%	9.5%
10番人気～	1	0	1	17	5.3%	5.3%	10.5%

	1着	2着	3着	4着以下	勝率	連対率	複勝率
良	23	20	15	83	16.3%	30.5%	41.1%
稍重	4	3	4	26	10.8%	18.9%	29.7%
重	3	3	0	7	23.1%	46.2%	46.2%
不良	2	2	3	8	13.3%	26.7%	46.7%
2歳	6	7	2	19	17.6%	38.2%	44.1%
3歳	17	12	11	58	17.3%	29.6%	40.8%
4歳以上	9	9	9	47	12.2%	24.3%	36.5%

テキ 間隔の詰まった単勝10倍以内の音無秀孝厩舎

　勝率や単勝回収値で言えば4位の須貝尚介厩舎だが、出走数が69番目という点が引っかかる。その意味で、ランキング2位の音無秀孝厩舎は出走数も9番目で、実際に狙える機会も多いはず。トータルの回収値は単複ともに70台にとどまるが、単勝10倍以内に限れば【12　2　6　14】、勝率35.3%、複勝率58.8%、単勝回収値113、複勝回収値100と、いとも簡単にプラス収支が実現する。

　ここに出走間隔を絡めると収益が増す。【2　1　2　23】と振るわない中8週以上を見送り、狙うべきは中7週以内か初出走のみ。もちろん、単勝10倍以内であることは大前提で、合致すれば【10　2　5　10】、勝率37.0%、複勝率63.0%、単勝回収値128、複勝回収値110。堅実無比の買い目が誕生した。

阪神ダ1800m　音無秀孝厩舎詳細データ

	1着	2着	3着	4着以下	勝率	連対率	複勝率
牡	11	3	6	38	19.0%	24.1%	34.5%
牝	2	2	2	15	9.5%	19.0%	28.6%
1番人気	9	0	3	1	69.2%	69.2%	92.3%
2〜3番人気	3	1	3	9	18.8%	25.0%	43.8%
4〜6番人気	1	3	0	13	5.9%	23.5%	23.5%
7〜9番人気	0	1	2	20	0.0%	4.3%	13.0%
10番人気〜	0	0	0	10	0.0%	0.0%	0.0%

	1着	2着	3着	4着以下	勝率	連対率	複勝率
良	11	4	6	36	19.3%	26.3%	36.8%
稍重	1	0	0	3	25.0%	25.0%	25.0%
重	0	0	1	5	0.0%	0.0%	16.7%
不良	1	1	1	9	8.3%	16.7%	25.0%
2歳	4	2	1	3	40.0%	60.0%	70.0%
3歳	8	1	2	31	17.8%	22.2%	31.1%
4歳以上	1	1	3	19	4.2%	8.3%	20.8%

父 この父も買い！
- マジェスティックウォリアー（単勝15倍以内【13　13　6　33】）
- ジャスタウェイ（単勝30倍以内【13　6　6　37】）
- ダノンレジェンド（トータル【9　5　6　7】）

鞍上 この鞍上も買い！
- 松山弘平（4〜8枠【27　16　18　73】）
- 幸英明（4〜8枠【26　13　19　141】）
- 岩田康誠（平場戦【13　8　9　63】）

テキ このテキも買い！
- 野中賢二（単勝10倍以内【14　6　5　20】）
- 須貝尚介（1〜5番人気【11　3　4　10】）
- 大橋勇樹（単勝15倍以内【9　5　7　20】）

父 この父は消し！
- クロフネ（7、8枠【0　1　0　16】）
- マクフィ（単勝10倍以内【0　1　1　10】）
- ハーツクライ（3番人気以下【0　3　2　66】）

鞍上 この鞍上は消し！
- 松若風馬（12〜16番枠【0　0　1　27】）
- 北村友一（1〜4枠【0　1　0　19】）
- 西村淳也（6〜8枠【0　2　0　28】）

テキ このテキは消し！
- 安田隆行（未勝利戦【0　0　0　16】）
- 西村真幸（中7週以上【0　0　0　12】）
- 鮫島一歩（平場戦【0　0　4　38】）

総合成績　ダ1800m

◉種牡馬別　BEST **15**

種牡馬名	1着	2着	3着	4着以下	勝率	連対率	複勝率	単勝回収値	複勝回収値
キズナ	26	31	20	124	12.9%	28.4%	38.3%	59	100
ルーラーシップ	20	18	27	189	7.9%	15.0%	25.6%	73	78
シニスターミニスター	18	13	6	79	15.5%	26.7%	31.9%	97	80
マジェスティックウォリアー	14	15	7	97	10.5%	21.8%	27.1%	121	80
ジャスタウェイ	13	6	7	91	11.1%	16.2%	22.2%	82	47
ドレフォン	13	6	7	50	17.1%	25.0%	34.2%	62	80
ロードカナロア	12	11	9	94	9.5%	18.3%	25.4%	50	71
ディープインパクト	12	5	3	82	11.8%	16.7%	19.6%	129	77
オルフェーヴル	11	17	9	85	9.0%	23.0%	30.3%	112	77
ホッコータルマエ	10	8	5	94	8.5%	15.4%	19.7%	85	53
ドゥラメンテ	9	11	11	60	9.9%	22.0%	34.1%	20	87
ハーツクライ	9	8	3	78	9.2%	17.3%	20.4%	24	32
ダノンレジェンド	9	5	6	7	33.3%	51.9%	74.1%	323	206
ヘニーヒューズ	8	15	12	90	6.4%	18.4%	28.0%	19	127
キングカメハメハ	8	14	6	71	8.1%	22.2%	28.3%	31	76

◉騎手別　BEST **15**

騎手名	1着	2着	3着	4着以下	勝率	連対率	複勝率	単勝回収値	複勝回収値
松山弘平	33	24	25	124	16.0%	27.7%	39.8%	88	91
岩田望来	32	28	22	124	15.5%	29.1%	39.8%	116	82
川田将雅	32	17	12	38	32.3%	49.5%	61.6%	76	83
幸英明	31	22	29	202	10.9%	18.7%	28.9%	109	72
和田竜二	22	19	32	177	8.8%	16.4%	29.2%	59	82
福永祐一	21	17	7	77	17.2%	31.1%	36.9%	84	72
武豊	17	22	7	60	16.0%	36.8%	43.4%	75	80
坂井瑠星	15	20	12	92	10.8%	25.2%	33.8%	46	79
岩田康誠	14	10	10	80	12.3%	21.1%	29.8%	114	81
団野大成	13	15	11	116	8.4%	18.1%	25.2%	77	66
吉田隼人	12	14	10	47	14.5%	31.3%	43.4%	73	103
鮫島克駿	11	11	18	108	7.4%	14.9%	27.0%	45	98
浜中俊	11	7	7	64	12.4%	20.2%	28.1%	134	72
Ｃ．デムーロ	10	2	2	16	33.3%	40.0%	46.7%	83	61
藤岡康太	9	10	8	114	6.4%	13.5%	19.1%	46	61

◉厩舎別　BEST **15**

厩舎名	1着	2着	3着	4着以下	勝率	連対率	複勝率	単勝回収値	複勝回収値
野中賢二	14	8	7	44	19.2%	30.1%	39.7%	83	77
音無秀孝	13	5	8	53	16.5%	22.8%	32.9%	75	71
寺島良	12	11	7	77	11.2%	21.5%	28.0%	49	69
須貝尚介	11	3	4	23	26.8%	34.1%	43.9%	125	70
大久保龍志	9	13	2	40	14.1%	34.4%	37.5%	56	74
大橋勇樹	9	10	11	81	8.1%	17.1%	27.0%	68	110
中竹和也	9	10	6	79	8.7%	18.3%	24.0%	54	78
高柳大輔	9	8	8	47	12.5%	23.6%	34.7%	89	80
奥村豊	9	5	6	55	12.0%	18.7%	26.7%	88	60
平田修	9	3	7	51	12.9%	17.1%	27.1%	79	74
高野友和	9	2	7	27	20.0%	24.4%	40.0%	117	92
高橋亮	8	7	10	32	14.0%	26.3%	43.9%	84	163
吉田直弘	7	9	6	56	9.0%	20.5%	28.2%	45	115
渡辺薫彦	7	8	7	42	10.9%	23.4%	34.4%	51	134
松永昌博	7	8	4	61	8.8%	18.8%	23.8%	62	77

阪神ダ1800m

阪神 HANSHIN ダ2000m 施行重賞 シリウスS（GⅢ）

（父）単勝20倍以内のキングカメハメハ

ランキング1位のブラックタイドが凄まじい成績を残しているものの、各5回の1～3着を記録した2頭の影響が大。再現性に乏しい数字と判断した。逆に2位のキングカメハメハは、1～3着13回を異なる12頭によって記録。特定の馬への依存とは無縁で、数字の信憑性は極めて高い。

22年2月26日の仁川Sをグレートタイムが制すなど、3勝クラス～オープンで【2 2 2 9】と上級戦でもしっかり通用。極端な人気薄の激走はなく、好走の大半は単勝20倍以内に収まり、該当馬は【5 3 4 10】、勝率22.7％、複勝率54.5％、単勝回収値151、複勝回収値115。ここで確実に儲けたい。

阪神ダ2000m　キングカメハメハ産駒詳細データ

	1着	2着	3着	4着以下	勝率	連対率	複勝率
牡	5	3	3	31	11.9%	19.0%	26.2%
牝	0	1	1	2	0.0%	25.0%	50.0%
1番人気	0	0	0	0	-	-	-
2～3番人気	4	3	3	3	30.8%	53.8%	76.9%
4～6番人気	1	0	1	7	11.1%	11.1%	22.2%
7～9番人気	0	1	0	11	0.0%	8.3%	8.3%
10番人気～	0	0	0	12	0.0%	0.0%	0.0%

	1着	2着	3着	4着以下	勝率	連対率	複勝率
良	4	3	1	20	14.3%	25.0%	28.6%
稍重	1	1	3	9	7.1%	14.3%	35.7%
重	0	0	0	2	0.0%	0.0%	0.0%
不良	0	0	0	2	0.0%	0.0%	0.0%
2歳	0	0	0	0	-	-	-
3歳	3	2	2	8	20.0%	33.3%	46.7%
4歳以上	2	2	2	25	6.5%	12.9%	19.4%

（鞍上）内～中枠の鮫島克駿騎手

極上の馬質を誇る川田将雅騎手に好走率では敵わないが、トータルの回収値が単勝183、複勝177の鮫島克駿騎手を取り上げないわけにはいかない。好走率で敵わないといっても、平均1.5番人気で勝率23.1％の川田騎手と、平均5.6番人気で勝率21.7％の鮫島駿騎手では、むしろ後者のほうが優秀とも言える。

ベタ買いでもまったく問題ないレベルだが、11～15番枠（集計期間内に16番枠での騎乗はなし）の6戦はすべて凡走で、外枠を引いたら消すことが可能。1～10番枠に限るだけで【5 4 1 7】、勝率29.4％、複勝率58.8％、単勝回収値248、複勝回収値240。勝つまで買えば、いずれ大儲け間違いなしだ。

阪神ダ2000m　鮫島克駿騎手詳細データ

	1着	2着	3着	4着以下	勝率	連対率	複勝率
牡	5	4	1	10	25.0%	45.0%	50.0%
牝	0	0	0	3	0.0%	0.0%	0.0%
1番人気	1	0	0	0	100.0%	100.0%	100.0%
2～3番人気	2	2	0	2	33.3%	66.7%	66.7%
4～6番人気	2	1	0	4	28.6%	42.9%	42.9%
7～9番人気	0	0	1	6	0.0%	0.0%	14.3%
10番人気～	0	1	0	1	0.0%	50.0%	50.0%

	1着	2着	3着	4着以下	勝率	連対率	複勝率
良	0	3	0	9	0.0%	25.0%	25.0%
稍重	3	0	0	3	50.0%	50.0%	50.0%
重	1	1	1	1	25.0%	50.0%	75.0%
不良	1	0	0	0	100.0%	100.0%	100.0%
2歳	0	0	0	0	-	-	-
3歳	3	1	0	5	33.3%	44.4%	44.4%
4歳以上	2	3	1	8	14.3%	35.7%	42.9%

上位人気の大久保龍志厩舎

ランキング1位の大久保龍志厩舎は、全5勝をすべて異なる馬でマークしたところもポイントが高い。惜しむらくはオープンで【0 0 0 4】ということだが、馬券を買う側としては条件戦で買えばいいだけのこと。1～3番人気であれば【5 1 0 1】、勝率71.4%、複勝率85.7%、単勝回収値255、複勝回収値125と信頼性抜群で、有力視されていれば即座に◎を打とう。

最多の7頭を馬券圏内に送り込んだ寺島良厩舎にも注目。トータルの回収値は冴えないが、単勝10倍以内で【3 0 5 3】、勝率27.3%、複勝率72.7%、単勝回収値112、複勝回収値105と、こちらも人気なら信頼できる。

阪神ダ2000m 大久保龍志厩舎詳細データ

	1着	2着	3着	4着以下	勝率	連対率	複勝率
牡	5	1	1	11	27.8%	33.3%	38.9%
牝	0	0	0	1	0.0%	0.0%	0.0%
1番人気	2	1	0	1	50.0%	75.0%	75.0%
2～3番人気	3	0	0	0	100.0%	100.0%	100.0%
4～6番人気	0	0	0	0	0.0%	0.0%	0.0%
7～9番人気	0	0	1	3	0.0%	0.0%	25.0%
10番人気～	0	0	0	5	0.0%	0.0%	0.0%

	1着	2着	3着	4着以下	勝率	連対率	複勝率
良	3	1	0	9	23.1%	30.8%	30.8%
稍重	1	0	1	0	50.0%	50.0%	100.0%
重	1	0	0	1	50.0%	50.0%	50.0%
不良	0	0	0	2	0.0%	0.0%	0.0%
2歳	0	0	0	0	-	-	-
3歳	2	0	0	1	66.7%	66.7%	66.7%
4歳以上	3	1	1	11	18.8%	25.0%	31.3%

総合成績 ダ2000m

●種牡馬別 BEST10

種牡馬名	1着	2着	3着	4着以下	勝率	連対率	複勝率	単勝回収値	複勝回収値
ブラックタイド	7	3	2	8	35.0%	50.0%	60.0%	142	133
キングカメハメハ	5	4	4	33	10.9%	19.6%	28.3%	72	67
ルーラーシップ	5	3	3	26	13.5%	21.6%	29.7%	49	60
オルフェーヴル	5	2	6	26	12.8%	17.9%	33.3%	66	66
ジャスタウェイ	4	4	2	20	13.3%	26.7%	33.3%	259	101
ホッコータルマエ	4	4	2	12	18.2%	36.4%	45.5%	135	196
ディープインパクト	4	0	1	29	11.8%	11.8%	14.7%	46	23
ハーツクライ	3	4	3	38	6.3%	14.6%	20.8%	93	73
エスケンデレヤ	2	6	1	11	40.0%	45.0%	43	88
キズナ	2	4	7	17	6.7%	20.0%	43.3%	15	157

●騎手別 BEST10

騎手名	1着	2着	3着	4着以下	勝率	連対率	複勝率	単勝回収値	複勝回収値
岩田望来	6	6	4	28	13.6%	27.3%	36.4%	59	82
川田将雅	6	6	4	10	23.1%	46.2%	61.5%	75	89
鮫島克駿	5	4	1	13	21.7%	39.1%	43.5%	183	177
坂井瑠星	5	1	3	18	18.5%	22.2%	33.3%	166	125
松山弘平	4	4	9	20	10.8%	21.6%	45.9%	44	101
福永祐一	4	3	2	16	16.0%	28.0%	36.0%	50	65
幸英明	3	5	4	40	5.8%	15.4%	23.1%	47	51
団野大成	3	2	3	21	10.3%	17.2%	27.6%	63	52
岩田康誠	3	2	1	13	15.8%	26.3%	31.6%	46	55
和田竜二	2	6	3	35	4.3%	17.4%	23.9%	54	48

●厩舎別 BEST10

厩舎名	1着	2着	3着	4着以下	勝率	連対率	複勝率	単勝回収値	複勝回収値
大久保龍志	5	1	1	12	26.3%	31.6%	36.8%	94	71
武幸四郎	4	2	1	6	30.8%	46.2%	53.8%	133	83
橋口慎介	3	8	1	14	11.5%	42.3%	46.2%	73	131
清水久詞	3	3	0	10	18.8%	37.5%	37.5%	58	90
今野貞一	3	2	1	9	20.0%	33.3%	40.0%	120	182
河内洋	3	1	0	8	25.0%	33.3%	33.3%	42	55
寺島良	3	0	5	14	13.6%	13.6%	36.4%	56	52
矢作芳人	3	0	1	8	25.0%	25.0%	33.3%	1120	304
音無秀孝	3	0	0	6	33.3%	33.3%	33.3%	117	45
須貝尚介	3	0	0	7	30.0%	30.0%	30.0%	178	54

阪神 馬主 HORSE OWNER

馬主 人気でも穴でもサンデーレーシングが大激走！

　サンデーレーシングが一頭地を抜く81勝をマークした。集計期間内に行なわれたGⅠ27戦のうち10戦を制しており、内容も驚異的。単勝回収値107という数字を見ても、阪神で"バッテン"の勝負服に逆らっては損をするばかりだ。

　人気別の成績を確認すると、1～3番人気も水準以上だが、それ以上に激走の多さに目を奪われる。4～10番人気で【21 13 13 174】、勝率9.5％、複勝率21.3％、単勝回収値152、複勝回収値73。芝・ダートや距離を問わず、アタマまで突き抜けるケースも多く、まったく侮れない。さすがに11番人気以下では【0 2 1 49】と厳しいが、印が薄くともしっかり注意を払いたい。

阪神　サンデーレーシング所有馬データ

	1着	2着	3着	4着以下	勝率	連対率	複勝率
牡	45	25	21	175	16.9%	26.3%	34.2%
牝	36	28	19	153	15.3%	27.1%	35.2%
1番人気	33	21	5	22	40.7%	66.7%	72.8%
2～3番人気	27	17	21	83	18.2%	29.7%	43.9%
4～6番人気	14	11	11	82	11.9%	21.2%	30.5%
7～9番人気	5	2	1	78	5.8%	8.1%	9.3%
10番人気～	2	2	2	63	2.9%	5.8%	8.7%

	1着	2着	3着	4着以下	勝率	連対率	複勝率
新馬	5	7	4	23	12.8%	30.8%	41.0%
未勝利	23	17	12	63	20.0%	34.8%	45.2%
1勝クラス	12	7	11	63	12.9%	20.4%	32.3%
2勝クラス	9	11	6	59	10.6%	23.5%	30.6%
3勝クラス	9	3	2	43	15.8%	21.1%	24.6%
オープン特別	7	3	1	22	21.2%	30.3%	33.3%
重賞	16	5	4	55	20.0%	26.3%	31.3%

馬主 日高産が大半の「メイショウ」、中2週以内で勝負！

　阪神でダントツの出走918回を記録したのは、冠名「メイショウ」でおなじみの松本好雄氏。日高生産の渋い血統が所有馬の大半を占めることを思えば、単勝回収値80は見た目以上に優秀。実際、全出走の約4分の1を占める単勝100倍を超える馬を消すだけで、【64 61 57 515】、勝率9.2％、複勝率26.1％、単勝回収値106、複勝回収値73。決して見くびってはならない成績だ。

　特に「中2週以内で単勝100倍以内」という条件なら【37 33 26 203】、勝率12.4％、複勝率32.1％、単勝回収値125、複勝回収値82と数字を上げてくる。叩き良化型が多い日高生産馬らしい傾向と言え、詰まった間隔で期待度を増す。

阪神　松本好雄オーナー所有馬データ

	1着	2着	3着	4着以下	勝率	連対率	複勝率
牡	46	41	44	482	7.5%	14.2%	21.4%
牝	18	22	17	248	5.9%	13.1%	18.7%
1番人気	20	7	8	13	41.7%	56.3%	72.9%
2～3番人気	17	23	18	54	15.2%	35.7%	51.8%
4～6番人気	16	17	20	146	8.0%	16.6%	26.6%
7～9番人気	9	9	9	169	4.6%	9.2%	13.8%
10番人気～	2	7	6	348	0.6%	2.5%	4.1%

	1着	2着	3着	4着以下	勝率	連対率	複勝率
新馬	7	2	5	67	8.6%	11.1%	17.3%
未勝利	23	27	23	257	7.0%	15.2%	22.4%
1勝クラス	15	15	14	152	7.7%	15.3%	22.4%
2勝クラス	10	12	8	97	7.9%	17.3%	23.6%
3勝クラス	5	4	8	74	5.5%	9.9%	18.7%
オープン特別	2	3	2	62	2.9%	7.2%	10.1%
重賞	2	0	1	21	8.3%	8.3%	12.5%

馬主 アタマ勝負ならケイアイスタリオン

うっかりすると見落としてしまうランキング17位のケイアイスタリオンが、トータル【17　9　4　50】、勝率21.3%、複勝率37.5%、単勝回収値179、複勝回収値76という成績を記録。勝率と単勝回収値が極めて高く、馬単や3連単を中心に馬券を買っている方にオススメしたいオーナーだ。

以前からダートでの活躍が目立つ馬主で、阪神の勝ち鞍も17勝中15勝がダート。実のところ、ダートだけで狙えば【15　7　4　37】、勝率23.8%、複勝率41.3%、単勝回収値206、複勝回収値85と、単勝ベタ買いで資金倍増さえ可能だ。なお、芝は1200、1400mで6戦2勝、単勝回収値225と、短距離で要注意。

阪神　ケイアイスタリオン所有馬データ

	1着	2着	3着	4着以下	勝率	連対率	複勝率
牡	11	3	2	31	23.4%	29.8%	34.0%
牝	6	6	2	19	18.2%	36.4%	42.4%
1番人気	6	5	1	4	37.5%	68.8%	75.0%
2～3番人気	9	2	2	9	40.9%	50.0%	59.1%
4～6番人気	1	1	1	11	7.1%	14.3%	21.4%
7～9番人気	0	1	0	12	7.7%	7.7%	7.7%
10番人気～	1	0	0	14	6.7%	6.7%	6.7%

	1着	2着	3着	4着以下	勝率	連対率	複勝率
新馬	1	0	0	6	14.3%	14.3%	14.3%
未勝利	5	2	0	10	29.4%	41.2%	41.2%
1勝クラス	5	4	1	6	31.3%	56.3%	62.5%
2勝クラス	3	1	0	13	17.6%	23.5%	23.5%
3勝クラス	1	1	1	3	16.7%	33.3%	50.0%
オープン特別	2	1	2	7	16.7%	25.0%	41.7%
重賞	0	0	0	5	0.0%	0.0%	0.0%

馬主 この馬主も買い！
- 社台レースホース（芝1800、2000m【24　14　9　62】）
- 永井啓弌（単勝10倍以内【18　8　10　27】）
- キャロットファーム（川田将雅【13　6　1　12】）

馬主 この馬主は消し！
- 岡田牧雄（2歳【0　1　1　24】）
- 国本哲秀（単勝10倍超【1　0　4　68】）
- 八木良司（特別戦【1　4　4　45】）

●馬主別 BEST 20　総合成績

馬主名	1着	2着	3着	4着以下	勝率	連対率	複勝率	単勝回収値	複勝回収値
サンデーレーシング	81	53	40	328	16.1%	26.7%	34.7%	107	74
松本好雄	64	63	61	730	7.0%	13.8%	20.5%	80	71
キャロットファーム	62	49	33	282	14.6%	26.1%	33.8%	69	72
社台レースホース	58	51	41	333	12.0%	22.6%	31.1%	78	69
シルクレーシング	53	40	43	289	12.5%	21.9%	32.0%	78	69
ゴドルフィン	43	42	46	317	9.6%	19.0%	29.2%	74	75
金子真人ホールディングス	38	29	25	154	15.4%	27.2%	37.4%	88	73
ノースヒルズ	26	28	53	238	7.5%	15.7%	31.0%	129	89
G1レーシング	26	14	22	224	9.1%	14.0%	21.7%	58	66
ダノックス	25	16	24	101	15.1%	24.7%	39.2%	71	70
ロードホースクラブ	23	24	21	229	7.7%	15.8%	22.9%	51	72
吉田勝己	21	18	19	145	10.3%	19.2%	28.6%	61	62
永井啓弌	21	12	17	143	10.9%	17.1%	25.9%	243	101
カナヤマホールディングス	20	10	28	158	9.3%	13.9%	26.9%	67	95
東京ホースレーシング	19	20	26	159	8.5%	17.4%	29.0%	71	70
ヒダカ・ブリーダーズ・ユニオン	19	14	11	140	10.3%	17.9%	23.9%	96	100
ケイアイスタリオン	17	9	4	50	21.3%	32.5%	37.5%	179	76
猪熊広次	16	23	12	106	10.2%	24.8%	32.5%	83	83
松岡隆雄	16	16	18	161	7.6%	15.2%	23.7%	85	86
竹園正繼	16	16	18	172	7.2%	14.4%	22.5%	106	118

阪神　馬主　109

施行重賞: 高松宮記念（GI）、シルクロードS（GⅢ）、CBC賞（GⅢ）

父 ロードカナロアのベタ買いで資金倍増

　中京芝1200mはロードカナロアの独擅場だ。21年高松宮記念でダノンスマッシュが父仔制覇を達成すると、22年高松宮記念では17番人気の超穴馬キルロードが3着に入り、3連単278万馬券を演出。ほかにも21年葵Sで単勝8300円を叩き出したレイハリアもいる。トータル【16 6 7 82】、勝率14.4%、複勝率26.1%、単勝回収値194、複勝回収値122という成績で、断然のランキング1位種牡馬をベタ買いしておけば資金が2倍近くになった計算になる。

　これほどの成績なので、穴を取り逃がすリスクを負うぐらいなら全部買っておいたほうが無難という考え方もあるだろう。とはいえ、明らかに儲けづらい条件は存在しており、それを知っておいて損をすることもない。

　たとえば、1枠もしくは8枠では、合算して【3 3 0 26】、勝率9.4%、複勝率18.8%、単勝回収値23、複勝回収値34。全然来ないわけではないものの、プラス収支を目指すのであれば看過できないレベルの低い数字だ。これらを除いて2〜7枠を狙っていけば【13 3 7 56】、勝率16.5%、複勝率29.1%、単勝回収値263、複勝回収値157と、だいぶ有利に戦っていくことができる。

　あるいは、前走1〜5着の産駒を狙えば【11 2 3 27】、勝率25.6%、複勝率37.2%、単勝回収値316、複勝回収値106。前走で掲示板に載っていた馬を買うというシンプルすぎる作戦で、資金3倍増さえ見えてくる。このコースのカナロア産駒は難しく考えず、最低限の取捨をしておけば十分なのだ。

中京芝1200m　ロードカナロア産駒詳細データ

	1着	2着	3着	4着以下	勝率	連対率	複勝率
牡	10	3	2	45	16.7%	21.7%	25.0%
牝	6	3	5	37	11.8%	17.6%	27.5%
1番人気	7	0	1	5	53.8%	53.8%	61.5%
2〜3番人気	4	4	0	14	18.2%	36.4%	36.4%
4〜6番人気	2	2	3	22	6.9%	13.8%	24.1%
7〜9番人気	1	0	1	12	7.1%	7.1%	14.3%
10番人気〜	2	0	2	29	6.1%	6.1%	12.1%

	1着	2着	3着	4着以下	勝率	連対率	複勝率
良	11	6	4	57	14.1%	21.8%	26.9%
稍重	2	0	1	11	14.3%	14.3%	21.4%
重	2	0	2	11	13.3%	13.3%	26.7%
不良	1	0	0	3	25.0%	25.0%	25.0%
2歳	0	2	1	3	0.0%	33.3%	50.0%
3歳	6	1	0	23	20.0%	23.3%	23.3%
4歳以上	10	3	6	56	13.3%	17.3%	25.3%

父 ひとケタ馬番のダイワメジャーが穴候補

このコースの穴要員として覚えておきたい種牡馬がダイワメジャーだ。トータル成績は【3　9　4　45】、勝率4.9%、複勝率26.2%、単勝回収値17、複勝回収値168。よって、あくまでヒモ穴の候補ということになるが、上手く買い目に組み込むことができれば馬券の収支に資してくれる。

では、どんなタイミングで馬券圏内に突っ込んでくるかといえば、内枠を引いたとき。厳密には1～9番枠なので、中枠にもかかってくるが、ひとケタ馬番なら概ねチャンスとみていい。該当馬は【3　8　3　21】、複勝率40.0%、複勝回収値284。10番人気以下でさえ【0　3　1　8】とバンバン馬券圏内に飛び込んでくるため、どんなに印が薄くても絶対に目を離してはいけない。

中京芝1200m　ダイワメジャー産駒詳細データ

	1着	2着	3着	4着以下	勝率	連対率	複勝率
牡	1	4	2	23	3.3%	16.7%	23.3%
牝	2	5	2	22	6.5%	22.6%	29.0%
1番人気	2	1	0	2	40.0%	60.0%	60.0%
2～3番人気	1	3	1	5	10.0%	40.0%	50.0%
4～6番人気	0	1	2	7	0.0%	10.0%	30.0%
7～9番人気	0	1	0	10	0.0%	9.1%	9.1%
10番人気～	0	3	1	21	0.0%	12.0%	16.0%

	1着	2着	3着	4着以下	勝率	連対率	複勝率
良	2	6	3	38	4.1%	16.3%	22.4%
稍重	0	2	1	1	0.0%	50.0%	75.0%
重	1	1	0	5	14.3%	28.6%	28.6%
不良	0	0	0	1	0.0%	0.0%	0.0%
2歳	0	2	0	4	0.0%	33.3%	33.3%
3歳	1	3	2	11	5.9%	23.5%	35.3%
4歳以上	2	4	2	30	5.3%	15.8%	21.1%

鞍上 手堅さの川田将雅騎手、高回収なら内枠の池添謙一騎手

ランキング上位に、高い単勝回収値を記録しているジョッキーが多い。そのなかでも手堅いのは川田将雅騎手。トータル【5　2　1　6】、勝率35.7%、複勝率57.1%、単勝回収値163、複勝回収値124。際立った得手不得手が見当たらず、さらに絞った買い条件が見当たらないのが難点といえば難点だが、それは贅沢というもの。全部買っても十分プラスの騎手に文句はつけられない。

一方、適切に絞ることでさらに儲けやすくなるのが池添謙一騎手。その取捨は実に簡単で、1～4枠の【5　2　0　7】、勝率35.7%、複勝率50.0%、単勝回収値365を美味しくいただき、5～8枠の【0　1　1　11】では評価を下げるだけ。枠次第で資金3倍を見込める池添騎手で、尾張名古屋に城が建つ。

中京芝1200m　川田将雅騎手詳細データ

	1着	2着	3着	4着以下	勝率	連対率	複勝率
牡	3	2	1	4	30.0%	50.0%	60.0%
牝	2	0	0	2	50.0%	50.0%	50.0%
1番人気	2	0	0	1	66.7%	66.7%	66.7%
2～3番人気	2	1	0	3	33.3%	50.0%	50.0%
4～6番人気	1	1	1	2	20.0%	40.0%	60.0%
7～9番人気	0	0	0	0	-	-	-
10番人気～	0	0	0	0	-	-	-

	1着	2着	3着	4着以下	勝率	連対率	複勝率
良	3	2	1	5	27.3%	45.5%	54.5%
稍重	1	0	0	0	100.0%	100.0%	100.0%
重	1	0	0	1	50.0%	50.0%	50.0%
不良	0	0	0	0	-	-	-
2歳	2	1	0	0	66.7%	100.0%	100.0%
3歳	0	0	0	1	0.0%	0.0%	0.0%
4歳以上	3	1	1	5	30.0%	40.0%	50.0%

中京芝1200m　111

テキ 中5週以上の音無秀孝厩舎

　ランキング1位の音無秀孝厩舎は、清水久詞厩舎と並ぶ5勝はもちろん、出走数や1～3着数でも最多を記録。加えて、単勝回収値154、複勝回収値193とベタ買いでプラス収支を楽々実現してくれる。繰り上がりではあるがモズスーパーフレアで20年高松宮記念を制し、初の1200m出走となったインディチャンプを22年高松宮記念で3着に送り込んだ手腕は伊達ではない。

　そして、ローテーションの確認でさらに利幅を増やすことも可能だ。好走が集中する中5週以上を狙えば【4　3　1　11】、勝率21.1%、複勝率42.1%、単勝回収値258、複勝回収値299。前述したモズスーパーフレアのほか、15番人気2着や12番人気3着も含まれる。音無厩舎でどんちゃん騒ぎの準備をしよう。

中京芝1200m　音無秀孝厩舎詳細データ

	1着	2着	3着	4着以下	勝率	連対率	複勝率
牡	1	4	2	10	5.9%	29.4%	41.2%
牝	4	1	0	11	25.0%	31.3%	31.3%
1番人気	2	0	0	3	40.0%	40.0%	40.0%
2～3番人気	1	3	1	4	11.1%	44.4%	55.6%
4～6番人気	1	1	0	8	10.0%	20.0%	20.0%
7～9番人気	1	0	1	3	20.0%	20.0%	25.0%
10番人気～	0	1	1	3	0.0%	20.0%	40.0%

	1着	2着	3着	4着以下	勝率	連対率	複勝率
良	3	4	1	19	11.1%	25.9%	29.6%
稍重	0	1	0	1	0.0%	50.0%	50.0%
重	1	0	1	1	33.3%	33.3%	66.7%
不良	1	0	0	0	100.0%	100.0%	100.0%
2歳	1	2	0	4	14.3%	42.9%	42.9%
3歳	1	2	0	3	16.7%	50.0%	50.0%
4歳以上	3	1	2	14	15.0%	20.0%	30.0%

父 この父も買い！
- キンシャサノキセキ（1～5番人気【5　3　2　7】）
- オルフェーヴル（平場戦【2　1　1　3】）
- マクフィ（トータル【0　3　3　5】）

鞍上 この鞍上も買い！
- 幸英明（1～4枠【4　3　2　8】）
- 岩田望来（単勝30倍内【3　3　4　15】）
- 西村淳也（単勝30倍内【3　3　1　9】）

テキ このテキも買い！
- 清水久詞（単勝20倍内【5　2　3　10】）
- 森秀行（中2週以内【4　2　0　6】）
- 安田隆行（1～4番人気【4　1　3　8】）

父 この父は消し！
- モーリス（単勝10倍超【0　0　0　18】）
- アドマイヤムーン（トータル【0　1　1　23】）
- ディープインパクト（3～8枠【0　3　3　28】）

鞍上 この鞍上は消し！
- 和田竜二（8枠【0　0　0　10】）
- 角田大和（トータル【0　0　1　15】）
- 坂井瑠星（乗り替わり【0　0　1　10】）

テキ このテキは消し！
- 加用正（トータル【0　0　0　22】）
- 石坂公一（トータル【0　0　0　12】）
- 松永幹夫（トータル【0　0　1　11】）

総合成績　芝1200m

●種牡馬別　BEST 15

種牡馬名	1着	2着	3着	4着以下	勝率	連対率	複勝率	単勝回収値	複勝回収値
ロードカナロア	16	6	7	82	14.4%	19.8%	26.1%	194	122
キンシャサノキセキ	5	3	2	31	12.2%	19.5%	24.4%	74	51
ダイワメジャー	3	9	4	45	4.9%	19.7%	26.2%	17	168
キズナ	3	4	5	32	6.8%	15.9%	27.3%	58	97
ディープインパクト	3	3	4	39	6.1%	12.2%	20.4%	31	92
オルフェーヴル	3	2	1	12	16.7%	27.8%	33.3%	184	100
モーリス	3	2	0	20	12.0%	20.0%	20.0%	57	37
ビッグアーサー	3	0	2	13	16.7%	16.7%	27.8%	85	50
ミッキーアイル	2	2	0	12	12.5%	25.0%	25.0%	35	53
エイシンヒカリ	2	1	1	5	22.2%	33.3%	44.4%	621	144
Dark Angel	2	0	0	5	28.6%	28.6%	28.6%	48	32
ヴィクトワールピサ	1	3	1	15	5.0%	20.0%	25.0%	13	84
ファインニードル	1	3	0	0	25.0%	100.0%	100.0%	60	140
スクリーンヒーロー	1	2	2	17	4.5%	13.6%	22.7%	19	38
ゴールドアリュール	1	2	1	3	14.3%	42.9%	57.1%	397	208

●騎手別　BEST 15

騎手名	1着	2着	3着	4着以下	勝率	連対率	複勝率	単勝回収値	複勝回収値
福永祐一	7	3	4	15	24.1%	34.5%	48.3%	107	84
幸英明	6	4	4	31	13.3%	22.2%	31.1%	86	68
池添謙一	5	3	1	18	18.5%	29.6%	33.3%	189	118
川田将雅	5	2	1	6	35.7%	50.0%	57.1%	163	124
松山弘平	4	4	2	27	10.8%	21.6%	27.0%	46	52
岩田望来	3	3	4	21	9.7%	19.4%	32.3%	106	95
西村淳也	3	3	1	15	13.6%	27.3%	31.8%	170	91
北村友一	3	1	4	9	17.6%	23.5%	47.1%	80	100
斎藤新	3	1	2	19	12.0%	16.0%	24.0%	257	186
吉田隼人	3	0	2	25	10.0%	10.0%	16.7%	42	39
C.ルメール	3	0	1	7	27.3%	27.3%	36.4%	56	49
団野大成	2	3	0	16	9.5%	23.8%	23.8%	71	48
武豊	2	2	1	21	7.7%	15.4%	19.2%	35	32
和田竜二	2	1	2	31	5.6%	8.3%	13.9%	57	63
小沢大仁	2	1	1	16	10.0%	15.0%	20.0%	76	42

●厩舎別　BEST 15

厩舎名	1着	2着	3着	4着以下	勝率	連対率	複勝率	単勝回収値	複勝回収値
音無秀孝	5	5	2	21	15.2%	30.3%	36.4%	154	193
清水久詞	5	2	3	20	16.7%	23.3%	33.3%	121	80
森秀行	4	5	0	17	15.4%	34.6%	34.6%	68	83
安田隆行	4	2	3	19	14.3%	21.4%	32.1%	56	66
松下武士	3	2	1	8	21.4%	35.7%	42.9%	97	152
西村真幸	3	1	2	16	13.6%	18.2%	27.3%	37	66
武幸四郎	3	1	0	9	23.1%	30.8%	30.8%	144	120
西園正都	3	0	1	16	15.0%	15.0%	20.0%	95	55
梅田智之	3	0	0	13	18.8%	18.8%	18.8%	766	136
池添学	2	2	1	8	15.4%	30.8%	38.5%	26	191
武英智	2	1	3	10	12.5%	18.8%	37.5%	35	100
田中克典	2	1	1	9	15.4%	23.1%	30.8%	217	134
田村康仁	2	0	1	0	66.7%	66.7%	100.0%	370	1640
吉村圭司	1	3	3	7	7.1%	28.6%	50.0%	275	132
千田輝彦	1	3	0	9	7.7%	30.8%	30.8%	86	66

東京　中山　阪神　**中京**　新潟　福島　小倉　札幌　函館

中京芝1200m　113

中京 芝1400m

施行重賞　ファルコンS（GⅢ）

父 キズナの好走フィルターはこれだ！

　中京芝1400mで種牡馬ランキング1位になったのはキズナ。意外な印象を受けるが、トータル成績【7　5　5　41】、勝率12.1%、複勝率29.3%、単勝回収値107、複勝回収値82となかなか優秀。重賞のファルコンSこそ好走には至らなかったものの、21年1月16日の紅梅SをソングラインS、21年5月9日の橘Sをダディーズビビッドでそれぞれ制し、リステッド競走を2勝。下級戦だけで稼いだわけではなく、内容もしっかり伴っている。

　さらに儲けるためのフィルターとして手軽なのはオッズ。単勝50倍を超えた13走では好走がなく、これを消すだけで単勝回収値138、複勝回収値106と、いとも簡単に単複の回収値が100をオーバーしてくる。極端な人気薄には手を出さず、単勝50倍以内のキズナ産駒を狙っていくのが基本だ。

　また、枠というフィルターも有力。外の7、8枠は【1　1　1　18】と凡走が目立つため、割引材料となる。前述のオッズ条件を加味した「1～6枠で単勝50倍以内」なら【6　4　4　15】、勝率20.7%、複勝率48.3%、単勝回収値204、複勝回収値144と、さらなる利益を見込める。

　もうひとつ、出走間隔はあけないほうがよく、具体的には中8週以内がベター。やはり単勝50倍以内で【6　3　4　21】、勝率17.6%、複勝率38.2%、単勝回収値174、複勝回収値115。さらに1～6枠にまで限れば【6　2　3　11】、勝率27.3%、複勝率50.0%、単勝回収値269、複勝回収値160の勝利宣言だ。

中京芝1400m　キズナ産駒詳細データ

	1着	2着	3着	4着以下	勝率	連対率	複勝率
牡	3	2	0	12	17.6%	29.4%	29.4%
牝	4	3	5	29	9.8%	17.1%	29.3%
1番人気	4	1	1	3	44.4%	55.6%	66.7%
2～3番人気	1	0	1	7	11.1%	11.1%	22.2%
4～6番人気	0	3	2	6	0.0%	27.3%	45.5%
7～9番人気	2	1	0	9	16.7%	25.0%	25.0%
10番人気～	0	0	1	16	0.0%	0.0%	5.9%

	1着	2着	3着	4着以下	勝率	連対率	複勝率
良	5	5	2	30	11.9%	23.8%	28.6%
稍重	0	0	1	3	0.0%	0.0%	25.0%
重	0	0	0	4	0.0%	0.0%	0.0%
不良	2	0	2	4	25.0%	25.0%	50.0%
2歳	0	1	1	8	0.0%	10.0%	20.0%
3歳	6	1	2	21	20.0%	23.3%	30.0%
4歳以上	1	3	2	12	5.6%	22.2%	33.3%

（父）単勝15倍以内、ひとケタ馬番のディープインパクト

　ランキング3位のディープインパクトは、キズナ、ダイワメジャーと並んで最多タイの1～3着17回を記録。トータルの好走率は標準を少し上回る程度だが、馬券になることは多く、そうそう軽視もできない。困ったようだが、単勝15倍を超える産駒は【0　1　1　34】と冴えず、これは消すことが可能。単勝15倍以内に限るだけで【6　3　6　18】、勝率18.2%、複勝率45.5%、単勝回収値104、複勝回収値100と、一気に儲かる種牡馬へと変貌する。

　そして、利幅を増す決め手は枠。単勝15倍以内でも連対がない6～8枠は割引が可能で、「1～5枠で単勝15倍以内」なら【6　3　4　8】、勝率28.6%、複勝率61.9%、単勝回収値164、複勝回収値139。またまた勝利宣言だ。

中京芝1400m　ディープインパクト産駒詳細データ

	1着	2着	3着	4着以下	勝率	連対率	複勝率
牡	4	1	2	17	16.7%	20.8%	29.2%
牝	2	3	5	35	4.4%	11.1%	22.2%
1番人気	2	0	0	1	66.7%	66.7%	66.7%
2～3番人気	2	1	1	8	16.7%	25.0%	33.3%
4～6番人気	2	2	1	9	11.1%	22.2%	50.0%
7～9番人気	0	1	0	12	0.0%	7.7%	7.7%
10番人気～	0	0	1	22	0.0%	0.0%	4.3%

	1着	2着	3着	4着以下	勝率	連対率	複勝率
良	5	3	5	45	8.6%	13.8%	22.4%
稍重	1	1	1	0	33.3%	66.7%	100.0%
重	0	0	0	2	0.0%	0.0%	33.3%
不良	0	0	0	5	0.0%	0.0%	0.0%
2歳	1	0	0	2	33.3%	33.3%	33.3%
3歳	0	1	0	16	0.0%	5.9%	5.9%
4歳以上	5	3	7	34	10.2%	16.3%	30.6%

（鞍上）上位人気ではない藤岡康太騎手

　このコースで狙ってみたいのが藤岡康太騎手である。1～3着15回で馬券になる機会が2番目に多いうえに、単勝回収値240、複勝回収値149と妙味がたっぷり。4～9番人気の中穴級で【2　2　6　15】、勝率8.0%、複勝率40.0%、単勝回収値100、複勝回収値158とビシバシ馬券になり、11番人気でも2勝と大穴での一発もある。牝馬で【3　2　3　11】、勝率15.8%、複勝率42.1%、単勝回収値473、複勝回収値216というのも見逃せないところで、中京芝1400mで思わぬジゴロぶりを披露している。

　問題は、1～3番人気で【0　2　1　5】と頼りにならないこと。上位人気は慎重に、人気薄は大胆に買うのが、中京芝1400mの藤岡康騎手のコツだ。

中京芝1400m　藤岡康太騎手詳細データ

	1着	2着	3着	4着以下	勝率	連対率	複勝率
牡	1	2	4	16	4.3%	13.0%	30.4%
牝	3	2	3	11	15.8%	26.3%	42.1%
1番人気	0	0	1	1	0.0%	0.0%	50.0%
2～3番人気	0	2	0	4	0.0%	33.3%	33.3%
4～6番人気	2	2	4	7	13.3%	26.7%	53.3%
7～9番人気	0	0	2	8	0.0%	0.0%	20.0%
10番人気～	2	0	0	7	22.2%	22.2%	22.2%

	1着	2着	3着	4着以下	勝率	連対率	複勝率
良	3	4	6	23	8.3%	19.4%	36.1%
稍重	0	0	1	1	0.0%	0.0%	50.0%
重	0	0	0	1	0.0%	0.0%	0.0%
不良	1	0	0	2	33.3%	33.3%	33.3%
2歳	2	1	2	8	15.4%	23.1%	38.5%
3歳	1	1	1	8	9.1%	18.2%	27.3%
4歳以上	1	2	4	11	5.6%	16.7%	38.9%

中京芝1400m　　115

単勝20倍以内の須貝尚介厩舎

　プルパレイで22年ファルコンSを制した須貝尚介厩舎は、中京芝1400mのランキング1位に鎮座。トータル【7　5　2　19】、勝率21.2%、複勝率42.4%、単勝回収値102、複勝回収値98と安定し、出走33回、1～3着14回はいずれも最多で、馬券という観点でも非常に重要な位置を占めている。しかも、一度も好走できなかった単勝20倍超はバッサリと切り落とすことが可能で、それだけで単勝回収値140、複勝回収値135まで上昇する。

　これ以上はもう無理をする必要もないが、表開催時に【1　5　2　14】と詰めの甘さを見せ、裏開催時に【6　0　0　5】と極端な成績を収めている点も押さえておきたい。あとは、ナイスガイの須貝厩舎で儲けるだけだ。

中京芝1400m　須貝尚介厩舎詳細データ

	1着	2着	3着	4着以下	勝率	連対率	複勝率
牡	6	3	2	13	25.0%	37.5%	45.8%
牝	1	2	0	6	11.1%	33.3%	33.3%
1番人気	3	1	0	2	50.0%	66.7%	66.7%
2～3番人気	3	1	1	4	33.3%	44.4%	55.6%
4～6番人気	1	2	0	4	14.3%	42.9%	42.9%
7～9番人気	0	1	1	4	0.0%	16.7%	33.3%
10番人気～	0	0	0	5	0.0%	0.0%	0.0%

	1着	2着	3着	4着以下	勝率	連対率	複勝率
良	4	5	2	17	14.3%	32.1%	39.3%
稍重	2	0	0	1	66.7%	66.7%	66.7%
重	1	0	0	1	50.0%	50.0%	50.0%
不良	0	0	0	0	-	-	-
2歳	1	1	0	3	20.0%	40.0%	40.0%
3歳	2	1	1	3	28.6%	42.9%	57.1%
4歳以上	4	3	1	13	19.0%	33.3%	38.1%

○

父　この父も買い！
- オルフェーヴル（単勝20倍以内【4　2　2　13】）
- ハーツクライ（単勝30倍以内【4　2　0　11】）
- Frankel（トータル【2　3　1　4】）

鞍上　この鞍上も買い！
- 岩田望来（1～4枠【5　2　0　14】）
- 坂井瑠星（単勝15倍以内【5　1　1　6】）
- 吉田隼人（2歳【3　2　1　3】）

テキ　このテキも買い！
- 清水久詞（中4週以内【4　3　2　7】）
- 高橋義忠（平場戦【3　1　2　5】）
- 藤岡健一（藤岡康太【2　1　2　1】）

×

父　この父は消し！
- ブラックタイド（トータル【0　0　1　27】）
- ハービンジャー（2～4歳【0　1　0　23】）
- エピファネイア（5～8枠【0　1　1　17】）

鞍上　この鞍上は消し！
- 池添謙一（2～8枠【0　0　0　14】）
- 斎藤新（4番人気以下【0　1　0　24】）
- 菱田裕二（トータル【0　2　1　29】）

テキ　このテキは消し！
- 松下武士（未勝利戦以外【0　0　0　11】）
- 中内田充正（川田将雅以外【0　1　0　8】）
- 長谷川浩大（トータル【0　1　2　19】）

総合成績　芝1400m

●種牡馬別 BEST 15

種牡馬名	1着	2着	3着	4着以下	勝率	連対率	複勝率	単勝回収値	複勝回収値
キズナ	7	5	5	41	12.1%	20.7%	29.3%	107	82
ロードカナロア	6	7	3	73	6.7%	14.6%	18.0%	97	62
ディープインパクト	6	4	7	52	8.7%	14.5%	24.6%	50	92
オルフェーヴル	4	2	2	17	16.0%	24.0%	32.0%	114	69
ハーツクライ	4	2	0	21	14.8%	22.2%	22.2%	169	69
モーリス	3	4	4	28	7.7%	17.9%	28.2%	40	73
リオンディーズ	3	1	5	18	11.1%	14.8%	33.3%	105	162
ノヴェリスト	3	1	4	13	14.3%	19.0%	38.1%	61	110
エピファネイア	3	1	2	27	9.1%	12.1%	18.2%	92	68
ダイワメジャー	2	7	8	51	2.9%	13.2%	25.0%	7	54
ルーラーシップ	2	4	3	29	5.3%	15.8%	23.7%	16	90
ヴィクトワールピサ	2	3	1	25	6.5%	16.1%	19.4%	29	72
Frankel	2	3	1	4	20.0%	50.0%	60.0%	134	103
スクリーンヒーロー	2	2	4	19	7.4%	14.8%	29.6%	195	93
エイシンフラッシュ	2	2	1	22	7.4%	14.8%	18.5%	162	83

●騎手別 BEST 15

騎手名	1着	2着	3着	4着以下	勝率	連対率	複勝率	単勝回収値	複勝回収値
福永祐一	8	5	7	17	21.6%	35.1%	54.1%	72	91
岩田望来	6	6	1	32	13.3%	26.7%	28.9%	204	92
吉田隼人	5	4	3	25	13.5%	24.3%	32.4%	83	170
坂井瑠星	5	1	1	18	20.0%	24.0%	28.0%	132	68
川田将雅	4	7	1	15	14.8%	40.7%	44.4%	50	74
藤岡康太	4	4	7	27	9.5%	19.0%	35.7%	240	149
Ｍ．デムーロ	4	0	2	3	44.4%	44.4%	66.7%	407	164
武豊	3	4	3	12	13.6%	31.8%	45.5%	46	99
西村淳也	3	4	1	27	8.6%	20.0%	22.9%	53	54
幸英明	3	3	4	31	7.3%	14.6%	24.4%	127	72
松山弘平	3	3	1	29	8.3%	16.7%	19.4%	56	38
Ｃ．ルメール	3	2	1	14	15.0%	25.0%	30.0%	41	39
松若風馬	2	4	6	29	4.9%	14.6%	29.3%	207	130
藤岡佑介	2	3	0	14	10.5%	26.3%	26.3%	72	58
和田竜二	2	2	3	21	7.1%	14.3%	25.0%	85	54

●厩舎別 BEST 15

厩舎名	1着	2着	3着	4着以下	勝率	連対率	複勝率	単勝回収値	複勝回収値
須貝尚介	7	5	2	19	21.2%	36.4%	42.4%	102	98
藤岡健一	6	1	2	11	30.0%	35.0%	45.0%	439	144
清水久詞	4	3	3	19	13.8%	24.1%	34.5%	226	128
矢作芳人	4	1	0	15	20.0%	25.0%	25.0%	150	59
斉藤崇史	3	3	0	16	13.6%	27.3%	27.3%	155	89
高橋義忠	3	1	3	9	18.8%	25.0%	43.8%	183	149
池添学	3	0	1	5	33.3%	33.3%	44.4%	110	115
金成貴史	3	0	0	7	30.0%	30.0%	30.0%	267	87
武幸四郎	2	3	0	8	15.4%	38.5%	38.5%	346	142
西村真幸	2	2	0	10	14.3%	28.6%	28.6%	99	65
音無秀孝	2	1	4	15	9.1%	13.6%	31.8%	43	78
吉村圭司	2	1	2	6	18.2%	27.3%	45.5%	185	75
加用正	2	1	1	13	11.8%	17.6%	23.5%	580	129
本田優	2	0	1	9	16.7%	16.7%	25.0%	113	46
杉山佳明	2	0	0	14	12.5%	12.5%	12.5%	315	62

中京芝1400m

施行重賞 京都金杯（GⅢ）、シンザン記念（GⅢ）、中京記念（GⅢ）

父 ロードカナロアのチェックポイントは、オッズ、枠、年齢

　中京芝1600mで行われた21年京都金杯を12番人気で制し、単勝4330円の穴をあけたケイデンスコールの父はロードカナロア。やはり得意のマイルでは圧倒的な支配力を誇り、いずれも最多の20勝、1〜3着44回を記録してランキング1位に輝いた。しかも、トータルで単勝回収値138と馬券的な妙味も兼備。一度も好走できなかった単勝50倍超を消せば、【20　5　19　71】、勝率17.4%、複勝率38.3%、単勝回収値160、複勝回収値101と、さらに儲けやすくなる。

　興味深い傾向が出ているファクターは枠。内枠と外枠に勝ち鞍の多くが集まる一方、中枠の数字は冴えない。具体的には、1、2枠は【7　4　4　21】、勝率19.4%、複勝率41.7%、単勝回収値231、複勝回収値140と抜群で、7、8枠も【9　1　5　24】、勝率23.1%、複勝率38.5%、単勝回収値169、複勝回収値92と優秀。一方、3〜6枠は【4　0　10　44】、勝率6.9%、複勝率24.1%、単勝回収値60、複勝回収値51とパッとしない。特に中枠では勝率が著しくダウンするため、1着固定で狙う場合は枠の確認が必要不可欠だ。

　できれば年齢もチェックしたい。というのも、2歳は【3　0　3　21】、勝率11.1%、複勝率22.2%、単勝回収値41、複勝回収値36と振るわないからだ。以上の買い条件を全部満たす「1、2枠および7、8枠を引き、単勝50倍以内の3歳以上」の産駒は、【14　5　8　29】、勝率25.0%、複勝率48.2%、単勝回収値249、複勝回収値143。思わず「勝ったな」とつぶやいてしまった。

中京芝1600m　ロードカナロア産駒詳細データ

	1着	2着	3着	着以下	勝率	連対率	複勝率
牡	11	2	14	44	15.5%	18.3%	38.0%
牝	9	3	5	45	14.5%	19.4%	27.4%
1番人気	4	2	3	3	33.3%	50.0%	75.0%
2〜3番人気	9	0	8	17	26.5%	26.5%	50.0%
4〜6番人気	3	0	6	26	8.6%	8.6%	25.7%
7〜9番人気	3	3	1	24	9.7%	19.4%	22.6%
10番人気〜	1	0	1	19	4.8%	4.8%	9.5%

	1着	2着	3着	着以下	勝率	連対率	複勝率
良	16	5	16	73	14.5%	19.1%	33.6%
稍重	1	0	1	6	12.5%	12.5%	25.0%
重	1	0	1	7	11.1%	11.1%	22.2%
不良	2	0	1	3	33.3%	33.3%	50.0%
2歳	3	0	3	21	11.1%	11.1%	22.2%
3歳	12	4	9	46	16.9%	22.5%	35.2%
4歳以上	5	1	7	22	14.3%	17.1%	37.1%

父 ひとケタ人気のエピファネイア

　ランキング3位のエピファネイアもかなりオススメだ。オープンや3勝クラスの勝ち鞍がないため目立たないが、トータル成績は【13　13　6　62】、勝率13.8％、複勝率34.0％、単勝回収値253、複勝回収値120と極めて優秀。しかも、好走がなかった10番人気以下を削ぎ落とすだけで単勝回収値331、複勝回収値157と、ごく簡単な手続きで資金3倍増さえ実現してくれる。

　ただし、4歳以上は【2　3　0　22】、勝率7.4％、複勝率18.5％、単勝回収値13、複勝回収値22と、嘘のように数字を落とすため要注意。「1〜9番人気の2、3歳」を狙うのが正解で、該当馬は【11　10　6　26】、勝率20.8％、複勝率50.9％、単勝回収値443、複勝回収値202。エピファ砲がうなりを上げる。

中京芝1600m　エピファネイア産駒詳細データ

	1着	2着	3着	4着以下	勝率	連対率	複勝率
牡	8	8	3	18	21.6%	43.2%	51.4%
牝	5	5	3	44	8.8%	17.5%	22.8%
1番人気	5	2	2	1	50.0%	70.0%	90.0%
2〜3番人気	4	8	1	5	22.2%	66.7%	72.2%
4〜6番人気	2	1	2	20	8.0%	12.0%	20.0%
7〜9番人気	2	2	1	14	10.5%	21.1%	26.3%
10番人気〜	0	0	0	22	0.0%	0.0%	0.0%

	1着	2着	3着	4着以下	勝率	連対率	複勝率
良	10	10	5	50	13.3%	26.7%	33.3%
稍重	1	3	1	7	8.3%	33.3%	41.7%
重	1	0	0	2	33.3%	33.3%	33.3%
不良	1	0	0	3	25.0%	25.0%	25.0%
2歳	5	3	0	11	26.3%	42.1%	42.1%
3歳	6	7	6	29	12.5%	27.1%	39.6%
4歳以上	2	3	0	22	7.4%	18.5%	18.5%

鞍上 特別戦の松山弘平騎手

　ランキング1位で15勝の川田将雅騎手と、2位で14勝の松山弘平騎手がしのぎを削っている。ただ、馬券的には単勝回収値120の松山騎手のほうが有望とみて間違いない。単勝15倍を超えると【0　1　1　24】と厳しいため、ここは欲張らずに単勝15倍以内で勝負。それで【14　8　3　26】、勝率27.5％、複勝率49.0％、単勝回収値182、複勝回収値103と十分に儲けられる。

　ただし、新馬戦で【0　4　0　10】と勝ち鞍がなく、その新馬戦を含む平場戦の成績も【5　5　4　36】、勝率10.0％、複勝率28.0％、単勝回収値68、複勝回収値60とイマイチ。逆に特別戦で【9　4　0　14】、勝率33.3％、複勝率48.1％、単勝回収値218、複勝回収値120と、勝負強さを見せつけている。

中京芝1600m　松山弘平騎手詳細データ

	1着	2着	3着	4着以下	勝率	連対率	複勝率
牡	10	7	2	22	24.4%	41.5%	46.3%
牝	4	2	2	28	11.1%	16.7%	22.2%
1番人気	2	2	2	2	25.0%	50.0%	75.0%
2〜3番人気	6	4	1	13	25.0%	41.7%	45.8%
4〜6番人気	5	3	0	18	19.2%	30.8%	30.8%
7〜9番人気	1	0	1	9	9.1%	9.1%	18.2%
10番人気〜	0	0	0	8	0.0%	0.0%	0.0%

	1着	2着	3着	4着以下	勝率	連対率	複勝率
良	12	8	2	42	18.8%	31.3%	34.4%
稍重	0	1	1	3	0.0%	20.0%	40.0%
重	1	0	1	3	20.0%	20.0%	40.0%
不良	1	0	0	2	33.3%	33.3%	33.3%
2歳	3	6	2	7	16.7%	50.0%	61.1%
3歳	6	2	2	26	16.7%	22.2%	27.8%
4歳以上	5	1	0	17	21.7%	26.1%	26.1%

テキ 清水久詞厩舎はベタ買いで資金倍増

　ランキング1位の池江泰寿厩舎も単勝回収値116と有望だが、本書ではもっと欲張っていく。5位の清水久詞厩舎はトータル【6　5　5　24】、勝率15.0%、複勝率40.0%、単勝回収値286、複勝回収値207。単複のどちらかをベタ買いすれば資金が倍になる計算で、そもそも欲張る必要すらないかもしれない。

　際立つのは激走の多さで、1〜3着16回のうち6回を7番人気以下でマーク。その一方で1〜4番人気でも【3　3　4　3】、勝率23.1%、複勝率76.9%、単勝回収値98、複勝回収値123と、上位人気でも確実に馬券に絡んでくる。間に挟まれた5、6番人気に限っては【0　0　0　8】と不発に終わっているものの、このコースの清水久詞厩舎は基本的に全部買っていく方針でいいだろう。

中京芝1600m　清水久詞厩舎詳細データ

	1着	2着	3着	4着以下	勝率	連対率	複勝率
牡	3	1	3	17	12.5%	16.7%	29.2%
牝	3	4	2	7	18.8%	43.8%	56.3%
1番人気	1	1	0	0	50.0%	100.0%	100.0%
2〜3番人気	2	1	2	1	33.3%	50.0%	83.3%
4〜6番人気	0	1	2	10	0.0%	7.7%	23.1%
7〜9番人気	3	1	0	7	27.3%	36.4%	36.4%
10番人気〜	0	1	1	6	0.0%	12.5%	25.0%

	1着	2着	3着	4着以下	勝率	連対率	複勝率
良	6	5	4	23	15.8%	28.9%	39.5%
稍重	0	0	0	1	0.0%	0.0%	0.0%
重	0	0	1	0	0.0%	0.0%	100.0%
不良	0	0	0	0	-	-	-
2歳	2	2	1	3	25.0%	50.0%	62.5%
3歳	3	3	3	12	14.3%	28.6%	42.9%
4歳以上	1	0	1	9	9.1%	9.1%	18.2%

父 この**父も買い！**
- キズナ（中4週以上【6　3　2　28】）
- キングカメハメハ（特別戦【4　3　1　12】）
- リオンディーズ（単勝50倍以内【2　7　5　18】）

鞍上 この**鞍上も買い！**
- 川田将雅（1番人気【11　3　3　8】）
- 藤岡佑介（4〜8枠【5　3　4　10】）
- 横山典弘（単勝50倍以内【4　5　6　7】）

テキ この**テキも買い！**
- 池江泰寿（単勝15倍以内【11　4　2　13】）
- 友道康夫（単勝10倍以内【7　2　2　7】）
- 昆貢（横山典弘【3　1　2　4】）

父 この**父は消し！**
- ブラックタイド（トータル【0　1　0　26】）
- ハービンジャー（4番人気以下【0　2　1　32】）
- オルフェーヴル（1〜5番人気【1　1　0　18】）

鞍上 この**鞍上は消し！**
- 角田大河（トータル【0　0　0　17】）
- C.ルメール（1〜3枠【0　0　0　9】）
- 坂井瑠星（1〜3枠【0　1　0　19】）

テキ この**テキは消し！**
- 西園正都（トータル【0　0　0　18】）
- 武幸四郎（トータル【0　0　0　17】）
- 須貝尚介（3番人気以下【0　0　2　15】）

総合成績　芝1600m

◉種牡馬別 BEST 15

種牡馬名	1着	2着	3着	4着以下	勝率	連対率	複勝率	単勝回収値	複勝回収値
ロードカナロア	20	5	19	89	15.0%	18.8%	33.1%	138	87
ディープインパクト	14	12	11	102	10.1%	18.7%	26.6%	55	65
エピファネイア	13	13	6	62	13.8%	27.7%	34.0%	253	120
モーリス	8	10	5	48	11.3%	25.4%	32.4%	57	55
キズナ	8	5	8	59	10.0%	16.3%	26.3%	195	128
ハーツクライ	6	3	6	49	9.4%	14.1%	23.4%	55	43
ダイワメジャー	5	5	9	48	7.5%	14.9%	28.4%	53	67
キングカメハメハ	5	5	3	19	15.6%	31.3%	40.6%	80	99
ディスクリートキャット	5	0	0	3	62.5%	62.5%	62.5%	200	91
ルーラーシップ	4	2	3	49	6.9%	10.3%	15.5%	134	67
ヴィクトワールピサ	4	1	3	28	11.1%	13.9%	22.2%	161	89
エイシンフラッシュ	4	0	2	33	10.3%	10.3%	15.4%	154	51
ドゥラメンテ	3	10	5	34	5.8%	25.0%	34.6%	47	69
マクフィ	3	3	0	10	18.8%	37.5%	37.5%	126	111
ハービンジャー	3	2	2	38	6.7%	11.1%	15.6%	30	30

◉騎手別 BEST 15

騎手名	1着	2着	3着	4着以下	勝率	連対率	複勝率	単勝回収値	複勝回収値
川田将雅	15	6	8	26	27.3%	38.2%	52.7%	86	78
松山弘平	14	9	4	50	18.2%	29.9%	35.1%	120	81
福永祐一	11	6	11	27	20.0%	30.9%	50.9%	87	74
岩田望来	7	14	11	30	11.3%	33.9%	51.6%	39	126
和田竜二	6	6	5	49	9.1%	18.2%	25.8%	57	77
藤岡佑介	6	5	6	19	16.7%	30.6%	47.2%	148	123
幸英明	6	5	3	55	8.7%	15.9%	20.3%	78	67
松若風馬	6	4	0	38	12.5%	20.8%	20.8%	394	100
吉田隼人	5	6	5	38	9.3%	20.4%	29.6%	146	118
横山典弘	4	5	6	10	16.0%	36.0%	60.0%	95	128
泉谷楓真	4	3	2	23	12.5%	21.9%	28.1%	176	140
西村淳也	3	4	3	30	7.5%	17.5%	25.0%	17	52
池添謙一	3	2	7	24	8.3%	13.9%	33.3%	51	166
岩田康誠	3	2	4	21	10.0%	16.7%	30.0%	252	125
北村友一	3	2	1	23	10.3%	17.2%	20.7%	65	42

◉厩舎別 BEST 15

厩舎名	1着	2着	3着	4着以下	勝率	連対率	複勝率	単勝回収値	複勝回収値
池江泰寿	11	4	2	20	29.7%	40.5%	45.9%	116	73
藤原英昭	8	6	4	23	19.5%	34.1%	43.9%	61	90
中内田充正	8	4	6	19	21.6%	32.4%	48.6%	91	84
友道康夫	7	3	2	19	22.6%	32.3%	38.7%	88	67
清水久詞	6	5	5	24	15.0%	27.5%	40.0%	286	207
藤岡健一	4	4	3	12	17.4%	34.8%	47.8%	54	82
松永幹夫	4	2	4	19	13.8%	20.7%	34.5%	215	86
昆貢	4	2	3	8	23.5%	35.3%	52.9%	142	107
音無秀孝	4	1	3	14	18.2%	22.7%	36.4%	268	93
石坂公一	4	0	0	9	30.8%	30.8%	30.8%	80	40
高野友和	3	6	5	14	10.7%	32.1%	50.0%	27	101
大久保龍志	3	4	1	23	9.7%	22.6%	25.8%	34	43
斉藤崇史	3	1	3	13	15.0%	20.0%	35.0%	148	78
吉岡辰弥	3	0	1	9	23.1%	23.1%	30.8%	76	51
田中克典	3	0	0	8	27.3%	27.3%	27.3%	83	40

中京芝1600m

父 ディープインパクト古馬の条件を絞る

　ランキング2位のハーツクライに、勝利数でダブルスコア以上の差をつけた1位のディープインパクト。トータル成績も【34 28 25 125】、勝率16.0％、複勝率41.0％、単勝回収値205、複勝回収値95と優秀だ。

　気になるのは、23年にディープ産駒はほぼ4歳以上の産駒しかいなくなることである。そこで年齢別データを確認すると、4歳以上は【16 14 15 78】、勝率13.0％、複勝率36.6％、単勝回収値306、複勝回収値106。この好走率は2、3歳に比べて若干落ちるものの、単複の回収値は断然高い。すなわち、馬券的な価値は4歳以上のほうが有利で、これなら問題はあるまい。

　ということで、ここからは4歳以上に限ったデータを記す。まずチェックすべきは前走着順で、前走10着以下馬は【0 1 0 18】と大苦戦。前述したように、4歳以上のディープ産駒は単勝回収値306。この数字が表す通り、激走も多発しているのだが、前走10着以下から巻き返すことはほとんどない。また、前走からマイナス馬体重で出走したケースでも【5 6 7 33】、勝率9.8％、複勝率35.3％、単勝回収値51、複勝回収値78ともうひとつパンチに欠ける。

　したがって、狙うべきは「前走1～9着」かつ「今走馬体重が増減なしかプラス」となり、該当馬は【11 8 8 33】、勝率18.3％、複勝率45.0％、単勝回収値584、複勝回収値152と爆発。21年金鯱賞で単勝2万2730円を決めたギベオンも、6歳、前走5着、プラス8キロと条件を満たしていた。

中京芝2000m　ディープインパクト産駒詳細データ

	1着	2着	3着	4着以下	勝率	連対率	複勝率
牡	24	16	11	57	22.2%	37.0%	47.2%
牝	10	12	14	68	9.6%	21.2%	34.6%
1番人気	14	8	6	15	32.6%	51.2%	65.1%
2～3番人気	11	14	8	30	17.5%	39.7%	52.4%
4～6番人気	6	3	7	38	11.1%	16.7%	29.6%
7～9番人気	2	3	3	19	7.4%	18.5%	29.6%
10番人気～	1	0	1	23	4.0%	4.0%	8.0%

	1着	2着	3着	4着以下	勝率	連対率	複勝率
良	26	25	20	109	14.4%	28.3%	39.4%
稍重	7	1	1	5	50.0%	57.1%	64.3%
重	1	1	3	8	7.7%	15.4%	38.5%
不良	0	1	1	3	0.0%	20.0%	40.0%
2歳	5	4	0	5	35.7%	64.3%	64.3%
3歳	13	10	10	42	17.3%	30.7%	44.0%
4歳以上	16	14	15	78	13.0%	24.4%	36.6%

父 単勝30倍以内のハービンジャー、さらに……

　中京芝2000mでランキング３位のハービンジャーは、【14　8　12　80】、勝率12.3％、複勝率29.8％、単勝回収値95、複勝回収値81というなかなかのトータル成績を記録。ここから46走して３着２回しか好走がない単勝30倍超を消せば、【14　8　10　36】、勝率20.6％、複勝率47.1％、単勝回収値160、複勝回収値111と、いきなりプラス収支が確定する。

　出走間隔も確認したい。中２週以内と中３週以上では勝率が大差で、買えるのは中３週以上。また、初出走の成績も悪くない。以上から「中３週以上および初出走で単勝30倍以内」の条件が導かれ、【12　5　7　26】、勝率24.0％、複勝率48.0％、単勝回収値186、複勝回収値111のガッツポーズが飛び出した。

中京芝2000m　ハービンジャー産駒詳細データ

	1着	2着	3着	4着以下	勝率	連対率	複勝率
牡	12	5	9	49	16.0%	22.7%	34.7%
牝	2	3	3	31	5.1%	12.8%	20.5%
1番人気	6	1	0	4	54.5%	63.6%	63.6%
2〜3番人気	4	4	4	5	23.5%	47.1%	70.6%
4〜6番人気	3	2	5	21	9.7%	16.1%	32.3%
7〜9番人気	0	1	3	23	0.0%	3.7%	14.8%
10番人気〜	1	0	0	27	3.6%	3.6%	3.6%

	1着	2着	3着	4着以下	勝率	連対率	複勝率
良	12	8	11	64	12.6%	21.1%	32.6%
稍重	2	0	0	12	14.3%	14.3%	14.3%
重	0	0	1	4	0.0%	0.0%	20.0%
不良	0	0	0	0	-	-	-
2歳	6	1	4	26	16.2%	18.9%	29.7%
3歳	5	3	4	32	11.4%	18.2%	27.3%
4歳以上	3	4	4	22	9.1%	21.2%	33.3%

鞍上 重賞以外、中穴までの岩田望来騎手

　最多の21勝を挙げた川田将雅騎手は単複の回収値も90台を記録し、もちろん有力な選択肢となる。ただ、ランキング２位の岩田望来騎手が単勝回収値155という圧巻の数値をマーク。平均5.3番人気の騎乗馬で平均5.1着と、人気を上回る着順を収めた内容も素晴らしく、本書では関西期待のホープを取り上げる。

　オッズ的には、単勝20倍を超えると【1　0　1　28】と期待しづらい。また、デビュー以来、重賞97連敗を記録したことでも知られるが、このコースでも重賞では10戦してすべて凡走に終わっている。これらの苦手条件を除外した「重賞以外で単勝20倍以内」を狙っていけば【18　9　7　26】、勝率30.0％、複勝率56.7％、単勝回収値192、複勝回収値107。明るい未来をその手につかめ。

中京芝2000m　岩田望来騎手詳細データ

	1着	2着	3着	4着以下	勝率	連対率	複勝率
牡	9	6	6	30	17.6%	29.4%	41.2%
牝	10	3	2	28	23.3%	30.2%	34.9%
1番人気	6	3	2	2	46.2%	69.2%	84.6%
2〜3番人気	4	3	1	8	25.0%	43.8%	50.0%
4〜6番人気	8	3	4	21	22.2%	30.6%	41.7%
7〜9番人気	1	0	1	15	5.9%	5.9%	11.8%
10番人気〜	0	0	0	12	0.0%	0.0%	0.0%

	1着	2着	3着	4着以下	勝率	連対率	複勝率
良	16	8	8	46	20.5%	30.8%	41.0%
稍重	2	0	0	8	20.0%	20.0%	20.0%
重	1	1	0	2	25.0%	50.0%	50.0%
不良	0	0	0	2	0.0%	0.0%	0.0%
2歳	1	3	2	8	7.1%	28.6%	42.9%
3歳	9	4	2	27	21.4%	31.0%	35.7%
4歳以上	9	2	4	23	23.7%	28.9%	39.5%

中内田充正厩舎の牝馬

中京芝2000mで傑出した好走率を記録しているのが3位の中内田充正厩舎だ。トータル成績は【9 2 4 11】、勝率34.6%、複勝率57.7%、単勝回収値96、複勝回収値90。秋華賞トライアルのGⅡ・ローズSを20年にリアアメリア、22年にアートハウスでそれぞれ制しており、これが重要。というのも、牝馬で【5 1 0 3】、勝率55.6%、単勝回収値197を記録しているからだ。

儲けるコツは、特別戦の【6 1 2 6】、勝率40.0%、複勝率60.0%、単勝回収値139、複勝回収値116を狙うこと。平場戦は【3 1 2 5】、勝率27.3%、複勝率54.5%、単勝回収値37、複勝回収値54と、好走率はさほど変わらないのに回収値が著しく下がり、分のいい勝負にはならないだろう。

中京芝2000m 中内田充正厩舎詳細データ

	1着	2着	3着	4着以下	勝率	連対率	複勝率
牡	4	1	4	8	23.5%	29.4%	52.9%
牝	5	1	0	3	55.6%	66.7%	66.7%
1番人気	7	0	2	4	53.8%	53.8%	69.2%
2~3番人気	2	1	2	4	22.2%	33.3%	55.6%
4~6番人気	0	1	0	2	0.0%	33.3%	33.3%
7~9番人気	0	0	0	0	-	-	-
10番人気~	0	0	0	1	0.0%	0.0%	0.0%

	1着	2着	3着	4着以下	勝率	連対率	複勝率
良	8	1	4	11	33.3%	37.5%	54.2%
稍重	1	0	0	0	100.0%	100.0%	100.0%
重	0	1	0	0	0.0%	100.0%	100.0%
不良	0	0	0	0	-	-	-
2歳	2	1	1	0	50.0%	50.0%	75.0%
3歳	5	1	2	8	31.3%	43.8%	50.0%
4歳以上	2	0	2	2	33.3%	33.3%	66.7%

父 この父も買い！
- キタサンブラック（単勝15倍以内【5 5 3 8】）
- ノヴェリスト（単勝30倍以内【5 1 3 15】）
- シルバーステート（平場戦【3 1 4 11】）

鞍上 この鞍上も買い！
- 川田将雅（2、3歳【19 5 5 15】）
- 武豊（単勝15倍以内【9 6 1 27】）
- 吉田隼人（単勝30倍以内【6 1 6 28】）

テキ このテキも買い！
- 池江泰寿（1、2番人気【7 2 1 5】）
- 藤原英昭（岩田望来【7 0 1 9】）
- 須貝尚介（中3週以上【5 1 4 9】）

父 この父は消し！
- ルーラーシップ（中2週以内【0 2 2 26】）
- ロードカナロア（6~8枠【0 2 0 22】）
- ゴールドシップ（未勝利戦以外【0 3 3 31】）

鞍上 この鞍上は消し！
- 斎藤新（1~3枠【0 0 0 10】）
- 今村聖奈（トータル【0 1 2 17】）
- 富田暁（トータル【0 2 1 38】）

テキ このテキは消し！
- 安田隆行（トータル【0 0 0 18】）
- 矢作芳人（中3週以上【0 0 1 21】）
- 音無秀孝（単勝10倍以内【0 2 1 12】）

総合成績　芝2000m

●種牡馬別　BEST 15

種牡馬名	1着	2着	3着	4着以下	勝率	連対率	複勝率	単勝回収値	複勝回収値
ディープインパクト	34	28	25	125	16.0%	29.2%	41.0%	205	95
ハーツクライ	16	16	5	126	9.8%	19.6%	22.7%	43	50
ハービンジャー	14	8	12	80	12.3%	19.3%	29.8%	95	81
エピファネイア	9	15	10	75	8.3%	22.0%	31.2%	51	95
キズナ	9	7	11	74	8.9%	15.8%	26.7%	32	71
キングカメハメハ	7	7	12	54	8.8%	17.5%	32.5%	41	64
モーリス	7	3	7	41	12.1%	17.2%	29.3%	52	52
ドゥラメンテ	6	7	8	58	7.6%	16.5%	26.6%	55	86
ロードカナロア	6	6	0	48	10.0%	20.0%	20.0%	72	45
ルーラーシップ	6	4	8	96	5.3%	8.8%	15.8%	21	35
ダイワメジャー	6	1	2	28	16.2%	18.9%	24.3%	77	67
キタサンブラック	5	5	4	23	13.5%	27.0%	37.8%	72	78
ノヴェリスト	5	2	3	28	13.2%	18.4%	26.3%	136	78
シルバーステート	4	1	4	16	16.0%	20.0%	36.0%	272	128
オルフェーヴル	3	6	7	49	4.6%	13.8%	24.6%	31	112

●騎手別　BEST 15

騎手名	1着	2着	3着	4着以下	勝率	連対率	複勝率	単勝回収値	複勝回収値
川田将雅	21	8	11	28	30.9%	42.6%	58.8%	93	95
岩田望来	19	9	8	58	20.2%	29.8%	38.3%	155	80
福永祐一	14	13	12	36	18.7%	36.0%	52.0%	76	84
松山弘平	14	13	9	59	14.7%	28.4%	37.9%	73	69
藤岡康太	10	5	4	56	13.3%	20.0%	25.3%	41	49
Ｃ．ルメール	9	6	3	18	25.0%	41.7%	50.0%	58	78
武豊	9	6	2	36	17.0%	28.3%	32.1%	117	67
吉田隼人	6	1	8	46	9.8%	11.5%	24.6%	113	59
幸英明	5	9	12	64	5.6%	15.6%	28.9%	60	101
西村淳也	5	4	1	45	9.1%	16.4%	18.2%	465	69
藤岡佑介	5	3	5	23	13.9%	22.2%	36.1%	50	66
和田竜二	4	9	14	47	5.4%	17.6%	36.5%	43	132
坂井瑠星	4	3	6	40	7.5%	13.2%	24.5%	56	102
団野大成	4	3	3	44	7.4%	13.0%	18.5%	102	49
鮫島克駿	3	6	9	48	4.5%	13.6%	27.3%	28	76

●厩舎別　BEST 15

厩舎名	1着	2着	3着	4着以下	勝率	連対率	複勝率	単勝回収値	複勝回収値
友道康夫	9	10	7	39	13.8%	29.2%	40.0%	46	65
藤原英昭	9	5	8	33	16.4%	25.5%	40.0%	520	104
中内田充正	9	2	4	11	34.6%	42.3%	57.7%	96	90
池江泰寿	8	4	1	29	19.0%	28.6%	31.0%	90	52
藤岡健一	8	0	3	18	27.6%	27.6%	37.9%	92	55
斉藤崇史	7	3	4	33	14.9%	21.3%	29.8%	70	51
須貝尚介	6	2	7	18	18.2%	24.2%	45.5%	244	136
西村真幸	5	4	2	9	25.0%	45.0%	55.0%	94	168
杉山晴紀	4	5	4	20	12.1%	27.3%	39.4%	43	75
高野友和	4	4	5	26	10.3%	20.5%	33.3%	59	47
松下武士	4	2	3	27	11.1%	16.7%	25.0%	208	109
中竹和也	3	5	2	21	9.7%	25.8%	32.3%	70	97
清水久詞	3	4	5	22	8.8%	20.6%	35.3%	51	102
上村洋行	3	4	5	15	11.1%	25.9%	44.4%	58	125
松永幹夫	3	3	3	24	9.1%	18.2%	27.3%	30	43

東京　中山　阪神　中京　新潟　福島　小倉　札幌　函館

中京芝2000m

中京 芝2200m 施行重賞 日経新春杯（GII）

父 下級〜中級クラスのエピファネイア

　中京芝2200mの種牡馬ランキングは上位に有望な存在が多く、選択に悩むところだが、4位のエピファネイアを取り上げる。好走率、回収値ともに文句なしに優秀で、今後も出走数が増えるであろうことがその理由だ。

　取捨で重要なファクターとしてはクラスを挙げたい。3勝クラス〜オープンでは【0　1　0　10】。京都開催が再開する23年、オープンでレースが組まれるかは微妙だが、3勝クラスも3走すべて凡走。上級戦では慎重な扱いが求められる。未勝利〜2勝クラスで狙えば【7　4　4　15】、勝率23.3%、複勝率50.0%、単勝回収値267、複勝回収値147。下級〜中級クラスで儲けたい。

中京芝2200m　エピファネイア産駒詳細データ

	1着	2着	3着	4着以下	勝率	連対率	複勝率
牡	5	3	4	21	15.2%	24.2%	36.4%
牝	2	2	0	4	25.0%	50.0%	50.0%
1番人気	2	0	1	0	66.7%	66.7%	100.0%
2〜3番人気	2	2	1	8	15.4%	30.8%	38.5%
4〜6番人気	1	2	1	5	11.1%	33.3%	44.4%
7〜9番人気	2	1	1	5	22.2%	33.3%	44.4%
10番人気〜	0	0	0	7	0.0%	0.0%	0.0%

	1着	2着	3着	4着以下	勝率	連対率	複勝率
良	4	4	2	16	15.4%	30.8%	38.5%
稍重	1	0	1	4	16.7%	16.7%	33.3%
重	2	1	0	4	28.6%	42.9%	42.9%
不良	0	0	1	1	0.0%	0.0%	50.0%
2歳	0	0	0	0	-	-	-
3歳	6	5	2	17	20.0%	36.7%	43.3%
4歳以上	1	0	2	8	9.1%	9.1%	27.3%

鞍上 鉄板級の川田将雅騎手

　21年京都新聞杯をレッドジェネシスで、22年日経新春杯をヨーホーレイクでそれぞれ制した川田将雅騎手。トータル【14　6　4　9】、勝率42.4%、複勝率72.7%、単勝回収値104、複勝回収値91と圧倒的な成績を収めており、21年5月から22年2月にかけては8連勝を含む騎乗機会13回連続連対を記録している。平均2.2番人気という騎乗馬の質に支えられているのは事実だが、高い期待にしっかり応えていることも間違いない。

　さらに絞るなら「継続騎乗で単勝7倍以内」で、【7　2　2　2】、勝率53.8%、複勝率84.6%、単勝回収値142、複勝回収値101の鉄板軸馬が誕生した。

中京芝2200m　川田将雅騎手詳細データ

	1着	2着	3着	4着以下	勝率	連対率	複勝率
牡	13	5	4	9	41.9%	58.1%	71.0%
牝	1	1	0	0	50.0%	100.0%	100.0%
1番人気	10	2	1	1	71.4%	85.7%	92.9%
2〜3番人気	4	3	2	4	30.8%	53.8%	69.2%
4〜6番人気	0	1	1	3	0.0%	20.0%	40.0%
7〜9番人気	0	0	0	1	0.0%	0.0%	0.0%
10番人気〜	0	0	0	0	-	-	-

	1着	2着	3着	4着以下	勝率	連対率	複勝率
良	11	3	4	6	45.8%	58.3%	75.0%
稍重	3	1	0	1	60.0%	80.0%	80.0%
重	0	1	0	2	0.0%	33.3%	33.3%
不良	0	1	0	0	0.0%	100.0%	100.0%
2歳	0	0	0	0	-	-	-
3歳	8	4	2	5	42.1%	63.2%	73.7%
4歳以上	6	2	2	4	42.9%	57.1%	71.4%

中7週以上の友道康夫厩舎

　ランキング1位の友道康夫厩舎、2位の中内田充正厩舎がともに60%以上の傑出した複勝率をマーク。馬券を的中させるという意味では非常に頼もしく、単複の回収値も100前後でプラス収支を十分狙える。ただし、中内田厩舎は出走が少なめで、実際に馬券を買う機会が多い友道厩舎の狙い目を紹介したい。ポイントは出走間隔で、中7週以上で使ってきたら【8　5　0　8】、勝率38.1%、複勝率61.9%、単勝回収値147、複勝回収値133。即座に軸馬に抜擢したい。

　また、友道厩舎、中内田厩舎は川田将雅騎手の起用が多いことで共通し、前者は勝率57.1%、単勝回収値184、後者も勝率62.5%、単勝回収値122と圧巻だ。

中京芝2200m　友道康夫厩舎詳細データ

	1着	2着	3着	4着以下	勝率	連対率	複勝率
牡	9	9	1	13	28.1%	56.3%	59.4%
牝	0	1	0	0	0.0%	100.0%	100.0%
1番人気	5	4	0	3	41.7%	75.0%	75.0%
2〜3番人気	3	4	1	4	25.0%	58.3%	66.7%
4〜6番人気	1	2	0	2	20.0%	60.0%	60.0%
7〜9番人気	0	0	0	2	0.0%	0.0%	0.0%
10番人気〜	0	0	0	2	0.0%	0.0%	0.0%

	1着	2着	3着	4着以下	勝率	連対率	複勝率
良	8	5	1	13	29.6%	48.1%	51.9%
稍重	0	2	0	0	0.0%	100.0%	100.0%
重	0	2	0	0	0.0%	100.0%	100.0%
不良	1	1	0	0	50.0%	100.0%	100.0%
2歳	0	0	0	0	-	-	-
3歳	6	7	1	10	25.0%	54.2%	58.3%
4歳以上	3	3	0	3	33.3%	66.7%	66.7%

総合成績　芝2200m

● 種牡馬別　BEST 10

種牡馬名	1着	2着	3着	4着以下	勝率	連対率	複勝率	単勝回収値	複勝回収値
ディープインパクト	15	8	6	69	15.3%	23.5%	29.6%	62	63
ハーツクライ	8	9	6	56	10.1%	21.5%	29.1%	125	110
ルーラーシップ	7	7	6	47	10.4%	20.9%	29.9%	98	106
エピファネイア	7	5	4	25	17.1%	29.3%	39.0%	195	117
キングカメハメハ	7	1	5	28	17.1%	19.5%	31.7%	86	66
オルフェーヴル	4	4	3	17	14.3%	28.6%	39.3%	156	107
スクリーンヒーロー	4	1	2	11	22.2%	27.8%	38.9%	243	86
ロードカナロア	3	5	3	12	13.0%	34.8%	47.8%	46	80
ドゥラメンテ	2	5	4	20	6.5%	22.6%	35.5%	12	48
キズナ	2	4	6	33	4.4%	13.3%	26.7%	56	72

● 騎手別　BEST 10

騎手名	1着	2着	3着	4着以下	勝率	連対率	複勝率	単勝回収値	複勝回収値
川田将雅	14	6	4	9	42.4%	60.6%	72.7%	104	91
松山弘平	5	0	4	32	12.2%	12.2%	22.0%	70	35
藤岡康太	4	7	3	19	12.1%	33.3%	42.4%	186	114
吉田隼人	4	3	1	20	14.3%	25.0%	28.6%	159	73
福永祐一	3	6	6	15	10.0%	30.0%	50.0%	17	89
岩田望来	3	5	0	24	9.4%	25.0%	25.0%	80	56
武豊	3	2	3	11	15.8%	26.3%	42.1%	40	125
富田暁	3	1	0	18	13.6%	18.2%	18.2%	83	50
松若風馬	2	5	1	21	6.9%	24.1%	27.6%	88	156
西村淳也	2	3	1	13	10.5%	26.3%	31.6%	92	73

● 厩舎別　BEST 10

厩舎名	1着	2着	3着	4着以下	勝率	連対率	複勝率	単勝回収値	複勝回収値
友道康夫	9	10	1	13	27.3%	57.6%	60.6%	98	114
中内田充正	6	1	2	4	46.2%	53.8%	69.2%	105	106
矢作芳人	5	3	6	24	13.2%	21.1%	36.8%	189	105
池江泰寿	3	6	2	11	13.6%	40.9%	50.0%	58	97
杉山晴紀	3	3	4	7	17.6%	35.3%	58.8%	168	127
本田優	3	2	2	10	17.6%	29.4%	35.3%	103	71
佐々木晶三	3	2	0	8	23.1%	38.5%	38.5%	258	106
音無秀孝	3	1	1	15	15.0%	20.0%	25.0%	91	38
堀宣行	3	1	1	10	20.0%	26.7%	33.3%	99	112
須貝尚介	2	4	2	13	9.5%	28.6%	38.1%	26	65

中京芝2200m

中京 ダ1200m
CHUKYO 施行重賞 なし

（父）ベタ買い可だが、中2週以内のシニスターミニスターで妙味倍増

　1勝差でランキング1位の座をヘニーヒューズに譲ったシニスターミニスターだが、好走率、回収値では優位に立つ。トータル【11　6　4　40】、勝率18.0％、複勝率34.4％、単勝回収値276、複勝回収値161と並ぶ数字は文句なし。上位人気で手堅く、激走もアリと、常に好走の可能性を秘めている。

　全部買っておいていいレベルだが、取捨をするなら出走間隔がいいだろう。中2週以内で【6　1　3　15】、勝率24.0％、複勝率40.0％、単勝回収値570、複勝回収値318。ダート専門血統らしくタフなところを見せており、詰まったローテを苦にしない。また、初出走馬も【2　1　0　2】の好成績だ。

中京ダ1200m　シニスターミニスター産駒詳細データ

	1着	2着	3着	4着以下	勝率	連対率	複勝率
牡	8	4	2	18	25.0%	37.5%	43.8%
牝	3	2	2	22	10.3%	17.2%	24.1%
1番人気	4	1	0	2	57.1%	71.4%	71.4%
2～3番人気	5	4	0	7	31.3%	56.3%	56.3%
4～6番人気	0	1	4	9	0.0%	7.1%	35.7%
7～9番人気	2	0	0	9	18.2%	18.2%	18.2%
10番人気～	0	0	0	13	0.0%	0.0%	0.0%

	1着	2着	3着	4着以下	勝率	連対率	複勝率
良	5	2	3	20	16.7%	23.3%	33.3%
稍重	2	1	1	10	14.3%	21.4%	28.6%
重	2	1	0	7	20.0%	30.0%	30.0%
不良	2	2	0	3	28.6%	57.1%	57.1%
2歳	3	3	1	6	23.1%	46.2%	53.8%
3歳	5	2	2	20	17.2%	24.1%	31.0%
4歳以上	3	1	1	14	15.8%	21.1%	26.3%

（鞍上）松若風馬騎手、条件を絞ると資金が倍に

　有望なジョッキーは数多いのだが、取捨のしやすさならばランキング4位の松若風馬騎手だ。単勝20倍を超えると【0　1　1　27】。まったくのノーチャンスではないものの、よほど気になる馬でなければ消していい。単勝20倍以内に狙いをつけていけば【7　3　3　19】、勝率21.9％、複勝率40.6％、単勝回収値165、複勝回収値111と十分儲けられる。

　加えて、外の7、8枠では【0　0　0　17】と沈黙。「1～6枠で単勝20倍以内」に絞り込むことが可能で、該当馬は【7　3　3　13】、勝率26.9％、複勝率50.0％、単勝回収値204、複勝回収値136と資金倍増が現実のものとなる。

中京ダ1200m　松若風馬騎手詳細データ

	1着	2着	3着	4着以下	勝率	連対率	複勝率
牡	4	2	2	25	12.1%	18.2%	24.2%
牝	3	2	2	21	10.7%	17.9%	25.0%
1番人気	1	0	1	0	50.0%	50.0%	100.0%
2～3番人気	3	0	0	4	42.9%	42.9%	42.9%
4～6番人気	3	2	1	10	18.8%	31.3%	37.5%
7～9番人気	0	1	1	16	0.0%	5.6%	11.1%
10番人気～	0	1	1	16	0.0%	5.6%	11.1%

	1着	2着	3着	4着以下	勝率	連対率	複勝率
良	2	3	3	25	6.1%	15.2%	24.2%
稍重	3	0	0	8	27.3%	27.3%	27.3%
重	1	0	0	6	14.3%	14.3%	14.3%
不良	1	1	1	7	10.0%	20.0%	30.0%
2歳	0	0	0	3	0.0%	0.0%	0.0%
3歳	5	2	2	22	16.1%	22.6%	29.0%
4歳以上	2	2	2	21	7.4%	14.8%	22.2%

テキ 森秀行厩舎は単勝10倍以内ならアタマ勝負も

集計期間内に5勝を挙げた厩舎が5つあり、いずれも見どころのある成績を収めている。どの厩舎をとっても取捨によってプラス収支が可能だが、面白いのは5位の森秀行厩舎だ。トータル成績は【5 2 5 27】、勝率12.8%、複勝率30.8%、単勝回収値59、複勝回収値173。一見アタマでは買いづらいものの、単勝10倍以内なら【5 1 1 6】、勝率38.5%、複勝率53.8%、単勝回収値178、複勝回収値105。勝負がかりのレースではしっかり勝ち切ってくる。

加えて単勝10倍超でも【0 1 4 21】、複勝率19.2%、複勝回収値207。少なからずヒモ穴をあけており、印が薄くても警戒を怠ってはいけない。

中京ダ1200m 森秀行厩舎詳細データ

	1着	2着	3着	4着以下	勝率	連対率	複勝率
牡	5	2	4	25	13.9%	19.4%	30.6%
牝	0	0	1	2	0.0%	0.0%	33.3%
1番人気	2	0	0	0	100.0%	100.0%	100.0%
2～3番人気	2	1	0	3	33.3%	50.0%	50.0%
4～6番人気	1	0	2	5	12.5%	12.5%	37.5%
7～9番人気	0	1	1	9	0.0%	9.1%	18.2%
10番人気～	0	0	2	10	0.0%	0.0%	16.7%

	1着	2着	3着	4着以下	勝率	連対率	複勝率
良	3	1	2	13	15.8%	21.1%	31.6%
稍重	2	0	3	8	15.4%	15.4%	38.5%
重	0	0	0	3	0.0%	0.0%	0.0%
不良	0	1	0	3	0.0%	25.0%	25.0%
2歳	0	0	0	1	0.0%	0.0%	0.0%
3歳	2	1	1	10	14.3%	21.4%	28.6%
4歳以上	3	1	4	16	12.5%	16.7%	33.3%

総合成績 ダ1200m

●種牡馬別 BEST 10

種牡馬名	1着	2着	3着	4着以下	勝率	連対率	複勝率	単勝回収値	複勝回収値
ヘニーヒューズ	12	11	9	62	12.8%	24.5%	34.0%	69	107
シニスターミニスター	11	6	4	40	18.0%	27.9%	34.4%	276	161
サウスヴィグラス	8	5	3	76	8.7%	14.1%	17.4%	144	57
ロードカナロア	5	10	7	57	6.3%	19.0%	27.8%	20	80
リアルインパクト	5	3	0	18	19.2%	30.8%	30.8%	179	81
キンシャサノキセキ	4	9	4	55	5.6%	18.1%	23.6%	20	45
カレンブラックヒル	4	5	3	17	13.8%	31.0%	41.4%	41	227
ダイワメジャー	4	2	4	37	8.5%	12.8%	21.3%	62	69
ストロングリターン	4	2	2	28	11.1%	16.7%	22.2%	61	97
パイロ	4	1	3	37	8.9%	11.1%	17.8%	57	51

●騎手別 BEST 10

騎手名	1着	2着	3着	4着以下	勝率	連対率	複勝率	単勝回収値	複勝回収値
松山弘平	14	11	7	48	17.5%	31.3%	40.0%	128	88
幸英明	8	5	9	67	9.0%	14.6%	24.7%	85	93
福永祐一	7	4	10	25	15.2%	23.9%	45.7%	54	78
松若風馬	7	4	4	46	11.5%	18.0%	24.6%	87	94
武豊	7	2	4	16	24.1%	31.0%	44.8%	101	86
岩田望来	6	6	4	60	7.9%	15.8%	21.1%	45	47
小沢大仁	6	2	3	33	13.6%	18.2%	25.0%	709	137
川須栄彦	5	5	4	38	9.6%	19.2%	26.9%	55	132
藤岡康太	5	3	3	22	15.2%	24.2%	33.3%	380	285
鮫島克駿	5	3	1	44	9.4%	15.1%	17.0%	47	33

●厩舎別 BEST 10

厩舎名	1着	2着	3着	4着以下	勝率	連対率	複勝率	単勝回収値	複勝回収値
中尾秀正	5	3	3	31	11.9%	19.0%	26.2%	41	62
西園正都	5	3	3	26	13.5%	21.6%	29.7%	111	84
武英智	5	3	1	22	16.1%	25.8%	29.0%	96	59
杉山晴紀	5	3	0	16	20.8%	33.3%	33.3%	122	82
森秀行	5	2	5	27	12.8%	17.9%	30.8%	59	173
新谷功一	4	3	2	23	13.3%	20.0%	23.3%	94	69
松永昌博	4	2	1	11	22.2%	33.3%	38.9%	273	257
飯田祐史	4	1	4	41	8.0%	10.0%	18.0%	66	36
角田晃一	4	1	2	19	15.4%	19.2%	26.9%	53	41
牧浦充徳	3	4	2	14	13.0%	30.4%	39.1%	53	114

中京ダ1200m

施行重賞　プロキオンS（GⅢ）

父　内〜真ん中枠のロードカナロア

　中京ダート1400mで最多タイの16勝を挙げたヘニーヒューズとロードカナロアの成績を比較すると、勝率、連対率、複勝率、単勝回収値、複勝回収値のすべてにおいて後者のロードカナロアが上回っている。

　トータル成績は【16　14　9　96】、勝率11.9％、複勝率28.9％、単勝回収値108、複勝回収値93。ここから【0　1　1　40】と苦戦の単勝30倍超を消すだけで【16　13　8　56】、勝率17.2％、複勝率39.8％、単勝回収値156、複勝回収値114と、すべての数字が強力になる。

　枠は意表を突く傾向が出ており、これは注意が必要だ。当コースは芝スタート。また、ロードカナロアはダート専用の種牡馬ではなく、芝の部分を長く走れる外枠が合いそうに思える。ところが、6〜8枠では【2　5　3　42】、勝率3.8％、複勝率19.2％、単勝回収値44、複勝回収値94と、複勝回収値を除いて冴えない数字が並ぶ。むしろ、1〜5枠の【14　9　6　54】、勝率16.9％、複勝率34.9％、単勝回収値148、複勝回収値92のほうがはるかに買いやすい。外枠が有利そうというイメージだけで手を出すと、甚だ損をすることになる。

　お手軽にいくなら馬体重の増減を見る手もある。当日プラス馬体重で出走したカナロア産駒を狙うだけで【10　6　5　39】、勝率16.7％、複勝率35.0％、単勝回収値109、複勝回収値119。もちろん、前述した単勝オッズや枠の買い条件にも合致すればさらに数字が上昇し、儲けやすくなるのは説明不要だろう。

中京ダ1400m　ロードカナロア産駒詳細データ

	1着	2着	3着	4着以下	勝率	連対率	複勝率
牡	12	9	4	56	14.8%	25.9%	30.9%
牝	4	5	5	40	7.4%	16.7%	25.9%
1番人気	5	3	3	6	29.4%	47.1%	64.7%
2〜3番人気	2	5	2	10	10.5%	36.8%	47.4%
4〜6番人気	5	2	1	24	15.6%	21.9%	25.0%
7〜9番人気	3	4	2	24	9.1%	21.2%	27.3%
10番人気〜	1	0	1	32	2.9%	2.9%	5.9%

	1着	2着	3着	4着以下	勝率	連対率	複勝率
良	10	8	5	57	12.5%	22.5%	28.8%
稍重	0	4	2	19	0.0%	16.0%	24.0%
重	3	2	1	12	16.7%	27.8%	33.3%
不良	3	0	1	8	25.0%	25.0%	33.3%
2歳	2	2	2	7	15.4%	30.8%	46.2%
3歳	8	5	4	34	15.7%	25.5%	33.3%
4歳以上	6	7	3	55	8.5%	18.3%	22.5%

父 ひと叩きされたマクフィ

　見た目の数字以上に価値ある成績を残しているのが、ランキング6位のマクフィだ。単勝10倍以内なら【6 1 1 6】、勝率42.9%、複勝率57.1%、単勝回収値214、複勝回収値108としっかり勝ち切り、単勝10倍を超えるダークホースも【1 2 3 30】、複勝率16.7%、複勝回収値111とヒモ穴の可能性を秘める。また、未勝利戦および1勝クラスで【6 3 2 23】、勝率17.6%、複勝率32.4%、単勝回収値101、複勝回収値134とベタ買いも可能な数字をマークしている。地味ながらも有用な種牡馬として覚えておきたい。

　ただし、初出走馬は【0 0 0 6】、中9週以上も【0 2 2 13】とあまり動かない。日高の生産馬が多く、叩いて勝負がセオリーとなる。

中京ダ1400m　マクフィ産駒詳細データ

	1着	2着	3着	4着以下	勝率	連対率	複勝率
牡	6	3	2	23	17.6%	26.5%	32.4%
牝	1	0	2	13	6.3%	6.3%	18.8%
1番人気	2	0	0	0	100.0%	100.0%	100.0%
2～3番人気	3	0	0	2	60.0%	60.0%	60.0%
4～6番人気	2	1	1	12	12.5%	18.8%	25.0%
7～9番人気	0	1	2	8	0.0%	9.1%	27.3%
10番人気～	0	1	1	14	0.0%	6.3%	12.5%

	1着	2着	3着	4着以下	勝率	連対率	複勝率
良	4	2	2	26	11.8%	17.6%	23.5%
稍重	0	0	2	5	0.0%	0.0%	28.6%
重	2	0	0	3	40.0%	40.0%	40.0%
不良	1	1	0	2	25.0%	50.0%	50.0%
2歳	0	0	0	5	28.6%	28.6%	28.6%
3歳	4	2	2	20	14.3%	21.4%	28.6%
4歳以上	1	1	2	11	6.7%	13.3%	26.7%

鞍上 松山弘平騎手の割引3条件を頭に叩き込め!

　ランキング1位の松山弘平騎手は、トータル【22 5 10 61】、勝率22.4%、複勝率37.8%、単勝回収値138、複勝回収値78という成績で、勝ち切りが多いことが特徴となっている。当然、馬券では1着づけで狙っていきたい。

　そして、このコースの松山騎手では、連対例がない3つの条件を押さえておくことが肝心だ。具体的には、単勝20倍超で【0 0 1 18】、1枠で【0 0 1 9】、新馬戦で【0 0 1 8】。この3条件にひとつでも合致したら、大幅に割り引かなくてはならない。逆に、これらをすべてクリアすれば【22 5 8 30】、勝率33.8%、複勝率53.8%、単勝回収値208、複勝回収値107。資金倍増も可能な頼れる本命として、アタマ勝負を仕掛けられる。

中京ダ1400m　松山弘平騎手詳細データ

	1着	2着	3着	4着以下	勝率	連対率	複勝率
牡	19	3	6	36	29.7%	34.4%	43.8%
牝	3	2	4	25	8.8%	14.7%	26.5%
1番人気	7	2	2	7	38.9%	50.0%	61.1%
2～3番人気	6	3	6	15	20.0%	30.0%	50.0%
4～6番人気	9	0	1	19	31.0%	31.0%	34.5%
7～9番人気	0	0	1	12	0.0%	0.0%	7.7%
10番人気～	0	0	0	8	0.0%	0.0%	0.0%

	1着	2着	3着	4着以下	勝率	連対率	複勝率
良	12	4	5	35	21.4%	28.6%	37.5%
稍重	5	1	2	9	29.4%	35.3%	47.1%
重	4	0	1	6	36.4%	36.4%	45.5%
不良	1	0	2	11	7.1%	7.1%	21.4%
2歳	3	1	4	10	16.7%	22.2%	44.4%
3歳	7	1	4	28	17.5%	20.0%	30.0%
4歳以上	12	3	2	23	30.0%	37.5%	42.5%

中京ダ1400m

人気でも穴でも本田優厩舎

　厩舎ランキングで目を奪われるのは、ランキング2位の本田優厩舎が記録した単勝回収値453である。22年6月12日の3歳以上1勝クラスで14番人気のシダーが単勝8960円を叩き出すと、22年9月18日の2歳新馬では12番人気のルーカスミノルが2番手から抜け出して単勝9200円と、大穴2発がものを言った。

　とはいえ、ただのマグレではないのは、1～5番人気で【5 4 1 6】、勝率31.3%、複勝率62.5%、単勝回収値168、複勝回収値108ときっちり走らせていることからも明らか。加えて、人気を問わずプラス馬体重で出走させたときに【5 0 1 15】、勝率23.8%、複勝率28.6%、単勝回収値542、複勝回収値220と勝ち切ってくる傾向があり、馬体重の増減にも注意を払いたい。

中京ダ1400m　本田優厩舎詳細データ

	1着	2着	3着	4着以下	勝率	連対率	複勝率
牡	3	3	1	16	13.0%	26.1%	30.4%
牝	4	1	1	17	17.4%	21.7%	26.1%
1番人気	2	3	0	2	28.6%	71.4%	71.4%
2～3番人気	1	1	0	2	25.0%	50.0%	50.0%
4～6番人気	2	0	1	4	28.6%	28.6%	42.9%
7～9番人気	0	0	0	8	0.0%	0.0%	0.0%
10番人気～	2	0	1	17	10.0%	10.0%	15.0%

	1着	2着	3着	4着以下	勝率	連対率	複勝率
良	6	3	2	20	19.4%	29.0%	35.5%
稍重	0	1	0	8	0.0%	11.1%	11.1%
重	1	0	0	3	25.0%	25.0%	25.0%
不良	0	0	0	2	0.0%	0.0%	0.0%
2歳	1	0	0	6	12.5%	12.5%	25.0%
3歳	5	3	0	11	26.3%	42.1%	42.1%
4歳以上	1	1	1	16	5.3%	10.5%	15.8%

父 この父も買い！
- ダイワメジャー（単勝20倍以内【9 3 3 21】）
- キズナ（単勝30倍以内【8 3 3 31】）
- ディスクリートキャット（5～8枠【5 3 2 16】）

鞍上 この鞍上も買い！
- 岩田望来（5～8枠【7 6 3 30】）
- C.ルメール（単勝10倍以内【7 3 1 9】）
- 松若風馬（単勝30倍以内【6 6 2 33】）

テキ このテキも買い！
- 松永幹夫（中3週以上【7 3 2 17】）
- 高柳大輔（単勝50倍以内【6 7 3 14】）
- 牧浦充徳（単勝30倍以内【5 1 3 16】）

父 この父は消し！
- エピファネイア（未勝利戦【0 0 0 18】）
- ダノンレジェンド（4番人気以下【0 0 1 23】）
- キングカメハメハ（4番人気以下【0 0 2 33】）

鞍上 この鞍上は消し！
- 富田暁（1～3枠【0 0 1 23】）
- 小沢大仁（未勝利戦以外【0 1 1 31】）
- 岩田康誠（1～5枠【0 1 1 16】）

テキ このテキは消し！
- 吉村圭司（中6週以上【0 0 0 15】）
- 長谷川浩大（トータル【0 0 1 29】）
- 斉藤崇史（2番人気以下【0 1 0 16】）

総合成績　ダ1400m

●種牡馬別　BEST 15

種牡馬名	1着	2着	3着	4着以下	勝率	連対率	複勝率	単勝回収値	複勝回収値
ヘニーヒューズ	16	16	10	132	9.2%	18.4%	24.1%	70	56
ロードカナロア	16	14	9	96	11.9%	22.2%	28.9%	108	93
ダイワメジャー	9	4	3	58	12.2%	17.6%	21.6%	87	54
キンシャサノキセキ	8	12	8	74	7.8%	19.6%	27.5%	40	70
キズナ	8	4	4	53	11.6%	17.4%	23.2%	127	63
マクフィ	7	3	4	36	14.0%	20.0%	28.0%	83	110
ルーラーシップ	6	6	8	56	7.9%	15.8%	26.3%	211	166
ディスクリートキャット	6	6	3	31	13.0%	26.1%	32.6%	108	110
パイロ	6	5	4	47	9.7%	17.7%	24.2%	44	50
ドゥラメンテ	6	2	2	33	14.0%	18.6%	23.3%	266	95
モーリス	6	2	2	28	15.8%	21.1%	26.3%	85	59
アジアエクスプレス	4	6	2	46	6.9%	17.2%	20.7%	70	48
ホッコータルマエ	4	3	2	19	14.3%	25.0%	32.1%	372	171
キングカメハメハ	4	3	2	33	9.5%	16.7%	21.4%	34	41
ハーツクライ	4	2	3	18	14.8%	22.2%	33.3%	58	70

●騎手別　BEST 15

騎手名	1着	2着	3着	4着以下	勝率	連対率	複勝率	単勝回収値	複勝回収値
松山弘平	22	5	10	61	22.4%	27.6%	37.8%	138	78
岩田望来	14	14	9	61	14.3%	28.6%	37.8%	115	90
川田将雅	14	9	1	24	29.2%	47.9%	50.0%	94	75
福永祐一	8	12	11	24	14.5%	36.4%	56.4%	57	92
吉田隼人	7	9	10	56	8.5%	19.5%	31.7%	59	85
Ｃ．ルメール	7	3	1	11	31.8%	45.5%	50.0%	121	84
浜中俊	7	1	0	26	20.6%	23.5%	23.5%	87	42
松若風馬	6	7	2	57	8.3%	18.1%	20.8%	79	68
西村淳也	6	5	7	58	7.9%	14.5%	23.7%	113	70
武豊	6	4	6	32	12.5%	20.8%	33.3%	112	74
亀田温心	6	3	5	66	7.5%	11.3%	17.5%	52	97
幸英明	5	11	8	90	4.4%	14.0%	21.1%	38	55
坂井瑠星	5	4	4	42	9.1%	16.4%	23.6%	44	72
和田竜二	4	8	6	63	4.9%	14.8%	22.2%	45	86
池添謙一	4	3	6	34	8.5%	14.9%	27.7%	51	69

●厩舎別　BEST 15

厩舎名	1着	2着	3着	4着以下	勝率	連対率	複勝率	単勝回収値	複勝回収値
松永幹夫	8	6	4	25	18.6%	32.6%	41.9%	101	90
本田優	7	4	2	33	15.2%	23.9%	28.3%	453	139
小崎憲	6	8	3	44	9.8%	23.0%	27.9%	78	97
高柳大輔	6	7	3	16	18.8%	40.6%	50.0%	133	147
安田隆行	5	6	3	25	12.8%	28.2%	35.9%	43	65
寺島良	5	4	3	21	15.2%	27.3%	36.4%	52	70
北出成人	5	3	3	33	11.4%	18.2%	25.0%	79	53
平田修	5	3	0	25	15.2%	24.2%	24.2%	183	66
西園正都	5	3	0	24	15.6%	25.0%	25.0%	65	43
牧浦充徳	5	1	4	25	14.3%	17.1%	28.6%	126	96
中内田充正	4	4	4	15	14.8%	29.6%	44.4%	64	79
野中賢二	4	2	4	18	14.3%	21.4%	35.7%	80	103
中尾秀正	4	2	4	30	10.0%	15.0%	25.0%	41	74
新谷功一	4	1	3	20	14.3%	17.9%	28.6%	73	43
伊藤圭三	4	1	2	17	16.7%	20.8%	29.2%	75	95

中京ダ1400m

施行重賞 チャンピオンズC（GⅠ）、東海S（GⅡ）

父 単勝30倍以内のシニスターミニスター、馬番もチェック！

　中京ダート1800mでは、1位キズナの単勝回収値256、複勝回収値124が目につく。しかし、これは21年1月9日の3歳未勝利でグリームエースが決めた単勝2万5600円、複勝6530円で水増しされた感が強い。この1走を除いた回収値は単勝52、複勝73にすぎず、数字ほどの信用性はないと判断した。

　代わって7位のシニスターミニスターを紹介したい。【9　7　5　55】、勝率11.8％、複勝率27.6％、単勝回収値86、複勝回収値103というトータル成績から、26走して3着1回の単勝30倍超を消すだけで【9　7　4　30】、勝率18.0％、複勝率40.0％、単勝回収値131、複勝回収値141まで上昇する。21年チャンピオンズCを6馬身差で圧勝したテーオーケインズの快走も、父ゆずりのコース適性が底支えしていたとも考えられる。

　さらに利ざやを得るための有力なファクターとなるのが馬番だ。内の1～3番枠では【0　1　0　10】と勝ち鞍がなく、外の11～16番枠を引いた場合も【1　0　1　9】といまひとつ。一方、好走の多くを生んだ4～10番枠に入ったときは【8　6　4　36】、勝率14.8％、複勝率33.3％、単勝回収値100、複勝回収値123と、馬番による結果の差は看過できないレベルだ。

　もちろん、オッズの買い条件を加味した「4～10番枠で単勝30倍以内」まで満たせば、【8　6　4　18】、勝率22.2％、複勝率50.0％、単勝回収値150、複勝回収値185。シニスターミニスターで、二つ星の格付けは間違いない。

中京ダ1800m　シニスターミニスター産駒詳細データ

	1着	2着	3着	4着以下	勝率	連対率	複勝率
牡	4	6	4	35	8.2%	20.4%	28.6%
牝	5	1	1	20	18.5%	22.2%	25.9%
1番人気	4	1	0	1	66.7%	83.3%	83.3%
2～3番人気	2	4	0	6	16.7%	50.0%	50.0%
4～6番人気	2	1	4	17	8.3%	12.5%	29.2%
7～9番人気	1	1	0	17	5.3%	10.5%	10.5%
10番人気～	0	0	1	14	0.0%	0.0%	6.7%

	1着	2着	3着	4着以下	勝率	連対率	複勝率
良	5	3	3	32	11.6%	18.6%	25.6%
稍重	1	3	2	10	6.3%	25.0%	37.5%
重	2	1	0	7	20.0%	30.0%	30.0%
不良	1	0	0	6	14.3%	14.3%	14.3%
2歳	1	3	0	6	10.0%	40.0%	40.0%
3歳	4	0	3	28	11.4%	11.4%	20.0%
4歳以上	4	4	2	21	12.9%	25.8%	32.3%

（父）実働1年のドレフォンが狙い目

　新しい種牡馬で注目したいのがドレフォン。出走の大半は22年に記録されたもので、実働ほぼ1年という不利な条件にもかかわらず、ランキング10位に入る健闘を見せた。トータルの回収値は単勝81、複勝79と標準レベルだが、好走が1回もなかった単勝30倍超を消すだけで【8　4　9　19】、勝率20.0%、複勝率52.5%、単勝回収値102、複勝回収値99と、簡単にプラス収支が見えてくる。

　気をつけたいファクターは枠。1〜4枠の【6　2　5　12】、勝率24.0%、複勝率52.0%、単勝回収値133、複勝回収値98に対し、5〜8枠では【2　2　4　17】、勝率8.0%、複勝率32.0%、単勝回収値30、複勝回収値60。5〜8枠でも好走はあるが、1〜4枠に比べて弱体化は否めない。内寄りの枠がチャンスだ。

中京ダ1800m　ドレフォン産駒詳細データ

	1着	2着	3着	4着以下	勝率	連対率	複勝率
牡	3	1	5	11	15.0%	20.0%	45.0%
牝	5	3	4	18	16.7%	26.7%	40.0%
1番人気	2	0	1	1	50.0%	50.0%	75.0%
2〜3番人気	4	2	6	7	21.1%	31.6%	63.2%
4〜6番人気	1	1	2	10	7.1%	14.3%	28.6%
7〜9番人気	1	1	0	5	14.3%	28.6%	28.6%
10番人気〜	0	0	0	6	0.0%	0.0%	0.0%

	1着	2着	3着	4着以下	勝率	連対率	複勝率
良	5	3	6	22	13.9%	22.2%	38.9%
稍重	3	1	2	5	27.3%	36.4%	54.5%
重	0	0	0	1	0.0%	0.0%	0.0%
不良	0	0	1	1	0.0%	0.0%	50.0%
2歳	1	0	2	7	10.0%	10.0%	30.0%
3歳	7	4	7	22	17.5%	27.5%	45.0%
4歳以上	0	0	0	0	-	-	-

（鞍上）新馬戦以外の坂井瑠星騎手

　21年チャンピオンズCで、14番人気の伏兵アナザートゥルースを3着に持ってきたのは坂井瑠星騎手。ほかにも22年1月8日の3歳未勝利をスマートビクターで逃げ切って単勝4530円など、中京ダート1800mでちょいちょい穴馬券を演出している。加えて1〜3番人気でも【10　6　6　9】、勝率32.3%、複勝率71.0%、単勝回収値120、複勝回収値112と、上位人気馬に騎乗してもしっかり期待に応えている。特に自厩舎の矢作芳人厩舎の管理馬で1〜3番人気に推されたら【2　2　3　0】と確実に馬券圏内を捉えてくる。

　ただし、人気を問わず新馬戦では【0　0　0　7】。2番人気3頭、4番人気2頭と十分にチャンスがあっての成績だけに、これは割引が不可避だ。

中京ダ1800m　坂井瑠星騎手詳細データ

	1着	2着	3着	4着以下	勝率	連対率	複勝率
牡	4	3	10	34	7.8%	13.7%	33.3%
牝	7	4	3	14	25.0%	39.3%	50.0%
1番人気	3	1	2	1	42.9%	57.1%	85.7%
2〜3番人気	7	5	4	8	29.2%	50.0%	66.7%
4〜6番人気	0	0	4	12	0.0%	0.0%	25.0%
7〜9番人気	1	0	1	14	6.3%	6.3%	12.5%
10番人気〜	0	1	2	13	0.0%	6.3%	18.8%

	1着	2着	3着	4着以下	勝率	連対率	複勝率
良	8	5	9	30	15.4%	25.0%	42.3%
稍重	0	1	1	10	0.0%	8.3%	16.7%
重	3	0	2	7	25.0%	25.0%	41.7%
不良	0	1	1	1	0.0%	33.3%	66.7%
2歳	1	2	2	3	12.5%	37.5%	62.5%
3歳	8	3	10	19	20.0%	27.5%	52.5%
4歳以上	2	2	1	26	6.5%	12.9%	16.1%

中京ダ1800m

テキ 大久保龍志厩舎、上位人気での信頼度ときたら！

　中京ダート1800mで唯一、ふたケタ勝利を挙げた大久保龍志厩舎。ＧＩのチャンピオンズＣでは、チュウワウィザードが20年に４番人気１着、21年に３番人気２着、ハピが22年に６番人気３着と、集計期間内の３年とも好走を果たしている。トータル成績は【12　3　2　21】、勝率31.6%、複勝率44.7%、単勝回収値177、複勝回収値84と、とにかく勝ち切れるのが長所と言える。

　特に１番人気で【5　1　0　0】、１～４番人気でも【12　3　0　6】、勝率57.1%、複勝率71.4%、単勝回収値320、複勝回収値123と、上位人気時は鉄板級。５番人気以下では【0　0　2　15】と穴の期待は薄いものの、それは欲張りというもの。勝負がかりの人気馬をしっかり仕留めて、確実に稼ごう。

中京ダ1800m　大久保龍志厩舎詳細データ

	1着	2着	3着	4着以下	勝率	連対率	複勝率
牡	11	3	2	14	36.7%	46.7%	53.3%
牝	1	0	0	7	12.5%	12.5%	12.5%
1番人気	5	1	0	0	83.3%	100.0%	100.0%
2～3番人気	3	2	0	4	33.3%	55.6%	55.6%
4～6番人気	4	0	2	5	36.4%	36.4%	54.5%
7～9番人気	0	0	0	5	0.0%	0.0%	0.0%
10番人気～	0	0	0	0	0.0%	0.0%	0.0%

	1着	2着	3着	4着以下	勝率	連対率	複勝率
良	10	2	2	16	33.3%	40.0%	46.7%
稍重	2	1	0	3	33.3%	50.0%	50.0%
重	0	0	0	1	0.0%	0.0%	0.0%
不良	0	0	0	1	0.0%	0.0%	0.0%
2歳	1	0	0	0	100.0%	100.0%	100.0%
3歳	5	1	2	8	31.3%	37.5%	50.0%
4歳以上	6	2	0	13	28.6%	38.1%	38.1%

父 この父も買い！
- ディープインパクト（単勝20倍以内【11　5　6　35】）
- ロードカナロア（単勝30倍以内【9　6　8　25】）
- キングカメハメハ（6～8枠【7　4　4　19】）

鞍上 この鞍上も買い！
- 鮫島克駿（単勝20倍以内【12　9　8　23】）
- 岩田望来（継続騎乗【7　7　1　17】）
- 浜中俊（平場戦【7　6　2　10】）

テキ このテキも買い！
- 西園正都（中8週以内【8　3　2　18】）
- 杉山晴紀（単勝30倍以内【7　5　1　15】）
- 野中賢二（単勝30倍以内【6　9　5　19】）

父 この父は消し！
- ゴールドシップ（単勝7倍超【0　1　1　24】）
- ルーラーシップ（特別戦【0　2　0　13】）
- リオンディーズ（単勝10倍以内【0　3　0　12】）

鞍上 この鞍上は消し！
- 角田大河（6～8枠【0　0　0　17】）
- 川田将雅（新馬戦【0　0　0　6】）
- 藤岡佑介（1～4枠【0　3　0　13】）

テキ このテキは消し！
- 安田翔伍（4番人気以下【0　0　2　17】）
- 高橋亮（トータル【0　1　1　28】）
- 高野友和（未勝利戦以外【0　2　0　16】）

総合成績　ダ1800m

◉種牡馬別　BEST **15**

種牡馬名	1着	2着	3着	4着以下	勝率	連対率	複勝率	単勝回収値	複勝回収値
キズナ	14	10	11	90	11.2%	19.2%	28.0%	256	124
ディープインパクト	12	5	7	57	14.8%	21.0%	29.6%	140	76
ルーラーシップ	11	10	12	113	7.5%	14.4%	22.6%	32	48
キングカメハメハ	11	6	7	57	13.6%	21.0%	29.6%	85	73
ハーツクライ	10	8	8	67	10.8%	19.4%	28.0%	73	78
マジェスティックウォリアー	9	7	9	74	9.1%	16.2%	25.3%	111	73
シニスターミニスター	9	7	5	55	11.8%	21.1%	27.6%	86	103
ロードカナロア	9	6	5	55	11.4%	19.0%	30.4%	95	87
ダンカーク	8	5	6	43	12.9%	21.0%	30.6%	86	68
ドレフォン	8	4	9	29	16.0%	24.0%	42.0%	81	79
ホッコータルマエ	8	2	7	60	10.4%	13.0%	22.1%	41	75
ヘニーヒューズ	7	13	8	77	6.7%	19.0%	26.7%	37	65
オルフェーヴル	7	10	13	66	7.3%	17.7%	31.3%	33	65
ドゥラメンテ	7	10	11	40	10.3%	25.0%	41.2%	40	66
ダイワメジャー	6	5	6	58	8.0%	14.7%	22.7%	90	73

◉騎手別　BEST **15**

騎手名	1着	2着	3着	4着以下	勝率	連対率	複勝率	単勝回収値	複勝回収値
松山弘平	21	17	14	76	16.4%	29.7%	40.6%	74	72
岩田望来	18	16	9	74	15.4%	29.1%	36.8%	91	80
福永祐一	16	6	7	37	24.2%	33.3%	43.9%	126	75
幸英明	13	9	14	96	9.8%	16.7%	27.3%	58	67
鮫島克駿	12	10	9	57	13.6%	25.0%	35.2%	72	89
川田将雅	12	5	2	32	23.5%	33.3%	37.3%	74	55
藤岡康太	11	9	8	61	12.4%	22.5%	31.5%	78	59
坂井瑠星	11	7	13	48	13.9%	22.8%	39.2%	104	130
吉田隼人	11	6	11	58	12.8%	19.8%	32.6%	104	75
和田竜二	9	14	11	85	7.6%	19.3%	28.6%	58	83
西村淳也	9	8	5	62	10.7%	20.2%	26.2%	228	88
団野大成	7	10	7	64	8.0%	19.3%	27.3%	61	87
浜中俊	7	9	2	19	18.9%	43.2%	48.6%	95	100
C．ルメール	7	7	2	14	23.3%	46.7%	53.3%	63	96
武豊	6	11	11	30	10.3%	29.3%	48.3%	31	102

◉厩舎別　BEST **15**

厩舎名	1着	2着	3着	4着以下	勝率	連対率	複勝率	単勝回収値	複勝回収値
大久保龍志	12	3	2	21	31.6%	39.5%	44.7%	177	84
西村真幸	9	6	5	31	17.6%	29.4%	39.2%	83	81
寺島良	8	5	8	33	14.8%	24.1%	38.9%	130	122
西園正都	8	4	2	26	20.0%	30.0%	35.0%	107	98
杉山晴紀	7	5	2	28	16.7%	28.6%	33.3%	159	102
野中賢二	6	9	6	29	12.0%	30.0%	42.0%	85	104
高柳大輔	6	4	5	23	15.8%	26.3%	39.5%	64	144
庄野靖志	6	3	0	24	18.2%	27.3%	27.3%	95	93
藤原英昭	6	2	4	16	21.4%	28.6%	42.9%	58	60
川村禎彦	5	8	7	41	8.2%	21.3%	32.8%	94	104
松永幹夫	5	7	8	29	10.2%	24.5%	40.8%	40	119
中竹和也	5	7	3	63	6.4%	15.4%	19.2%	79	75
吉村圭司	5	5	5	26	12.2%	24.4%	36.6%	66	72
谷潔	5	5	3	29	11.9%	23.8%	31.0%	173	158
須貝尚介	5	4	1	21	16.1%	29.0%	32.3%	189	66

中京ダ1800m

中京 ダ1900m 施行重賞 なし

（父）単勝10倍以内、ひとケタ馬番のキングカメハメハ

　トータル【9　1　1　24】と極端な成績ではあるが、頭ひとつ抜けた勝利数をマークしたキングカメハメハ。勝ち切れるタイミングを見極めるのが重要になってくるところで、手っ取り早いのはオッズだ。全9勝を挙げた単勝10倍以内であれば【9　1　1　8】、勝率47.4%、複勝率57.9%、単勝回収値224、複勝回収値104と間違いない。

　加えて馬番も効果的なフィルターで、10～16番枠は【0　1　0　9】と勝てず。「1～9番枠で単勝10倍以内」なら【9　0　1　5】、勝率60.0%、複勝率66.7%、単勝回収値284、複勝回収値118と、いよいよもって勝ち切れる。

中京ダ1900m　キングカメハメハ産駒詳細データ

	1着	2着	3着	4着以下	勝率	連対率	複勝率
牡	9	1	1	22	27.3%	30.3%	33.3%
牝	0	0	0	2	0.0%	0.0%	0.0%
1番人気	4	0	0	1	80.0%	80.0%	80.0%
2～3番人気	3	0	1	3	42.9%	42.9%	57.1%
4～6番人気	2	1	0	8	18.2%	27.3%	27.3%
7～9番人気	0	0	0	6	0.0%	0.0%	0.0%
10番人気～	0	0	0	6	0.0%	0.0%	0.0%

	1着	2着	3着	4着以下	勝率	連対率	複勝率
良	5	0	0	18	21.7%	21.7%	21.7%
稍重	3	1	0	4	37.5%	50.0%	50.0%
重	1	0	1	1	33.3%	33.3%	66.7%
不良	0	0	0	1	0.0%	0.0%	0.0%
2歳	0	0	0	0	-	-	-
3歳	3	0	0	6	33.3%	33.3%	33.3%
4歳以上	6	1	1	18	23.1%	26.9%	30.8%

（鞍上）単勝30倍以内の幸英明騎手、継続騎乗でさらに買い！

　中京ダート1900mでただひとり、ふたケタ勝利に乗せたのは幸英明騎手。一度も馬券絡みがない単勝30倍超を消すだけで、【12　5　7　26】、勝率24.0%、複勝率48.0%、単勝回収値182、複勝回収値112と、軽くプラス収支になる。

　継続騎乗を狙う作戦も有力だ。もちろん、このケースでも単勝30倍以内で狙うのは当然で、該当馬は【9　2　4　9】、勝率37.5%、複勝率62.5%、単勝回収値225、複勝回収値117と圧巻。もっとも、単勝30倍以内であれば乗り替わりでも【3　3　3　17】、勝率11.5%、複勝率34.6%、単勝回収値143、複勝回収値107と十分で、継続騎乗ならさらに買いと認識するのが正解だ。

中京ダ1900m　幸英明騎手詳細データ

	1着	2着	3着	4着以下	勝率	連対率	複勝率
牡	12	5	7	29	22.6%	32.1%	45.3%
牝	0	0	0	0	0.0%	0.0%	0.0%
1番人気	5	1	0	0	83.3%	100.0%	100.0%
2～3番人気	1	1	5	9	6.3%	12.5%	43.8%
4～6番人気	5	1	1	14	23.8%	28.6%	33.3%
7～9番人気	1	2	1	5	11.1%	33.3%	44.4%
10番人気～	0	0	0	11	0.0%	0.0%	0.0%

	1着	2着	3着	4着以下	勝率	連対率	複勝率
良	7	3	6	20	19.4%	27.8%	44.4%
稍重	4	0	1	12	23.5%	23.5%	29.4%
重	0	2	0	2	0.0%	50.0%	50.0%
不良	1	0	0	5	16.7%	16.7%	16.7%
2歳	0	0	0	0	-	-	-
3歳	6	1	0	19	22.2%	25.9%	29.6%
4歳以上	6	4	6	20	16.7%	27.8%	44.4%

テキ 中5週以上の佐々木晶三厩舎

　3着の差で惜しくもランキング2位にとどまった佐々木晶三厩舎だが、トータル【5　3　2　4】、勝率35.7%、複勝率71.4%、単勝回収値148、複勝回収値132という極めてハイレベルな成績を記録している。中身を確認すると、3勝を稼いだゲンパチハマジが目立つものの、全9頭を出走させて7頭が1～3着に入っており、決して1頭に頼った数字ではない。特に、中5週以上で使ってきたら【3　3　1　1】と、極めて堅い軸馬となってくれるはずだ。

　ほかに、トータルで単勝回収値943の大橋勇樹厩舎というカードも手持ちにしておきたい。こちらは全5勝中4勝を挙げた中2週以内が狙い目となる。

中京ダ1900m　佐々木晶三厩舎詳細データ

	1着	2着	3着	4着以下	勝率	連対率	複勝率
牡	5	3	2	4	35.7%	57.1%	71.4%
牝	0	0	0	0	-	-	-
1番人気	2	1	1	0	50.0%	75.0%	100.0%
2～3番人気	3	1	0	0	75.0%	100.0%	100.0%
4～6番人気	0	0	0	2	0.0%	33.3%	33.3%
7～9番人気	0	0	1	0	0.0%	0.0%	100.0%
10番人気～	0	0	0	2	0.0%	0.0%	0.0%

	1着	2着	3着	4着以下	勝率	連対率	複勝率
良	3	1	2	2	37.5%	50.0%	75.0%
稍重	1	2	0	1	25.0%	75.0%	75.0%
重	0	0	0	1	0.0%	0.0%	0.0%
不良	1	0	0	0	100.0%	100.0%	100.0%
2歳	0	0	0	0	-	-	-
3歳	1	2	1	2	16.7%	50.0%	66.7%
4歳以上	4	1	1	2	50.0%	62.5%	75.0%

総合成績　ダ1900m

●種牡馬別 BEST 10

種牡馬名	1着	2着	3着	4着以下	勝率	連対率	複勝率	単勝回収値	複勝回収値
キングカメハメハ	9	1	1	24	25.7%	28.6%	31.4%	121	56
ダンカーク	6	4	0	19	20.7%	34.5%	34.5%	132	81
キズナ	5	7	10	37	8.5%	20.3%	37.3%	37	84
ハーツクライ	5	5	4	40	9.3%	18.5%	25.9%	46	56
ジャスタウェイ	4	6	3	26	10.3%	25.6%	33.3%	53	78
ゴールドシップ	4	0	0	12	25.0%	25.0%	25.0%	240	61
オルフェーヴル	3	4	5	19	9.7%	22.6%	38.7%	54	73
ルーラーシップ	3	4	3	46	5.4%	12.5%	17.9%	16	126
ヘニーヒューズ	3	3	1	17	12.5%	25.0%	29.2%	27	103
ディープインパクト	3	3	1	22	10.3%	20.7%	24.1%	56	48

●騎手別 BEST 10

騎手名	1着	2着	3着	4着以下	勝率	連対率	複勝率	単勝回収値	複勝回収値
幸英明	12	5	7	39	19.0%	27.0%	38.1%	144	89
岩田望来	7	4	4	33	14.6%	22.9%	31.3%	92	62
富田暁	6	3	4	24	16.2%	24.3%	35.1%	122	195
川田将雅	5	6	2	8	23.8%	52.4%	61.9%	65	95
武豊	5	6	1	9	23.8%	52.4%	57.1%	97	105
松山弘平	5	5	6	31	10.6%	21.3%	34.0%	43	64
福永祐一	5	2	3	18	17.9%	25.0%	35.7%	53	48
吉田隼人	4	2	1	26	12.1%	18.2%	21.2%	52	59
C．ルメール	4	1	0	4	40.0%	50.0%	50.0%	82	65
坂井瑠星	3	5	4	20	9.4%	25.0%	37.5%	22	78

●厩舎別 BEST 10

厩舎名	1着	2着	3着	4着以下	勝率	連対率	複勝率	単勝回収値	複勝回収値
武英智	5	3	4	11	21.7%	34.8%	52.2%	86	92
佐々木晶三	5	3	2	4	35.7%	57.1%	71.4%	148	132
大橋勇樹	5	3	0	35	11.6%	18.6%	18.6%	943	136
大久保龍志	4	2	1	14	19.0%	28.6%	33.3%	89	69
橋口慎介	3	5	7	11	11.5%	30.8%	57.7%	52	133
松永幹夫	3	3	5	13	12.5%	33.3%	45.8%	67	140
西村真幸	3	2	2	11	16.7%	27.8%	38.9%	96	134
吉村圭司	3	2	0	12	17.6%	29.4%	29.4%	137	94
松下武士	3	1	2	14	15.0%	20.0%	30.0%	58	47
中内田充正	3	1	2	4	30.0%	40.0%	60.0%	123	98

中京ダ1900m

中京 馬主　HORSE OWNER

馬主 中5週以上のサンデーレーシング

　ノーザンファーム傘下のクラブ馬主のなかでも、本丸とされるサンデーレーシングが中京で最多の48勝をマーク。人気になりやすいオーナーであることを思えば、単勝回収値94、複勝回収値87もまったく悪くない。

　注目すべきファクターは出走間隔。ノーザンF系の場合、1カ月ほども空けば外厩に出して調整することが多いが、中京でも中5週以上の成績がよく、該当馬は【34　22　13　134】、勝率16.7％、複勝率34.0％、単勝回収値101、複勝回収値85。単勝5倍以内の有力馬に限れば【25　14　2　19】、勝率41.7％、複勝率68.3％、単勝回収値124、複勝回収値97という抜群の安定感を誇る。

中京　サンデーレーシング所有馬データ

	1着	2着	3着	4着以下	勝率	連対率	複勝率
牡	26	17	10	119	15.1%	25.0%	30.8%
牝	22	31	15	98	13.3%	31.9%	41.0%
1番人気	23	18	3	18	37.1%	66.1%	71.0%
2～3番人気	15	18	11	53	15.5%	34.0%	45.4%
4～6番人気	7	9	8	59	8.4%	19.3%	28.9%
7～9番人気	1	2	2	43	2.1%	6.3%	10.4%
10番人気～	2	1	1	44	4.2%	6.3%	8.3%

	1着	2着	3着	4着以下	勝率	連対率	複勝率
新馬	3	6	4	11	12.5%	37.5%	54.2%
未勝利	13	14	6	30	20.6%	42.9%	52.4%
1勝クラス	14	12	10	74	12.7%	23.6%	32.7%
2勝クラス	6	7	2	40	10.9%	23.6%	27.3%
3勝クラス	4	2	2	30	10.5%	15.8%	21.1%
オープン特別	5	1	1	14	23.8%	28.6%	33.3%
重賞	3	6	0	18	11.1%	33.3%	33.3%

馬主 社台レースホースの平場戦

　こちらもクラブ馬主の雄である社台レースホースも、ランキング3位の好成績を収めている。中京で挙げた36勝のうち29勝は平場戦のもの。レース数の差があるため、平場戦のほうが多くなるのは普通のことだが、平場戦の勝率12.1％に対して特別戦では勝率6.4％と、好走率そのものもけっこうな差がついている。基本的には平場戦で狙ったほうが、馬券の的中に近づくことができる。

　その平場戦で単勝20倍以内であれば【28　19　9　68】、勝率22.6％、複勝率45.2％、単勝回収値122、複勝回収値92。特に単勝10倍台の中穴馬が単勝回収値178と妙味を見せており、▲や△が集まっているような馬が狙い目だ。

中京　社台レースホース所有馬データ

	1着	2着	3着	4着以下	勝率	連対率	複勝率
牡	24	12	13	132	13.3%	19.9%	27.1%
牝	12	15	15	125	7.2%	16.2%	25.1%
1番人気	14	4	1	10	48.3%	62.1%	65.5%
2～3番人気	12	10	6	31	20.3%	37.3%	47.5%
4～6番人気	8	7	11	59	9.4%	17.6%	30.6%
7～9番人気	1	5	5	74	1.2%	7.1%	12.9%
10番人気～	1	1	0	83	1.1%	2.2%	7.8%

	1着	2着	3着	4着以下	勝率	連対率	複勝率
新馬	4	4	3	16	14.8%	29.6%	40.7%
未勝利	13	11	6	56	15.1%	27.9%	34.9%
1勝クラス	12	7	9	107	8.9%	14.1%	20.7%
2勝クラス	1	2	4	23	3.3%	10.0%	23.3%
3勝クラス	4	2	1	24	12.9%	19.4%	22.6%
オープン特別	0	0	2	7	0.0%	0.0%	22.2%
重賞	2	1	3	24	6.7%	10.0%	20.0%

芝の金子真人ホールディングス

　金子真人ホールディングスは、トータルで単勝回収値133、複勝回収値97をマーク。また、全23勝のうちダートは3勝にとどまり、回収値も単勝26、複勝28にすぎない。つまり、中京の金子真人HD所有馬で儲けるためには芝で狙えばよく、それだけで単勝回収値164、複勝回収値117とプラス収支が実現する。

　さらに「平場戦の芝」なら【12　3　7　22】、勝率27.3％、複勝率50.0％、単勝回収値334、複勝回収値140と力の違いを見せつける。なお、この回収値は激走一発の影響も大きいのだが、単勝30倍以内でも【11　3　7　18】、勝率28.2％、複勝率53.8％、単勝回収値114、複勝回収値113と手堅く勝てる。

中京　金子真人HD所有馬データ

	1着	2着	3着	4着以下	勝率	連対率	複勝率
牡	15	4	16	77	13.4%	17.0%	31.3%
牝	8	6	5	18	21.6%	37.8%	51.4%
1番人気	9	2	6	6	39.1%	47.8%	73.9%
2～3番人気	10	4	7	24	22.2%	31.1%	46.7%
4～6番人気	2	3	5	28	5.3%	13.2%	26.3%
7～9番人気	1	1	1	18	4.8%	9.5%	14.3%
10番人気～	1	0	2	19	4.5%	4.5%	13.6%

	1着	2着	3着	4着以下	勝率	連対率	複勝率
新馬	1	1	1	6	11.1%	22.2%	33.3%
未勝利	5	0	4	15	20.8%	20.8%	37.5%
1勝クラス	6	2	2	17	22.2%	29.6%	37.0%
2勝クラス	5	2	5	16	17.9%	25.0%	42.9%
3勝クラス	2	1	5	11	10.5%	15.8%	42.1%
オープン特別	1	1	2	11	6.7%	13.3%	26.7%
重賞	3	3	2	19	11.1%	22.2%	29.6%

この馬主も買い！
- ロードホースクラブ（単勝7倍以内【16　5　4　17】）
- 前田幸治（平場戦【13　12　10　50】）
- ケイアイスタリオン（ダート【11　1　5　20】）

この馬主は消し！
- TCラフィアン（特別戦【0　0　3　36】）
- ノルマンディーTR（関東馬【0　2　2　62】）
- 岡田牧雄（平場戦【0　7　6　100】）

馬主別 BEST 20　総合成績

馬主名	1着	2着	3着	4着以下	勝率	連対率	複勝率	単勝回収値	複勝回収値
サンデーレーシング	48	48	25	217	14.2%	28.4%	35.8%	94	87
キャロットファーム	38	36	35	193	12.6%	24.5%	36.1%	62	75
社台レースホース	36	27	28	257	10.3%	18.1%	26.1%	124	82
松本好雄	33	41	49	486	5.4%	12.2%	20.2%	49	73
シルクレーシング	33	26	37	206	10.9%	19.5%	31.8%	78	75
ゴドルフィン	31	38	30	231	9.4%	20.9%	30.0%	71	91
金子真人ホールディングス	23	10	21	95	15.4%	22.1%	36.2%	133	97
G1レーシング	20	28	24	166	8.4%	20.2%	30.3%	59	96
吉田勝己	20	17	16	119	11.6%	21.5%	30.8%	50	67
ロードホースクラブ	19	8	11	136	10.9%	16.0%	22.3%	70	70
前田幸治	18	15	13	83	14.0%	25.6%	35.7%	115	96
猪熊広次	17	7	9	55	19.3%	27.3%	37.5%	69	62
ノースヒルズ	15	25	34	184	5.8%	15.5%	28.7%	24	66
ダノックス	15	11	8	81	13.0%	22.6%	29.6%	75	59
小笹公也	13	5	12	95	10.4%	14.4%	24.0%	136	93
ケイアイスタリオン	13	2	5	31	25.5%	29.4%	39.2%	190	96
東京ホースレーシング	12	13	17	143	6.5%	13.2%	22.7%	32	46
ヒダカ・ブリーダーズ・ユニオン	12	7	11	112	8.5%	13.4%	21.1%	157	81
廣崎利洋HD	12	4	4	33	22.6%	30.2%	37.7%	439	154
栗本博晴	11	7	10	146	6.3%	10.3%	16.1%	39	58

新潟 芝1000m 施行重賞 アイビスサマーダッシュ（GⅢ）

父 ロードカナロアはもはや攻略不要

　当代きっての快速種牡馬であるロードカナロアが貫禄のランキング1位に。8勝、1～3着23回はいずれも頭ひとつ、ふたつは抜け出した数で、重賞のアイビスサマーダッシュも20年にジョーカナチャンが勝利。直線競馬で馬券を的中させるために攻略は不可欠だ。

　もっとも、トータルで単勝回収値228、複勝回収値108だから、攻略は不要という説もある。それでも取捨して儲けたい向きには、【0　0　0　6】の単勝100倍超、【0　0　0　4】の連闘、あるいは【0　1　2　12】と意外にも勝ち鞍がない当日馬体重480キロ以上、といった消し条件をお教えする。

新潟芝1000m　ロードカナロア産駒詳細データ

	1着	2着	3着	4着以下	勝率	連対率	複勝率
牡	3	3	3	18	11.1%	22.2%	33.3%
牝	5	4	5	38	9.6%	17.3%	26.9%
1番人気	0	0	2	3	0.0%	0.0%	40.0%
2～3番人気	4	3	2	2	36.4%	63.6%	81.8%
4～6番人気	1	3	2	7	7.7%	30.8%	46.2%
7～9番人気	2	1	1	19	8.7%	13.0%	17.4%
10番人気～	1	0	1	25	3.7%	3.7%	7.4%

	1着	2着	3着	4着以下	勝率	連対率	複勝率
良	7	4	7	40	12.1%	19.0%	31.0%
稍重	0	3	1	7	0.0%	27.3%	36.4%
重	1	0	0	9	10.0%	10.0%	10.0%
不良	0	0	0	0	-	-	-
2歳	0	0	0	1	0.0%	0.0%	0.0%
3歳	1	2	1	7	9.1%	27.3%	36.4%
4歳以上	7	5	7	48	10.4%	17.9%	28.4%

鞍上 杉原誠人騎手、あとは千直のセオリー通りに

　ランキング1位の杉原誠人騎手は、トータル【4　4　3　31】、勝率9.5%、複勝率26.2%、単勝回収値75、複勝回収値84という成績。一見して好走率、回収値ともに大したことがないようだが、決してそんなことはない。

　まず、10回騎乗して好走がない単勝50倍超は容易に消せる。また、1～5枠は【0　1　0　22】の大不振。あとは、これらの消し条件に合致した馬を除いた「6～8枠で単勝50倍」を狙うだけで、【4　3　3　8】、勝率22.2%、複勝率55.6%、単勝回収値176、複勝回収値170。新潟芝1000mのセオリー通り、外枠を重視するだけで、いとも簡単にワイルドな数字が出現するのだった。

新潟芝1000m　杉原誠人騎手詳細データ

	1着	2着	3着	4着以下	勝率	連対率	複勝率
牡	1	3	2	6	8.3%	33.3%	50.0%
牝	3	1	1	25	10.0%	13.3%	16.7%
1番人気	2	0	1	1	50.0%	50.0%	75.0%
2～3番人気	0	0	0	0	0.0%	0.0%	0.0%
4～6番人気	1	1	1	6	11.1%	22.2%	33.3%
7～9番人気	1	3	1	10	6.7%	26.7%	33.3%
10番人気～	0	0	0	13	0.0%	0.0%	0.0%

	1着	2着	3着	4着以下	勝率	連対率	複勝率
良	4	2	2	21	13.8%	20.7%	27.6%
稍重	0	2	1	6	0.0%	22.2%	33.3%
重	0	0	0	3	0.0%	0.0%	0.0%
不良	0	0	0	0	0.0%	0.0%	0.0%
2歳	2	1	0	3	33.3%	50.0%	50.0%
3歳	1	2	0	10	7.7%	23.1%	23.1%
4歳以上	1	1	3	18	4.3%	8.7%	21.7%

単勝20倍以内の石毛善彦厩舎

スペシャリストが強い直線競馬で、特定の数頭でランキング上位に入った厩舎が少なくない。その典型が3位の竹内正洋厩舎で、全3勝と2着4回をトミケンルーアで稼いでいるが、さすがに厩舎として得意コースとはみなせない。

対照的なのが4位の石毛善彦厩舎。アイビスサマーダッシュで20年に9番人気3着、22年に7番人気1着のビリーバーが目立つが、1～3着8回を計6頭で記録した選手層を見落としてはいけない。層の厚さゆえに出走が多く、凡走も目立つのだが、単勝20倍以内なら【3 1 2 7】、勝率23.1%、複勝率46.2%、単勝回収値169、複勝回収値125。ここを攻めれば勝算は十分にある。

新潟芝1000m　石毛善彦厩舎詳細データ

	1着	2着	3着	4着以下	勝率	連対率	複勝率
牡	1	0	0	6	14.3%	14.3%	14.3%
牝	2	1	4	46	3.8%	5.7%	13.2%
1番人気	2	0	0	0	100.0%	100.0%	100.0%
2～3番人気	0	0	0	0	-	-	-
4～6番人気	0	1	1	4	0.0%	16.7%	33.3%
7～9番人気	1	0	1	8	10.0%	10.0%	20.0%
10番人気～	0	0	2	40	0.0%	0.0%	4.8%

	1着	2着	3着	4着以下	勝率	連対率	複勝率
良	3	0	2	35	7.5%	7.5%	12.5%
稍重	0	1	2	12	0.0%	6.7%	20.0%
重	0	0	0	3	0.0%	0.0%	0.0%
不良	0	0	0	2	0.0%	0.0%	0.0%
2歳	2	0	0	8	20.0%	20.0%	20.0%
3歳	0	0	1	6	0.0%	0.0%	14.3%
4歳以上	1	1	3	38	2.3%	4.7%	11.6%

総合成績　芝1000m

●種牡馬別 BEST 10

種牡馬名	1着	2着	3着	4着以下	勝率	連対率	複勝率	単勝回収値	複勝回収値
ロードカナロア	8	7	8	56	10.1%	19.0%	29.1%	228	108
ダイワメジャー	5	2	5	30	11.9%	16.7%	28.6%	61	75
フレンチデピュティ	3	4	0	5	25.0%	58.3%	58.3%	100	118
ジャスタウェイ	3	2	0	10	20.0%	33.3%	33.3%	231	85
キングズベスト	3	0	0	8	27.3%	27.3%	27.3%	174	60
アドマイヤムーン	2	2	1	17	9.1%	18.2%	22.7%	29	168
スクリーンヒーロー	2	1	2	23	7.1%	10.7%	17.9%	135	70
スウェプトオーヴァーボード	2	1	1	21	8.0%	12.0%	16.0%	36	54
ショウナンカンプ	2	1	1	15	10.5%	15.8%	21.1%	43	65
トゥザワールド	2	0	1	7	20.0%	20.0%	30.0%	249	85

●騎手別 BEST 10

騎手名	1着	2着	3着	4着以下	勝率	連対率	複勝率	単勝回収値	複勝回収値
杉原誠人	4	4	3	31	9.5%	19.0%	26.2%	75	84
菅原明良	4	3	3	31	9.8%	17.1%	24.4%	65	122
藤田菜七子	4	1	1	40	8.7%	10.9%	13.0%	42	30
菊沢一樹	4	0	2	30	11.1%	11.1%	16.7%	163	54
津村明秀	3	7	2	19	9.7%	32.3%	38.7%	216	155
鮫島克駿	3	4	3	8	16.7%	38.9%	55.6%	103	141
嶋田純次	3	4	2	30	7.7%	17.9%	23.1%	26	68
菱田裕二	3	2	1	13	15.8%	26.3%	31.6%	70	135
秋山稔樹	3	0	1	20	12.5%	12.5%	16.7%	147	62
丹内祐次	2	4	3	21	6.7%	20.0%	30.0%	127	85

●厩舎別 BEST 10

厩舎名	1着	2着	3着	4着以下	勝率	連対率	複勝率	単勝回収値	複勝回収値
牧浦充徳	4	1	3	16	16.7%	20.8%	33.3%	69	92
菊沢隆徳	4	0	1	5	40.0%	40.0%	50.0%	589	156
竹内正洋	3	4	0	6	23.1%	53.8%	53.8%	93	109
石毛善彦	3	1	4	52	5.0%	6.7%	13.3%	36	160
手塚貴久	3	0	1	16	15.0%	15.0%	20.0%	57	30
高橋亮	3	0	1	4	37.5%	37.5%	50.0%	140	78
奥平雅士	2	5	2	21	6.7%	23.3%	30.0%	35	84
浅見秀一	2	1	1	5	22.2%	33.3%	44.4%	176	107
森秀行	2	1	0	9	16.7%	25.0%	25.0%	110	55
田中剛	2	0	2	11	13.3%	13.3%	26.7%	126	61

新潟芝1000m

新潟 芝1200m

施行重賞 なし

父 条件絞ってロードカナロアで資金倍増！

　ロードカナロアが最多の8勝をマーク。ただ、【8　4　2　44】のトータル成績を見ると、必要以上に凡走が多い印象も受ける。能力不足の産駒が凡走を重ねているのが理由で、単勝20倍を超えると【0　0　1　22】。ローカル短距離で人気にならないカナロア産駒の実力は推して知るべし。基本的には単勝20倍以内だけを狙っていけばいい。

　また、7、8枠は【0　2　0　16】と凡走の山。よって「1～6枠で単勝20倍以内」が真の狙い目となり、該当馬は【8　2　1　14】、勝率32.0%、複勝率44.0%、単勝回収値244、複勝回収値104と、楽に資金倍増が実現する。

新潟芝1200m　ロードカナロア産駒詳細データ

	1着	2着	3着	4着以下	勝率	連対率	複勝率
牡	1	2	1	17	4.8%	14.3%	19.0%
牝	7	2	1	27	18.9%	24.3%	27.0%
1番人気	3	1	0	5	33.3%	44.4%	44.4%
2～3番人気	2	1	1	4	25.0%	37.5%	50.0%
4～6番人気	3	1	0	8	25.0%	33.3%	33.3%
7～9番人気	0	1	0	14	0.0%	6.7%	6.7%
10番人気～	0	0	1	13	0.0%	0.0%	7.1%

	1着	2着	3着	4着以下	勝率	連対率	複勝率
良	6	3	2	34	13.3%	20.0%	24.4%
稍重	1	1	0	5	14.3%	28.6%	28.6%
重	1	0	0	5	16.7%	16.7%	16.7%
不良	0	0	0	0	-	-	-
2歳	1	0	0	3	25.0%	25.0%	25.0%
3歳	5	4	1	17	18.5%	33.3%	37.0%
4歳以上	2	0	1	24	7.4%	7.4%	11.1%

鞍上 注目は丹内祐次騎手だが、切り札となる騎手がほかにも！

　注目すべきは丹内祐次騎手。一見しただけでは地味な成績だが、平均8.2番人気の騎乗馬で平均5.9着に入っている内容はかなり優秀。単勝15倍以内に限って狙えば【3　1　3　4】、勝率27.3%、複勝率63.6%、単勝回収値180、複勝回収値162。印が回っているレベルの馬なら買い目に押さえておきたい。

　なお、ランキング1位の菅原明良騎手はトータル【5　0　0　24】。2位の坂井瑠星騎手もトータル【4　0　0　4】。両騎手ともに全勝利を異なる馬で挙げており、決してフロックではなさそう。リスクは背負うが、ここぞの場面でアタマ勝負するための切り札として隠し持っておくといいだろう。

新潟芝1200m　丹内祐次騎手詳細データ

	1着	2着	3着	4着以下	勝率	連対率	複勝率
牡	1	2	1	8	8.3%	25.0%	33.3%
牝	2	0	3	9	14.3%	14.3%	35.7%
1番人気	1	0	0	0	100.0%	100.0%	100.0%
2～3番人気	0	0	1	0	0.0%	0.0%	100.0%
4～6番人気	2	1	2	4	22.2%	33.3%	55.6%
7～9番人気	0	1	1	1	0.0%	33.3%	33.3%
10番人気～	0	0	1	11	0.0%	0.0%	8.3%

	1着	2着	3着	4着以下	勝率	連対率	複勝率
良	2	1	3	13	10.0%	20.0%	35.0%
稍重	0	0	0	3	0.0%	0.0%	0.0%
重	1	0	1	1	33.3%	33.3%	66.7%
不良	0	0	0	0	-	-	-
2歳	1	0	0	2	25.0%	25.0%	50.0%
3歳	2	0	3	4	22.2%	22.2%	55.6%
4歳以上	0	2	1	11	0.0%	15.4%	15.4%

テキ 手堅さなら単勝7倍以内の音無秀孝厩舎。穴なら……

　関東圏に含まれる新潟だが、このコースのランキング１、２位は関西所属の厩舎がさらっていった。手堅いのは１位の音無秀孝厩舎で、単勝７倍以内なら【２　２　１　２】、勝率28.6％、複勝率71.4％、単勝回収値125、複勝回収値118。一方、穴党ファンにオススメしたいのは２位の牧浦充徳厩舎で、１～３着５回をすべて６番人気以下でマーク。うち３回は12番人気以下の超人気薄で、トータルの回収値は単勝578、複勝296にも達する。

　関東所属では、ランキング外ながら伊藤大士厩舎。全厩舎で唯一、異なる５頭を好走させ、単勝20倍以内で複勝率62.5％、複勝回収値205と侮れない。

新潟芝1200m　音無秀孝厩舎詳細データ

	1着	2着	3着	4着以下	勝率	連対率	複勝率
牡	2	2	1	3	25.0%	50.0%	62.5%
牝	0	1	0	4	0.0%	20.0%	20.0%
1番人気	1	1	0	0	50.0%	100.0%	100.0%
2～3番人気	1	1	1	2	20.0%	40.0%	60.0%
4～6番人気	0	0	0	2	0.0%	0.0%	0.0%
7～9番人気	0	1	0	1	0.0%	50.0%	50.0%
10番人気～	0	0	0	2	0.0%	0.0%	0.0%

	1着	2着	3着	4着以下	勝率	連対率	複勝率
良	2	3	1	7	15.4%	38.5%	46.2%
稍重	0	0	0	0	-	-	-
重	0	0	0	0	-	-	-
不良	0	0	0	0	-	-	-
2歳	0	0	0	0	-	-	-
3歳	0	1	1	1	0.0%	33.3%	66.7%
4歳以上	2	2	0	6	20.0%	40.0%	40.0%

総合成績　芝1200m

●種牡馬別 BEST 10

種牡馬名	1着	2着	3着	4着以下	勝率	連対率	複勝率	単勝回収値	複勝回収値
ロードカナロア	8	4	2	44	13.8%	20.7%	24.1%	105	78
オルフェーヴル	3	2	2	9	18.8%	31.3%	43.8%	79	128
モーリス	3	2	0	15	15.0%	25.0%	25.0%	67	73
マクフィ	3	1	1	11	18.8%	25.0%	31.3%	415	116
キズナ	2	3	3	17	8.0%	20.0%	32.0%	457	188
マツリダゴッホ	2	3	2	17	8.3%	20.8%	29.2%	52	82
キンシャサノキセキ	2	2	2	28	5.9%	11.8%	17.6%	55	67
ビッグアーサー	2	2	1	17	9.1%	18.2%	22.7%	61	51
ディープブリランテ	2	1	1	14	11.1%	16.7%	22.2%	168	163
ドゥラメンテ	2	1	0	6	22.2%	33.3%	33.3%	330	123

●騎手別 BEST 10

騎手名	1着	2着	3着	4着以下	勝率	連対率	複勝率	単勝回収値	複勝回収値
菅原明良	5	0	0	24	17.2%	17.2%	17.2%	72	28
坂井瑠星	4	0	0	4	50.0%	50.0%	50.0%	202	82
丹内祐次	3	2	4	17	11.5%	19.2%	34.6%	76	118
鮫島克駿	3	1	1	9	21.4%	28.6%	35.7%	87	68
団野大成	3	1	1	4	33.3%	44.4%	55.6%	130	105
勝浦正樹	3	0	3	17	13.0%	13.0%	26.1%	146	206
石橋脩	3	0	2	4	33.3%	33.3%	55.6%	260	321
西村淳也	2	3	1	21	7.4%	18.5%	22.2%	68	84
菱田裕二	2	1	3	19	8.0%	20.0%	24.0%	70	98
岩田望来	2	2	5	11	10.0%	20.0%	45.0%	54	96

●厩舎別 BEST 10

厩舎名	1着	2着	3着	4着以下	勝率	連対率	複勝率	単勝回収値	複勝回収値
音無秀孝	2	3	1	7	15.4%	38.5%	46.2%	67	104
牧浦充徳	2	2	1	16	9.5%	19.0%	23.8%	578	296
高柳瑞樹	2	1	1	4	25.0%	37.5%	50.0%	210	122
中野栄治	2	1	1	8	16.7%	25.0%	33.3%	142	124
黒岩陽一	2	1	0	10	15.4%	23.1%	23.1%	57	34
深山雅史	2	1	0	5	25.0%	37.5%	37.5%	193	123
小野次郎	2	1	0	4	28.6%	42.9%	42.9%	192	311
斎藤誠	2	1	0	4	28.6%	42.9%	42.9%	72	90
斉藤崇史	2	1	0	1	50.0%	75.0%	75.0%	182	167
清水英克	2	0	2	11	13.3%	13.3%	26.7%	262	158

新潟芝1200m　145

新潟 芝1400m

施行重賞 なし

(父) 新馬のモーリスは人気薄でも即買い!

　新潟芝1400mでもランキング1位のロードカナロアは、単勝回収値102と馬券的な価値も十分。馬券になる機会も多く、間違いなく要注意の存在である。

　しかし、本書で紹介するのは2位のモーリスだ。【5　2　0　18】、勝率20.0％、複勝率28.0％、単勝回収値602、複勝回収値208と凄まじいトータル成績を記録。注目は3勝を挙げた2歳新馬戦で、21年7月25日のファンデルが10番人気、21年10月31日のディオサデルソルが7番人気、22年10月30日のブラウンウェーブが15番人気と、すべて穴馬が勝っているのだ。古馬になって本格化した現役時代の印象もあって人気にならないのだろうが、まったく油断ならない。

新潟芝1400m　モーリス産駒詳細データ

	1着	2着	3着	4着以下	勝率	連対率	複勝率
牡	2	1	0	6	22.2%	33.3%	33.3%
牝	3	1	0	12	18.8%	25.0%	25.0%
1番人気	1	0	0	0	100.0%	100.0%	100.0%
2～3番人気	1	1	0	3	20.0%	40.0%	40.0%
4～6番人気	0	0	0	4	0.0%	0.0%	0.0%
7～9番人気	1	1	0	5	14.3%	28.6%	28.6%
10番人気～	2	0	0	6	25.0%	25.0%	25.0%

	1着	2着	3着	4着以下	勝率	連対率	複勝率
良	4	2	0	14	20.0%	30.0%	30.0%
稍重	1	0	0	2	33.3%	33.3%	33.3%
重	0	0	0	2	0.0%	0.0%	0.0%
不良	0	0	0	0	-	-	-
2歳	3	1	0	8	25.0%	33.3%	33.3%
3歳	2	1	0	6	22.2%	33.3%	33.3%
4歳以上	0	0	0	4	0.0%	0.0%	0.0%

(鞍上) 内枠の津村明秀騎手

　ランキング1位の福永祐一騎手が素晴らしい成績を収めているものの、調教師転身のため新潟で騎乗する機会はもうない。

　代わって取り上げたいのは津村明秀騎手。2、3着が多かったこともあり、ランキング順はギリギリ圏内の10位だが、その内容を見ると順位以上に優秀な成績を残している。1～3着11回は2番目に多く、それを異なる10頭でマーク。単勝10倍以内の有力馬なら【2　3　3　4】、勝率16.7％、複勝率66.7％、単勝回収値103、複勝回収値142と馬券圏を捉え、そのうえヒモ穴も出す。特に、1～4枠で【0　5　4　7】、複勝率56.3％、複勝回収値169と、内枠は期待大だ。

新潟芝1400m　津村明秀騎手詳細データ

	1着	2着	3着	4着以下	勝率	連対率	複勝率
牡	1	4	2	7	7.1%	35.7%	50.0%
牝	1	1	2	9	7.7%	15.4%	30.8%
1番人気	0	0	0	0	-	-	-
2～3番人気	2	3	2	4	18.2%	45.5%	63.6%
4～6番人気	0	0	1	2	0.0%	0.0%	33.3%
7～9番人気	0	2	0	6	0.0%	25.0%	25.0%
10番人気～	0	0	1	4	0.0%	0.0%	20.0%

	1着	2着	3着	4着以下	勝率	連対率	複勝率
良	2	1	4	11	11.1%	16.7%	38.9%
稍重	0	4	0	4	0.0%	50.0%	50.0%
重	0	0	0	1	0.0%	0.0%	0.0%
不良	0	0	0	0	-	-	-
2歳	1	2	1	3	14.3%	42.9%	57.1%
3歳	0	2	1	4	0.0%	28.6%	42.9%
4歳以上	1	1	2	9	7.7%	15.4%	30.8%

テキ 前走と異なる距離の鹿戸雄一厩舎

　ランキング上位の厩舎は軒並み回収値が高く、どれを狙ってよさそうではあるのだが、飛びつく前に中身を精査するのが我々A-10解析班の仕事である。すると、何度も好走した特定の馬に依存した厩舎が少なくないことがわかった。

　そこで、ランク外まで調査の範囲を広げ、見つけたのが手塚貴久厩舎と鹿戸雄一厩舎である。異なる5頭を1～3着に導いたのは両厩舎だけ。どちらも複勝回収値は優に100を上回り、軸馬やヒモとしては十分狙える。狙い目を絞りやすいのは鹿戸厩舎で、前走とは距離を変えたときにすべての好走を生み出し、該当馬は【1　2　2　6】、複勝率45.5%、複勝回収値169。これを買うのだ。

新潟芝1400m　鹿戸雄一厩舎詳細データ

	1着	2着	3着	4着以下	勝率	連対率	複勝率
牡	1	2	0	8	9.1%	27.3%	27.3%
牝	0	0	2	1	0.0%	0.0%	66.7%
1番人気	0	1	0	0	0.0%	50.0%	100.0%
2～3番人気	0	0	1	0	0.0%	0.0%	100.0%
4～6番人気	0	0	0	1	0.0%	0.0%	0.0%
7～9番人気	0	1	0	2	0.0%	33.3%	33.3%
10番人気～	1	0	0	6	14.3%	14.3%	14.3%

	1着	2着	3着	4着以下	勝率	連対率	複勝率
良	0	2	2	3	0.0%	28.6%	57.1%
稍重	1	0	0	4	20.0%	20.0%	20.0%
重	0	0	0	1	0.0%	0.0%	0.0%
不良	0	0	0	1	0.0%	0.0%	0.0%
2歳	0	1	1	0	0.0%	50.0%	100.0%
3歳	0	0	1	0	0.0%	0.0%	50.0%
4歳以上	1	1	0	8	10.0%	20.0%	20.0%

●種牡馬別　BEST 10 　　総合成績　芝1400m

種牡馬名	1着	2着	3着	4着以下	勝率	連対率	複勝率	単勝回収値	複勝回収値
ロードカナロア	6	5	2	45	10.3%	19.0%	22.4%	102	62
モーリス	5	2	0	18	20.0%	28.0%	28.0%	602	208
ダイワメジャー	4	3	7	32	8.7%	15.2%	30.4%	66	109
ルーラーシップ	4	2	5	19	13.3%	20.0%	36.7%	70	138
エピファネイア	3	5	2	28	7.9%	21.1%	26.3%	178	88
ドゥラメンテ	3	3	4	12	13.6%	27.3%	45.5%	90	91
ディープインパクト	3	2	2	32	7.7%	12.8%	17.9%	282	113
キズナ	3	1	4	18	11.5%	15.4%	30.8%	398	199
アドマイヤムーン	3	1	1	17	13.6%	18.2%	22.7%	178	81
スクリーンヒーロー	2	2	2	24	6.7%	13.3%	20.0%	160	66

●騎手別　BEST 10

騎手名	1着	2着	3着	4着以下	勝率	連対率	複勝率	単勝回収値	複勝回収値
福永祐一	5	3	3	9	25.0%	40.0%	55.0%	183	111
岩田望来	4	3	0	12	21.1%	36.8%	36.8%	206	83
菅原明良	3	2	7	29	7.3%	12.2%	29.3%	45	98
柴田大知	3	2	1	21	11.1%	18.5%	22.2%	322	111
鮫島克駿	3	1	2	9	20.0%	26.7%	40.0%	164	120
永島まなみ	3	0	1	1	60.0%	60.0%	80.0%	1190	348
石橋脩	3	0	0	16	15.8%	15.8%	15.8%	194	51
荻野極	3	0	0	15	16.7%	16.7%	16.7%	667	127
M.デムーロ	3	0	0	22	12.0%	12.0%	12.0%	69	22
津村明秀	2	5	4	16	7.4%	25.9%	40.7%	45	117

●厩舎別　BEST 10

厩舎名	1着	2着	3着	4着以下	勝率	連対率	複勝率	単勝回収値	複勝回収値
高橋祥泰	3	2	0	8	23.1%	38.5%	38.5%	125	134
尾関知人	3	0	2	9	21.4%	21.4%	35.7%	178	96
畠山吉宏	2	1	2	6	18.2%	27.3%	45.5%	127	143
牧浦充徳	2	1	1	6	20.0%	30.0%	40.0%	486	141
池江泰寿	2	1	1	5	22.2%	33.3%	44.4%	188	118
西園正都	2	1	0	10	15.4%	23.1%	23.1%	100	70
高橋義忠	2	1	0	3	33.3%	50.0%	50.0%	215	121
宗像義忠	2	0	3	12	11.8%	11.8%	29.4%	570	215
千田輝彦	2	0	2	3	28.6%	28.6%	57.1%	417	194
清水久詞	2	0	1	13	12.5%	12.5%	18.8%	71	35

新潟芝1400m

新潟 芝1600m 施行重賞 関屋記念（GⅢ）、新潟2歳S（GⅢ）

父 エピファネイアは上位人気の若駒狙いで!

　新潟芝1600mでランキング1位に輝いたのはエピファネイア。トータルの回収値が単複ともに50台では買えないように見えるが、問題はすぐ解消できる。出走の半数以上を占めながら【0　1　0　31】と凡走の山を築いた単勝10倍超をオミットすれば、【9　5　3　10】、勝率33.3%、複勝率63.0%、単勝回収値110、複勝回収値104と、一転して買える種牡馬に変身する。

　また、クラス別成績に大きな偏りが見られ、新馬戦および未勝利戦で全9勝をマーク。「新馬戦・未勝利戦で単勝10倍以内」なら【9　1　3　5】、勝率50.0%、複勝率72.2%、単勝回収値165、複勝回収値113と、さらに儲かる。

新潟芝1600m　エピファネイア産駒詳細データ

	1着	2着	3着	4着以下	勝率	連対率	複勝率
牡	0	2	0	17	0.0%	10.5%	10.5%
牝	9	4	3	24	22.5%	32.5%	40.0%
1番人気	7	0	0	3	70.0%	70.0%	70.0%
2〜3番人気	2	4	2	4	16.7%	50.0%	66.7%
4〜6番人気	0	1	1	11	0.0%	7.7%	15.4%
7〜9番人気	0	1	0	10	0.0%	9.1%	9.1%
10番人気〜	0	0	0	13	0.0%	0.0%	0.0%

	1着	2着	3着	4着以下	勝率	連対率	複勝率
良	8	5	2	29	18.2%	29.5%	34.1%
稍重	1	1	1	10	7.7%	15.4%	23.1%
重	0	0	0	0	-	-	-
不良	0	0	0	2	0.0%	0.0%	0.0%
2歳	7	2	2	22	21.2%	27.3%	33.3%
3歳	2	3	1	14	10.0%	25.0%	30.0%
4歳以上	0	0	1	5	0.0%	16.7%	16.7%

鞍上 1〜3人気の川田将雅騎手は即◎

　ランキング3位の川田将雅騎手が恐るべき好走率をマークしている。1〜3番人気では【8　1　5　2】、勝率50.0%、複勝率87.5%、単勝回収値158、複勝回収値126と滅多に凡走しない。夏開催のみの騎乗だが、川田騎手が有力馬に乗っているときは即座に◎を打つしかあるまい。

　春秋の裏開催にも騎乗機会があるジョッキーでは、津村明秀騎手を狙いたい。クラス別成績が参考になり、平場戦が【4　5　6　12】、勝率14.8%、複勝率55.6%、単勝回収値332、複勝回収値185と圧巻。特に【2　3　2　4】の新馬戦は見落とし厳禁で、未勝利戦も【1　1　3　5】と手堅く馬券になる。

新潟芝1600m　川田将雅騎手詳細データ

	1着	2着	3着	4着以下	勝率	連対率	複勝率
牡	3	1	3	4	27.3%	36.4%	63.6%
牝	5	0	2	1	62.5%	62.5%	87.5%
1番人気	5	1	3	1	50.0%	60.0%	90.0%
2〜3番人気	3	0	2	1	50.0%	50.0%	83.3%
4〜6番人気	0	0	0	1	0.0%	0.0%	0.0%
7〜9番人気	0	0	0	2	0.0%	0.0%	0.0%
10番人気〜	0	0	0	0	-	-	-

	1着	2着	3着	4着以下	勝率	連対率	複勝率
良	8	1	2	3	57.1%	64.3%	78.6%
稍重	0	0	3	1	0.0%	0.0%	75.0%
重	0	0	0	0	-	-	-
不良	0	0	0	1	0.0%	0.0%	0.0%
2歳	6	1	2	3	50.0%	58.3%	75.0%
3歳	1	0	1	1	33.3%	33.3%	66.7%
4歳以上	1	0	2	1	25.0%	25.0%	75.0%

148

テキ 2023年も鹿戸雄一厩舎のブレイク続くか!?

鹿戸雄一厩舎が22年に大爆発した。ウインカーネリアンで関屋記念を制すと、新潟2歳Sではウインオーディンが2着、シーウィザードが3着と管理馬2頭が好走するなど、22年の1年間で【4　1　1　2】と走りまくってランキング1位の座まで奪った。その反動で成績が落ち込むリスクはあるが、23年も新潟芝1600mに使ってきたら注目はしておきたい。

集計期間の3年とも好走を記録した安定感を重視するなら、手塚貴久厩舎がいいだろう。特に単勝7倍以内なら【3　1　1　0】と鉄板。穴の期待は薄いものの、間違いのない軸馬として即座に◎を打って差し支えあるまい。

新潟芝1600m　鹿戸雄一厩舎詳細データ

	1着	2着	3着	4着以下	勝率	連対率	複勝率
牡	4	1	1	12	22.2%	27.8%	33.3%
牝	0	0	1	2	0.0%	0.0%	33.3%
1番人気	2	0	0	0	100.0%	100.0%	100.0%
2〜3番人気	2	1	2	2	28.6%	42.9%	71.4%
4〜6番人気	0	0	0	3	0.0%	0.0%	0.0%
7〜9番人気	0	0	0	0	-	-	-
10番人気〜	0	0	0	9	0.0%	0.0%	0.0%

	1着	2着	3着	4着以下	勝率	連対率	複勝率
良	2	1	2	12	11.8%	17.6%	29.4%
稍重	2	0	0	2	50.0%	50.0%	50.0%
重	0	0	0	0	-	-	-
不良	0	0	0	0	-	-	-
2歳	2	1	2	4	22.2%	33.3%	55.6%
3歳	0	0	0	0	0.0%	0.0%	0.0%
4歳以上	2	0	0	8	20.0%	20.0%	20.0%

総合成績　芝1600m

●種牡馬別　BEST 10

種牡馬名	1着	2着	3着	4着以下	勝率	連対率	複勝率	単勝回収値	複勝回収値
エピファネイア	9	6	3	41	15.3%	25.4%	30.5%	50	54
ディープインパクト	7	8	5	70	7.8%	16.7%	22.2%	32	66
ロードカナロア	6	5	5	58	8.1%	14.9%	21.6%	43	45
ハーツクライ	6	5	3	33	12.8%	23.4%	29.8%	97	93
モーリス	5	6	4	41	8.9%	19.6%	26.8%	38	46
キズナ	5	4	3	43	9.1%	16.4%	21.8%	46	56
ドゥラメンテ	4	5	2	29	10.0%	22.5%	27.5%	20	40
スクリーンヒーロー	3	7	4	11	12.0%	40.0%	56.0%	44	137
ダイワメジャー	3	0	5	30	7.9%	7.9%	21.1%	58	130
ノヴェリスト	3	0	1	9	23.1%	23.1%	30.8%	153	73

●騎手別　BEST 10

騎手名	1着	2着	3着	4着以下	勝率	連対率	複勝率	単勝回収値	複勝回収値
三浦皇成	8	5	1	35	16.3%	26.5%	28.6%	90	65
福永祐一	8	3	6	22	20.5%	28.2%	43.6%	97	72
川田将雅	8	1	5	5	42.1%	47.4%	73.7%	133	106
戸崎圭太	7	2	1	27	18.9%	24.3%	27.0%	102	48
菅原明良	6	7	2	42	10.5%	22.8%	26.3%	70	60
津村明秀	4	7	7	25	9.3%	25.6%	41.9%	208	155
西村淳也	3	4	5	22	8.8%	20.6%	35.3%	67	137
C.ルメール	3	4	0	1	37.5%	87.5%	87.5%	91	113
丸山元気	3	2	3	21	10.3%	17.2%	27.6%	141	105
池添謙一	3	2	1	0	50.0%	83.3%	100.0%	250	150

●厩舎別　BEST 10

厩舎名	1着	2着	3着	4着以下	勝率	連対率	複勝率	単勝回収値	複勝回収値
鹿戸雄一	4	1	2	14	19.0%	23.8%	33.3%	66	52
岩戸孝樹	4	0	1	7	33.3%	33.3%	41.7%	119	65
小島茂之	4	0	0	8	33.3%	33.3%	33.3%	233	61
大久保龍志	3	3	0	10	18.8%	37.5%	37.5%	308	118
手塚貴久	3	2	1	13	15.8%	26.3%	31.6%	46	50
池江泰寿	3	2	0	8	23.1%	38.5%	38.5%	98	134
平田修	3	1	1	4	33.3%	44.4%	55.6%	132	101
藤岡健一	3	0	1	6	30.0%	30.0%	40.0%	118	67
矢作芳人	2	2	1	11	12.5%	25.0%	31.3%	21	75
斉藤崇史	2	2	0	5	22.2%	44.4%	44.4%	98	81

新潟芝1600m

新潟 芝1800m

NIIGATA 　施行重賞 なし

（父） 単勝15倍以内のキズナ

　新潟芝1800mで狙うべき種牡馬はキズナだ。勝率19.4%、複勝率38.9%は、ランキング1位の父ディープインパクトをも上回る。単複の回収値に関しては父と大差なく、どちらが儲けやすいとも言えないが、回収値が変わらないのであれば、的中しやすいキズナのほうが馬券を買う側として安心できる。

　そして、このコースのキズナは、ある程度の実力を備えた産駒であれば鉄壁。具体的には、単勝15倍以内で【7　4　2　6】、勝率36.8%、複勝率68.4%、単勝回収値179、複勝回収値138と素晴らしい数字が並ぶ。特に、中9週以上や初出走といったフレッシュな状態で出てきたら、絶好の狙い目となる。

新潟芝1800m　キズナ産駒詳細データ

	1着	2着	3着	4着以下	勝率	連対率	複勝率
牡	4	1	1	13	21.1%	26.3%	31.6%
牝	3	4	1	9	17.6%	41.2%	47.1%
1番人気	2	0	0	2	50.0%	50.0%	50.0%
2～3番人気	5	1	1	3	50.0%	60.0%	70.0%
4～6番人気	0	3	1	1	0.0%	60.0%	80.0%
7～9番人気	0	1	0	9	0.0%	10.0%	10.0%
10番人気～	0	0	0	7	0.0%	0.0%	0.0%

	1着	2着	3着	4着以下	勝率	連対率	複勝率
良	2	2	2	16	9.1%	18.2%	27.3%
稍重	4	3	0	4	36.4%	63.6%	63.6%
重	1	0	0	0	100.0%	100.0%	100.0%
不良	0	0	0	2	0.0%	0.0%	0.0%
2歳	3	0	1	6	30.0%	30.0%	40.0%
3歳	4	4	0	10	22.2%	44.4%	44.4%
4歳以上	0	1	1	6	0.0%	12.5%	25.0%

（鞍上） 真ん中より外枠の菅原明良騎手

　人気でよし、穴でよしの菅原明良騎手を狙ってみたい。1～5番人気で【4　1　5　8】、勝率22.2%、複勝率55.6%、単勝回収値148、複勝回収値117。さらに、8～10番人気のゾーンでも【2　1　2　5】と馬券に絡んでくる。

　要チェックのファクターは枠。外寄りの5～8枠では【5　2　3　24】、勝率14.7%、複勝率29.4%、単勝回収値189、複勝回収値122と勝ち切りも多いのだが、1～4枠だと【1　0　4　12】、勝率5.9%、複勝率29.4%、単勝回収値21、複勝回収値97。馬券にはなるが、3着どまりとなることが大半で、全幅の信頼は置きづらい。外寄りの枠に入ったときを狙い撃ちだ。

新潟芝1800m　菅原明良騎手詳細データ

	1着	2着	3着	4着以下	勝率	連対率	複勝率
牡	4	1	5	20	13.3%	16.7%	33.3%
牝	2	1	2	16	9.5%	14.3%	23.8%
1番人気	0	0	1	1	0.0%	0.0%	50.0%
2～3番人気	3	0	3	1	42.9%	42.9%	85.7%
4～6番人気	1	1	1	11	7.1%	14.3%	21.4%
7～9番人気	2	1	1	12	12.5%	18.8%	25.0%
10番人気～	0	0	1	11	0.0%	0.0%	8.3%

	1着	2着	3着	4着以下	勝率	連対率	複勝率
良	2	1	5	25	5.9%	11.8%	26.5%
稍重	3	0	2	9	21.4%	21.4%	35.7%
重	1	1	0	1	33.3%	33.3%	33.3%
不良	0	0	0	0	-	-	-
2歳	1	1	2	12	6.3%	12.5%	25.0%
3歳	3	0	2	13	16.7%	16.7%	27.8%
4歳以上	2	1	3	11	11.8%	17.6%	35.3%

中2週以内の安田翔伍厩舎

ランキング上位厩舎の勝率、単勝回収値が軒並み高い。5勝で最多タイの堀宣行厩舎、安田翔伍厩舎、矢作芳人厩舎は、いずれも異なる5頭で勝ち鞍をマーク。4勝の宮田敬介厩舎に関しても事情は同様で、データの信憑性も高い。以上の4厩舎については、出走があればぜひとも狙ってみたい。

そのなかからひとつ選ぶとすれば、特に好走率が高い安田翔厩舎か。レース間を空けながら使うのが当たり前になった現在としては意表をつくが、当コースで挙げた5勝中3勝が中2週以内。該当馬は【3 1 0 0】とパーフェクト連対で、単勝回収値462、複勝回収値190にも達する。マストバイだ。

新潟芝1800m　安田翔伍厩舎詳細データ

	1着	2着	3着	4着以下	勝率	連対率	複勝率
牡	2	1	1	4	25.0%	37.5%	50.0%
牝	3	0	0	2	60.0%	60.0%	60.0%
1番人気	0	0	0	1	0.0%	0.0%	0.0%
2〜3番人気	3	0	0	2	60.0%	60.0%	60.0%
4〜6番人気	2	1	0	1	50.0%	75.0%	75.0%
7〜9番人気	0	0	1	1	0.0%	0.0%	50.0%
10番人気〜	0	0	0	1	0.0%	0.0%	0.0%

	1着	2着	3着	4着以下	勝率	連対率	複勝率
良	3	1	0	5	33.3%	44.4%	44.4%
稍重	1	0	0	1	50.0%	50.0%	50.0%
重	0	0	1	0	50.0%	50.0%	100.0%
不良	0	0	0	0	-	-	-
2歳	1	0	0	0	100.0%	100.0%	100.0%
3歳	2	1	0	3	33.3%	50.0%	50.0%
4歳以上	2	0	1	3	33.3%	33.3%	50.0%

総合成績　芝1800m

◉種牡馬別　BEST 10

種牡馬名	1着	2着	3着	4着以下	勝率	連対率	複勝率	単勝回収値	複勝回収値
ディープインパクト	14	11	10	76	12.6%	22.5%	31.5%	99	85
ハーツクライ	7	11	12	53	8.4%	21.7%	36.1%	30	98
キズナ	7	5	2	22	19.4%	33.3%	38.9%	94	88
エピファネイア	7	2	7	44	11.7%	15.0%	26.7%	44	64
モーリス	6	0	0	23	19.4%	19.4%	25.8%	146	66
ルーラーシップ	5	6	8	46	7.7%	16.9%	29.2%	59	70
ロードカナロア	5	6	2	36	10.2%	22.4%	26.5%	130	72
ドゥラメンテ	4	7	7	27	8.9%	24.4%	40.0%	50	128
ハービンジャー	4	4	4	41	7.5%	15.1%	22.6%	69	113
オルフェーヴル	3	1	3	27	8.8%	11.8%	20.6%	37	104

◉騎手別　BEST 10

騎手名	1着	2着	3着	4着以下	勝率	連対率	複勝率	単勝回収値	複勝回収値
福永祐一	10	3	5	10	35.7%	46.4%	64.3%	146	95
戸崎圭太	7	9	0	20	19.4%	44.4%	44.4%	83	78
川田将雅	6	5	1	8	30.0%	55.0%	60.0%	73	81
菅原明良	6	2	7	36	11.8%	15.7%	29.4%	133	114
三浦皇成	5	5	2	22	14.7%	29.4%	35.3%	352	91
津村明秀	4	4	5	29	9.5%	19.0%	31.0%	66	119
M.デムーロ	4	3	6	12	16.0%	28.0%	52.0%	60	117
西村淳也	4	3	3	23	12.1%	21.2%	30.3%	64	75
岩田望来	4	2	7	27	10.0%	15.0%	32.5%	48	107
菱田裕二	3	3	2	20	10.7%	21.4%	28.6%	97	85

◉厩舎別　BEST 10

厩舎名	1着	2着	3着	4着以下	勝率	連対率	複勝率	単勝回収値	複勝回収値
堀宣行	5	1	2	12	25.0%	30.0%	40.0%	197	77
安田翔伍	5	1	1	6	38.5%	46.2%	53.8%	233	144
矢作芳人	5	0	0	12	29.4%	29.4%	29.4%	297	76
宮田敬介	4	2	3	11	20.0%	30.0%	45.0%	103	94
鹿戸雄一	3	2	2	8	20.0%	33.3%	46.7%	84	151
中内田充正	3	1	0	7	27.3%	36.4%	36.4%	115	56
杉山晴紀	3	0	0	7	30.0%	30.0%	30.0%	144	50
手塚貴久	2	4	0	8	14.3%	42.9%	42.9%	69	139
藤原英昭	2	3	4	10	10.5%	26.3%	47.4%	22	185
友道康夫	2	2	2	7	15.4%	30.8%	46.2%	43	63

新潟芝1800m　151

新潟 芝2000m（内）

施行重賞 なし

（父）ルーラーシップの未勝利戦

　ランキング１位のディープインパクトが高い好走率を記録しているものの、当コースで組まれるのは新馬戦と未勝利戦。出走の可能性を残すのは、数頭しかない23年の３歳世代だけで、もはや紹介しても詮無いことである。

　ただし、ほかにも有望な選択肢は存在する。２位のルーラーシップは、トータルで単勝回収値376、複勝回収値155と破壊力抜群。新馬戦は２走とも凡走も、未勝利戦だけ狙えばいいのはかえって楽。「未勝利戦で単勝100倍以内」という大雑把な条件でも【４　３　３　14】、勝率16.7%、複勝率41.7%、単勝回収値470、複勝回収値193。ほぼローラー作戦でルーラーシップを制圧だ。

新潟芝2000m（内）　ルーラーシップ産駒詳細データ

	1着	2着	3着	4着以下	勝率	連対率	複勝率
牡	2	2	2	11	11.8%	23.5%	35.3%
牝	2	1	1	9	15.4%	23.1%	30.8%
1番人気	1	0	1	2	25.0%	25.0%	50.0%
2～3番人気	1	2	1	1	20.0%	60.0%	80.0%
4～6番人気	0	0	1	1	0.0%	0.0%	50.0%
7～9番人気	0	0	0	5	0.0%	0.0%	0.0%
10番人気～	2	1	0	11	14.3%	21.4%	21.4%

	1着	2着	3着	4着以下	勝率	連対率	複勝率
良	3	2	2	12	15.8%	26.3%	36.8%
稍重	1	1	1	5	12.5%	25.0%	37.5%
重	0	0	0	0	0.0%	0.0%	0.0%
不良	0	0	0	2	0.0%	0.0%	0.0%
2歳	1	0	0	4	20.0%	20.0%	20.0%
3歳	3	3	3	16	12.0%	24.0%	36.0%
4歳以上	0	0	0	0	-	-	-

（鞍上）"マクリの名手"M.デムーロ騎手、ここにあり

　新潟芝内回りは上級戦が少なく、あまり話題にならないが、コーナー半径が小さく、カーブの部分が急という特徴がある。そのため３～４角でマクったり、直線に向けて勢いをつけたりするのが難しいコースになっている。

　しかし、マクリの名手であるM.デムーロ騎手にかかればまったく問題はない。【３　２　２　６】、勝率23.1%、複勝率53.8%、単勝回収値123、複勝回収値107の堂々たるトータル成績でランキング１位に鎮座。「未勝利戦で単勝15倍以内」という条件なら【３　１　２　２】、勝率37.5%、複勝率75.0%、単勝回収値200、複勝回収値143という勝利の法則が完成する。

新潟芝2000m（内）　M.デムーロ騎手詳細データ

	1着	2着	3着	4着以下	勝率	連対率	複勝率
牡	1	2	2	5	10.0%	30.0%	50.0%
牝	2	0	0	1	66.7%	66.7%	66.7%
1番人気	0	0	0	0	-	-	-
2～3番人気	2	1	1	2	33.3%	50.0%	66.7%
4～6番人気	1	1	1	2	20.0%	40.0%	60.0%
7～9番人気	0	0	0	2	0.0%	0.0%	0.0%
10番人気～	0	0	0	0	-	-	-

	1着	2着	3着	4着以下	勝率	連対率	複勝率
良	1	1	2	5	11.1%	22.2%	44.4%
稍重	2	0	0	1	66.7%	66.7%	66.7%
重	0	0	0	0	-	-	-
不良	0	1	0	0	0.0%	100.0%	100.0%
2歳	0	2	1	3	0.0%	33.3%	50.0%
3歳	3	0	1	3	42.9%	42.9%	57.1%
4歳以上	0	0	0	0	-	-	-

単勝15倍以内の鹿戸雄一厩舎

通常は年間10レース強ほどしか組まれないコースで、厩舎別の出走機会も自然と限られる。そんななか、集計期間内に毎年勝利を挙げた唯一の厩舎となったのが、関東の鹿戸雄一厩舎である。トータル成績も【4 1 1 5】、勝率36.4%、複勝率54.5%、単勝回収値192、複勝回収値116と文句なし。すべて凡走の単勝15倍超を消すことが可能で、厩舎所属の三浦皇成騎手で単勝15倍以内まで絞れば【2 0 1 0】と、凡走しらずの確実な狙い目になる。

ほかに、関西の藤原英昭厩舎が使ってきたときも要注意。こちらも厩舎所属の岩田望来騎手を乗せてきたら【2 0 1 1】と期待できる。

新潟芝2000m（内） 鹿戸雄一厩舎詳細データ

	1着	2着	3着	4着以下	勝率	連対率	複勝率
牡	2	0	0	4	28.6%	28.6%	42.9%
牝	2	1	0	1	50.0%	75.0%	75.0%
1番人気	1	1	0	0	50.0%	100.0%	100.0%
2〜3番人気	2	0	0	2	50.0%	50.0%	50.0%
4〜6番人気	1	0	1	0	50.0%	50.0%	100.0%
7〜9番人気	0	0	0	2	0.0%	0.0%	0.0%
10番人気〜	0	0	0	1	0.0%	0.0%	0.0%

	1着	2着	3着	4着以下	勝率	連対率	複勝率
良	2	1	1	3	28.6%	42.9%	57.1%
稍重	1	0	0	2	33.3%	33.3%	33.3%
重	0	0	0	0	-	-	-
不良	1	0	0	0	100.0%	100.0%	100.0%
2歳	1	1	1	1	25.0%	50.0%	75.0%
3歳	3	0	0	4	42.9%	42.9%	42.9%
4歳以上	0	0	0	0	-	-	-

総合成績 芝2000m（内）

●種牡馬別 BEST 10

種牡馬名	1着	2着	3着	4着以下	勝率	連対率	複勝率	単勝回収値	複勝回収値
ディープインパクト	5	2	2	15	20.8%	29.2%	37.5%	78	72
ルーラーシップ	4	3	3	20	13.3%	23.3%	33.3%	376	155
ハービンジャー	4	2	4	22	12.5%	18.8%	31.3%	40	87
エイシンフラッシュ	3	0	0	13	18.8%	18.8%	18.8%	103	33
シルバーステート	2	2	1	4	22.2%	44.4%	55.6%	234	121
オルフェーヴル	2	1	4	20	7.4%	11.1%	25.9%	32	60
ハーツクライ	2	0	5	23	6.7%	6.7%	23.3%	34	57
ジャングルポケット	2	0	1	6	22.2%	22.2%	33.3%	420	766
キングカメハメハ	2	0	0	6	25.0%	25.0%	25.0%	1120	246
ゴールドシップ	1	4	3	22	3.3%	16.7%	26.7%	67	217

●騎手別 BEST 10

騎手名	1着	2着	3着	4着以下	勝率	連対率	複勝率	単勝回収値	複勝回収値
M.デムーロ	3	2	2	6	23.1%	38.5%	53.8%	123	107
岩田望来	3	1	1	11	18.8%	25.0%	31.3%	79	79
西村淳也	3	1	1	9	21.4%	28.6%	35.7%	215	90
菅原明良	2	2	3	18	8.0%	16.0%	28.0%	340	128
福永祐一	2	1	3	4	20.0%	30.0%	60.0%	40	89
川田将雅	2	1	1	0	50.0%	75.0%	100.0%	142	137
三浦皇成	2	0	4	7	15.4%	15.4%	46.2%	83	130
戸崎圭太	2	0	0	11	15.4%	15.4%	15.4%	43	18
田辺裕信	1	3	2	5	9.1%	36.4%	54.5%	142	256
横山典弘	1	2	0	1	25.0%	75.0%	75.0%	462	277

●厩舎別 BEST 10

厩舎名	1着	2着	3着	4着以下	勝率	連対率	複勝率	単勝回収値	複勝回収値
鹿戸雄一	4	1	1	5	36.4%	45.5%	54.5%	192	116
藤原英昭	3	0	1	4	37.5%	37.5%	50.0%	110	95
武井亮	1	2	2	8	7.7%	23.1%	38.5%	14	92
宗像義忠	1	1	1	4	14.3%	28.6%	42.9%	290	115
大竹正博	1	1	0	7	11.1%	22.2%	22.2%	63	147
尾形和幸	1	1	0	4	16.7%	33.3%	33.3%	50	153
久保田貴士	1	1	0	2	25.0%	50.0%	50.0%	132	335
高野友和	1	1	0	4	16.7%	33.3%	33.3%	1020	253
清水英克	1	1	0	5	14.3%	28.6%	28.6%	638	205
上村洋行	1	0	1	0	50.0%	100.0%	100.0%	115	220

新潟芝2000m（内）

新潟 芝2000m（外）
施行重賞：新潟大賞典（GIII）、新潟記念（GIII）

父 キズナの関西馬

　従来はディープインパクトを軽視するわけにはいかなかった新潟芝2000m外だが、さすがに数字が落ちてきた。重賞でも【0 3 2 24】と勝ち切れず、以前のような支配力はもはや失われたと考えるのが妥当だろう。

　代わって期待したいのがキズナ。トータル【3 2 5 10】、勝率15.0％、複勝率50.0％、単勝回収値163、複勝回収値124。単勝30倍を超えたのは1走で、明らかな人気薄の出走が少なかったことで好走率をキープできた部分はあるが、それにしても安定している。関西馬に限れば【3 1 3 6】、勝率23.1％、複勝率53.8％、単勝回収値251、複勝回収値133と、より確実に的中を狙える。

新潟芝2000m（外）　キズナ産駒詳細データ

	1着	2着	3着	4着以下	勝率	連対率	複勝率
牡	1	0	4	7	8.3%	8.3%	41.7%
牝	2	2	1	3	25.0%	50.0%	62.5%
1番人気	0	0	2	0	0.0%	0.0%	100.0%
2～3番人気	2	1	1	2	33.3%	50.0%	66.7%
4～6番人気	0	0	2	5	0.0%	0.0%	28.6%
7～9番人気	1	1	2	0	25.0%	50.0%	50.0%
10番人気～	0	0	0	1	0.0%	0.0%	0.0%

	1着	2着	3着	4着以下	勝率	連対率	複勝率
良	2	1	3	9	13.3%	20.0%	40.0%
稍重	1	1	1	1	25.0%	50.0%	75.0%
重	0	0	0	0	-	-	-
不良	0	0	1	0	0.0%	0.0%	100.0%
2歳	0	0	0	0	-	-	-
3歳	2	0	4	2	25.0%	25.0%	75.0%
4歳以上	1	2	1	8	8.3%	25.0%	33.3%

鞍上 亀田温心騎手でハートも財布も温めよう！

　新潟芝2000m外では関西の若手ジョッキーがランキング1、2位を占めた。馬券的に楽しみなのは2位の亀田温心騎手で、トータル【4 3 2 6】、勝率26.7％、複勝率60.0％、単勝回収値260、複勝回収値140と抜群の成績を記録。22年新潟大賞典でアイコンテーラーが1番人気9着と期待を裏切り、心象を悪くしたファンもいるかもしれないが、それで軽視するのはもったいない。

　1位の西村淳也騎手は、1、2番人気で【5 2 0 3】、勝率50.0％、複勝率70.0％、単勝回収値162、複勝回収値104。3番人気以下の12戦はすべて凡走と妙味には欠けるが、本命・対抗級なら頼りになる存在だ。

新潟芝2000m（外）　亀田温心騎手詳細データ

	1着	2着	3着	4着以下	勝率	連対率	複勝率
牡	2	3	1	4	20.0%	50.0%	60.0%
牝	2	0	1	2	40.0%	40.0%	60.0%
1番人気	1	1	0	1	33.3%	66.7%	66.7%
2～3番人気	0	0	1	1	0.0%	0.0%	50.0%
4～6番人気	2	1	1	1	40.0%	60.0%	80.0%
7～9番人気	1	1	0	0	50.0%	100.0%	100.0%
10番人気～	0	0	0	3	0.0%	0.0%	0.0%

	1着	2着	3着	4着以下	勝率	連対率	複勝率
良	3	1	1	5	30.0%	40.0%	50.0%
稍重	1	1	0	1	33.3%	66.7%	100.0%
重	0	1	0	0	0.0%	100.0%	100.0%
不良	0	0	0	1	0.0%	0.0%	0.0%
2歳	0	0	0	0	-	-	-
3歳	3	0	1	2	50.0%	50.0%	66.7%
4歳以上	1	3	1	4	11.1%	44.4%	55.6%

中7週以上の友道康夫厩舎

　20年新潟記念で2番人気1着のブラヴァス、21年新潟大賞典で1番人気2着のポタジェ、22年新潟記念で9番人気2着のユーキャンスマイルは、いずれもランキング1位の友道康夫厩舎の管理馬。出走間隔に着目して中7週以上に限れば、【3　3　0　7】、勝率23.1%、複勝率46.2%、単勝回収値90、複勝回収値105とずいぶん買いやすくなる。さらに「中7週以上で単勝7倍以内」に絞り込めば勝率37.5%、単勝回収値147と、1着固定も可能だ。

　関東では手塚貴久厩舎が【2　0　4　6】と高確率で馬券になるうえに、21年新潟記念でマイネルファンロンが12番人気1着の大穴まであけている。

新潟芝2000m（外）　友道康夫厩舎詳細データ

	1着	2着	3着	4着以下	勝率	連対率	複勝率
牡	1	3	0	9	7.7%	30.8%	30.8%
牝	2	0	0	2	50.0%	50.0%	50.0%
1番人気	1	2	0	1	25.0%	75.0%	75.0%
2～3番人気	2	0	0	4	33.3%	33.3%	33.3%
4～6番人気	0	0	0	3	0.0%	0.0%	0.0%
7～9番人気	0	1	0	0	0.0%	100.0%	100.0%
10番人気～	0	0	0	3	0.0%	0.0%	0.0%

	1着	2着	3着	4着以下	勝率	連対率	複勝率
良	3	3	0	10	18.8%	37.5%	37.5%
稍重	0	0	0	1	0.0%	0.0%	0.0%
重	0	0	0	0	-	-	-
不良	0	0	0	0	-	-	-
2歳	0	0	0	0	-	-	-
3歳	1	1	0	4	16.7%	33.3%	33.3%
4歳以上	2	2	0	7	18.2%	36.4%	36.4%

総合成績　芝2000m（外）

●種牡馬別　BEST 10

種牡馬名	1着	2着	3着	4着以下	勝率	連対率	複勝率	単勝回収値	複勝回収値
ディープインパクト	7	12	9	61	7.9%	21.3%	31.5%	58	81
ハーツクライ	3	3	1	34	7.3%	14.6%	17.1%	49	43
キズナ	3	2	5	10	15.0%	25.0%	50.0%	163	124
キングカメハメハ	3	2	3	13	14.3%	23.8%	38.1%	38	90
エピファネイア	3	1	4	13	14.3%	19.0%	38.1%	39	68
ルーラーシップ	2	5	1	23	6.5%	22.6%	25.8%	16	35
ハービンジャー	2	1	2	21	7.7%	11.5%	19.2%	20	30
フェノーメノ	2	1	0	7	20.0%	30.0%	30.0%	224	66
ダイワメジャー	2	1	0	3	33.3%	50.0%	50.0%	130	80
スクリーンヒーロー	2	0	4	9	13.3%	13.3%	40.0%	102	95

●騎手別　BEST 10

騎手名	1着	2着	3着	4着以下	勝率	連対率	複勝率	単勝回収値	複勝回収値
西村淳也	5	2	0	15	22.7%	31.8%	31.8%	73	47
亀田温心	4	3	2	6	26.7%	46.7%	60.0%	260	140
福永祐一	3	4	4	0	27.3%	63.6%	100.0%	97	130
戸崎圭太	3	1	1	6	27.3%	36.4%	45.5%	146	79
吉田隼人	2	2	1	5	20.0%	40.0%	50.0%	123	93
岩田望来	2	2	1	12	11.8%	23.5%	29.4%	133	52
M.デムーロ	2	2	0	5	22.2%	44.4%	44.4%	501	172
丸山元気	2	1	1	10	14.3%	21.4%	28.6%	133	70
横山和生	2	1	0	4	28.6%	42.9%	42.9%	340	125
川田将雅	2	0	1	3	33.3%	33.3%	50.0%	208	76

●厩舎別　BEST 10

厩舎名	1着	2着	3着	4着以下	勝率	連対率	複勝率	単勝回収値	複勝回収値
友道康夫	3	3	0	11	17.6%	35.3%	35.3%	69	80
高橋文雅	3	0	0	6	33.3%	33.3%	33.3%	376	81
藤原英昭	2	2	0	5	22.2%	44.4%	44.4%	277	86
手塚貴久	2	0	4	6	16.7%	16.7%	50.0%	386	152
宗像義忠	2	0	0	8	20.0%	20.0%	20.0%	90	31
池添学	2	0	0	3	40.0%	40.0%	40.0%	90	50
安田隆行	2	0	0	3	40.0%	40.0%	40.0%	334	112
中内田充正	1	2	0	4	14.3%	42.9%	42.9%	108	84
鹿戸雄一	1	2	0	6	11.1%	33.3%	33.3%	44	42
角田晃一	1	2	0	2	20.0%	60.0%	60.0%	114	106

新潟 芝2200m 施行重賞 なし

父 地味ディープインパクトを狙え！

新潟芝2200mで馬券になることが多い種牡馬といえばディープインパクト。ただし、23年は３歳がほとんど存在しないことを忘れてはならない。

肝心なのは古馬の成績だ。その点、このコースのディープ産駒は、４歳以上が【３　３　３　25】、勝率8.8％、複勝率26.5％、単勝回収値115、複勝回収値126としっかり数字を残している。そして注目は、４歳以上のディープ産駒が記録した１～３着９回のうち、８回を４番人気以下が占めること。ローカルの芝2200mに合うのは、典型的なディープではなくジリ脚で人気になりづらいタイプ。手を出しにくいかもしれないが、"地味ディープ"こそ狙い目だ。

新潟芝2200m　ディープインパクト産駒詳細データ

	1着	2着	3着	4着以下	勝率	連対率	複勝率
牡	4	3	3	24	11.8%	20.6%	29.4%
牝	1	2	2	12	5.9%	17.6%	29.4%
1番人気	1	0	1	2	25.0%	25.0%	50.0%
2～3番人気	0	1	1	3	0.0%	20.0%	40.0%
4～6番人気	3	1	2	12	16.7%	22.2%	33.3%
7～9番人気	1	2	0	11	7.1%	21.4%	21.4%
10番人気～	0	1	1	8	0.0%	10.0%	20.0%

	1着	2着	3着	4着以下	勝率	連対率	複勝率
良	3	2	2	21	10.7%	17.9%	25.0%
稍重	1	3	2	9	6.7%	26.7%	40.0%
重	0	0	1	4	0.0%	0.0%	20.0%
不良	1	0	0	2	33.3%	33.3%	33.3%
2歳	0	0	0	0	-	-	-
3歳	2	2	2	11	11.8%	23.5%	35.3%
4歳以上	3	3	3	25	8.8%	17.6%	26.5%

鞍上 継続騎乗の菅原明良騎手

このコースで圧倒的な成績を残していたのが福永祐一騎手だが、22年２月をもって現役を退き、調教師へ転身。もはや騎手として狙うことは叶わない。

ランキング２位以下は２勝ジョッキーが10位まで並び、単勝回収値が軒並み高い。騎乗機会がもっとも多い菅原明良騎手は、新潟芝2200mで次に首位を奪う有力な候補だろう。単勝30倍以内に限れば【２　１　３　７】、勝率15.4％、複勝率46.2％、単勝回収値193、複勝回収値113と立派な数字が出現。さらに、前走から同じ馬に継続騎乗した場合は【２　０　１　１】、単勝回収値627、複勝回収値192と、確実かつ爆発力を備えた一番星が登場するのだった。

新潟芝2200m　菅原明良騎手詳細データ

	1着	2着	3着	4着以下	勝率	連対率	複勝率
牡	2	1	1	7	18.2%	27.3%	36.4%
牝	0	0	2	4	0.0%	0.0%	33.3%
1番人気	0	0	0	0	-	-	-
2～3番人気	1	0	2	1	25.0%	25.0%	75.0%
4～6番人気	1	1	1	4	14.3%	28.6%	42.9%
7～9番人気	0	0	0	4	0.0%	0.0%	0.0%
10番人気～	0	0	0	2	0.0%	0.0%	0.0%

	1着	2着	3着	4着以下	勝率	連対率	複勝率
良	0	1	2	7	0.0%	10.0%	30.0%
稍重	2	0	0	2	50.0%	50.0%	50.0%
重	0	0	1	1	0.0%	0.0%	50.0%
不良	0	0	0	1	0.0%	0.0%	0.0%
2歳	0	0	0	0	-	-	-
3歳	1	0	2	4	14.3%	14.3%	42.9%
4歳以上	1	1	1	7	10.0%	20.0%	30.0%

テキ 1～3番人気の友道康夫厩舎

　ランキング1位の友道康夫厩舎のどこが凄いかといえば、新潟芝2200mに使ってきた5頭がすべて1回は1～3着を記録したこと。すなわち、コース適性の見極めが完璧ということである。良血馬ぞろいで人気になりやすいのは確かだが、1～3番人気なら【2　1　2　0】と確実に馬券圏内を捉えてくる。厚い印を集めている場合は、こちらも素直に本命視しておくのが無難だ。

　集計期間内に毎年馬券になった厩舎はもうひとつあって、それが関東の相沢郁厩舎。M．デムーロ騎手で【1　1　0　1】という成績を残し、馬券にならなかった1走も僅差の4着と、起用時の勝負度合いの高さが伺える。

新潟芝2200m　友道康夫厩舎詳細データ

	1着	2着	3着	4着以下	勝率	連対率	複勝率
牡	2	1	2	2	28.6%	42.9%	71.4%
牝	0	0	0	0	-	-	-
1番人気	2	1	0	0	66.7%	100.0%	100.0%
2～3番人気	0	0	2	0	0.0%	0.0%	100.0%
4～6番人気	0	0	0	1	0.0%	0.0%	0.0%
7～9番人気	0	0	0	1	0.0%	0.0%	0.0%
10番人気～	0	0	0	0	-	-	-

	1着	2着	3着	4着以下	勝率	連対率	複勝率
良	2	1	0	1	50.0%	75.0%	75.0%
稍重	0	0	1	1	0.0%	0.0%	50.0%
重	0	0	0	0	-	-	-
不良	0	0	1	0	0.0%	0.0%	100.0%
2歳	0	0	0	0	-	-	-
3歳	2	1	2	0	40.0%	60.0%	100.0%
4歳以上	0	0	0	2	0.0%	0.0%	0.0%

総合成績　芝2200m

●種牡馬別　BEST 10

種牡馬名	1着	2着	3着	4着以下	勝率	連対率	複勝率	単勝回収値	複勝回収値
ディープインパクト	5	5	5	36	9.8%	19.6%	29.4%	96	111
ルーラーシップ	3	3	1	16	13.0%	26.1%	30.4%	56	73
エピファネイア	2	1	1	12	12.5%	18.8%	25.0%	125	46
ロードカナロア	2	1	1	2	33.3%	50.0%	66.7%	393	411
ドゥラメンテ	2	0	1	10	15.4%	15.4%	23.1%	50	28
ヴィクトワールピサ	1	3	1	11	6.3%	25.0%	31.3%	319	181
ゴールドシップ	1	2	3	22	3.6%	10.7%	21.4%	6	47
マンハッタンカフェ	1	2	1	0	25.0%	75.0%	100.0%	125	175
ヴァンセンヌ	1	2	0	0	33.3%	100.0%	100.0%	86	123
ハーツクライ	1	1	6	24	3.1%	6.3%	25.0%	5	66

●騎手別　BEST 10

騎手名	1着	2着	3着	4着以下	勝率	連対率	複勝率	単勝回収値	複勝回収値
福永祐一	6	0	1	1	75.0%	75.0%	87.5%	350	151
菅原明良	2	1	3	11	11.8%	17.6%	35.3%	147	86
戸崎圭太	2	1	2	4	22.2%	33.3%	55.6%	197	173
M．デムーロ	2	1	0	5	25.0%	37.5%	37.5%	748	226
丹内祐次	2	1	0	5	25.0%	37.5%	37.5%	80	50
津村明秀	2	1	0	8	18.2%	27.3%	27.3%	644	116
菱田裕二	2	1	0	4	28.6%	42.9%	42.9%	128	72
西村淳也	2	0	0	12	14.3%	14.3%	14.3%	196	58
坂井瑠星	2	0	0	4	33.3%	33.3%	33.3%	258	106
鮫島克駿	2	0	0	4	33.3%	33.3%	33.3%	491	101

●厩舎別　BEST 10

厩舎名	1着	2着	3着	4着以下	勝率	連対率	複勝率	単勝回収値	複勝回収値
友道康夫	2	1	2	2	28.6%	42.9%	71.4%	60	101
斉藤崇史	2	1	1	4	25.0%	37.5%	50.0%	55	65
相沢郁	2	1	0	6	22.2%	33.3%	33.3%	587	181
久保田貴士	2	0	0	3	40.0%	40.0%	40.0%	102	52
林徹	2	0	0	0	100.0%	100.0%	100.0%	820	320
鹿戸雄一	1	2	0	3	16.7%	50.0%	50.0%	43	61
池上昌和	1	1	1	2	20.0%	40.0%	60.0%	430	366
高木登	1	1	0	5	14.3%	28.6%	28.6%	27	51
清水久詞	1	1	0	6	12.5%	25.0%	25.0%	75	41
野中賢二	1	1	0	0	50.0%	100.0%	100.0%	250	140

新潟芝2200m

新潟 芝2400m

NIIGATA

施行重賞 なし

(父) 未勝利戦以外のルーラーシップ

　新潟芝2400mでランキング１位のルーラーシップは、トータル成績も優秀。気になるのは22年が０勝だったことだが、これは出走４回だったためだろう。それに、勝てなかった23年もリニューが10番人気３着、７番人気３着と激走を繰り返し、適性の一端は見せた。出走が増えれば、自然と勝ち鞍に恵まれるはずだ。

　そして、予想の際に必ず確認しなくてはならないのがクラス。通常このコースで組まれるのは未勝利戦と１勝クラスだが、未勝利戦は【０　０　１　９】とサッパリなのだ。未勝利戦さえ除けば【３　２　３　６】、勝率21.4％、複勝率57.1％、単勝回収値256、複勝回収値312。大楽勝が完全に視野に入った。

新潟芝2400m　ルーラーシップ産駒詳細データ

	1着	2着	3着	4着以下	勝率	連対率	複勝率
牡	1	2	4	10	5.9%	17.6%	41.2%
牝	2	0	0	5	28.6%	28.6%	28.6%
1番人気	1	0	1	0	50.0%	50.0%	100.0%
2～3番人気	1	1	1	3	16.7%	33.3%	50.0%
4～6番人気	0	1	0	3	0.0%	25.0%	25.0%
7～9番人気	1	0	1	4	16.7%	16.7%	33.3%
10番人気～	0	0	1	5	0.0%	0.0%	16.7%

	1着	2着	3着	4着以下	勝率	連対率	複勝率
良	2	2	4	13	9.5%	19.0%	38.1%
稍重	1	0	0	2	33.3%	33.3%	33.3%
重	0	0	0	0	-	-	-
不良	0	0	0	0	-	-	-
2歳	0	0	0	0	-	-	-
3歳	0	1	3	11	0.0%	6.7%	26.7%
4歳以上	3	1	1	4	33.3%	44.4%	55.6%

(鞍上) 1～3番人気の戸崎圭太騎手

　唯一の３勝ジョッキーとなった戸崎圭太騎手は異なる３頭で、毎年１勝ずつ挙げ、【３　０　１　３】というトータル成績を記録。さらに、馬券にならなかった３戦も４着２回、５着１回と掲示板は確保しており、まったく勝負にならなかったレースは一度もなかった。馬券になったのは１～３番人気に限られ、大穴までは期待しづらいかもしれないが、手堅く的中を目指すのであれば戸崎騎手以上の存在は見当たらない。

　穴を狙うのであれば、いずれも２勝を挙げた坂井瑠星騎手、西村淳也騎手、勝浦正樹騎手の単勝回収値が抜群。適材適所で上手に使い分けていきたい。

新潟芝2400m　戸崎圭太騎手詳細データ

	1着	2着	3着	4着以下	勝率	連対率	複勝率
牡	1	0	0	1	50.0%	50.0%	50.0%
牝	2	0	1	2	40.0%	40.0%	60.0%
1番人気	2	0	0	1	66.7%	66.7%	66.7%
2～3番人気	1	0	1	0	50.0%	50.0%	100.0%
4～6番人気	0	0	0	0	-	-	-
7～9番人気	0	0	0	2	0.0%	0.0%	0.0%
10番人気～	0	0	0	0	-	-	-

	1着	2着	3着	4着以下	勝率	連対率	複勝率
良	1	0	1	3	20.0%	20.0%	40.0%
稍重	2	0	0	0	100.0%	100.0%	100.0%
重	0	0	0	0	-	-	-
不良	0	0	0	0	-	-	-
2歳	0	0	0	0	-	-	-
3歳	3	0	1	2	50.0%	50.0%	66.7%
4歳以上	0	0	0	1	0.0%	0.0%	0.0%

人気薄でも清水英克厩舎！

集計期間内に組まれたのが20レースと少なく、最多出走の厩舎でも7走どまり。正直、傾向を読み取るのは難しい。データの分析というより、目についた厩舎の羅列のようなかたちになってしまうことをお許しいただきたい。

まずは、唯一の2勝厩舎で、単勝回収値1595の吉岡辰弥厩舎。2勝は同一馬によるもので、再現性という点では微妙だが、使ってきたら注目はしたい。もうひとつは、1～3着を唯一3回記録した清水英克厩舎。好走3回は13番人気、10番人気、7番人気と穴馬ばかりで、トータル【1　0　2　2】、単勝回収値2124、複勝回収値932と爆発。こちらも軽視はしないほうがいいだろう。

新潟芝2400m　清水英克厩舎詳細データ

	1着	2着	3着	4着以下	勝率	連対率	複勝率
牡	1	0	2	2	20.0%	20.0%	60.0%
牝	0	0	0	0	-	-	-
1番人気	0	0	0	1	0.0%	0.0%	0.0%
2～3番人気	0	0	0	0	-	-	-
4～6番人気	0	0	0	0	-	-	-
7～9番人気	0	0	1	1	0.0%	0.0%	50.0%
10番人気～	1	0	1	0	50.0%	50.0%	100.0%

	1着	2着	3着	4着以下	勝率	連対率	複勝率
良	1	0	2	1	25.0%	25.0%	75.0%
稍重	0	0	0	0	-	-	-
重	0	0	0	0	-	-	-
不良	0	0	0	1	0.0%	0.0%	0.0%
2歳	0	0	0	0	-	-	-
3歳	1	0	2	1	25.0%	25.0%	75.0%
4歳以上	0	0	0	1	0.0%	0.0%	0.0%

総合成績　芝2400m

●種牡馬別　BEST10

種牡馬名	1着	2着	3着	4着以下	勝率	連対率	複勝率	単勝回収値	複勝回収値
ルーラーシップ	3	2	4	15	12.5%	20.8%	37.5%	149	188
ディープインパクト	2	2	3	20	7.4%	14.8%	25.9%	35	159
ゴールドシップ	2	2	0	17	9.5%	19.0%	19.0%	528	132
ハービンジャー	2	1	3	13	10.5%	15.8%	31.6%	136	131
オルフェーヴル	2	0	1	9	16.7%	16.7%	25.0%	43	35
エピファネイア	2	0	1	4	28.6%	28.6%	42.9%	215	84
ハーツクライ	1	2	1	15	5.3%	15.8%	21.1%	26	47
キングカメハメハ	1	0	0	13	7.1%	7.1%	7.1%	32	12
ブラックタイド	1	0	0	5	16.7%	16.7%	16.7%	308	103
ヴィクトワールピサ	1	0	0	2	33.3%	33.3%	33.3%	143	60

●騎手別　BEST10

騎手名	1着	2着	3着	4着以下	勝率	連対率	複勝率	単勝回収値	複勝回収値
戸崎圭太	3	0	1	3	42.9%	42.9%	57.1%	121	84
坂井瑠星	2	0	1	1	50.0%	50.0%	75.0%	575	230
西村淳也	2	0	0	4	33.3%	33.3%	33.3%	506	138
勝浦正樹	2	0	0	2	50.0%	50.0%	50.0%	667	142
菅原明良	1	2	0	8	9.1%	27.3%	27.3%	36	70
吉田隼人	1	1	1	4	14.3%	28.6%	42.9%	72	81
藤田菜七子	1	1	0	5	14.3%	28.6%	28.6%	68	62
内田博幸	1	1	0	1	33.3%	66.7%	66.7%	120	276
原優介	1	0	2	6	11.1%	11.1%	33.3%	80	153
秋山真一郎	1	0	1	1	33.3%	33.3%	66.7%	143	206

●厩舎別　BEST10

厩舎名	1着	2着	3着	4着以下	勝率	連対率	複勝率	単勝回収値	複勝回収値
吉岡辰弥	2	0	0	0	100.0%	100.0%	100.0%	1595	415
寺島良	1	1	0	4	16.7%	33.3%	33.3%	223	133
友道康夫	1	1	0	1	33.3%	66.7%	66.7%	83	133
水野貴広	1	1	0	0	50.0%	100.0%	100.0%	360	445
宮本博	1	0	0	0	50.0%	100.0%	100.0%	520	200
清水英克	1	0	2	2	20.0%	20.0%	60.0%	2124	932
黒岩陽一	1	0	1	2	25.0%	25.0%	50.0%	55	72
国枝栄	1	0	1	2	25.0%	25.0%	50.0%	100	80
久保田貴士	1	0	0	3	25.0%	25.0%	25.0%	42	27
根本康広	1	0	0	2	33.3%	33.3%	33.3%	160	60

新潟芝2400m

施行重賞 なし

父 キンシャサノキセキは中3週以上か良馬場狙い

　新潟ダート1200mの出走数、1着数、1～3着数のどれをとっても最多なのがヘニーヒューズで、2番目なのがキンシャサノキセキである。どちらも馬券を的中させるためには重要な存在というのは変わらない。ただし、儲けるという点で優位に立つのは明らかにキンシャサノキセキのほうだ。

　産駒は全部で120走して、1～3着を綺麗に12回ずつ記録した。そのためトータル成績は、【12 12 12 84】と数字が揃って妙に見栄えがいい。もちろん見た目だけでなく、勝率10.0%、複勝率30.0%、単勝回収値81、複勝回収値116は水準以上の優秀なものだ。

　儲けるための手段は複数あり、ひとつは出走間隔。中2週以内の詰めた間隔で使うと【3 3 5 30】、勝率7.3%、複勝率26.8%、単勝回収値23、複勝回収値47とイマイチ。中3週以上もしくは初出走なら【9 9 7 54】、勝率11.4%、複勝率31.6%、単勝回収値111、複勝回収値152で、だいぶ有利な条件で狙っていける。

　馬場状態も重要で、乾いた馬場ほど買える。良馬場なら【11 10 5 45】、勝率15.5%、複勝率36.6%、単勝回収値133、複勝回収値136。これが稍重になると【0 0 5 15】、複勝率25.0%、複勝回収値136で、妙味あるヒモとしての価値はある。しかし、重または不良まで悪化すると【1 2 2 24】、勝率3.4%、複勝率17.2%、単勝回収値9、複勝回収値54。割引も仕方なしだ。

新潟ダ1200m　キンシャサノキセキ産駒詳細データ

	1着	2着	3着	4着以下	勝率	連対率	複勝率
牡	4	7	8	33	7.7%	21.2%	36.5%
牝	8	5	4	51	11.8%	19.1%	25.0%
1番人気	4	1	0	4	44.4%	55.6%	55.6%
2～3番人気	2	2	4	10	11.1%	22.2%	44.4%
4～6番人気	5	6	4	17	15.6%	34.4%	46.9%
7～9番人気	1	2	2	16	4.8%	14.3%	23.8%
10番人気～	0	1	2	37	0.0%	2.5%	7.5%

	1着	2着	3着	4着以下	勝率	連対率	複勝率
良	11	10	5	45	15.5%	29.6%	36.6%
稍重	0	0	5	15	0.0%	0.0%	25.0%
重	1	2	2	14	5.3%	15.8%	26.3%
不良	0	0	0	10	0.0%	0.0%	0.0%
2歳	4	4	1	7	25.0%	50.0%	56.3%
3歳	3	3	3	30	7.7%	15.4%	23.1%
4歳以上	5	5	8	47	7.7%	15.4%	27.7%

父 ゴールドアリュールの後継に注目！

このコースで侮れないのが、ゴールドアリュールの後継にあたる２頭の種牡馬だ。ランキング６位のエスポワールシチーは、トータル【６　６　３　30】、勝率13.3％、複勝率33.3％、単勝回収値129、複勝回収値104のハイレベルな成績を記録した。取捨のポイントはふたつで、好走は１勝クラスまでの下級戦に限られることと、稍重〜不良馬場では成績を落とすこと。すなわち、「新馬戦・未勝利戦・１勝クラスで良馬場」を狙えば【６　４　１　13】、勝率25.0％、複勝率45.8％、単勝回収値243、複勝回収値150と資金倍増が実現する。

もう１頭のスマートファルコンは、単勝30倍以内で【５　２　０　７】、勝率35.7％、複勝50.0％、単勝回収値338、複勝回収値114。こちらもオススメだ。

新潟ダ1200m　エスポワールシチー産駒詳細データ

	1着	2着	3着	4着以下	勝率	連対率	複勝率
牡	4	1	2	15	18.2%	22.7%	31.8%
牝	2	5	1	15	8.7%	30.4%	34.8%
1番人気	0	0	1	3	0.0%	0.0%	25.0%
2〜3番人気	3	3	1	4	27.3%	54.5%	63.6%
4〜6番人気	2	0	1	11	14.3%	14.3%	21.4%
7〜9番人気	1	2	0	4	14.3%	42.9%	42.9%
10番人気〜	0	1	0	8	0.0%	11.1%	11.1%

	1着	2着	3着	4着以下	勝率	連対率	複勝率
良	6	4	1	15	23.1%	38.5%	42.3%
稍重	0	1	2	9	0.0%	8.3%	25.0%
重	0	1	0	5	0.0%	16.7%	16.7%
不良	0	0	0	1	0.0%	0.0%	0.0%
2歳	2	1	0	2	40.0%	60.0%	60.0%
3歳	2	3	2	13	10.0%	25.0%	35.0%
4歳以上	2	2	1	15	10.0%	20.0%	25.0%

鞍上 平場戦の今村聖奈騎手

22年の競馬界で大きな話題となったのが、ルーキー・今村聖奈騎手の活躍だ。春秋の裏開催を中心に新潟への参戦も多く、１年のみの騎乗ながら当コースではランキング４位という大躍進。当然、トータル成績は【10　４　２　16】、勝率31.3％、複勝率50.0％、単勝回収値125、複勝回収値88と優秀だ。

平均3.7番人気と、新人離れした騎乗馬が集まったのは間違いない。とはいえ、１番人気で【６　１　１　１】、２番人気で【３　１　１　２】と、しっかり期待に応えてみせた。特別戦の騎乗は１戦のみで、ひとまずは減量特典のある平場戦中心に狙うことになるが、23年から斤量が概ね１キロ増える規則の変更もあり、女性騎手の２キロ減もある今村騎手のニーズは変わらず高いだろう。

新潟ダ1200m　今村聖奈騎手詳細データ

	1着	2着	3着	4着以下	勝率	連対率	複勝率
牡	2	3	1	5	18.2%	45.5%	54.5%
牝	8	1	1	11	38.1%	42.9%	47.6%
1番人気	6	1	1	1	66.7%	77.8%	88.9%
2〜3番人気	3	1	1	4	33.3%	44.4%	55.6%
4〜6番人気	1	2	0	6	11.1%	33.3%	33.3%
7〜9番人気	0	0	0	4	0.0%	0.0%	0.0%
10番人気〜	0	0	0	1	0.0%	0.0%	0.0%

	1着	2着	3着	4着以下	勝率	連対率	複勝率
良	7	1	2	9	36.8%	42.1%	52.6%
稍重	3	3	0	7	23.1%	46.2%	46.2%
重	0	0	0	0	-	-	-
不良	0	0	0	0	-	-	-
2歳	1	0	1	3	20.0%	20.0%	40.0%
3歳	7	1	1	9	38.9%	44.4%	50.0%
4歳以上	2	3	0	4	22.2%	55.6%	55.6%

新潟ダ1200m　161

テキ 穴厩舎・田島俊明厩舎を徹底マーク

　優秀な成績を収めている厩舎が多く、嬉しい悲鳴をあげてしまった。となればシンプルに儲かるかどうか、すなわち回収値で決めるのがいいだろう。

　ランキング３位の田島俊明厩舎は、【６　２　４　22】、勝率17.6％、複勝率35.3％、単勝回収値308、複勝回収値142というトータル成績。全６勝中４勝が７番人気以下と穴をあけまくり、抜群の回収値をマークするに至った。クラス別成績を見ると、新馬戦・未勝利戦は【１　１　３　11】、勝率6.3％、複勝率31.3％、単勝回収値18、複勝回収値80とごく普通。激走を連発しているのは１勝・２勝クラスで、該当馬は【５　１　１　11】、勝率27.8％、複勝率38.9％、単勝回収値566、複勝回収値198。勝ち上がり済みの管理馬を狙い撃ちだ。

新潟ダ1200m　田島俊明厩舎詳細データ

	1着	2着	3着	4着以下	勝率	連対率	複勝率
牡	3	1	1	8	23.1%	30.8%	38.5%
牝	3	1	3	14	14.3%	19.0%	33.3%
1番人気	1	1	0	4	16.7%	33.3%	33.3%
2～3番人気	1	1	1	1	25.0%	50.0%	75.0%
4～6番人気	0	0	1	4	0.0%	0.0%	20.0%
7～9番人気	2	0	2	5	22.2%	22.2%	44.4%
10番人気～	2	0	0	8	20.0%	20.0%	20.0%

	1着	2着	3着	4着以下	勝率	連対率	複勝率
良	3	2	2	12	15.8%	26.3%	36.8%
稍重	3	0	1	7	27.3%	27.3%	36.4%
重	0	0	1	2	0.0%	0.0%	33.3%
不良	0	0	0	1	0.0%	0.0%	0.0%
2歳	0	0	3	4	0.0%	0.0%	42.9%
3歳	3	2	1	13	15.8%	26.3%	31.6%
4歳以上	3	0	0	5	37.5%	37.5%	37.5%

父 この父も買い！
- ロードカナロア（単勝10倍以内【8　3　2　24】）
- ストロングリターン（単勝15倍以内【7　7　3　11】）
- シニスターミニスター（平場戦【4　5　4　29】）

鞍上 この鞍上も買い！
- 菅原明良（単勝20倍以内【15　12　7　44】）
- 津村明秀（平場戦【8　7　2　32】）
- 藤田菜七子（1、2番人気【8　2　1　7】）

テキ このテキも買い！
- 牧光二（中8週以内【5　6　0　12】）
- 竹内正洋（1～5番人気【5　2　2　3】）
- 菊沢隆徳（中3週以上【4　2　2　8】）

父 この父は消し！
- ミッキーアイル（単勝7倍超【0　0　0　21】）
- キズナ（1～6枠【0　1　0　27】）
- パイロ（1～5番人気【0　2　2　17】）

鞍上 この鞍上は消し！
- 石川裕紀人（トータル【0　1　0　26】）
- 丹内祐次（単勝5倍超【0　1　3　51】）
- 富田暁（トータル【0　1　3　43】）

テキ このテキは消し！
- 加藤征弘（1～5番人気【0　0　0　7】）
- 栗田徹（単勝7倍以内【0　0　0　7】）
- 牧浦充徳（4番人気以下【0　0　2　24】）

総合成績　ダ1200m

●種牡馬別　BEST 15

種牡馬名	1着	2着	3着	4着以下	勝率	連対率	複勝率	単勝回収値	複勝回収値
ヘニーヒューズ	12	16	13	110	7.9%	18.5%	27.2%	44	73
キンシャサノキセキ	12	12	12	84	10.0%	20.0%	30.0%	81	116
サウスヴィグラス	10	8	9	76	9.7%	17.5%	26.2%	39	57
ロードカナロア	9	8	5	73	9.5%	17.9%	23.2%	64	70
ストロングリターン	7	7	3	45	11.3%	22.6%	27.4%	68	52
エスポワールシチー	6	6	3	30	13.3%	26.7%	33.3%	129	104
ダイワメジャー	6	2	0	39	12.8%	17.0%	17.0%	75	33
ディスクリートキャット	6	1	2	24	18.2%	21.2%	27.3%	144	66
スマートファルコン	5	2	0	20	18.5%	25.9%	25.9%	175	59
オルフェーヴル	5	1	0	29	14.3%	17.1%	17.1%	222	72
シニスターミニスター	4	5	5	33	8.5%	19.1%	29.8%	93	141
マクフィ	4	3	1	24	12.5%	21.9%	25.0%	94	97
メイショウボーラー	4	2	2	33	9.8%	14.6%	19.5%	109	68
スクリーンヒーロー	3	5	4	29	7.3%	19.5%	29.3%	19	72
クロフネ	3	3	3	27	8.3%	16.7%	25.0%	132	86

●騎手別　BEST 15

騎手名	1着	2着	3着	4着以下	勝率	連対率	複勝率	単勝回収値	複勝回収値
菅原明良	15	13	8	90	11.9%	22.2%	28.6%	59	67
藤田菜七子	11	6	4	74	11.6%	17.9%	22.1%	51	45
吉田隼人	10	9	2	23	22.7%	43.2%	47.7%	110	84
今村聖奈	10	4	2	16	31.3%	43.8%	50.0%	125	88
津村明秀	9	7	4	45	13.8%	24.6%	30.8%	120	118
三浦皇成	8	6	5	33	15.4%	26.9%	36.5%	90	78
亀田温心	8	4	4	54	11.4%	17.1%	22.9%	95	116
岩田望来	8	3	10	39	13.3%	18.3%	35.0%	61	136
川須栄彦	7	1	2	17	25.9%	29.6%	37.0%	264	90
鮫島克駿	6	7	3	33	12.2%	26.5%	32.7%	99	93
斎藤新	5	7	3	72	5.7%	13.8%	17.2%	32	45
戸崎圭太	5	6	2	28	12.2%	26.8%	31.7%	85	86
秋山稔樹	5	3	7	65	6.3%	10.0%	18.8%	27	52
武藤雅	5	2	4	38	10.2%	14.3%	22.4%	102	84
西村淳也	4	11	4	59	5.2%	19.5%	23.4%	26	68

●厩舎別　BEST 15

厩舎名	1着	2着	3着	4着以下	勝率	連対率	複勝率	単勝回収値	複勝回収値
安田隆行	6	4	0	24	17.6%	29.4%	29.4%	75	50
宮本博	6	3	0	12	28.6%	42.9%	42.9%	180	86
田島俊明	6	2	4	22	17.6%	23.5%	35.3%	308	142
牧光二	5	7	1	17	16.7%	40.0%	43.3%	81	92
羽月友彦	5	3	3	12	21.7%	34.8%	47.8%	233	144
竹内正洋	5	3	2	25	14.3%	22.9%	28.6%	85	67
菊沢隆徳	5	2	2	16	20.0%	28.0%	36.0%	272	186
中舘英二	5	2	1	16	20.8%	29.2%	33.3%	211	125
佐々木晶三	5	2	0	6	38.5%	53.8%	53.8%	275	108
北出成人	5	1	2	18	19.2%	23.1%	30.8%	105	67
松下武士	5	0	1	7	38.5%	38.5%	46.2%	288	113
清水久詞	4	3	0	10	23.5%	41.2%	41.2%	234	106
武藤善則	4	2	5	35	8.7%	13.0%	23.9%	42	70
斎藤誠	3	6	1	25	8.6%	25.7%	28.6%	45	64
飯田祐史	3	3	1	19	11.5%	23.1%	26.9%	22	61

新潟ダ1200m

父 外枠、単勝15倍以内のオルフェーヴル

　芝も走れるタイプが上位に多く並ぶのが、新潟ダート1800mの種牡馬ランキングの特徴だ。そのなかで1位になったのがオルフェーヴル。集計期間内にこのコースで3勝を挙げ、21年8月28日のリステッド・BSN賞でも2着に入ったベルダーイメルを筆頭に、異なる10頭が最多の14勝をマークした。

　オッズとしては単勝15倍がひとつの目安となる。このラインに収まっていれば【13 10 5 19】、勝率27.7%、複勝率59.6%、単勝回収値153、複勝回収値112と安心して買える。対して、単勝15倍超は【1 1 0 40】、勝率2.4%、複勝率4.8%、単勝回収値103、複勝回収値51。21年9月5日の3歳以上1勝クラスで単勝4360円のパワポケプリメーロなど激走例も皆無ではないが、さすがに確率が低すぎる。まずは単勝15倍以内に狙いを定めたい。

　枠も非常に重要だ。全14勝中12勝を占める5～8枠で【12 7 3 32】、勝率22.2%、複勝率40.7%、単勝回収値200、複勝回収値113。一方の1～4枠では【2 4 2 27】、勝率5.7%、複勝率22.9%、単勝回収値20、複勝回収値38と、比較にならないレベルまで数字が落ちてしまう。

　もちろん、ここまでに述べた買い条件が重なる「5～8枠で単勝15倍以内」を狙うべきで、合致すれば【11 6 3 8】、勝率39.3%、複勝率71.4%、単勝回収値231、複勝回収値141。確実さと爆発力を兼ね備えた堂々たる本命馬として、見つけた瞬間に◎を打っていこう。

新潟ダ1800m　オルフェーヴル産駒詳細データ

	1着	2着	3着	4着以下	勝率	連対率	複勝率
牡	11	9	4	44	16.2%	29.4%	35.3%
牝	3	2	1	15	14.3%	23.8%	28.6%
1番人気	5	1	0	4	50.0%	60.0%	60.0%
2～3番人気	4	7	2	7	20.0%	55.0%	65.0%
4～6番人気	4	0	3	14	19.0%	19.0%	33.3%
7～9番人気	1	2	0	16	5.3%	15.8%	15.8%
10番人気～	0	1	0	18	0.0%	5.3%	5.3%

	1着	2着	3着	4着以下	勝率	連対率	複勝率
良	5	8	3	34	10.0%	26.0%	32.0%
稍重	5	1	0	13	26.3%	31.6%	31.6%
重	2	0	0	9	18.2%	18.2%	18.2%
不良	2	2	2	3	22.2%	44.4%	66.7%
2歳	1	0	0	2	33.3%	33.3%	33.3%
3歳	7	5	3	28	16.3%	27.9%	34.9%
4歳以上	6	6	2	29	14.0%	27.9%	32.6%

(父) 単勝20倍以内、距離変化のキズナ

新潟ダート1800mでランキング2位となったのはキズナ。同じく10勝を挙げ、回収値でも優位に立つキングカメハメハという手もあるが、年を追うごとに出走数が減少しており、今回は将来性込みでキズナを選択した。

トータルの回収値は単勝55、複勝64。物足りない数字であるのは明らかだが、単勝20倍以内に限れば【10 8 6 23】、勝率21.3%、複勝率51.1%、単勝回収値92、複勝回収値106と大幅に改善する。そして、前走から距離を変えた産駒が優秀な成績を残していることを加味した「距離延長または短縮で単勝20倍以内」を狙っていけば、【7 3 3 12】、勝率28.0%、複勝率52.0%、単勝回収値137、複勝回収値120。エレガントに勝ちたければ、キズナだ。

新潟ダ1800m　キズナ産駒詳細データ

	1着	2着	3着	4着以下	勝率	連対率	複勝率
牡	7	5	5	36	13.2%	22.6%	32.1%
牝	3	3	1	18	12.0%	24.0%	28.0%
1番人気	5	2	1	0	62.5%	87.5%	100.0%
2～3番人気	3	3	1	12	15.8%	31.6%	36.8%
4～6番人気	2	3	4	11	10.0%	25.0%	45.0%
7～9番人気	0	0	0	15	0.0%	0.0%	0.0%
10番人気～	0	0	0	16	0.0%	0.0%	0.0%

	1着	2着	3着	4着以下	勝率	連対率	複勝率
良	4	3	4	27	10.5%	18.4%	28.9%
稍重	4	4	0	14	18.2%	36.4%	36.4%
重	2	1	1	5	22.2%	33.3%	44.4%
不良	0	0	1	8	0.0%	0.0%	11.1%
2歳	1	0	0	2	33.3%	33.3%	33.3%
3歳	5	7	5	32	10.2%	24.5%	34.7%
4歳以上	4	1	1	20	15.4%	19.2%	23.1%

(鞍上) 夏の内田博幸騎手、秋冬は斎藤新騎手

夏の表開催と、春秋の裏開催では買えるジョッキーの顔ぶれがガラっと変わってくる。夏に注目したいのは内田博幸騎手。トータル【7 1 3 51】、勝率11.3%、複勝率17.7%、単勝回収値296、複勝回収値80という成績で、とにかく破壊力がある。7勝中6勝を占める未勝利戦で狙っていくのが基本となり、なおかつ3～6枠なら【6 0 1 12】、勝率31.6%、複勝率36.8%、単勝回収値680、複勝回収値161。中枠からの一発にしっかり注意を払いたい。

春秋では関西の若手・斎藤新騎手。父が斎藤誠調教師で、関東圏でもしっかり馬を確保できる強みを持ち、単勝15倍以内で【10 3 2 19】、勝率29.4%、複勝率44.1%、単勝回収値212、複勝回収値105と確実に仕事をしてくれる。

新潟ダ1800m　内田博幸騎手詳細データ

	1着	2着	3着	4着以下	勝率	連対率	複勝率
牡	6	0	3	38	12.8%	12.8%	19.1%
牝	1	1	0	13	6.7%	13.3%	13.3%
1番人気	2	0	0	0	100.0%	100.0%	100.0%
2～3番人気	1	0	3	2	16.7%	16.7%	66.7%
4～6番人気	1	1	0	8	10.0%	20.0%	20.0%
7～9番人気	1	0	0	18	5.3%	5.3%	5.3%
10番人気～	2	0	0	23	8.0%	8.0%	8.0%

	1着	2着	3着	4着以下	勝率	連対率	複勝率
良	4	1	1	21	14.8%	18.5%	22.2%
稍重	1	0	2	21	4.2%	4.2%	12.5%
重	0	0	0	8	0.0%	0.0%	0.0%
不良	2	0	0	1	66.7%	66.7%	66.7%
2歳	0	0	1	5	0.0%	0.0%	16.7%
3歳	6	0	1	24	19.4%	19.4%	22.6%
4歳以上	1	1	1	22	4.0%	8.0%	12.0%

新潟ダ1800m　165

斎藤誠厩舎×斎藤新騎手

　騎手の欄でも名前を出した斎藤誠厩舎が集計期間内トップの7勝をマークした。【7　1　2　27】、勝率18.9%、複勝率27.0%、単勝回収値112、複勝回収値51というトータル成績で、1着固定で思い切って狙ったほうが儲けやすい。問題は勝ち切れるタイミングということになるが、わかりやすいのは子息である斎藤新騎手の起用時。【4　0　0　6】と極端ながらも単勝回収値309に達し、アタマで狙っていく価値は間違いなくある。

　出走期間も参考になり、中2〜5週で【4　0　2　5】、勝率36.4%、複勝率54.5%、単勝回収値202、複勝回収値101。また、初出走も7戦2勝、単勝回収値202。このどちらかに合致すれば、勝算は著しく高まるはずだ。

新潟ダ1800m　斎藤誠厩舎詳細データ

	1着	2着	3着	4着以下	勝率	連対率	複勝率
牡	3	0	2	24	10.3%	10.3%	17.2%
牝	4	1	0	3	50.0%	62.5%	62.5%
1番人気	1	1	0	0	50.0%	100.0%	100.0%
2〜3番人気	4	0	2	6	33.3%	33.3%	50.0%
4〜6番人気	2	0	0	6	25.0%	25.0%	25.0%
7〜9番人気	0	0	0	6	0.0%	0.0%	0.0%
10番人気〜	0	0	0	9	0.0%	0.0%	0.0%

	1着	2着	3着	4着以下	勝率	連対率	複勝率
良	4	0	1	16	19.0%	19.0%	23.8%
稍重	2	0	1	4	28.6%	28.6%	42.9%
重	0	0	0	7	0.0%	12.5%	12.5%
不良	1	0	0	0	100.0%	100.0%	100.0%
2歳	0	0	0	6	33.3%	33.3%	33.3%
3歳	4	1	0	14	21.1%	26.3%	26.3%
4歳以上	0	0	2	7	0.0%	0.0%	22.2%

◯

父　この父も買い！
- ハーツクライ（単勝10倍以内【8　2　4　14】）
- パイロ（単勝100倍以内【7　6　7　46】）
- モーリス（中3週以上【5　3　2　11】）

鞍上　この鞍上も買い！
- 吉田隼人（単勝20倍以内【12　11　2　19】）
- 西村淳也（単勝30倍以内【12　10　6　49】）
- 丹内祐次（単勝50倍以内【10　5　3　47】）

テキ　このテキも買い！
- 中竹和也（中8週以内【5　2　5　15】）
- 加藤士津八（1〜3番人気【4　4　5　5】）
- 中川公成（中8週以内【5　0　2　12】）

×

父　この父は消し！
- エピファネイア（平場戦【0　0　2　24】）
- ロードカナロア（1〜4枠【0　1　2　23】）
- ダイワメジャー（1〜4枠【0　2　0　18】）

鞍上　この鞍上は消し！
- 岩田康誠（4番人気以下【0　0　0　20】）
- 田辺裕信（単勝7倍超【0　0　1　14】）
- 菅原明良（1、2枠【0　1　2　19】）

テキ　このテキは消し！
- 高木登（未勝利戦以外【0　0　0　15】）
- 久保田貴士（マイナス馬体重【0　0　2　20】）
- 戸田博文（中3週以上【0　2　1　23】）

総合成績　ダ1800m

◉種牡馬別　BEST 15

種牡馬名	1着	2着	3着	4着以下	勝率	連対率	複勝率	単勝回収値	複勝回収値
オルフェーヴル	14	11	5	59	15.7%	28.1%	33.7%	129	83
キズナ	10	8	6	54	12.8%	23.1%	30.8%	55	64
キングカメハメハ	10	3	5	49	14.9%	19.4%	26.9%	92	71
ハーツクライ	8	6	7	60	9.9%	17.3%	25.9%	40	59
アイルハヴアナザー	8	6	6	56	10.5%	18.4%	26.3%	116	99
ルーラーシップ	7	13	10	102	5.3%	15.2%	22.7%	52	80
ヘニーヒューズ	7	10	3	65	8.2%	20.0%	23.5%	43	55
パイロ	7	6	7	55	9.3%	17.3%	26.7%	70	99
キンシャサノキセキ	7	0	3	34	15.9%	15.9%	22.7%	113	95
エスケンデレヤ	6	1	3	35	13.3%	15.6%	22.2%	63	48
スクリーンヒーロー	5	8	8	27	10.4%	27.1%	43.8%	45	108
モーリス	5	6	2	18	16.1%	35.5%	41.9%	130	164
ゴールドアリュール	5	5	7	49	7.6%	15.2%	25.8%	45	82
ドゥラメンテ	5	5	5	31	10.9%	21.7%	32.6%	43	58
ディープインパクト	5	0	3	44	9.6%	9.6%	15.4%	147	59

◉騎手別　BEST 15

騎手名	1着	2着	3着	4着以下	勝率	連対率	複勝率	単勝回収値	複勝回収値
西村淳也	12	12	7	73	11.5%	23.1%	29.8%	86	93
吉田隼人	12	11	3	24	24.0%	46.0%	52.0%	87	95
斎藤新	11	5	2	62	13.8%	20.0%	22.5%	117	65
丹内祐次	10	5	5	62	12.2%	18.3%	24.4%	133	75
鮫島克駿	9	10	8	40	13.4%	28.4%	40.3%	141	89
津村明秀	8	7	11	56	9.8%	18.3%	31.7%	115	86
戸崎圭太	8	4	7	32	15.7%	23.5%	37.3%	90	70
三浦皇成	7	10	7	38	11.3%	27.4%	38.7%	85	84
秋山稔樹	7	5	7	60	8.9%	15.2%	24.1%	208	149
岩田望来	7	3	8	40	12.1%	17.2%	31.0%	58	58
泉谷楓真	7	3	4	38	13.5%	19.2%	26.9%	68	88
福永祐一	7	1	5	17	23.3%	26.7%	43.3%	52	77
内田博幸	7	1	3	51	11.3%	12.9%	17.7%	296	80
菅原明良	6	10	16	118	4.0%	10.7%	21.3%	30	48
M．デムーロ	5	5	2	23	14.3%	28.6%	34.3%	98	78

◉厩舎別　BEST 15

厩舎名	1着	2着	3着	4着以下	勝率	連対率	複勝率	単勝回収値	複勝回収値
斎藤誠	7	1	2	27	18.9%	21.6%	27.0%	112	51
中竹和也	5	2	6	21	14.7%	20.6%	38.2%	50	126
中川公成	5	0	2	24	16.1%	16.1%	22.6%	120	68
奥村豊	5	0	1	19	20.0%	20.0%	24.0%	91	43
平田修	5	0	1	15	23.8%	23.8%	28.6%	103	50
加藤士津八	4	5	6	28	9.3%	20.9%	34.9%	40	79
西園正都	4	3	1	14	18.2%	31.8%	36.4%	102	76
安田隆行	4	3	0	14	19.0%	33.3%	33.3%	135	85
鈴木孝志	4	3	0	8	26.7%	46.7%	46.7%	67	63
田中博康	4	2	4	23	12.1%	18.2%	30.3%	53	66
加藤征弘	4	2	2	22	13.3%	20.0%	26.7%	174	70
牧光二	4	2	2	17	16.0%	24.0%	32.0%	330	103
松永幹夫	4	1	4	17	15.4%	19.2%	34.6%	93	138
田村康仁	4	1	3	36	9.1%	11.4%	18.2%	386	82
岡田稲男	4	0	1	10	26.7%	26.7%	33.3%	138	58

新潟ダ1800m

HORSE OWNER

馬主 実はご当地馬主、社台レースホースのダートに注目

　大手クラブ馬主の社台レースホースは新潟馬主協会所属のご当地馬主。芝の成績はイマイチで狙いづらいのだが、ダートに限れば【13 7 19 103】、勝率9.2％、複勝率27.5％、単勝回収値105、複勝回収値112と面白い存在になる。距離は1200mでも1800mでも、稀に組まれる2500mでもかまわない。

　そのダートで着目すべきは出走間隔である。中3週以上で【12 6 14 70】、勝率11.8％、複勝率31.4％、単勝回収値136、複勝回収値126。特に中3〜7週で【7 1 9 32】、勝率14.3％、複勝率34.7％、単勝回収値208、複勝回収値130と爆発。程よい間隔で出走してきた社台RHの馬を迎撃だ。

新潟　社台レースホース所有馬データ

	1着	2着	3着	4着以下	勝率	連対率	複勝率
牡	11	7	17	120	7.1%	11.6%	22.6%
牝	14	15	13	137	7.8%	16.2%	23.5%
1番人気	9	1	6	13	31.0%	34.5%	55.2%
2〜3番人気	7	7	2	27	16.3%	32.6%	37.2%
4〜6番人気	7	4	11	85	6.5%	10.3%	20.6%
7〜9番人気	1	7	7	67	1.2%	9.8%	18.3%
10番人気〜	1	3	4	65	1.4%	5.5%	11.0%

	1着	2着	3着	4着以下	勝率	連対率	複勝率
新馬	3	3	1	18	12.0%	24.0%	28.0%
未勝利	12	8	13	93	9.5%	15.9%	26.2%
1勝クラス	6	6	11	97	5.0%	10.0%	19.2%
2勝クラス	3	3	4	23	9.1%	18.2%	30.3%
3勝クラス	1	1	0	12	7.1%	14.3%	14.3%
オープン特別	0	0	0	6	0.0%	0.0%	0.0%
重賞	0	1	1	8	0.0%	10.0%	20.0%

馬主 芝1800m以上のゴドルフィン

　馬主ランキング5位のゴドルフィンは、【23 16 14 167】、勝率10.5％、複勝率24.1％、単勝回収値117、複勝回収値74というトータル成績を記録。傾向が出ているのは芝の距離別で、芝1800〜2400mは【10 5 3 33】、勝率19.6％、複勝率35.3％、単勝回収値263、複勝回収値121と圧巻。しかし、芝1000〜1600mは【3 6 8 78】、勝率3.2％、複勝率18.3％、単勝回収値39、複勝回収値44とサッパリ。新潟芝のゴドルフィンは、1800m以上で狙うのが鉄則だ。

　一方、ダートは距離はあまり気にせず、特別戦の【4 3 3 16】、勝率15.4％、複勝率38.5％、単勝回収値126、複勝回収値161を狙うと効率がいい。

新潟　ゴドルフィン所有馬データ

	1着	2着	3着	4着以下	勝率	連対率	複勝率
牡	17	9	7	108	12.1%	18.4%	23.4%
牝	6	7	7	59	7.6%	16.5%	25.3%
1番人気	5	2	2	10	26.3%	36.8%	47.4%
2〜3番人気	11	6	3	23	25.6%	39.5%	46.5%
4〜6番人気	2	4	6	45	3.5%	10.5%	21.1%
7〜9番人気	3	4	1	32	7.5%	17.5%	20.0%
10番人気〜	2	0	2	57	3.3%	3.3%	6.6%

	1着	2着	3着	4着以下	勝率	連対率	複勝率
新馬	0	1	1	18	0.0%	5.0%	10.0%
未勝利	7	6	4	53	10.0%	18.6%	24.3%
1勝クラス	8	4	3	46	13.1%	19.7%	24.6%
2勝クラス	3	2	2	18	12.0%	20.0%	28.0%
3勝クラス	4	0	2	14	20.0%	20.0%	30.0%
オープン特別	0	2	1	10	0.0%	15.4%	23.1%
重賞	1	1	1	8	9.1%	18.2%	27.3%

馬主 日高系だけに、出走間隔短めのノルマンディーTR

　ノルマンディーサラブレッドレーシングは、新潟で狙ってみたいクラブ馬主のひとつだ。元来よりローカルで稼ぐ傾向があり、オッズである程度まで勝負度合いを見抜くことが可能。具体的には、単勝30倍以内で【14　10　4　52】、勝率17.5%、複勝率35.0%、単勝回収値163、複勝回収値90と俄然買いやすくなる。対する単勝30倍超は【0　2　1　93】。さすがに見送りでいいだろう。

　そして、日高系らしく、出走間隔は空けないほうがいい。「中3週以内で単勝30倍以内」であれば【8　5　1　16】、勝率26.7%、複勝率46.7%、単勝回収値308、複勝回収値129。越後上陸のノルマンディーで資金3倍増が実現だ。

新潟　ノルマンディーTR所有馬データ

	1着	2着	3着	4着以下	勝率	連対率	複勝率
牡	6	10	3	72	6.6%	17.6%	20.9%
牝	8	2	2	73	9.4%	11.8%	14.1%
1番人気	0	2	0	4	0.0%	33.3%	33.3%
2～3番人気	8	5	2	11	30.8%	50.0%	57.7%
4～6番人気	3	3	1	20	11.1%	22.2%	25.9%
7～9番人気	3	1	2	29	8.6%	11.4%	17.1%
10番人気～	0	1	0	81	0.0%	1.2%	1.2%

	1着	2着	3着	4着以下	勝率	連対率	複勝率
新馬	0	0	1	5	0.0%	0.0%	16.7%
未勝利	5	7	1	44	8.8%	21.1%	22.8%
1勝クラス	3	2	3	65	4.1%	6.8%	11.0%
2勝クラス	4	0	0	16	20.0%	20.0%	20.0%
3勝クラス	0	3	0	8	0.0%	27.3%	27.3%
オープン特別	2	0	0	5	28.6%	28.6%	28.6%
重賞	0	0	0	2	0.0%	0.0%	0.0%

馬主 この馬主も買い！
- シルクレーシング（1～3番人気【26　15　8　41】）
- G1レーシング（1～3番人気【18　10　6　26】）
- 西山茂行（中7週以内【7　4　7　54】）

馬主 この馬主は消し！
- グリーンファーム（新馬戦・未勝利戦【0　1　0　26】）
- 野田みづき（トータル【0　1　1　36】）
- 北所直人（芝【0　1　1　29】）

●馬主別 BEST 20　総合成績

馬主名	1着	2着	3着	4着以下	勝率	連対率	複勝率	単勝回収値	複勝回収値
サンデーレーシング	35	31	34	199	11.7%	22.1%	33.4%	62	74
シルクレーシング	33	26	17	182	12.8%	22.9%	29.5%	83	68
キャロットファーム	30	21	29	174	11.8%	20.1%	31.5%	72	85
社台レースホース	25	22	30	257	7.5%	14.1%	23.1%	59	81
ゴドルフィン	23	16	14	167	10.5%	17.7%	24.1%	117	74
G1レーシング	21	18	12	159	10.0%	18.6%	24.3%	55	60
サラブレッドクラブ・ラフィアン	16	24	21	176	6.8%	16.9%	25.7%	169	127
吉田勝己	16	8	8	101	12.0%	18.0%	24.1%	136	68
ミルファーム	14	17	17	318	3.8%	8.5%	13.1%	38	60
ノルマンディーサラブレッドレーシング	14	12	5	145	8.0%	14.8%	17.6%	74	56
ビッグレッドファーム	13	13	27	168	5.9%	11.8%	24.0%	50	93
吉田照哉	13	8	7	80	12.0%	19.4%	25.9%	156	76
東京ホースレーシング	12	9	7	93	9.9%	17.4%	23.1%	151	85
松本好雄	11	20	14	160	5.4%	15.1%	22.0%	48	92
ノースヒルズ	11	9	14	84	9.3%	16.9%	28.8%	81	70
ウイン	11	9	5	72	11.3%	20.6%	25.8%	76	92
ロードホースクラブ	11	7	7	63	12.5%	20.5%	28.4%	73	85
金子真人ホールディングス	9	11	9	65	9.6%	21.3%	30.9%	83	91
岡田牧雄	9	9	15	137	5.3%	10.6%	19.4%	64	60
西山茂行	9	5	9	95	7.6%	11.9%	19.5%	207	118

新潟　馬主

福島 FUKUSHIMA 芝1200m 施行重賞 なし

（父） ビッグアーサーはヒモ穴でも重宝

　注目したいのがビッグアーサーだ。21年の初年度産駒デビューで、集計期間内に産駒が走ったのは半分程度しかないにもかかわらず、福島芝1200mの種牡馬ランキングで3位に食い込んだ。そのトータル成績は【6 4 3 23】、勝率16.7％、複勝率36.1％、単勝回収値49、複勝回収値103。6勝の内訳が1番人気5勝、2番人気1勝だったため単勝回収値は伸び悩んだが、ヒモ穴は多い。出走が増えれば激走1着もあるはずで、その点は心配しなくていいだろう。

　このコース得意だったサクラバクシンオーの直仔ということからも、適性は間違いないはず。今後も積極的に狙っていきたい種牡馬である。

福島芝1200m　ビッグアーサー産駒詳細データ

	1着	2着	3着	4着以下	勝率	連対率	複勝率
牡	6	2	1	9	33.3%	44.4%	50.0%
牝	0	2	2	14	0.0%	11.1%	22.2%
1番人気	5	0	0	1	83.3%	83.3%	83.3%
2～3番人気	1	1	2	5	11.1%	22.2%	44.4%
4～6番人気	0	2	0	3	0.0%	40.0%	40.0%
7～9番人気	0	1	1	7	0.0%	11.1%	22.2%
10番人気～	0	0	0	7	0.0%	0.0%	0.0%

	1着	2着	3着	4着以下	勝率	連対率	複勝率
良	5	4	2	16	18.5%	33.3%	40.7%
稍重	1	0	1	5	14.3%	14.3%	28.6%
重	0	0	0	2	0.0%	0.0%	0.0%
不良	0	0	0	0	-	-	-
2歳	4	3	1	14	18.2%	31.8%	36.4%
3歳	2	1	2	9	14.3%	21.4%	35.7%
4歳以上	0	0	0	0	-	-	-

（鞍上） 西村淳也騎手×単勝20倍以内の関西馬

　22年に年間72勝とますます飛躍した関西の新鋭・西村淳也騎手。関東ローカルでの騎乗が減少する可能性はあるが、トータルで単勝133、複勝116という優秀な回収値を見過ごすわけにはいかない。「単勝20倍以内の関西馬」に騎乗した場合は【8 7 4 14】、勝率24.2％、複勝率57.6％、単勝回収値218、複勝回収値136。地元の関西馬に乗って一定以上の評価なら、かなり有望だ。

　念のため、関東ジョッキーも取り上げておきたい。木幡巧也騎手は4～8枠で【6 4 2 14】、勝率23.1％、複勝率46.2％、単勝回収値236、複勝回収値151の好成績で、真ん中から外の枠を引いたら絶好の狙い目となる。

福島芝1200m　西村淳也騎手詳細データ

	1着	2着	3着	4着以下	勝率	連対率	複勝率
牡	0	4	3	7	0.0%	28.6%	50.0%
牝	8	3	4	25	20.0%	27.5%	37.5%
1番人気	0	3	0	2	0.0%	60.0%	60.0%
2～3番人気	5	1	4	9	26.3%	31.6%	52.6%
4～6番人気	2	2	1	8	15.4%	30.8%	38.5%
7～9番人気	1	1	1	3	16.7%	33.3%	50.0%
10番人気～	0	0	1	10	0.0%	0.0%	9.1%

	1着	2着	3着	4着以下	勝率	連対率	複勝率
良	7	4	7	27	15.6%	24.4%	40.0%
稍重	1	3	0	2	16.7%	66.7%	66.7%
重	0	0	0	2	0.0%	0.0%	0.0%
不良	0	0	0	1	0.0%	0.0%	0.0%
2歳	3	1	2	3	33.3%	44.4%	66.7%
3歳	2	4	5	15	7.7%	23.1%	42.3%
4歳以上	3	2	0	14	15.8%	26.3%	26.3%

中4週以内の奥平雅士厩舎

　福島芝1200mでランキング1位となった奥平雅士厩舎は、トータルの回収値が単複ともに100を超えている。ベタ買いしてもいいぐらいなのだが、わかりやすい取捨の基準があるのでこれを利用しない手はない。

　それは何かと言えば出走期間。先に消しのほうから記しておくと、中5週以上は【0　1　0　12】で、これは大幅な割引材料となる。対して「中4週以内もしくは初出走」では【4　2　6　7】、勝率21.1%、複勝率63.2%、単勝回収値184、複勝回収値158。このうち1、2番人気の7走はすべて3着以内を確保し、さらには7番人気1着や12番人気3着の穴もある。圧倒的に買いだ。

福島芝1200m　奥平雅士厩舎詳細データ

	1着	2着	3着	4着以下	勝率	連対率	複勝率
牡	4	2	1	8	26.7%	40.0%	46.7%
牝	0	1	5	11	0.0%	5.9%	35.3%
1番人気	2	0	1	0	66.7%	66.7%	100.0%
2～3番人気	1	1	4	2	12.5%	25.0%	75.0%
4～6番人気	0	2	0	3	0.0%	40.0%	40.0%
7～9番人気	1	0	0	4	20.0%	20.0%	20.0%
10番人気～	0	0	1	10	0.0%	0.0%	9.1%

	1着	2着	3着	4着以下	勝率	連対率	複勝率
良	3	2	4	15	12.5%	20.8%	37.5%
稍重	1	0	1	3	20.0%	20.0%	40.0%
重	0	1	1	1	0.0%	33.3%	66.7%
不良	0	0	0	0	-	-	-
2歳	2	1	4	3	20.0%	30.0%	70.0%
3歳	2	2	1	6	18.2%	36.4%	45.5%
4歳以上	0	0	1	10	0.0%	0.0%	9.1%

総合成績　芝1200m

●種牡馬別 BEST 10

種牡馬名	1着	2着	3着	4着以下	勝率	連対率	複勝率	単勝回収値	複勝回収値
ロードカナロア	12	7	14	83	10.3%	16.4%	28.4%	79	89
ダイワメジャー	7	8	4	69	8.0%	17.0%	21.6%	69	58
ビッグアーサー	6	4	3	23	16.7%	27.8%	36.1%	49	103
ディープインパクト	5	4	3	18	16.7%	30.0%	40.0%	71	128
スクリーンヒーロー	5	1	3	32	12.2%	14.6%	22.0%	346	113
マツリダゴッホ	4	3	9	54	5.7%	10.0%	22.9%	59	97
ミッキーアイル	4	3	1	24	12.5%	21.9%	25.0%	80	39
ディープブリランテ	4	2	1	25	12.5%	18.8%	21.9%	115	53
キンシャサノキセキ	3	5	7	55	4.3%	11.4%	21.4%	185	105
エイシンフラッシュ	3	3	3	35	6.8%	13.6%	20.5%	39	85

●騎手別 BEST 10

騎手名	1着	2着	3着	4着以下	勝率	連対率	複勝率	単勝回収値	複勝回収値
菅原明良	8	9	5	61	9.6%	20.5%	26.5%	61	56
西村淳也	8	7	7	32	14.8%	27.8%	40.7%	133	116
木幡巧也	6	6	2	26	15.0%	30.0%	35.0%	153	114
柴田大知	6	2	1	35	13.6%	18.2%	20.5%	165	58
戸崎圭太	5	6	5	20	13.9%	30.6%	44.4%	55	79
斎藤新	5	3	2	39	10.2%	16.3%	20.4%	84	49
田辺裕信	4	3	2	15	16.7%	29.2%	37.5%	119	132
菊沢一樹	4	2	3	58	6.0%	9.0%	13.4%	120	86
菱田裕二	4	2	2	30	10.5%	15.8%	21.1%	52	51
富田暁	4	2	0	19	16.0%	24.0%	24.0%	555	154

●厩舎別 BEST 10

厩舎名	1着	2着	3着	4着以下	勝率	連対率	複勝率	単勝回収値	複勝回収値
奥平雅士	4	3	6	19	12.5%	21.9%	40.6%	111	105
牧浦充徳	4	2	2	23	12.9%	19.4%	25.8%	178	89
青木孝文	4	1	3	26	11.8%	14.7%	23.5%	101	62
手塚貴久	4	1	3	17	16.0%	20.0%	32.0%	72	158
西園正都	4	1	1	20	15.4%	19.2%	23.1%	50	55
音無秀孝	3	4	0	4	27.3%	63.6%	63.6%	280	163
牧光二	3	2	2	21	10.7%	17.9%	25.0%	118	81
吉村圭司	3	2	2	10	17.6%	29.4%	41.2%	100	111
安田隆行	3	2	1	9	20.0%	33.3%	40.0%	80	72
岩戸孝樹	3	2	0	25	10.0%	16.7%	16.7%	79	30

福島 芝1800m

施行重賞：福島牝馬S（GⅢ）、ラジオNIKKEI賞（GⅢ）

父　ゴールドシップの若駒

　福島芝1800mで種牡馬ランキング1位のゴールドシップは、2位ルーラーシップの倍近い11勝をマーク。トータル【11 3 4 32】、勝率22.0％、複勝率36.0％、単勝回収値213、複勝回収値79と、好走時にしっかり勝ち切れることが勝ち鞍の量産につながった。

　その成績で偏りが出ているのは年齢。4歳以上の古馬は【0 0 1 10】と連にも絡めず、苦戦が否めない。もちろん狙うべきは2、3歳の若駒で、さらに単勝50倍以内に限れば【11 3 3 14】、勝率35.5％、複勝率54.8％、単勝回収値343、複勝回収値121。黄金を載せた宝船が福島で運航中だ。

福島芝1800m　ゴールドシップ産駒詳細データ

	1着	2着	3着	4着以下	勝率	連対率	複勝率
牡	3	0	0	14	17.6%	17.6%	17.6%
牝	8	3	4	18	24.2%	33.3%	45.5%
1番人気	2	2	1	3	25.0%	50.0%	62.5%
2～3番人気	6	1	1	2	60.0%	70.0%	80.0%
4～6番人気	2	0	2	3	28.6%	28.6%	57.1%
7～9番人気	0	0	0	6	0.0%	0.0%	0.0%
10番人気～	1	0	0	18	5.3%	5.3%	5.3%

	1着	2着	3着	4着以下	勝率	連対率	複勝率
良	6	3	3	23	17.1%	25.7%	34.3%
稍重	3	0	1	8	25.0%	25.0%	33.3%
重	2	0	0	1	66.7%	66.7%	66.7%
不良	0	0	0	0	-	-	-
2歳	7	3	1	11	31.8%	45.5%	50.0%
3歳	4	0	2	11	23.5%	23.5%	35.3%
4歳以上	0	0	1	10	0.0%	0.0%	9.1%

鞍上　戸崎圭太騎手への乗り替わり

　ジョッキー別で最多の7勝をマークしたのは戸崎圭太騎手。トータルでも単勝回収値100に達しており、ひと押しでプラス収支が可能になる。狙いやすいパターンとしては、乗り替わり時だけ狙えば【6 1 2 8】、勝率35.3％、複勝率52.9％、単勝回収値133、複勝回収値101。これで簡単に勝てる。

　ただし、戸崎騎手が福島に参戦するのは夏開催だけ。そこで、春秋の開催でも買えるジョッキーとして、関東では丸山元気騎手や勝浦正樹騎手、関西では斎藤新騎手の名前を挙げておく。3騎手とも春秋に限った回収値が、単複ともに100を大幅に上回っており、好走率も優秀。大いに狙っていきたい。

福島芝1800m　戸崎圭太騎手詳細データ

	1着	2着	3着	4着以下	勝率	連対率	複勝率
牡	2	1	1	7	18.2%	27.3%	36.4%
牝	5	2	2	8	29.4%	41.2%	52.9%
1番人気	3	1	0	3	42.9%	57.1%	57.1%
2～3番人気	2	2	0	5	22.2%	44.4%	44.4%
4～6番人気	2	0	3	6	18.2%	18.2%	45.5%
7～9番人気	0	0	0	0	-	-	-
10番人気～	0	0	0	1	0.0%	0.0%	0.0%

	1着	2着	3着	4着以下	勝率	連対率	複勝率
良	3	3	1	9	18.8%	37.5%	43.8%
稍重	3	0	2	3	37.5%	37.5%	62.5%
重	1	0	0	3	25.0%	25.0%	25.0%
不良	0	0	0	0	-	-	-
2歳	3	2	1	6	25.0%	41.7%	50.0%
3歳	3	1	1	6	27.3%	36.4%	45.5%
4歳以上	1	0	1	3	20.0%	20.0%	40.0%

穴でも人気でも田中剛厩舎

狙ってみたいのはランキング3位の田中剛厩舎。1〜3着がすべて2回ずつとバランスよく走って、トータルの回収値は単勝110、複勝325と抜群。特に複勝回収値が炸裂しているが、20年7月11日の3歳未勝利でローズパルファンが13番人気3着、22年4月16日の川俣特別でトランシルヴァニアが11番人気2着と、超人気薄の激走を2回決めたのが効いている。

というと穴専門のようだが、単勝10倍以内で【2 1 1 0】と人気サイドでも確実に好走。すべての出走が未勝利戦と1勝クラスだったため目立たないが、このコースで田中剛厩舎を見落とすのは罰金ものと言わざるをえない。

福島芝1800m 田中剛厩舎詳細データ

	1着	2着	3着	4着以下	勝率	連対率	複勝率
牡	1	1	1	0	33.3%	66.7%	100.0%
牝	1	1	1	6	11.1%	22.2%	33.3%
1番人気	0	0	1	0	0.0%	0.0%	100.0%
2〜3番人気	1	1	0	0	50.0%	100.0%	100.0%
4〜6番人気	0	0	1	1	0.0%	50.0%	50.0%
7〜9番人気	0	0	0	1	0.0%	0.0%	0.0%
10番人気〜	0	1	1	4	0.0%	16.7%	33.3%

	1着	2着	3着	4着以下	勝率	連対率	複勝率
良	1	1	1	3	16.7%	33.3%	50.0%
稍重	1	1	1	2	20.0%	40.0%	60.0%
重	0	0	0	1	0.0%	0.0%	0.0%
不良	0	0	0	0	-	-	-
2歳	0	0	0	0	-	-	-
3歳	1	0	2	2	20.0%	20.0%	60.0%
4歳以上	1	2	0	3	16.7%	50.0%	50.0%

総合成績 芝1800m

●種牡馬別 BEST 10

種牡馬名	1着	2着	3着	4着以下	勝率	連対率	複勝率	単勝回収値	複勝回収値
ゴールドシップ	11	3	4	32	22.0%	28.0%	36.0%	213	79
ルーラーシップ	6	0	2	40	12.5%	12.5%	16.7%	48	38
ドゥラメンテ	5	5	1	21	15.6%	31.3%	34.4%	74	165
ディープインパクト	5	3	3	37	10.4%	16.7%	22.9%	56	51
オルフェーヴル	4	5	4	22	11.4%	25.7%	37.1%	54	81
キズナ	3	3	1	21	10.7%	21.4%	25.0%	224	97
シルバーステート	3	2	0	6	27.3%	45.5%	45.5%	84	69
モーリス	3	1	2	17	13.0%	17.4%	26.1%	33	162
リオンディーズ	3	0	0	8	27.3%	27.3%	27.3%	179	66
エピファネイア	2	4	6	45	3.5%	10.5%	21.1%	37	66

●騎手別 BEST 10

騎手名	1着	2着	3着	4着以下	勝率	連対率	複勝率	単勝回収値	複勝回収値
戸崎圭太	7	3	3	15	25.0%	35.7%	46.4%	100	85
西村淳也	6	4	2	20	18.8%	31.3%	37.5%	76	161
柴田大知	5	5	2	22	14.7%	29.4%	35.3%	78	273
菅原明良	5	3	3	39	10.0%	16.0%	22.0%	89	101
斎藤新	4	0	5	19	14.3%	14.3%	32.1%	241	148
丸山元気	4	0	5	18	14.8%	14.8%	33.3%	247	146
吉田隼人	3	4	2	12	14.3%	33.3%	42.9%	44	74
津村明秀	3	4	0	18	12.0%	28.0%	28.0%	143	95
M.デムーロ	3	3	4	14	12.5%	25.0%	41.7%	77	83
原優介	3	2	5	19	10.3%	17.2%	34.5%	51	90

●厩舎別 BEST 10

厩舎名	1着	2着	3着	4着以下	勝率	連対率	複勝率	単勝回収値	複勝回収値
菊沢隆徳	3	0	1	11	20.0%	20.0%	26.7%	185	85
手塚貴久	3	0	0	7	30.0%	30.0%	30.0%	83	47
田中剛	2	2	2	6	16.7%	33.3%	50.0%	110	325
高柳瑞樹	2	2	0	9	15.4%	30.8%	30.8%	179	234
武井亮	2	1	2	11	12.5%	18.8%	31.3%	113	138
鹿戸雄一	2	1	2	10	13.3%	20.0%	33.3%	42	72
栗田徹	2	1	3	5	18.2%	27.3%	45.5%	78	150
上原博之	2	1	1	14	11.1%	16.7%	22.2%	37	36
高木登	2	1	1	4	25.0%	37.5%	50.0%	61	96
中野栄治	2	1	1	9	15.4%	23.1%	30.8%	214	74

芝2000m 施行重賞 七夕賞（GⅢ）、福島記念（GⅢ）

キズナで資金3倍増！

　2着数の差でルーラーシップに首位の座を譲ったキズナだが、好走率と回収値では上。トータル【5 3 3 19】、勝率16.7％、複勝率36.7％、単勝回収値221、複勝回収値136という文句なしの数字を残している。

　しかも、さらに儲けるための取捨も簡単。たとえば、巻き返したことがない前走10着以下の馬を消せば【5 3 3 10】、勝率23.8％、複勝率52.4％、単勝回収値315、複勝回収値194。あるいは、関西馬だけ狙えば【4 3 2 9】、勝率22.2％、複勝率50.0％、単勝回収値346、複勝回収値202となる。どちらを選んでも資金3倍増が可能で、こんなに美味しい話もそうはない。

福島芝2000m　キズナ産駒詳細データ

	1着	2着	3着	4着以下	勝率	連対率	複勝率
牡	3	0	1	10	21.4%	21.4%	28.6%
牝	2	3	2	9	12.5%	31.3%	43.8%
1番人気	1	0	1	1	33.3%	33.3%	66.7%
2～3番人気	3	0	1	3	42.9%	42.9%	57.1%
4～6番人気	0	1	1	5	0.0%	14.3%	28.6%
7～9番人気	0	2	0	4	0.0%	33.3%	33.3%
10番人気～	1	0	0	6	14.3%	14.3%	14.3%

	1着	2着	3着	4着以下	勝率	連対率	複勝率
良	5	2	2	12	23.8%	33.3%	42.9%
稍重	0	1	1	3	0.0%	20.0%	40.0%
重	0	0	0	1	0.0%	0.0%	0.0%
不良	0	0	0	3	0.0%	0.0%	0.0%
2歳	2	0	0	4	33.3%	33.3%	33.3%
3歳	2	2	2	7	15.4%	30.8%	46.2%
4歳以上	1	1	1	8	9.1%	18.2%	27.3%

内枠以外の菅原明良騎手

　ランキング1位の菅原明良騎手は、【4 2 5 25】、勝率11.1％、複勝率30.6％、単勝回収値43、複勝回収値125というトータル成績をマーク。勝率は決して悪くないのだが、勝ったのが人気馬ばかりだったため単勝回収値が伸び悩んだ。反面、このコースで最多の1～3着11回を記録し、複勝回収値125も優秀なので、ワイドや3連複の軸馬として狙うのがベターだ。

　チェックしたいファクターは枠。1、2枠を引くと【0 1 0 8】と結果につながらず、内枠は避けたい。3～8枠なら【4 1 5 17】、複勝率37.0％、複勝回収値155で、より安全な勝負を仕掛けることができる。

福島芝2000m　菅原明良騎手詳細データ

	1着	2着	3着	4着以下	勝率	連対率	複勝率
牡	3	2	5	14	12.5%	20.8%	41.7%
牝	1	0	0	11	8.3%	8.3%	8.3%
1番人気	2	0	0	0	100.0%	100.0%	100.0%
2～3番人気	1	1	1	6	11.1%	22.2%	33.3%
4～6番人気	1	1	2	4	12.5%	25.0%	50.0%
7～9番人気	0	0	1	5	0.0%	0.0%	16.7%
10番人気～	0	0	1	10	0.0%	0.0%	9.1%

	1着	2着	3着	4着以下	勝率	連対率	複勝率
良	3	1	5	17	11.5%	15.4%	34.6%
稍重	1	1	0	3	20.0%	40.0%	40.0%
重	0	0	0	4	0.0%	0.0%	0.0%
不良	0	0	0	1	0.0%	0.0%	0.0%
2歳	2	2	0	3	28.6%	57.1%	57.1%
3歳	2	0	1	12	13.3%	13.3%	20.0%
4歳以上	0	0	4	10	0.0%	0.0%	28.6%

中4週以内の矢作芳人厩舎

　関西の矢作芳人厩舎が唯一の4勝厩舎となった。しかも、トータルで単勝回収値283、複勝回収値153という破格の数値を記録。もちろん、21年の福島記念でパンサラッサが5番人気1着、翌22年にもユニコーンライオンが10番人気1着という2回の逃走劇が大きく貢献しているのは説明するまでもない。

　ほかにも8番人気1着、8番人気3着、9番人気3着があり、1～3着6回のうち5回が5番人気以下。そして、この激走5回はすべて中4週以内という共通項があり、具体的には【3　0　2　6】、勝率27.3%、複勝率45.5%、単勝回収値410、複勝回収値222という成績が残っている。矢作ローテで爆勝だ。

福島芝2000m　矢作芳人厩舎詳細データ

	1着	2着	3着	4着以下	勝率	連対率	複勝率
牡	3	0	2	8	23.1%	23.1%	38.5%
牝	1	0	0	3	25.0%	25.0%	25.0%
1番人気	1	0	0	0	100.0%	100.0%	100.0%
2～3番人気	0	0	0	3	0.0%	0.0%	0.0%
4～6番人気	1	0	0	3	25.0%	25.0%	25.0%
7～9番人気	1	0	2	3	16.7%	16.7%	50.0%
10番人気～	1	0	0	2	33.3%	33.3%	33.3%

	1着	2着	3着	4着以下	勝率	連対率	複勝率
良	3	0	1	6	30.0%	30.0%	40.0%
稍重	1	0	1	5	14.3%	14.3%	28.6%
重	0	0	0	0	-	-	-
不良	0	0	0	0	-	-	-
2歳	0	0	0	0	-	-	-
3歳	2	0	1	3	33.3%	33.3%	50.0%
4歳以上	2	0	1	8	18.2%	18.2%	27.3%

総合成績　芝2000m

●種牡馬別 BEST 10

種牡馬名	1着	2着	3着	4着以下	勝率	連対率	複勝率	単勝回収値	複勝回収値
ルーラーシップ	5	5	6	36	9.6%	19.2%	30.8%	82	111
キズナ	5	3	3	19	16.7%	26.7%	36.7%	221	136
ディープインパクト	4	5	1	45	7.3%	16.4%	18.2%	53	44
オルフェーヴル	4	3	4	28	10.3%	17.9%	28.2%	75	167
スクリーンヒーロー	4	3	1	17	16.0%	28.0%	32.0%	132	81
ハーツクライ	4	2	9	47	6.5%	9.7%	24.2%	26	79
エイシンフラッシュ	4	1	0	27	12.1%	15.2%	18.2%	179	63
ゴールドシップ	3	3	0	37	7.0%	14.0%	14.0%	87	46
ダイワメジャー	3	2	0	12	17.6%	29.4%	29.4%	198	61
アイルハヴアナザー	2	2	1	7	16.7%	33.3%	41.7%	125	124

●騎手別 BEST 10

騎手名	1着	2着	3着	4着以下	勝率	連対率	複勝率	単勝回収値	複勝回収値
菅原明良	4	2	5	25	11.1%	16.7%	30.6%	43	125
丹内祐次	4	1	2	18	16.0%	20.0%	28.0%	81	57
西村淳也	3	5	2	27	8.1%	21.6%	27.0%	167	80
丸山元気	3	3	3	18	11.1%	22.2%	33.3%	33	83
田辺裕信	3	3	1	8	20.0%	40.0%	46.7%	98	92
戸崎圭太	3	3	1	11	16.7%	33.3%	38.9%	101	99
吉田隼人	3	1	2	11	17.6%	23.5%	35.3%	125	83
角田大和	2	2	0	5	22.2%	44.4%	44.4%	180	138
M.デムーロ	2	1	1	9	15.4%	23.1%	30.8%	96	79
永野猛蔵	2	0	1	12	13.3%	13.3%	20.0%	52	35

●厩舎別 BEST 10

厩舎名	1着	2着	3着	4着以下	勝率	連対率	複勝率	単勝回収値	複勝回収値
矢作芳人	4	0	2	11	23.5%	23.5%	35.3%	283	153
菊沢隆徳	3	2	1	5	27.3%	45.5%	54.5%	120	449
武市康男	3	2	1	5	27.3%	45.5%	54.5%	183	113
鹿戸雄一	3	1	2	12	16.7%	22.2%	33.3%	137	87
笹田和秀	3	1	1	8	23.1%	30.8%	38.5%	467	193
手塚貴久	2	1	1	10	14.3%	21.4%	28.6%	40	95
中竹和也	2	1	1	5	22.2%	33.3%	44.4%	131	217
久保田貴士	2	1	0	10	15.4%	23.1%	23.1%	112	51
浜田多実雄	2	0	0	4	33.3%	33.3%	33.3%	155	56
国枝栄	1	4	2	20	3.7%	18.5%	25.9%	35	51

福島 芝2600m 施行重賞 なし

父 伏兵オルフェーヴル

　福島芝2600mの種牡馬ランキングは、とにかく「黄金配合」の2頭だ。本書では回収値がより高い2位のオルフェーヴルを取り上げるが、1位のゴールドシップも互角の好走率を記録しており、大いに狙っていきたい。

　さて、オルフェーヴルだが、人気には細心の注意を払いたい。というのも、1〜4番人気が【1 0 3 7】と全然よくないのだ。ところが、その下の5〜10番人気は【4 3 2 8】、勝率23.5%、複勝率52.9%、単勝回収値416、複勝回収値202と圧巻。11番人気以下はすべて凡走に終わっているものの、そこまでいかない穴馬はガンガン突っ込んでくる。人気落ちでこそ狙いたい。

福島芝2600m　オルフェーヴル産駒詳細データ

	1着	2着	3着	4着以下	勝率	連対率	複勝率
牡	5	2	3	19	17.2%	24.1%	34.5%
牝	0	1	2	0	0.0%	33.3%	100.0%
1番人気	0	0	1	0	0.0%	0.0%	100.0%
2〜3番人気	1	0	2	6	11.1%	11.1%	33.3%
4〜6番人気	2	2	0	5	22.2%	44.4%	44.4%
7〜9番人気	1	1	2	2	16.7%	33.3%	66.7%
10番人気〜	1	0	0	6	14.3%	14.3%	14.3%

	1着	2着	3着	4着以下	勝率	連対率	複勝率
良	5	1	3	15	20.8%	25.0%	37.5%
稍重	0	1	1	2	0.0%	25.0%	50.0%
重	0	1	1	2	0.0%	25.0%	50.0%
不良	0	0	0	0	-	-	-
2歳	0	0	0	0	-	-	-
3歳	1	2	2	8	7.7%	23.1%	38.5%
4歳以上	4	1	3	11	21.1%	26.3%	42.1%

鞍上 菅原明良騎手、資金4倍増の条件とは

　このコースで唯一の3勝ジョッキーとなった菅原明良騎手。20年4月19日の奥の細道特別では9番人気のワセダインブルーに騎乗、巧みな手綱さばきを披露して単勝2820円をマークした。

　取捨のポイントは、クラスとオッズのふたつ。まずクラスは、未勝利戦に騎乗した5走がすべて凡走。また、オッズは単勝30倍を超えた5走がやはり凡走に終わっており、消し条件が明確になっている。これらを除いた「1勝・2勝クラスで単勝30倍以内」が狙い目となり、該当馬は【3 0 3 4】、単勝回収値403、複勝回収値152。資金4倍増さえ視野に入れることができる。

福島芝2600m　菅原明良騎手詳細データ

	1着	2着	3着	4着以下	勝率	連対率	複勝率
牡	2	0	3	10	13.3%	13.3%	33.3%
牝	1	0	0	1	50.0%	50.0%	50.0%
1番人気	1	0	0	0	100.0%	100.0%	100.0%
2〜3番人気	0	0	2	2	0.0%	0.0%	50.0%
4〜6番人気	1	0	1	3	20.0%	20.0%	40.0%
7〜9番人気	1	0	0	1	50.0%	50.0%	50.0%
10番人気〜	0	0	0	5	0.0%	0.0%	0.0%

	1着	2着	3着	4着以下	勝率	連対率	複勝率
良	2	0	3	7	16.7%	16.7%	41.7%
稍重	0	0	0	4	0.0%	0.0%	0.0%
重	1	0	0	0	100.0%	100.0%	100.0%
不良	0	0	0	0	-	-	-
2歳	0	0	0	0	-	-	-
3歳	0	0	1	5	0.0%	0.0%	16.7%
4歳以上	3	0	2	6	27.3%	27.3%	45.5%

テキ 石坂公一厩舎を見つけたら即買い!

　関西の石坂公一厩舎がランキング1位に輝いた。ローカルの芝2600mという主流から外れた条件で、適性を持つ馬は限られるが、石坂厩舎は出走させた3頭をきっちり好走させている。トータル【2 3 2 3】、単勝回収値255、複勝回収値165という成績も文句なしで、使ってきたら基本的に買い。20年5月3日の3歳未勝利ではナムアミダブツが7番人気1着の穴をあけている。

　ほかに異なる3頭が好走したのは、いずれも関東の奥村武厩舎、田村康仁厩舎、松永康利厩舎、武井亮厩舎。このなかでは、4番人気と7番人気で1勝ずつを挙げ、単勝回収値384を記録した田村厩舎にもっとも注意を払いたい。

福島芝2600m　石坂公一厩舎詳細データ

	1着	2着	3着	4着以下	勝率	連対率	複勝率
牡	2	3	2	3	20.0%	50.0%	70.0%
牝	0	0	0	0	-	-	-
1番人気	0	0	0	0	-	-	-
2～3番人気	1	2	2	3	12.5%	37.5%	62.5%
4～6番人気	0	0	0	0	-	-	-
7～9番人気	1	1	0	0	50.0%	100.0%	100.0%
10番人気～	0	0	0	0	-	-	-

	1着	2着	3着	4着以下	勝率	連対率	複勝率
良	2	2	1	2	28.6%	57.1%	71.4%
稍重	0	1	1	0	0.0%	50.0%	100.0%
重	0	0	0	1	0.0%	0.0%	0.0%
不良	0	0	0	0	-	-	-
2歳	0	0	0	0	-	-	-
3歳	1	2	1	1	20.0%	60.0%	80.0%
4歳以上	1	1	1	2	20.0%	40.0%	60.0%

総合成績　芝2600m

●種牡馬別　BEST 10

種牡馬名	1着	2着	3着	4着以下	勝率	連対率	複勝率	単勝回収値	複勝回収値
ゴールドシップ	6	3	7	23	15.4%	23.1%	41.0%	103	111
オルフェーヴル	5	3	5	19	15.6%	25.0%	40.6%	235	129
ハーツクライ	2	3	0	28	6.1%	15.2%	15.2%	21	170
エピファネイア	2	1	0	8	18.2%	27.3%	27.3%	41	40
ディープインパクト	1	6	1	25	3.0%	21.2%	24.2%	6	38
ルーラーシップ	1	2	2	15	5.0%	15.0%	25.0%	90	67
ハービンジャー	1	1	0	22	4.0%	8.0%	12.0%	112	53
ロードカナロア	1	1	1	2	20.0%	40.0%	60.0%	130	96
ヴィクトワールピサ	1	0	1	8	10.0%	20.0%	20.0%	89	32
ロジユニヴァース	1	0	2	0	33.3%	33.3%	100.0%	143	370

●騎手別　BEST 10

騎手名	1着	2着	3着	4着以下	勝率	連対率	複勝率	単勝回収値	複勝回収値
菅原明良	3	0	3	11	17.6%	17.6%	35.3%	237	89
石橋脩	2	1	0	3	33.3%	50.0%	50.0%	426	115
斎藤新	2	0	0	10	16.7%	16.7%	16.7%	130	41
柴田善臣	2	0	0	4	33.3%	33.3%	33.3%	135	56
田辺裕信	1	4	0	4	11.1%	55.6%	55.6%	14	115
菱田裕二	1	3	0	9	7.7%	30.8%	30.8%	33	52
川又賢治	1	2	0	4	14.3%	42.9%	42.9%	301	828
津村明秀	1	2	0	3	16.7%	50.0%	50.0%	138	83
西村淳也	1	1	2	12	6.3%	12.5%	25.0%	16	52
丹内祐次	1	1	2	10	7.1%	14.3%	28.6%	14	49

●厩舎別　BEST 10

厩舎名	1着	2着	3着	4着以下	勝率	連対率	複勝率	単勝回収値	複勝回収値
石坂公一	2	3	2	3	20.0%	50.0%	70.0%	255	165
田村康仁	2	2	0	3	28.6%	57.1%	57.1%	384	151
奥村武	2	0	1	5	22.2%	33.3%	44.4%	106	93
高木登	2	0	0	0	100.0%	100.0%	100.0%	770	240
小手川準	1	1	1	9	8.3%	16.7%	25.0%	235	85
根本康広	1	1	1	6	11.1%	22.2%	33.3%	204	87
水野貴広	1	0	1	4	16.7%	33.3%	33.3%	138	880
栗田徹	1	1	0	0	50.0%	100.0%	100.0%	160	150
高橋祥泰	1	1	0	0	50.0%	100.0%	100.0%	325	175
松永康利	1	0	2	3	16.7%	16.7%	50.0%	100	170

福島芝2600m　177

福島 ダ1150m 施行重賞 なし

父 3連馬券の軸にヘニーヒューズ

　ランキング1位のサウスヴィグラスは優秀だが、出走数が年々減少。最終世代が5歳の23年はさらに出走を減らすだろう。3位のハーツクライも好成績ながら、そもそもの出走数が限られる。どちらも産駒が出てきたら狙ってみる価値は高いものの、本書では実際に馬券を買う機会が多い種牡馬を紹介したい。

　5位のヘニーヒューズは出走数が最多で、1〜3着数も2番目に多い。手堅いのは「単勝50倍以内の2、3歳馬」で、該当馬は【3 7 6 24】、複勝率40.0％、複勝回収値159。このコースでは2、3着どまりのケースが多く、アタマでは買いづらいのだが、軸馬として堅実な働きを見せてくれるだろう。

福島ダ1150m　ヘニーヒューズ産駒詳細データ

	1着	2着	3着	4着以下	勝率	連対率	複勝率
牡	0	4	2	17	0.0%	17.4%	26.1%
牝	3	5	4	25	8.1%	21.6%	32.4%
1番人気	2	3	1	5	18.2%	45.5%	54.5%
2〜3番人気	0	2	2	5	0.0%	22.2%	44.4%
4〜6番人気	1	1	1	12	6.7%	13.3%	20.0%
7〜9番人気	0	3	1	6	0.0%	30.0%	40.0%
10番人気〜	0	0	1	14	0.0%	0.0%	6.7%

	1着	2着	3着	4着以下	勝率	連対率	複勝率
良	1	7	4	25	2.7%	21.6%	32.4%
稍重	1	1	1	8	9.1%	18.2%	27.3%
重	1	1	0	6	12.5%	25.0%	25.0%
不良	0	0	1	3	0.0%	0.0%	25.0%
2歳	1	4	2	11	5.6%	27.8%	38.9%
3歳	2	3	4	22	6.5%	16.1%	29.0%
4歳以上	0	2	0	9	0.0%	18.2%	18.2%

鞍上 夏の田辺裕信騎手は人気馬騎乗で即◎

　福島ダート1150mの騎手ランキングを眺めると、2位から7位まで単勝回収値が抜群。よりどりみどりの状態となっている。3位の田辺裕信騎手は夏開催のみの参戦ながら、勝率31.6％、複勝率52.6％とビシバシ馬券に絡んでくる。単勝7倍以内なら【4 1 2 1】、勝率50.0％、複勝率87.5％、単勝回収値231、複勝回収値157で、有力馬にまたがっていれば即座に◎を打ちたい。

　春秋の裏開催では若手ジョッキーが躍動。春秋に限った騎乗成績をチェックすると、関東の秋山稔樹騎手、関西の斎藤新騎手、角田大和騎手、永島まなみ騎手がいずれも勝率15％以上、単勝回収値130以上を記録し、大いに期待できる。

福島ダ1150m　田辺裕信騎手詳細データ

	1着	2着	3着	4着以下	勝率	連対率	複勝率
牡	3	1	2	7	23.1%	30.8%	46.2%
牝	3	0	1	2	50.0%	50.0%	66.7%
1番人気	0	0	1	1	0.0%	0.0%	50.0%
2〜3番人気	4	1	1	2	50.0%	62.5%	75.0%
4〜6番人気	2	0	1	6	22.2%	22.2%	33.3%
7〜9番人気	0	0	0	0	-	-	-
10番人気〜	0	0	0	0	-	-	-

	1着	2着	3着	4着以下	勝率	連対率	複勝率
良	2	0	1	1	50.0%	50.0%	75.0%
稍重	0	1	0	2	0.0%	25.0%	25.0%
重	1	0	2	3	16.7%	16.7%	50.0%
不良	2	0	0	3	40.0%	40.0%	40.0%
2歳	2	0	0	2	50.0%	50.0%	50.0%
3歳	1	0	1	3	20.0%	20.0%	40.0%
4歳以上	3	1	2	4	30.0%	40.0%	60.0%

牧光二厩舎×木幡巧也騎手

　このコースで最多の1〜3着9回を記録した牧光二厩舎。2番目に多い奥平雅士厩舎などでも1〜3着5回にとどまり、頭ひとつ抜けた存在と言っていい。トータル【2　2　5　16】という成績で、3着どまりが多い傾向は見られるものの、21年7月11日の彦星賞では13番人気のグラスボイジャーが逃げ切って単勝4560円の大穴をあけており、アタマ突き抜けにも注意は払っておきたい。

　そして、同馬の鞍上にもいた木幡巧也騎手を起用して【2　1　3　8】、勝率14.3％、複勝率42.9％、単勝回収値367、複勝回収値150。厩舎所属のジョッキーだけに騎乗機会も断然多く、いいことずくめの師弟コンビだ。

福島ダ1150m　牧光二厩舎詳細データ

	1着	2着	3着	4着以下	勝率	連対率	複勝率
牡	1	0	1	8	10.0%	10.0%	20.0%
牝	1	2	4	8	6.7%	20.0%	46.7%
1番人気	0	0	0	1	0.0%	0.0%	0.0%
2〜3番人気	0	2	1	0	0.0%	66.7%	100.0%
4〜6番人気	1	0	3	5	11.1%	11.1%	44.4%
7〜9番人気	0	0	1	4	0.0%	0.0%	20.0%
10番人気〜	1	0	0	6	14.3%	14.3%	14.3%

	1着	2着	3着	4着以下	勝率	連対率	複勝率
良	1	0	2	9	8.3%	8.3%	25.0%
稍重	0	1	3	3	0.0%	14.3%	57.1%
重	1	0	0	2	33.3%	33.3%	33.3%
不良	0	1	0	2	0.0%	33.3%	33.3%
2歳	0	1	1	4	0.0%	16.7%	33.3%
3歳	1	1	4	11	5.9%	11.8%	35.3%
4歳以上	1	0	0	1	50.0%	50.0%	50.0%

総合成績　ダ1150m

●種牡馬別　BEST 10

種牡馬名	1着	2着	3着	4着以下	勝率	連対率	複勝率	単勝回収値	複勝回収値
サウスヴィグラス	8	4	8	36	14.3%	21.4%	35.7%	125	115
ロードカナロア	5	2	2	50	8.5%	11.9%	15.3%	45	39
ハーツクライ	5	1	0	6	41.7%	50.0%	50.0%	262	95
アジアエクスプレス	4	4	1	26	11.4%	22.9%	25.7%	212	153
ヘニーヒューズ	3	9	6	42	5.0%	20.0%	30.0%	22	116
スクリーンヒーロー	3	4	0	19	11.5%	26.9%	26.9%	73	73
ザファクター	3	2	1	8	21.4%	35.7%	42.9%	707	193
キンシャサノキセキ	3	1	2	33	7.7%	10.3%	15.4%	32	28
カレンブラックヒル	3	0	3	12	16.7%	16.7%	33.3%	100	93
パイロ	3	0	0	22	12.0%	12.0%	12.0%	53	21

●騎手別　BEST 10

騎手名	1着	2着	3着	4着以下	勝率	連対率	複勝率	単勝回収値	複勝回収値
藤田菜七子	6	3	2	42	11.3%	17.0%	20.8%	50	54
斎藤新	6	2	3	20	19.4%	25.8%	35.5%	154	115
田辺裕信	6	1	3	9	31.6%	36.8%	52.6%	202	132
秋山稔樹	5	3	2	21	16.1%	25.8%	32.3%	182	89
菅原明良	5	2	7	41	9.1%	12.7%	25.5%	202	88
角田大和	4	4	1	11	20.0%	40.0%	45.0%	136	149
永島まなみ	4	2	1	11	22.2%	33.3%	38.9%	191	97
戸崎圭太	3	3	3	15	12.5%	25.0%	37.5%	27	62
西村淳也	3	2	0	30	7.5%	12.5%	12.5%	45	63
木幡巧也	3	2	3	24	9.4%	15.6%	25.0%	197	75

●厩舎別　BEST 10

厩舎名	1着	2着	3着	4着以下	勝率	連対率	複勝率	単勝回収値	複勝回収値
奥平雅士	3	2	0	22	11.1%	18.5%	18.5%	61	38
栗田徹	3	2	0	9	21.4%	35.7%	35.7%	120	99
西園正都	3	1	0	10	20.0%	26.7%	33.3%	56	53
牧浦充徳	2	3	0	22	7.4%	18.5%	18.5%	57	76
牧光二	2	2	5	16	8.0%	16.0%	36.0%	206	174
手塚貴久	2	2	0	9	15.4%	30.8%	30.8%	501	182
水野貴広	2	2	0	16	10.0%	20.0%	20.0%	47	33
石栗龍彦	2	2	0	16	10.0%	20.0%	20.0%	74	47
杉浦宏昭	2	2	0	10	14.3%	28.6%	28.6%	669	261
高橋義忠	2	1	0	3	28.6%	42.9%	57.1%	125	102

福島 ダ1700m

施行重賞 なし

父 ヘニーヒューズの単勝オッズ、前走着順をチェック!

　接戦を一歩抜け出す8勝を挙げ、福島ダート1700mの種牡馬ランキングでトップに立ったのはヘニーヒューズである。22年7月24日のジュライSを制したニューモニュメントなど、このコースで組まれるもっとも格上のリステッド競走でも【1 2 1 2】の好成績。リステッド競走における好走4回はすべて異なる馬が記録したもので、ここからもコース適性の高さが垣間見える。

　と言うと、トータルで単勝55、複勝80という回収値はどうなんだ、というツッコミが入るかもしれない。しかし、これはオッズを利用することで簡単に克服することが可能だ。まず、アタマで買いたい場合は単勝10倍以内に絞ればよく、【8 5 2 6】、勝率38.1%、複勝率71.4%、単勝回収値160、複勝回収値119と一気に見違える。また、単勝30倍以内では【8 9 3 24】、勝率18.2%、複勝率45.5%、単勝回収値76、複勝回収値111という成績で、買い目に加えてもいいのはここまで。あとはバッサリと切り捨ててかまわない。

　前走着順も参考にしたい。前走1、2着に入っていれば【6 4 0 5】、勝率40.0%、複勝率66.7%、単勝回収値159、複勝回収値150と、連対した勢いを駆って今回も好走を見込める。特に前走2着は【5 3 0 1】と鉄板に近い。一方、前走3着以下は【1 5 3 34】、勝率2.3%、複勝率20.9%、単勝回収値10、複勝回収値56と実に凡庸。アタマでは買いづらいし、よほど気になる馬だけをヒモに押さえておくぐらいでいいだろう。

福島ダ1700m　ヘニーヒューズ産駒詳細データ

	1着	2着	3着	4着以下	勝率	連対率	複勝率
牡	4	5	3	28	10.0%	22.5%	30.0%
牝	4	4	0	13	19.0%	38.1%	38.1%
1番人気	3	4	1	0	37.5%	87.5%	100.0%
2～3番人気	4	1	0	2	57.1%	71.4%	71.4%
4～6番人気	1	1	1	15	5.6%	11.1%	16.7%
7～9番人気	0	3	1	9	0.0%	23.1%	30.8%
10番人気～	0	0	0	15	0.0%	0.0%	0.0%

	1着	2着	3着	4着以下	勝率	連対率	複勝率
良	6	9	3	28	13.0%	32.6%	39.1%
稍重	0	0	0	7	0.0%	0.0%	0.0%
重	1	0	0	5	16.7%	16.7%	16.7%
不良	1	0	0	1	50.0%	50.0%	50.0%
2歳	2	2	1	3	25.0%	50.0%	62.5%
3歳	1	4	0	12	5.9%	29.4%	29.4%
4歳以上	5	3	2	26	13.9%	22.2%	27.8%

（父）オルフェーヴルの黄金条件を見逃すな！

　オルフェーヴルに要注意だ。21年11月14日の相馬特別でパワポケプリメーロが11番人気1着、22年4月30日の東北Sでキムケンドリームが13番人気1着、22年11月20日の福島民友Cでベルダーイメルが8番人気1着など穴を多発。激走したらアタマまで突き抜け、トータルで単勝回収値340にも達している。

　着目すべきファクターは年齢で、7勝中6勝を4、5歳が挙げている。オルフェーヴル産駒はやや奥手だから、これは納得の傾向。また、7勝中6勝が中4週以上だった点も見逃せない。そして、両者が重なる「中4週以上の4、5歳馬」は【6　0　3　20】、勝率20.7％、複勝率31.0％、単勝回収値682、複勝回収値179。もはやこれは、要注意どころでは済まないかもしれない。

福島ダ1700m　オルフェーヴル産駒詳細データ

	1着	2着	3着	4着以下	勝率	連対率	複勝率
牡	5	0	2	33	12.5%	12.5%	17.5%
牝	2	1	3	14	10.0%	15.0%	30.0%
1番人気	0	0	1	1	0.0%	0.0%	50.0%
2～3番人気	2	1	2	8	15.4%	23.1%	38.5%
4～6番人気	2	0	1	10	15.4%	15.4%	23.1%
7～9番人気	1	0	0	9	10.0%	10.0%	10.0%
10番人気～	2	0	1	19	9.1%	9.1%	13.6%

	1着	2着	3着	4着以下	勝率	連対率	複勝率
良	3	0	1	29	9.1%	9.1%	12.1%
稍重	1	0	0	8	11.1%	11.1%	11.1%
重	2	0	3	9	14.3%	14.3%	35.7%
不良	1	1	1	1	25.0%	50.0%	75.0%
2歳	0	0	0	1	0.0%	0.0%	0.0%
3歳	1	1	0	16	5.6%	11.1%	11.1%
4歳以上	6	0	5	30	14.6%	14.6%	26.8%

（鞍上）菊沢一樹騎手、継続騎乗でさらに上昇

　好走率で言えば戸崎圭太騎手や田辺裕信騎手だが、本書では菊沢一樹騎手を紹介したい。なにせトータルで単勝回収値276。勝率11.1％も水準を上回っており、フロックとも思えない。確かに9番人気で2勝、8番人気と13番人気で各1勝など激走1着は多いのだが、1～5番人気でも【5　1　1　2】と有力馬に騎乗したときにも期待以上の結果を出している。

　また、継続騎乗で【7　2　4　16】、勝率24.1％、複勝率44.8％、単勝回収値285、複勝回収値157と抜群。一方、乗り替わりだと【2　1　2　43】、勝率4.2％、複勝率10.4％、単勝回収値293、複勝回収値78という成績。爆発力は変わらず秘めるが、確実性も備えた継続騎乗のほうが狙いやすいだろう。

福島ダ1700m　菊沢一樹騎手詳細データ

	1着	2着	3着	4着以下	勝率	連対率	複勝率
牡	6	1	4	37	12.5%	14.6%	22.9%
牝	3	2	2	26	9.1%	15.2%	21.2%
1番人気	3	0	0	0	100.0%	100.0%	100.0%
2～3番人気	1	0	1	1	33.3%	33.3%	66.7%
4～6番人気	1	1	2	5	11.1%	22.2%	44.4%
7～9番人気	3	2	1	21	10.3%	17.2%	27.6%
10番人気～	1	0	0	36	2.7%	2.7%	2.7%

	1着	2着	3着	4着以下	勝率	連対率	複勝率
良	5	2	3	39	10.2%	14.3%	20.4%
稍重	2	0	0	10	16.7%	16.7%	16.7%
重	1	1	2	8	8.3%	16.7%	33.3%
不良	1	0	1	6	12.5%	12.5%	25.0%
2歳	0	0	0	7	0.0%	0.0%	0.0%
3歳	3	2	5	26	8.3%	13.9%	27.8%
4歳以上	6	1	1	30	15.8%	18.4%	21.1%

福島ダ1700m

テキ 中5週以上の和田勇介厩舎

　ランキング1位の伊藤圭三厩舎は好成績ではあるのだが、直近の22年に消化した5走がすべて凡走に終わったのが大きなマイナス。ダート馬の層が厚い厩舎だけに、すぐさま巻き返しても不思議はないが、さすがに推奨しづらい。

　代わって取り上げたいのが和田勇介厩舎だ。集計期間の3年とも勝利を挙げ、最多の1～3着15回を記録。トータル【3　7　5　13】と勝ち切れないところはあるものの、勝率10.7%、複勝率53.6%、単勝回収値110、複勝回収値100の安定感は捨てがたい。しかも、中5週以上という明確な狙い目が存在し、該当馬は【3　5　2　4】、勝率21.4%、複勝率71.4%、単勝回収値220、複勝回収値143の好成績。ローテーションに着目し、勝負がかりを見極めよう。

福島ダ1700m　和田勇介厩舎詳細データ

	1着	2着	3着	4着以下	勝率	連対率	複勝率
牡	2	1	3	7	15.4%	23.1%	46.2%
牝	1	6	2	6	6.7%	46.7%	60.0%
1番人気	2	1	2	0	40.0%	60.0%	100.0%
2～3番人気	0	4	2	3	0.0%	44.4%	66.7%
4～6番人気	0	2	1	3	0.0%	33.3%	50.0%
7～9番人気	1	0	0	2	33.3%	33.3%	33.3%
10番人気～	0	0	0	5	0.0%	0.0%	0.0%

	1着	2着	3着	4着以下	勝率	連対率	複勝率
良	2	4	2	7	13.3%	40.0%	53.3%
稍重	0	1	1	4	0.0%	16.7%	33.3%
重	1	2	0	1	25.0%	75.0%	75.0%
不良	0	0	2	1	0.0%	0.0%	66.7%
2歳	0	1	0	2	0.0%	33.3%	33.3%
3歳	2	5	4	9	10.0%	35.0%	55.0%
4歳以上	1	1	1	2	20.0%	40.0%	60.0%

父 この父も買い！
- パイロ（単勝30倍以内【6　6　5　18】）
- キングカメハメハ（単勝20倍以内【6　4　5　17】）
- シニスターミニスター（1～3枠【5　3　3　12】）

鞍上 この鞍上も買い！
- 西村淳也（単勝20倍以内【11　10　2　35】）
- 戸崎圭太（3歳【8　3　2　11】）
- 田辺裕信（1～3番人気【7　3　3　5】）

テキ このテキも買い！
- 萩原清（中4週以上【2　2　1　5】）
- 高木登（平場戦【2　2　3　12】）
- 小西一男（中2週以内【2　0　0　5】）

父 この父は消し！
- ディープインパクト（平場戦【0　0　0　17】）
- ホッコータルマエ（1～5枠【0　0　0　16】）
- ヴィクトワールピサ（トータル【0　1　1　26】）

鞍上 この鞍上は消し！
- 斎藤新（1、2枠【0　0　1　9】）
- 丹内祐次（特別戦【0　1　0　10】）
- 津村明秀（1～5番人気【0　1　1　7】）

テキ このテキは消し！
- 中舘英二（2番人気以下【0　0　0　22】）
- 相沢郁（トータル【0　0　0　19】）
- 武井亮（単勝5倍超【0　0　0　18】）

総合成績　ダ1700m

●種牡馬別　BEST 15

種牡馬名	1着	2着	3着	4着以下	勝率	連対率	複勝率	単勝回収値	複勝回収値
ヘニーヒューズ	8	9	3	41	13.1%	27.9%	32.8%	55	80
シニスターミニスター	7	6	8	47	10.3%	19.1%	30.9%	62	79
オルフェーヴル	7	1	5	47	11.7%	13.3%	21.7%	340	118
パイロ	6	6	3	27	13.6%	27.3%	38.6%	102	77
キングカメハメハ	6	4	6	28	13.6%	22.7%	36.4%	63	104
アイルハヴアナザー	6	2	4	37	12.2%	16.3%	24.5%	121	77
キンシャサノキセキ	5	5	4	39	9.4%	18.9%	26.4%	74	65
ルーラーシップ	5	4	5	52	7.6%	13.6%	21.2%	279	89
ロードカナロア	5	2	3	39	10.2%	14.3%	20.4%	206	74
スマートファルコン	5	1	2	23	16.1%	19.4%	25.8%	157	83
マジェスティックウォリアー	4	1	4	27	11.1%	13.9%	25.0%	97	85
ドゥラメンテ	4	1	1	17	17.4%	21.7%	26.1%	125	73
クロフネ	3	3	3	38	6.4%	12.8%	19.1%	58	55
スクリーンヒーロー	3	3	0	15	14.3%	28.6%	28.6%	51	80
ホッコータルマエ	3	3	0	24	10.0%	20.0%	20.0%	62	42

●騎手別　BEST 15

騎手名	1着	2着	3着	4着以下	勝率	連対率	複勝率	単勝回収値	複勝回収値
西村淳也	11	10	3	52	14.5%	27.6%	31.6%	105	82
戸崎圭太	9	5	3	18	25.7%	40.0%	48.6%	144	108
菊沢一樹	9	3	6	63	11.1%	14.8%	22.2%	276	102
田辺裕信	7	4	4	13	25.0%	39.3%	53.6%	62	101
菱田裕二	6	5	3	40	11.1%	20.4%	25.9%	87	82
鮫島克駿	6	4	6	34	12.0%	20.0%	32.0%	83	117
菅原明良	5	11	9	62	5.7%	18.4%	28.7%	58	79
亀田温心	5	5	7	41	8.6%	17.2%	29.3%	69	92
秋山稔樹	5	4	2	42	9.4%	17.0%	20.8%	246	96
山田敬士	5	2	1	15	21.7%	30.4%	34.8%	273	384
吉田隼人	4	2	5	23	11.8%	17.6%	32.4%	68	82
M．デムーロ	4	2	3	17	15.4%	23.1%	34.6%	102	73
三浦皇成	3	7	6	17	9.1%	30.3%	48.5%	58	99
斎藤新	3	5	4	50	4.8%	12.9%	19.4%	50	58
丸山元気	3	2	3	25	9.1%	15.2%	24.2%	51	44

●厩舎別　BEST 15

厩舎名	1着	2着	3着	4着以下	勝率	連対率	複勝率	単勝回収値	複勝回収値
伊藤圭三	4	4	2	12	18.2%	36.4%	45.5%	99	120
大江原哲	4	1	1	10	25.0%	31.3%	37.5%	170	143
小崎憲	4	0	0	9	30.8%	30.8%	30.8%	196	57
和田勇介	3	7	5	13	10.7%	35.7%	53.6%	110	100
斎藤誠	3	3	2	17	12.0%	24.0%	32.0%	41	74
武藤善則	3	3	1	24	9.7%	19.4%	22.6%	79	62
加藤士津八	3	2	3	16	12.5%	20.8%	33.3%	368	148
鈴木伸尋	3	2	2	24	9.7%	16.1%	22.6%	29	49
小西一男	3	1	4	22	10.0%	13.3%	26.7%	299	113
大和田成	3	1	2	21	11.1%	14.8%	22.2%	294	214
古賀慎明	3	1	1	22	11.1%	14.8%	18.5%	295	90
小笠倫弘	3	0	2	16	14.3%	14.3%	23.8%	58	55
栗田徹	3	0	1	8	25.0%	25.0%	33.3%	225	97
荒川義之	3	0	0	10	23.1%	23.1%	23.1%	122	38
高橋義忠	3	0	0	11	21.4%	21.4%	21.4%	194	65

福島ダ1700m

HORSE OWNER

間隔の詰まったマイネル

　福島の馬主別で断然の28勝を挙げたサラブレッドクラブ・ラフィアン。福島は瞬発力の要求度が低く、日高の生産馬も走りやすい競馬場で、日高を代表するクラブ馬主であるＴＣラフィアンの勝ち鞍量産は大いに納得できる。

　陣営もそれを知っているからだろう、単勝10倍以内で【25　5　10　32】、勝率34.7％、複勝率55.6％、単勝回収値163、複勝回収値96。勝負度合いが高く、人気に推された馬がしっかりと結果を出している。また、オッズを問わず中1週以内で【8　5　10　33】、勝率14.3％、複勝率41.1％、単勝回収値105、複勝回収値151の好成績。詰めて使ってきた「マイネル」馬にも要注意だ。

福島　ＴＣラフィアン所有馬データ

	1着	2着	3着	4着以下	勝率	連対率	複勝率
牡	17	8	12	96	12.8%	18.8%	27.8%
牝	11	6	9	50	14.5%	22.4%	34.2%
1番人気	5	1	0	6	41.7%	50.0%	50.0%
2〜3番人気	15	4	6	11	41.7%	52.8%	69.4%
4〜6番人気	6	3	7	35	11.8%	17.6%	31.4%
7〜9番人気	1	3	7	35	2.2%	8.7%	23.9%
10番人気〜	1	3	1	59	1.6%	6.3%	7.8%

	1着	2着	3着	4着以下	勝率	連対率	複勝率
新馬	4	2	1	9	25.0%	37.5%	43.8%
未勝利	12	6	4	34	21.4%	32.1%	39.3%
1勝クラス	9	2	15	72	9.2%	11.2%	26.5%
2勝クラス	2	3	1	17	8.7%	21.7%	26.1%
3勝クラス	0	0	0	7	0.0%	0.0%	0.0%
オープン特別	1	0	0	2	33.3%	33.3%	33.3%
重賞	0	1	0	5	0.0%	16.7%	16.7%

縁深かった福島でシルクが躍動！

　かつての経緯もあって、クラブ馬主のシルクレーシングは福島馬主協会に所属している。ノーザンファーム傘下となった現在、ご当地という感じはしないが、トータルで勝率14.3％、単勝回収値106と数字はいい。21年ラジオＮＩＫＫＥＩ賞のヴァイスメテオール、22年福島牝馬Ｓのアナザーリリックと、重賞も2勝。

　上位人気時に強く、単勝5倍以内で【14　4　3　10】、勝率45.2％、複勝率67.7％、単勝回収値141、複勝回収値100。また、ノーザン系らしく出走間隔を空けたときに勝ち切り、中7週以上で【11　4　6　66】、勝率12.6％、単勝回収値138。この場合は激走も多く、人気薄までしっかりフォローしたい。

福島　シルクレーシング所有馬データ

	1着	2着	3着	4着以下	勝率	連対率	複勝率
牡	8	5	2	48	12.7%	20.6%	23.8%
牝	11	3	5	51	15.7%	20.0%	27.1%
1番人気	7	4	1	4	43.8%	68.8%	75.0%
2〜3番人気	8	1	3	18	26.7%	30.0%	40.0%
4〜6番人気	2	2	1	28	6.1%	12.1%	15.2%
7〜9番人気	0	0	1	27	0.0%	0.0%	3.6%
10番人気〜	2	1	1	22	7.7%	11.5%	15.4%

	1着	2着	3着	4着以下	勝率	連対率	複勝率
新馬	3	1	0	7	27.3%	36.4%	36.4%
未勝利	3	3	1	29	8.3%	16.7%	19.4%
1勝クラス	7	1	5	40	13.2%	15.1%	24.5%
2勝クラス	3	1	1	16	14.3%	19.0%	23.8%
3勝クラス	1	2	0	3	16.7%	50.0%	50.0%
オープン特別	0	0	0	1	0.0%	0.0%	0.0%
重賞	2	0	0	3	40.0%	40.0%	40.0%

馬主 ノースヒルズ、ベタ買いでも資金3倍増

　福島で激走を連発しているのがノースヒルズだ。なにせトータルで単勝回収値301と、単勝ベタ買いで資金が3倍になる計算。「単勝10.0〜99.9倍」という区切りを用いると、勝率19.6％、単勝回収値514にまで上昇する。

　ノースヒルズ所有馬は福島で12勝を挙げているが、そのうち8勝は前走4着以下から巻き返しで挙げており、これが単勝回収値の高さにつながっているのは明らか。その勝率13.8％は、前走1〜3着の勝率12.5％より高いぐらいで、前走の結果は度外視したほうがいい。なお、前走着順が存在しない初出走馬も【2　0　3　2】と強く、新馬や未勝利戦デビュー馬にも要注意だ。

福島　ノースヒルズ所有馬データ

	1着	2着	3着	4着以下	勝率	連対率	複勝率
牡	5	5	3	18	16.1%	32.3%	41.9%
牝	7	3	5	36	13.7%	19.6%	29.4%
1番人気	2	1	0	3	33.3%	50.0%	50.0%
2〜3番人気	1	3	2	9	6.7%	26.7%	40.0%
4〜6番人気	2	3	4	14	8.7%	21.7%	39.1%
7〜9番人気	5	1	1	11	27.8%	33.3%	38.9%
10番人気〜	2	0	1	17	10.0%	10.0%	15.0%

	1着	2着	3着	4着以下	勝率	連対率	複勝率
新馬	2	0	2	2	33.3%	33.3%	66.7%
未勝利	6	2	2	18	21.4%	28.6%	35.7%
1勝クラス	2	4	3	20	6.9%	20.7%	31.0%
2勝クラス	1	0	1	9	9.1%	9.1%	18.2%
3勝クラス	1	2	0	2	20.0%	60.0%	60.0%
オープン特別	0	0	0	3	0.0%	0.0%	0.0%
重賞	0	0	0	0	-	-	-

馬主 この馬主も買い！
- ウイン（単勝20倍以内【13　4　1　30】）
- 了徳寺健二ＨＤ（単勝50倍以内【9　7　6　37】）
- ミルファーム（単勝30倍以内【8　4　13　41】）

馬主 この馬主は消し！
- 金子真人ＨＤ（平場戦【0　1　0　16】）
- 東京ホースレーシング（4番人気以下【0　2　1　40】）
- 社台レースホース（特別戦【2　4　1　58】）

●馬主別 BEST 20　総合成績

馬主名	1着	2着	3着	4着以下	勝率	連対率	複勝率	単勝回収値	複勝回収値
サラブレッドクラブ・ラフィアン	28	14	21	146	13.4%	20.1%	30.1%	82	98
シルクレーシング	19	8	7	99	14.3%	20.3%	25.6%	106	70
ウイン	13	4	1	71	14.6%	19.1%	20.2%	89	40
ノースヒルズ	12	8	8	54	14.6%	24.4%	34.1%	301	140
キャロットファーム	10	20	8	108	6.8%	20.5%	26.0%	65	86
社台レースホース	10	15	12	134	5.8%	14.6%	21.6%	46	56
サンデーレーシング	10	7	9	72	10.2%	17.3%	26.5%	85	79
ノルマンディーサラブレッドレーシング	9	8	4	103	7.0%	13.3%	19.5%	59	62
了徳寺健二ホールディングス	9	8	6	69	9.8%	18.5%	25.0%	101	85
ゴドルフィン	8	13	8	68	8.2%	21.6%	29.9%	255	118
ミルファーム	8	4	17	154	4.4%	6.6%	15.8%	58	63
松本好雄	8	4	6	65	9.6%	14.5%	21.7%	60	107
ビッグレッドファーム	7	13	9	104	5.3%	15.0%	21.8%	72	62
カナヤマホールディングス	7	5	3	15	23.3%	40.0%	50.0%	143	166
島川隆哉	7	3	3	37	14.0%	20.0%	26.0%	128	65
大川徹	6	2	3	13	25.0%	33.3%	45.8%	122	97
大塚亮一	6	2	2	24	17.6%	23.5%	29.4%	144	110
西山茂行	5	8	5	67	5.9%	15.3%	21.2%	30	57
Ｇ１レーシング	5	4	8	75	5.4%	9.8%	18.5%	54	90
小笹芳央	5	2	3	40	10.0%	14.0%	20.0%	55	49

福島　馬主　185

小倉 芝1200m

施行重賞：北九州記念（GⅢ）、小倉2歳S（GⅢ）

父 牡牝とも馬格のあるロードカナロア

　小倉芝1200mで2位以下を引き離す出走293回、34勝、1〜3着76回を記録したロードカナロア。得意の短距離では質、量ともに他を圧倒しており、この種牡馬を攻略しないことには馬券の的中から遠ざかる一方である。

　まず、単勝オッズの目安は20倍。このラインを超えると107戦1勝で、勝率にしてわずかに0.9％。唯一の勝利を挙げたのが、22年北九州記念で単勝1万6430円を叩き出したボンボヤージだったことは留意しておくべきだが、とはいえ夢を再びとばかりに勝率0.9％を追い求めるのは得策ではない。

　そこまで無理をせず、単勝20倍以内でも【33 24 12 117】、勝率17.7％、複勝率37.1％、単勝回収値120、複勝回収値87。このオッズからでもプラス収支を狙っていくことは十分に可能だ。同じ重賞1着馬を参照にするなら、21年CBC賞で単勝1820円をマークしたファストフォースのほうである。

　当日馬体重もチェックしたい。具体的には「牡馬480キロ以上、牝馬は460キロ以上」の産駒を狙うべきだ。該当馬を合算して【22 10 7 77】、勝率19.0％、複勝率33.6％、単勝回収値131、複勝回収値99という成績が残っている。逆に「牡馬480キロ未満、牝馬460キロ未満」だと【12 15 10 140】、勝率6.8％、複勝率20.9％、単勝回収値133、複勝回収値68。単勝回収値こそわずかに数値を上げるものの、勝率や複勝率、複勝回収値は大きく落とす。十分なガサのあるカナロア産駒を狙うだけで、簡単に的中率を上昇させることができる。

小倉芝1200m　ロードカナロア産駒詳細データ

	1着	2着	3着	4着以下	勝率	連対率	複勝率
牡	17	17	6	92	12.9%	25.8%	30.3%
牝	17	8	11	125	10.6%	15.5%	22.4%
1番人気	11	4	2	11	39.3%	53.6%	60.7%
2〜3番人気	8	14	5	29	14.3%	39.3%	48.2%
4〜6番人気	13	5	4	56	16.7%	23.1%	28.2%
7〜9番人気	1	2	2	46	2.0%	5.9%	9.8%
10番人気〜	1	0	4	75	1.3%	1.3%	6.3%

	1着	2着	3着	4着以下	勝率	連対率	複勝率
良	25	18	9	144	12.8%	21.9%	26.5%
稍重	8	5	3	48	12.5%	20.3%	25.0%
重	1	2	5	25	3.0%	9.1%	24.2%
不良	0	0	0	0	-	-	-
2歳	1	3	2	5	9.1%	36.4%	54.5%
3歳	13	10	8	79	11.8%	20.9%	28.2%
4歳以上	20	12	7	133	11.6%	18.6%	22.7%

父 ダイワメジャーの古馬

　種牡馬として最晩年を迎えたダイワメジャーだが、当コース首位のロードカナロアと好走率は変わらず、単複の回収値では上回る。まだまだ元気だ。

　馬券的な急所は年齢。2歳戦の強さで有名なダイワメジャーだが、集計期間内は単勝回収値17、複勝回収値66。このコースで以前ほどは走っていないのに、以前と同様に馬券が売れてしまい、完全に過剰人気となっている。また、3歳も勝率8.9%、単勝回収値75と平均レベルにとどまる。ということは、狙い目は4歳以上。実は現在、小倉芝1200mのダイワメジャーは古馬に妙味があり、【10 4 5 65】、勝率11.9%、複勝率22.6%、単勝回収値263、複勝回収値125。この10勝中4勝は10番人気以下で、どれほど印が薄くとも注意が必要だ。

小倉芝1200m　ダイワメジャー産駒詳細データ

	1着	2着	3着	4着以下	勝率	連対率	複勝率
牡	9	6	6	62	10.8%	18.1%	25.3%
牝	9	9	9	58	10.6%	21.2%	31.8%
1番人気	7	3	3	7	35.0%	50.0%	65.0%
2～3番人気	2	5	4	12	8.7%	30.4%	47.8%
4～6番人気	3	5	5	21	8.8%	23.5%	38.2%
7～9番人気	2	2	1	31	5.6%	11.1%	13.9%
10番人気～	4	0	2	49	7.3%	7.3%	10.9%

	1着	2着	3着	4着以下	勝率	連対率	複勝率
良	14	8	10	76	13.0%	20.4%	29.6%
稍重	2	3	3	29	5.4%	13.5%	21.6%
重	2	4	2	14	9.1%	27.3%	36.4%
不良	0	0	0	1	0.0%	0.0%	0.0%
2歳	3	3	2	20	10.7%	21.4%	28.6%
3歳	5	8	8	35	8.9%	23.2%	37.5%
4歳以上	10	4	5	65	11.9%	16.7%	22.6%

鞍上 外枠、単勝50倍以内の酒井学騎手

　ランキング10位と地味な順位ながら、小倉芝1200mでまったく侮れないのが酒井学騎手だ。トータルで単勝回収値167、複勝回収値142を記録しており、ベタ買いで悠々のプラス収支が可能。さらに、35回乗って3着1回しか好走がない単勝50倍超を消すだけで【7 8 6 25】、勝率15.2%、複勝率45.7%、単勝回収値295、複勝回収値217というケチのつけようがない数字が現れる。

　しかも、このコースの酒井学騎手は外枠得意が明確で、さらに絞っていくことができる。前述のオッズ条件を加味した「6～8枠で単勝50倍以内」という条件なら【7 5 2 8】、勝率31.8%、複勝率63.6%、単勝回収値616、複勝回収値274。該当馬を見つけたら、早々と酒宴の準備をしておこう。

小倉芝1200m　酒井学騎手詳細データ

	1着	2着	3着	4着以下	勝率	連対率	複勝率
牡	4	4	1	27	11.1%	22.2%	25.0%
牝	3	4	6	32	6.7%	15.6%	28.9%
1番人気	0	0	0	1	0.0%	0.0%	0.0%
2～3番人気	2	2	2	2	33.3%	66.7%	66.7%
4～6番人気	2	4	3	11	10.0%	30.0%	45.0%
7～9番人気	2	1	2	15	10.0%	15.0%	25.0%
10番人気～	1	1	2	30	2.9%	5.9%	11.8%

	1着	2着	3着	4着以下	勝率	連対率	複勝率
良	5	6	3	40	9.3%	20.4%	25.9%
稍重	1	1	3	10	6.7%	13.3%	33.3%
重	1	1	1	7	10.0%	20.0%	30.0%
不良	0	0	0	2	0.0%	0.0%	0.0%
2歳	0	2	0	24	0.0%	7.7%	7.7%
3歳	6	1	5	19	19.4%	22.6%	38.7%
4歳以上	1	5	2	16	4.2%	25.0%	33.3%

テキ　間隔の詰まった西園正都厩舎

　小倉芝1200mでランキング１位の西園正都厩舎。激走の多さも際立ち、１～３着22回の３分の１近い７回を７番人気以下でマーク。トータルで単勝回収値205、複勝回収値110と実に美味しい。

　このコースの西園厩舎を狙う際には必ず出走間隔をチェックしなければならない。具体的には、中４週以上だと【０　１　３　22】、複勝率15.4%、複勝回収値74とまったく冴えず、割引が必要になる。これを除いた出走間隔、すなわち「中３週以内および初出走」では【８　５　５　29】、勝率17.0%、複勝率38.3%、単勝回収値318、複勝回収値130。回収値が示す通り、激走の大半をこのローテで生み出しており、まさに必殺のパターンと言える。

小倉芝1200m　西園正都厩舎詳細データ

	1着	2着	3着	4着以下	勝率	連対率	複勝率
牡	4	5	3	30	9.5%	21.4%	28.6%
牝	4	1	5	21	12.9%	16.1%	32.3%
1番人気	2	1	3	3	22.2%	33.3%	66.7%
2～3番人気	3	4	2	11	15.0%	35.0%	45.0%
4～6番人気	0	0	0	9	0.0%	0.0%	0.0%
7～9番人気	1	0	2	13	6.3%	6.3%	18.8%
10番人気～	2	1	1	15	10.5%	15.8%	21.1%

	1着	2着	3着	4着以下	勝率	連対率	複勝率
良	7	5	6	33	13.7%	23.5%	35.3%
稍重	1	0	1	11	7.7%	7.7%	15.4%
重	0	1	1	6	0.0%	12.5%	25.0%
不良	0	0	0	1	0.0%	0.0%	0.0%
2歳	5	3	4	7	26.3%	42.1%	63.2%
3歳	2	3	2	22	6.9%	17.2%	24.1%
4歳以上	1	0	2	22	4.0%	4.0%	12.0%

父　この父も買い！
- ミッキーアイル（2歳【8　2　3　20】）
- エイシンフラッシュ（1、2番人気【6　0　0　3】）
- ヴィクトワールピサ（1～3番人気【5　3　0　9】）

鞍上　この鞍上も買い！
- 松山弘平（単勝15倍以内【17　8　7　44】）
- 西村淳也（1～5番人気【12　1　6　42】）
- 川田将雅（特別戦【4　5　3　7】）

テキ　このテキも買い！
- 武英智（1～5番人気【7　4　3　9】）
- 飯田雄三（単勝20倍以内【7　3　2　7】）
- 長谷川浩大（単勝30倍以内【5　3　5　13】）

父　この父は消し！
- ハーツクライ（単勝10倍以内【0　0　1　8】）
- ディープインパクト（3勝クラス～オープン【0　0　2　18】）
- キズナ（1、2枠【0　1　1　17】）

鞍上　この鞍上は消し！
- 角田大和（トータル【0　0　2　48】）
- 和田竜二（乗り替わり【0　3　3　38】）
- 浜中俊（1～8番枠【1　2　6　37】）

テキ　このテキは消し！
- 杉山晴紀（2、3歳【0　0　1　21】）
- 小崎憲（トータル【0　1　0　27】）
- 森田直行（2番人気以下【0　3　3　60】）

総合成績　芝1200m

●種牡馬別　BEST **15**

種牡馬名	1着	2着	3着	4着以下	勝率	連対率	複勝率	単勝回収値	複勝回収値
ロードカナロア	34	25	17	217	11.6%	20.1%	25.9%	132	80
ダイワメジャー	18	15	15	120	10.7%	19.6%	28.6%	159	110
ミッキーアイル	9	5	8	52	12.2%	18.9%	29.7%	125	88
エイシンフラッシュ	8	1	1	39	16.3%	18.4%	20.4%	142	82
ルーラーシップ	7	7	9	66	7.9%	15.7%	25.8%	66	76
キズナ	7	4	7	75	7.5%	11.8%	19.4%	46	51
ディープインパクト	6	2	6	60	8.1%	10.8%	18.9%	47	52
モーリス	5	8	4	51	7.4%	19.1%	25.0%	103	90
スクリーンヒーロー	5	8	4	52	7.2%	18.8%	24.6%	42	75
ヴィクトワールピサ	5	5	1	41	9.6%	19.2%	21.2%	44	88
エイシンヒカリ	5	2	1	17	20.0%	28.0%	32.0%	400	166
スクワートルスクワート	5	0	0	16	23.8%	23.8%	23.8%	87	38
アドマイヤムーン	4	6	2	55	6.0%	14.9%	17.9%	33	59
エピファネイア	4	4	2	74	4.8%	9.5%	11.9%	96	68
リーチザクラウン	4	2	1	25	12.5%	18.8%	21.9%	220	88

●騎手別　BEST **15**

騎手名	1着	2着	3着	4着以下	勝率	連対率	複勝率	単勝回収値	複勝回収値
松山弘平	17	8	8	69	16.7%	24.5%	32.4%	83	65
福永祐一	13	13	4	23	24.5%	49.1%	56.6%	115	98
鮫島克駿	13	12	9	101	9.6%	18.5%	25.2%	135	85
西村淳也	13	3	13	106	9.6%	11.9%	21.5%	72	85
川田将雅	10	7	3	19	25.6%	43.6%	51.3%	143	103
富田暁	9	11	5	102	7.1%	15.7%	19.7%	78	57
松若風馬	9	4	7	77	9.3%	13.4%	20.6%	168	86
藤岡康太	8	14	5	104	6.1%	16.8%	20.6%	39	57
横山和生	8	2	2	33	17.8%	22.2%	26.7%	159	101
酒井学	7	8	7	59	8.6%	18.5%	27.2%	167	142
丹内祐次	7	5	10	80	6.9%	11.8%	21.6%	64	91
菱田裕二	7	4	5	57	9.6%	15.1%	21.9%	103	84
川須栄彦	7	4	0	46	12.3%	19.3%	19.3%	550	107
武豊	7	3	4	15	24.1%	34.5%	48.3%	138	122
角田大河	6	4	0	23	18.2%	30.3%	30.3%	122	73

●厩舎別　BEST **15**

厩舎名	1着	2着	3着	4着以下	勝率	連対率	複勝率	単勝回収値	複勝回収値
西園正都	8	6	8	51	11.0%	19.2%	30.1%	205	110
南井克巳	8	5	8	42	12.7%	20.6%	33.3%	71	108
武英智	7	4	3	36	14.0%	22.0%	28.0%	63	58
武幸四郎	7	3	3	41	13.0%	18.5%	24.1%	71	51
飯田雄三	7	3	2	31	16.3%	23.3%	27.9%	170	77
池添学	6	2	3	31	14.3%	19.0%	26.2%	75	56
長谷川浩大	5	3	5	26	12.8%	20.5%	33.3%	77	87
石橋守	5	2	6	60	6.8%	9.6%	17.8%	47	105
新谷功一	5	2	2	34	11.6%	16.3%	20.9%	39	65
角田晃一	5	2	0	24	16.1%	22.6%	22.6%	140	58
西村真幸	4	8	0	26	10.5%	31.6%	31.6%	90	112
音無秀孝	4	7	5	28	9.1%	25.0%	36.4%	74	92
宮本博	4	6	4	15	13.8%	34.5%	48.3%	73	104
川村禎彦	4	6	2	49	6.6%	16.4%	19.7%	148	82
梅田智之	4	4	1	20	13.8%	27.6%	31.0%	616	133

小倉芝1200m

父 キタサンブラックにブレイクの兆し!

　種牡馬ランキング1位と2位に入ったのは、すでに死亡したディープインパクトとドゥラメンテ。いずれの成績も優秀で、現役産駒がいるうちは狙っていいが、本書では今後伸びてきそうなキタサンブラックを紹介したい。

　21年の初年度産駒デビューで、集計期間内の半分程度しか走っていないが、それでも5位に入るあたりは実に非凡。産駒には意外と仕上がりが早い傾向も見られ、このコースでも2歳馬が【6 2 0 4】、勝率50.0%、複勝率66.7%、単勝回収値440、複勝回収値120の好成績を収めている。ただし、3歳馬を含めて1、2枠で【0 0 0 6】と、内枠を引いた場合は注意を要する。

小倉芝1800m　キタサンブラック産駒詳細データ

	1着	2着	3着	4着以下	勝率	連対率	複勝率
牡	4	2	0	7	30.8%	46.2%	46.2%
牝	3	0	1	5	33.3%	33.3%	44.4%
1番人気	4	0	0	1	80.0%	80.0%	80.0%
2～3番人気	0	1	1	5	0.0%	14.3%	28.6%
4～6番人気	2	1	0	0	66.7%	100.0%	100.0%
7～9番人気	1	0	0	4	20.0%	20.0%	20.0%
10番人気～	0	0	0	2	0.0%	0.0%	0.0%

	1着	2着	3着	4着以下	勝率	連対率	複勝率
良	3	2	1	7	23.1%	38.5%	46.2%
稍重	3	0	0	2	60.0%	60.0%	60.0%
重	1	0	0	3	25.0%	25.0%	25.0%
不良	0	0	0	0	-	-	-
2歳	6	2	0	4	50.0%	66.7%	66.7%
3歳	1	0	1	8	10.0%	10.0%	20.0%
4歳以上	0	0	0	0	-	-	-

鞍上 儲けたいなら西村淳也騎手に注目!

　ランキング2位の西村淳也騎手を取り上げたい。騎乗馬の質の差もあり、1位の川田将雅騎手より好走率はだいぶ落ちるものの、単勝回収値は23ポイント高く、儲けやすさでは上回る。また、36回乗って連対がない単勝20倍超を消すだけで、【11 12 4 29】、勝率19.6%、複勝率48.2%、単勝回収値178、複勝回収値102と好走率がグッと良化。回収値も上昇し、さらに儲けやすくなる。

　また、継続騎乗で【7 2 3 7】、勝率36.8%、複勝率63.2%、単勝回収値304、複勝回収値195と圧巻の好成績。もちろん、22年中京記念のベレヌスも、前走の谷川岳S2着からの継続騎乗だった。

小倉芝1800m　西村淳也騎手詳細データ

	1着	2着	3着	4着以下	勝率	連対率	複勝率
牡	8	6	5	30	16.3%	28.6%	38.8%
牝	3	6	3	31	7.0%	20.9%	27.9%
1番人気	2	1	2	1	33.3%	50.0%	83.3%
2～3番人気	3	5	2	5	20.0%	53.3%	66.7%
4～6番人気	4	6	0	23	12.1%	30.3%	30.3%
7～9番人気	2	0	3	19	8.3%	8.3%	20.8%
10番人気～	0	0	1	13	0.0%	0.0%	7.1%

	1着	2着	3着	4着以下	勝率	連対率	複勝率
良	7	10	7	43	10.4%	25.4%	35.8%
稍重	3	1	0	11	20.0%	26.7%	26.7%
重	1	1	1	7	10.0%	20.0%	30.0%
不良	0	0	0	0	-	-	-
2歳	3	5	0	6	21.4%	57.1%	57.1%
3歳	0	4	4	31	0.0%	10.3%	20.5%
4歳以上	8	3	4	24	20.5%	28.2%	38.5%

テキ 杉山晴紀厩舎×キングマンボ系

　22年に小倉大賞典を制したアリーヴォと中京記念を勝ったベレヌスは、いずれも杉山晴紀厩舎の管理馬。その杉山晴紀厩舎は小倉芝1800mでランキング２位に入っている。トータルで単勝回収値73、複勝回収値84と、さほど儲からないようだが、単勝15倍以内に限るだけで【６　５　２　９】、勝率27.3%、複勝率59.1%、単勝回収値126、複勝回収値106と一気に見栄えがよくなる。

　興味深いのは、このコースで挙げた６勝中５勝が父にキングマンボ系の種牡馬を持つ馬だったこと。調教と血統、コースが絶妙に合うのだろうか。前述のアリーヴォの父もキングマンボ系のドゥラメンテで、格好の狙い目だった。

小倉芝1800m　杉山晴紀厩舎詳細データ

	1着	2着	3着	4着以下	勝率	連対率	複勝率
牡	4	3	0	12	21.1%	36.8%	36.8%
牝	2	3	3	11	10.5%	26.3%	42.1%
1番人気	4	1	1	0	66.7%	83.3%	100.0%
2～3番人気	1	3	0	6	10.0%	40.0%	40.0%
4～6番人気	1	1	2	3	14.3%	28.6%	57.1%
7～9番人気	0	1	0	9	0.0%	10.0%	10.0%
10番人気～	0	0	0	5	0.0%	0.0%	0.0%

	1着	2着	3着	4着以下	勝率	連対率	複勝率
良	4	5	3	20	12.5%	28.1%	37.5%
稍重	1	0	0	3	25.0%	25.0%	25.0%
重	1	1	0	0	50.0%	100.0%	100.0%
不良	0	0	0	0	-	-	-
2歳	0	0	0	4	0.0%	20.0%	20.0%
3歳	3	3	1	12	15.8%	31.6%	36.8%
4歳以上	3	2	2	7	21.4%	35.7%	50.0%

●種牡馬別　BEST 10　総合成績　芝1800m

種牡馬名	1着	2着	3着	4着以下	勝率	連対率	複勝率	単勝回収値	複勝回収値
ディープインパクト	19	17	13	73	15.6%	29.5%	40.2%	107	97
ドゥラメンテ	9	4	6	25	20.5%	29.5%	43.2%	113	145
エピファネイア	8	9	5	53	10.7%	22.7%	29.3%	26	69
モーリス	8	6	1	41	14.3%	25.0%	26.8%	69	54
キタサンブラック	7	2	1	12	31.8%	40.9%	45.5%	276	90
ハーツクライ	6	6	14	51	7.8%	15.6%	33.8%	61	73
ルーラーシップ	5	7	12	65	5.6%	13.5%	27.0%	23	64
オルフェーヴル	5	4	3	44	8.9%	16.1%	21.4%	156	80
ロードカナロア	5	3	6	58	6.9%	11.1%	19.4%	93	44
ディープブリランテ	5	1	2	15	21.7%	26.1%	34.8%	200	119

●騎手別　BEST 10

騎手名	1着	2着	3着	4着以下	勝率	連対率	複勝率	単勝回収値	複勝回収値
川田将雅	12	9	6	8	34.3%	60.0%	77.1%	85	100
西村淳也	11	12	8	61	12.0%	25.0%	33.7%	108	92
福永祐一	10	6	4	11	32.3%	51.6%	64.5%	112	93
吉田隼人	10	5	3	39	17.5%	26.3%	31.6%	63	58
松山弘平	8	5	3	36	14.8%	24.1%	33.3%	62	48
鮫島克駿	6	6	12	48	8.3%	16.7%	33.3%	262	102
和田竜二	5	4	7	28	11.4%	20.5%	36.4%	100	68
斎藤新	5	3	4	35	10.6%	17.0%	25.5%	54	70
松若風馬	5	2	6	41	9.3%	13.0%	24.1%	84	70
浜中俊	4	10	2	32	8.3%	29.2%	33.3%	36	67

●厩舎別　BEST 10

厩舎名	1着	2着	3着	4着以下	勝率	連対率	複勝率	単勝回収値	複勝回収値
中内田充正	7	5	4	13	24.1%	41.4%	55.2%	50	75
杉山晴紀	6	6	3	23	15.8%	31.6%	39.5%	73	84
友道康夫	6	4	3	15	21.4%	35.7%	46.4%	79	72
矢作芳人	6	3	2	22	18.2%	27.3%	33.3%	100	90
橋口慎介	5	4	5	20	14.7%	26.5%	41.2%	155	93
清水久詞	5	3	3	16	18.5%	29.6%	40.7%	104	67
松永幹夫	4	4	0	17	16.0%	32.0%	32.0%	170	69
武幸四郎	4	0	3	15	18.2%	18.2%	31.8%	215	60
渡辺薫彦	3	8	4	23	7.9%	28.9%	39.5%	24	74
池添学	3	3	2	7	20.0%	40.0%	53.3%	116	157

東京　中山　阪神　中京　新潟　福島　小倉　札幌　函館

小倉芝1800m

小倉 芝2000m 施行重賞 小倉記念（GⅢ）

（父）モーリスは1～4枠でさらに買い！

　小倉芝2000mの種牡馬ランキングを見ると、1～5位の単勝回収値がいずれも低い。よく馬券になる種牡馬で儲けづらいという困った状況にあるが、救世主とも言えるのが6位のモーリスだ。そのトータル成績は【7 1 6 16】、勝率23.3%、複勝率46.7%、単勝回収値366、複勝回収値199とまさに極上。人気でも穴でも馬券になるので、基本的にはベタ買いでいきたい。

　絞るのは危険なので、特に買える条件として1～4枠を挙げておきたい。該当馬は【5 1 2 3】、勝率45.5%、複勝率72.7%、単勝回収値889、複勝回収値307。真ん中から内の枠を引いたら倍プッシュも視野に入る。

小倉芝2000m　モーリス産駒詳細データ

	1着	2着	3着	4着以下	勝率	連対率	複勝率
牡	5	0	1	5	45.5%	45.5%	54.5%
牝	2	1	5	11	10.5%	15.8%	42.1%
1番人気	0	0	1	0	0.0%	0.0%	100.0%
2～3番人気	3	0	2	1	50.0%	50.0%	83.3%
4～6番人気	3	1	0	3	42.9%	57.1%	57.1%
7～9番人気	0	0	2	6	0.0%	0.0%	25.0%
10番人気～	1	0	1	6	12.5%	12.5%	25.0%

	1着	2着	3着	4着以下	勝率	連対率	複勝率
良	7	0	5	9	33.3%	33.3%	57.1%
稍重	0	1	1	4	0.0%	16.7%	33.3%
重	0	0	0	3	0.0%	0.0%	0.0%
不良	0	0	0	0	-	-	-
2歳	2	0	1	0	66.7%	66.7%	100.0%
3歳	4	1	4	11	20.0%	25.0%	45.0%
4歳以上	1	0	1	5	14.3%	14.3%	28.6%

（鞍上）人気の松山弘平騎手

　ランキング1～3位の松山弘平騎手、藤岡康太騎手、西村淳也騎手がいずれも優秀な成績を収めているが、今回は首位に敬意を表して松山騎手を取り上げたい。小倉では川田将雅騎手に次ぐレベルの騎乗馬を集めており、このコースで信頼によく応えている。1番人気で【8 0 0 2】、2番人気でも【3 3 0 3】。オッズで言えば、単勝10倍以内で【12 5 1 10】、勝率40.0%、複勝率60.0%、単勝回収値140、複勝回収値102と頼もしい。

　また、重賞の小倉記念で20年2着→21年1着→22年1着と、集計期間内は毎年連対を果たしている。本命・対抗級が回ってくれば、23年も大いに期待だ。

小倉芝2000m　松山弘平騎手詳細データ

	1着	2着	3着	4着以下	勝率	連対率	複勝率
牡	7	3	1	8	36.8%	52.6%	57.9%
牝	5	3	0	15	21.7%	34.8%	34.8%
1番人気	8	0	0	2	80.0%	80.0%	80.0%
2～3番人気	3	5	0	6	21.4%	57.1%	57.1%
4～6番人気	1	1	1	10	7.7%	15.4%	23.1%
7～9番人気	0	0	0	4	0.0%	0.0%	0.0%
10番人気～	0	0	0	1	0.0%	0.0%	0.0%

	1着	2着	3着	4着以下	勝率	連対率	複勝率
良	9	5	0	19	27.3%	42.4%	42.4%
稍重	2	1	1	1	40.0%	60.0%	80.0%
重	1	0	0	2	33.3%	33.3%	33.3%
不良	0	0	0	1	0.0%	0.0%	0.0%
2歳	2	1	0	2	40.0%	60.0%	60.0%
3歳	7	3	0	17	25.9%	37.0%	37.0%
4歳以上	3	2	1	4	30.0%	50.0%	60.0%

杉山晴紀厩舎の中4～8週

単勝回収値795を記録しているランキング2位の藤岡健一厩舎も魅力的だが、大穴2発の影響も大きく、再現性に確証を持ち切れない。

本書では1位の杉山晴紀厩舎を取り上げたい。集計期間内に毎年2勝以上を挙げた唯一の厩舎であり、異なる13頭が1～3着に入った層の厚さも群を抜く。しかも、全8勝中6勝を挙げ、勝率28.6%、単勝回収値191を記録した「中4～8週」という得意ローテが存在し、狙いを絞りやすいという利点まで備える。さらに「中4～8週で今走1、2番人気」なら【4 0 1 0】と鉄板級。"晴紀スト"でなくとも、ノーベル小倉賞の有力候補としてノミネートしたい。

小倉芝2000m　杉山晴紀厩舎詳細データ

	1着	2着	3着	4着以下	勝率	連対率	複勝率
牡	7	2	5	12	26.9%	34.6%	53.8%
牝	1	1	1	10	7.7%	15.4%	23.1%
1番人気	4	1	0	0	80.0%	100.0%	100.0%
2～3番人気	3	2	3	7	20.0%	33.3%	53.3%
4～6番人気	0	0	3	3	0.0%	0.0%	50.0%
7～9番人気	0	0	0	1	0.0%	0.0%	0.0%
10番人気～	1	0	0	11	8.3%	8.3%	8.3%

	1着	2着	3着	4着以下	勝率	連対率	複勝率
良	5	2	3	16	19.2%	26.9%	38.5%
稍重	2	1	3	3	22.2%	33.3%	66.7%
重	0	0	0	3	0.0%	0.0%	0.0%
不良	1	0	0	0	100.0%	100.0%	100.0%
2歳	0	0	0	0	-	-	-
3歳	5	3	5	18	16.1%	25.8%	41.9%
4歳以上	3	0	1	4	37.5%	37.5%	50.0%

総合成績　芝2000m

●種牡馬別 BEST 10

種牡馬名	1着	2着	3着	4着以下	勝率	連対率	複勝率	単勝回収値	複勝回収値
ハーツクライ	12	11	11	73	11.2%	21.5%	31.8%	55	91
ディープインパクト	12	11	8	75	11.3%	21.7%	29.2%	56	85
ルーラーシップ	8	8	8	77	7.9%	15.8%	23.8%	57	64
キズナ	8	8	5	46	11.9%	23.9%	31.3%	50	57
ハービンジャー	7	10	9	69	7.4%	17.9%	27.4%	33	76
モーリス	7	1	6	16	23.3%	26.7%	46.7%	366	199
エピファネイア	6	6	4	63	7.6%	15.2%	20.3%	64	61
ロードカナロア	6	3	2	35	13.0%	19.6%	23.9%	182	85
ドゥラメンテ	5	5	9	32	9.8%	19.6%	37.3%	41	94
シルバーステート	5	3	1	11	25.0%	40.0%	45.0%	158	90

●騎手別 BEST 10

騎手名	1着	2着	3着	4着以下	勝率	連対率	複勝率	単勝回収値	複勝回収値
松山弘平	12	6	1	23	28.6%	42.9%	45.2%	100	84
藤岡康太	11	6	2	51	14.7%	22.7%	32.0%	192	97
西村淳也	10	13	6	50	12.7%	29.1%	36.7%	99	126
吉田隼人	8	8	2	29	17.0%	34.0%	38.3%	63	75
横山和生	7	4	5	12	25.0%	39.3%	57.1%	155	141
川田将雅	7	4	4	16	22.6%	35.5%	48.4%	47	63
鮫島克駿	6	7	7	46	9.1%	19.7%	30.3%	76	77
浜中俊	6	7	6	23	14.3%	31.0%	45.2%	66	90
藤岡佑介	5	5	2	13	20.0%	40.0%	48.0%	64	78
幸英明	4	6	8	32	8.0%	20.0%	36.0%	57	82

●厩舎別 BEST 10

厩舎名	1着	2着	3着	4着以下	勝率	連対率	複勝率	単勝回収値	複勝回収値
杉山晴紀	8	3	6	22	20.5%	28.2%	43.6%	125	90
藤岡健一	6	1	1	15	26.1%	30.4%	34.8%	795	208
笹田和秀	5	4	2	16	18.5%	33.3%	55.6%	99	121
友道康夫	5	1	1	15	22.7%	27.3%	31.8%	103	112
池江泰寿	4	1	1	24	13.3%	16.7%	20.0%	115	44
矢作芳人	3	6	1	22	9.4%	28.1%	31.3%	70	69
西村真幸	3	5	2	12	13.6%	36.4%	45.5%	31	101
清水久詞	3	3	2	19	10.7%	21.4%	32.1%	44	60
寺島良	3	3	1	27	8.8%	17.6%	20.6%	84	58
安田翔伍	3	2	3	6	21.4%	35.7%	57.1%	149	100

小倉 芝2600m

KOKURA　施行重賞 なし

（父）オルフェーヴルの人気、ローテをチェック！

　ランキング１～４位の種牡馬が素晴らしい成績を残しており、いずれも紹介したいところだが、今回は素直にオルフェーヴルにする。集計期間内の３年すべてで複勝率４割以上を記録する安定感と、全５勝を異なる馬で挙げた層の厚さが実に頼もしい。トータルで単勝回収値68というのは玉にキズだが、１～３番人気なら【４ ３ １ ４】、勝率33.3％、複勝率66.7％、単勝回収値123、複勝回収値105と、上位人気だけアタマで狙えば弱点を克服できる。

　もうひとつ、中４週以上で【４ ３ １ 10】、勝率22.2％、複勝率44.4％、単勝回収値126、複勝回収値290と、出走間隔からのアプローチも有望だ。

小倉芝2600m　オルフェーヴル産駒詳細データ

	1着	2着	3着	4着以下	勝率	連対率	複勝率
牡	3	5	3	19	10.0%	26.7%	36.7%
牝	2	1	1	2	33.3%	50.0%	66.7%
1番人気	2	1	1	2	33.3%	50.0%	66.7%
2～3番人気	2	2	0	2	33.3%	66.7%	66.7%
4～6番人気	1	2	1	6	10.0%	30.0%	40.0%
7～9番人気	0	1	2	5	0.0%	12.5%	37.5%
10番人気～	0	0	0	6	0.0%	0.0%	0.0%

	1着	2着	3着	4着以下	勝率	連対率	複勝率
良	4	4	4	16	14.3%	28.6%	42.9%
稍重	0	1	0	0	0.0%	100.0%	100.0%
重	1	1	0	5	14.3%	28.6%	28.6%
不良	0	0	0	0	-	-	-
2歳	0	0	0	0	-	-	-
3歳	1	2	1	8	8.3%	25.0%	33.3%
4歳以上	4	4	3	13	16.7%	33.3%	45.8%

（鞍上）継続騎乗の丹内祐次騎手

　最多の５勝を挙げた丹内祐次騎手は、【５ ３ ２ ９】、勝率26.3％、複勝率52.6％、単勝回収値156、複勝回収値131のトータル成績も抜群。しかも、すべて凡走に終わった単勝20倍超を簡単に消すことができ、単勝20倍以内に限るだけで【５ ３ ２ ３】、勝率38.5％、複勝率76.9％、単勝回収値228、複勝回収値191と、ますます隙のない数値が現れる。

　ただし、乗り替わり時は【１ １ １ ７】と、このコースの丹内騎手にしては物足りない結果に終わっており、この点は要注意。継続騎乗した場合に狙いを定めていけば、間違いなくいい仕事をしてくれるはずだ。

小倉芝2600m　丹内祐次騎手詳細データ

	1着	2着	3着	4着以下	勝率	連対率	複勝率
牡	5	2	1	4	41.7%	58.3%	66.7%
牝	0	1	1	5	0.0%	14.3%	28.6%
1番人気	2	0	1	1	50.0%	50.0%	75.0%
2～3番人気	2	1	0	0	66.7%	100.0%	100.0%
4～6番人気	0	2	1	0	0.0%	66.7%	100.0%
7～9番人気	1	0	0	6	14.3%	14.3%	14.3%
10番人気～	0	0	0	2	0.0%	0.0%	0.0%

	1着	2着	3着	4着以下	勝率	連対率	複勝率
良	1	3	1	6	9.1%	36.4%	45.5%
稍重	2	0	1	0	66.7%	66.7%	100.0%
重	2	0	0	3	40.0%	40.0%	40.0%
不良	0	0	0	0	-	-	-
2歳	0	0	0	0	-	-	-
3歳	0	0	0	0	-	-	-
4歳以上	5	3	2	9	26.3%	42.1%	52.6%

テキ 寺島良厩舎が圧倒的な存在感を示す!

　唯一の4勝厩舎となった寺島良厩舎が傑出した成績を残している。一例として1〜3着数を見ても、2番目に多い厩舎が4回で並ぶところ、寺島厩舎は倍以上の9回をマークしており、ただただ圧倒的だ。しかも、この1〜3着9回は異なる7頭によって記録されたものであり、同一の馬が繰り返し好走したわけではない。

　特に単勝10倍以内では【4　1　3　1】と鉄板。馬券圏内を外した1走も0秒1差の4着まで来ており、凡走とまでは言い切れない。よほど消したい理由がなければ、このコースの寺島厩舎は買い目に加えるべきである。

小倉芝2600m　寺島良厩舎詳細データ

	1着	2着	3着	4着以下	勝率	連対率	複勝率
牡	3	0	2	2	42.9%	42.9%	71.4%
牝	1	2	1	3	14.3%	42.9%	57.1%
1番人気	2	0	1	0	66.7%	66.7%	100.0%
2〜3番人気	1	1	0	0	50.0%	100.0%	100.0%
4〜6番人気	1	0	2	1	25.0%	25.0%	75.0%
7〜9番人気	0	1	0	2	0.0%	33.3%	33.3%
10番人気〜	0	0	0	2	0.0%	0.0%	0.0%

	1着	2着	3着	4着以下	勝率	連対率	複勝率
良	2	2	0	5	22.2%	44.4%	44.4%
稍重	2	0	1	0	66.7%	66.7%	100.0%
重	0	0	2	0	0.0%	0.0%	100.0%
不良	0	0	0	0	-	-	-
2歳	0	0	0	0	-	-	-
3歳	2	0	0	4	33.3%	33.3%	33.3%
4歳以上	2	2	3	1	25.0%	50.0%	87.5%

総合成績　芝2600m

●種牡馬別　BEST 10

種牡馬名	1着	2着	3着	4着以下	勝率	連対率	複勝率	単勝回収値	複勝回収値
オルフェーヴル	5	6	4	21	13.9%	30.6%	41.7%	68	186
キングカメハメハ	5	1	2	11	26.3%	31.6%	42.1%	165	88
ゴールドシップ	4	2	2	12	20.0%	30.0%	40.0%	141	107
エピファネイア	4	1	1	7	30.8%	38.5%	46.2%	139	76
ディープインパクト	3	3	5	43	5.6%	11.1%	20.4%	21	37
ルーラーシップ	3	3	3	22	9.7%	19.4%	29.0%	59	70
ハーツクライ	3	2	2	20	11.1%	18.5%	25.9%	88	61
ステイゴールド	2	0	0	2	50.0%	50.0%	50.0%	127	62
ハービンジャー	1	3	2	20	3.8%	15.4%	23.1%	52	44
ジャスタウェイ	1	3	0	9	7.7%	30.8%	30.8%	55	71

●騎手別　BEST 10

騎手名	1着	2着	3着	4着以下	勝率	連対率	複勝率	単勝回収値	複勝回収値
丹内祐次	5	3	2	9	26.3%	42.1%	52.6%	156	131
藤岡佑介	3	2	1	4	30.0%	50.0%	60.0%	138	102
松若風馬	3	1	0	8	25.0%	33.3%	33.3%	232	79
菅原明良	3	0	0	3	50.0%	50.0%	50.0%	235	88
福永祐一	2	2	0	5	22.2%	44.4%	44.4%	83	86
横山和生	2	1	0	3	33.3%	50.0%	50.0%	133	180
川田将雅	2	1	0	0	66.7%	100.0%	100.0%	163	133
吉田隼人	1	3	3	9	6.3%	25.0%	43.8%	74	156
西村淳也	1	1	3	20	4.0%	8.0%	20.0%	8	157
松山弘平	1	1	2	7	9.1%	18.2%	36.4%	39	59

●厩舎別　BEST 10

厩舎名	1着	2着	3着	4着以下	勝率	連対率	複勝率	単勝回収値	複勝回収値
寺島良	4	2	3	5	28.6%	42.9%	64.3%	115	159
矢作芳人	3	0	1	8	25.0%	25.0%	33.3%	172	59
石坂公一	2	1	1	4	25.0%	37.5%	50.0%	107	108
清水英克	2	1	1	0	50.0%	75.0%	100.0%	470	200
高橋祥泰	2	1	0	2	40.0%	60.0%	60.0%	102	78
安田隆行	1	3	0	4	12.5%	50.0%	50.0%	23	191
南井克巳	1	2	0	2	20.0%	60.0%	60.0%	72	114
谷潔	1	2	0	6	11.1%	33.3%	33.3%	150	86
松下武士	1	1	2	4	12.5%	25.0%	50.0%	73	112
杉山晴紀	1	1	1	4	14.3%	28.6%	42.9%	25	55

小倉芝2600m　195

父 シニスターミニスターを人気で使い分けろ

　ランキング1位にして好走率や回収値も抜群。小倉ダート1000mのシニスターミニスターは、もはや手のつけられない存在と化している。
　上位人気で強く、人気薄の激走もあり、印を問わずチャンスがある。ただし、全8勝は単勝20倍以内に限られ、1着で狙う場合は必ずオッズを確認したい。該当馬は【8 4 6 7】、勝率32.0%、複勝率72.0%、単勝回収値250、複勝回収値154。1着づけはもちろん、3連複の軸馬として頼ってもいい。一方、単勝20倍を超えても複勝回収値206と侮れないが、アタマはない。人気薄の突き抜けまでは期待せず、高配当を演出するヒモ穴要員として登用したい。

小倉ダ1000m　シニスターミニスター産駒詳細データ

	1着	2着	3着	4着以下	勝率	連対率	複勝率
牡	2	4	6	12	8.3%	25.0%	50.0%
牝	6	2	1	15	25.0%	33.3%	37.5%
1番人気	0	2	0	1	0.0%	66.7%	66.7%
2～3番人気	5	2	4	2	38.5%	53.8%	84.6%
4～6番人気	3	1	1	2	42.9%	57.1%	71.4%
7～9番人気	0	0	1	10	0.0%	0.0%	9.1%
10番人気～	0	1	1	12	0.0%	7.1%	14.3%

	1着	2着	3着	4着以下	勝率	連対率	複勝率
良	3	4	2	13	13.6%	31.8%	40.9%
稍重	3	1	1	5	30.0%	40.0%	50.0%
重	1	1	3	6	9.1%	18.2%	45.5%
不良	1	0	1	3	20.0%	20.0%	40.0%
2歳	0	0	0	1	0.0%	0.0%	0.0%
3歳	7	4	1	16	25.0%	39.3%	42.9%
4歳以上	1	2	6	10	5.3%	15.8%	47.4%

鞍上 松本大輝騎手は条件問わず買い

　行った者勝ち、駆け引き無用のダート1000mは若手も活躍しやすい条件。当コースの騎手ランキングでも、若手～中堅ジョッキーが上位に並んでいる。
　そのなかで注目したいのは松本大輝騎手だ。21年3月デビューという不利な条件ながら7位に食い込み、単勝回収値124、複勝回収値135も立派。23年で3年目の若手だけに、減量のある平場戦だけで来ているのかと思いきや、特別戦でも【1 1 1 2】と結果を出しているのは頼もしい。また、所属する森秀行厩舎だけでなく、森厩舎以外でも【2 4 5 22】、複勝率33.3%、複勝回収値121とそこまで数値が落ちず、この点でも安心して買っていける。

小倉ダ1000m　松本大輝騎手詳細データ

	1着	2着	3着	4着以下	勝率	連対率	複勝率
牡	3	3	5	22	9.1%	18.2%	33.3%
牝	1	2	2	8	7.7%	23.1%	38.5%
1番人気	1	1	0	1	33.3%	66.7%	66.7%
2～3番人気	0	1	2	6	0.0%	11.1%	33.3%
4～6番人気	2	3	2	5	16.7%	41.7%	58.3%
7～9番人気	1	0	1	7	11.1%	11.1%	22.2%
10番人気～	0	0	2	11	0.0%	0.0%	15.4%

	1着	2着	3着	4着以下	勝率	連対率	複勝率
良	2	4	5	17	7.1%	21.4%	39.3%
稍重	1	1	0	5	14.3%	28.6%	28.6%
重	1	0	0	8	11.1%	11.1%	11.1%
不良	0	0	2	0	0.0%	0.0%	100.0%
2歳	0	0	0	4	0.0%	0.0%	0.0%
3歳	2	2	4	18	7.7%	15.4%	30.8%
4歳以上	2	3	3	8	12.5%	31.3%	50.0%

中2週以上の森秀行厩舎

　最多の6勝を挙げたのは森秀行厩舎。ダート1000mというスペシャリストの多い条件のここでも全6勝を異なる5頭で挙げており、層の厚さが伺える。

　トータル成績は【6 3 2 26】、勝率16.2%、複勝率29.7%、単勝回収値177、複勝回収値97。ただし、そこそこ出走例がある中1週以内のローテで使ってきたときは【0 1 1 8】。1～3番人気が延べ6頭含まれ、この数字は見た目以上によくない。一方、中2週以上だと【6 2 1 18】、勝率22.2%、複勝率33.3%、単勝回収値242、複勝回収値119の好成績。騎手の項でも触れた厩舎所属の松本大輝騎手でも、ほかの騎手でも狙っていける。

小倉ダ1000m　森秀行厩舎詳細データ

	1着	2着	3着	4着以下	勝率	連対率	複勝率
牡	5	3	2	25	14.3%	22.9%	28.6%
牝	1	0	0	1	50.0%	50.0%	50.0%
1番人気	0	0	0	2	0.0%	0.0%	0.0%
2～3番人気	1	2	1	7	9.1%	27.3%	36.4%
4～6番人気	3	1	0	5	33.3%	44.4%	44.4%
7～9番人気	2	0	0	6	25.0%	25.0%	25.0%
10番人気～	0	0	1	6	0.0%	0.0%	14.3%

	1着	2着	3着	4着以下	勝率	連対率	複勝率
良	1	3	1	15	5.0%	20.0%	25.0%
稍重	3	0	0	5	37.5%	37.5%	37.5%
重	2	0	0	4	33.3%	33.3%	33.3%
不良	0	0	1	2	0.0%	0.0%	33.3%
2歳	1	1	0	1	33.3%	66.7%	66.7%
3歳	2	0	1	5	25.0%	25.0%	37.5%
4歳以上	3	2	1	20	11.5%	19.2%	23.1%

総合成績　ダ1000m

●種牡馬別 BEST 10

種牡馬名	1着	2着	3着	4着以下	勝率	連対率	複勝率	単勝回収値	複勝回収値
シニスターミニスター	8	6	7	27	16.7%	29.2%	43.8%	130	179
ロードカナロア	7	7	5	44	11.1%	22.2%	30.2%	56	69
サウスヴィグラス	7	1	3	52	11.1%	12.7%	17.5%	49	40
オルフェーヴル	6	1	1	19	22.2%	25.9%	29.6%	184	71
ヘニーヒューズ	5	4	3	32	11.4%	20.5%	27.3%	43	54
キンシャサノキセキ	4	8	4	36	7.7%	23.1%	30.8%	21	93
アイルハヴアナザー	4	5	2	21	12.5%	28.1%	34.4%	111	96
モーリス	3	1	3	7	21.4%	28.6%	50.0%	240	145
コパノリッキー	3	1	2	18	12.5%	16.7%	25.0%	162	54
ゴールドアリュール	3	0	3	12	16.7%	16.7%	33.3%	292	311

●騎手別 BEST 10

騎手名	1着	2着	3着	4着以下	勝率	連対率	複勝率	単勝回収値	複勝回収値
松山弘平	6	5	2	22	17.1%	31.4%	37.1%	65	69
鮫島克駿	5	2	2	44	9.4%	13.2%	17.0%	65	33
泉谷楓真	5	1	3	15	20.8%	25.0%	37.5%	119	110
田中健	5	1	2	17	20.0%	24.0%	32.0%	139	78
西村淳也	4	7	6	38	7.3%	20.0%	30.9%	40	80
団野大成	4	6	2	17	13.8%	34.5%	41.4%	60	112
松本大輝	4	5	7	30	8.7%	19.6%	34.8%	124	135
松若風馬	4	3	2	25	11.8%	20.6%	26.5%	112	163
藤岡康太	3	5	9	27	6.8%	18.2%	38.6%	53	104
小林凌大	3	2	3	23	9.7%	16.1%	25.8%	315	120

●厩舎別 BEST 10

厩舎名	1着	2着	3着	4着以下	勝率	連対率	複勝率	単勝回収値	複勝回収値
森秀行	6	3	2	26	16.2%	24.3%	29.7%	177	97
浅見秀一	4	4	2	28	10.5%	21.1%	26.3%	111	53
新谷功一	3	4	3	20	10.0%	23.3%	33.3%	123	106
吉岡辰弥	3	2	2	6	23.1%	38.5%	53.8%	159	154
村山明	3	2	1	15	14.3%	23.8%	28.6%	67	57
渡辺薫彦	3	2	1	4	30.0%	50.0%	60.0%	142	118
川村禎彦	3	0	1	20	12.5%	12.5%	16.7%	42	60
飯田祐史	2	5	3	20	6.7%	23.3%	33.3%	34	83
角田晃一	2	5	2	12	9.5%	33.3%	42.9%	26	102
飯田雄三	2	4	2	11	10.5%	31.6%	42.1%	176	94

施行重賞 なし

父 前走から馬体の絞れたオルフェーヴル

　小倉ダート1700mの種牡馬ランキングは、1〜5位の単勝回収値が全部高い。よりどりみどりで迷うところだが、3位のオルフェーヴルを取り上げたい。

　トータル成績は【10 7 5 53】、勝率13.3％、複勝率29.3％、単勝回収値144、複勝回収値81。BCディスタフ制覇の快挙を達成したマルシュロレーヌなどの活躍もあり、ダートも走ることが徐々に知られてきているが、このコースではまだまだ妙味十分。馬券絡みが一度もなかった単勝50倍超を消せば、単勝回収値177、複勝回収値100まで上昇し、この範囲ならベタ買いも可能だ。

　ただし、1番人気に推されると【1 1 1 8】。もちろん、すべて好走ゾーンの単勝50倍以内に収まった馬ばかりだが、脆さを露呈している。本命視された産駒については、疑ってかかるぐらいでちょうどいい。一例として、22年プロキオンSで1番人気12着に大敗したラーゴムを挙げておく。

　そして、決め手となりうるファクターが馬体重の増減だ。狙いたいのはマイナス馬体重で、全10勝中8勝が該当する。前述したオッズ条件と組み合わせた「マイナス馬体重で単勝50倍以内」なら【8 3 1 12】、勝率33.3％、複勝率50.0％、単勝回収値410、複勝回収値170とまさに圧巻。一方、増減なしまたはプラス馬体重の場合は、単勝50倍以内であっても【2 4 4 25】、勝率5.7％、複勝率28.6％、単勝回収値27、複勝回収値57という凡庸な成績なとどまる。研ぎ澄まされたオルフェーヴル産駒を狙って、大いに儲けていこう。

小倉ダ1700m　オルフェーヴル産駒詳細データ

	1着	2着	3着	4着以下	勝率	連対率	複勝率
牡	4	2	2	22	13.3%	20.0%	26.7%
牝	6	5	3	31	13.3%	24.4%	31.1%
1番人気	1	1	1	8	9.1%	18.2%	27.3%
2〜3番人気	5	4	2	4	33.3%	60.0%	73.3%
4〜6番人気	2	2	1	10	13.3%	26.7%	33.3%
7〜9番人気	1	0	1	12	7.1%	7.1%	14.3%
10番人気〜	1	0	0	19	5.0%	5.0%	5.0%

	1着	2着	3着	4着以下	勝率	連対率	複勝率
良	6	1	3	21	19.4%	22.6%	32.3%
稍重	2	1	2	11	12.5%	18.8%	31.3%
重	1	3	0	13	5.9%	23.5%	23.5%
不良	1	2	0	8	9.1%	27.3%	27.3%
2歳	0	0	0	0	-	-	-
3歳	4	5	4	20	12.1%	27.3%	39.4%
4歳以上	6	2	1	33	14.3%	19.0%	21.4%

父 パイロは重～不良でさらに上昇

当然ながら、ランキング1位のパイロも見逃せない種牡馬だ。トータルでも単勝回収値100、複勝回収値86と水準を優に上回るが、すべて凡走の単勝25倍超は消し去ることが可能。それだけで【12 10 6 33】、勝率19.7％、複勝率45.9％、単勝回収値138、複勝回収値118という優秀な数字が現れる。

そして、馬場が悪化するとさらにチャンスが増大する。全12勝の半数を占める重～不良の成績が抜群で、単勝25倍以内に限れば【6 6 3 11】、勝率23.1％、複勝率57.7％、単勝回収値196、複勝回収値171。21年8月14日の阿蘇Sは不良馬場での開催となり、10番人気のパイロ産駒ケイアイパープルが5馬身差の圧勝。コース適性に得意の馬場状態が相まっての大爆走だった。

小倉ダ1700m　パイロ産駒詳細データ

	1着	2着	3着	4着以下	勝率	連対率	複勝率
牡	8	8	4	37	14.0%	28.1%	35.1%
牝	4	2	2	19	14.8%	22.2%	29.6%
1番人気	2	1	2	7	16.7%	25.0%	41.7%
2～3番人気	5	7	1	9	22.7%	54.5%	59.1%
4～6番人気	4	1	2	11	22.2%	27.8%	38.9%
7～9番人気	0	1	1	10	0.0%	8.3%	16.7%
10番人気～	1	0	0	19	5.0%	5.0%	5.0%

	1着	2着	3着	4着以下	勝率	連対率	複勝率
良	4	4	3	23	11.8%	23.5%	32.4%
稍重	2	0	0	14	12.5%	12.5%	12.5%
重	3	3	2	14	13.6%	27.3%	36.4%
不良	3	3	1	5	25.0%	50.0%	58.3%
2歳	0	1	2	5	25.0%	25.0%	37.5%
3歳	4	5	2	21	12.5%	28.1%	34.4%
4歳以上	6	5	3	30	13.6%	25.0%	31.8%

鞍上 単勝20倍以内の浜中俊騎手

このコースでオススメしたいジョッキーは浜中俊騎手。騎乗馬の質の差もあって、ランキング1位の川田将雅騎手に好走率では見劣るものの、回収値では軽く凌駕する。条件による成績の偏りが小さいぶん、際立った狙い目を提示しづらいのがデメリットではあるが、そういうときは無理をせずに狙うのが一番だ。全14勝が集まる単勝20倍以内で【14 7 8 33】、勝率22.6％、複勝率46.8％、単勝回収値153、複勝回収値112と、ここで十分儲けられる。

特に、第3場となる冬開催に参戦した場合は、レベルの高い馬が集まることもあって無双状態。やはり単勝20倍以内で【11 4 4 16】、勝率31.4％、複勝率54.3％、単勝回収値202、複勝回収値126と、資金倍増も夢ではない。

小倉ダ1700m　浜中俊騎手詳細データ

	1着	2着	3着	4着以下	勝率	連対率	複勝率
牡	11	6	4	27	22.9%	35.4%	43.8%
牝	3	2	5	17	11.1%	18.5%	37.0%
1番人気	3	1	2	7	25.0%	33.3%	41.7%
2～3番人気	5	3	4	5	29.4%	47.1%	70.6%
4～6番人気	6	2	2	18	21.4%	28.6%	35.7%
7～9番人気	0	2	1	8	0.0%	18.2%	27.3%
10番人気～	0	0	1	6	0.0%	0.0%	14.3%

	1着	2着	3着	4着以下	勝率	連対率	複勝率
良	7	3	5	18	21.2%	30.3%	45.5%
稍重	3	2	3	9	17.6%	29.4%	47.1%
重	2	3	0	10	13.3%	33.3%	33.3%
不良	2	0	1	7	20.0%	20.0%	30.0%
2歳	0	1	0	1	0.0%	50.0%	50.0%
3歳	7	4	5	21	18.9%	29.7%	43.2%
4歳以上	7	3	4	22	19.4%	27.8%	38.9%

テキ 中内田充正厩舎の1着づけ

　ランキング1位の中内田充正厩舎はトータル【7　1　0　10】と、だいぶ極端な成績を残している。ほぼ1着づけで買うことになるが、勝率38.9%、単勝回収値240は軽視できない。厩舎の主戦を務める川田将雅騎手が4戦3勝とさすがの結果を出しているほか、若手の西村淳也騎手も4戦2勝。また、全7勝中6勝を挙げている中5週以上の出走間隔なら、さらに自信を持てる。

　逆に、中4週以下で【5　4　1　12】、勝率22.7%、複勝率45.5%、単勝回収値202、複勝回収値194と好調なのが矢作芳人厩舎。詰めたローテを得意とすることは有名で、このコースでも傾向通りと言える。川田騎手は矢作厩舎でも【2　2　0　0】と結果を出しており、もちろんこちらでも買いだ。

小倉ダ1700m　中内田充正厩舎詳細データ

	1着	2着	3着	4着以下	勝率	連対率	複勝率
牡	4	0	0	5	44.4%	44.4%	44.4%
牝	3	1	0	5	33.3%	44.4%	44.4%
1番人気	2	0	0	1	66.7%	66.7%	66.7%
2～3番人気	3	0	0	2	60.0%	60.0%	60.0%
4～6番人気	2	0	0	4	33.3%	33.3%	33.3%
7～9番人気	0	1	0	3	0.0%	25.0%	25.0%
10番人気～	0	0	0	0	-	-	-

	1着	2着	3着	4着以下	勝率	連対率	複勝率
良	5	0	0	3	62.5%	62.5%	62.5%
稍重	0	0	0	3	0.0%	0.0%	0.0%
重	2	0	0	3	40.0%	40.0%	40.0%
不良	0	1	0	1	0.0%	50.0%	50.0%
2歳	0	0	0	0	-	-	-
3歳	4	1	0	3	50.0%	62.5%	62.5%
4歳以上	3	0	0	7	30.0%	30.0%	30.0%

父　この父も買い！
- シニスターミニスター（単勝40倍以内【8　1　4　29】）
- キングカメハメハ（平場戦【7　3　6　26】）
- ハーツクライ（単勝20倍以内【6　4　1　17】）

鞍上　この鞍上も買い！
- 川田将雅（特別戦【7　5　1　5】）
- 藤岡康太（継続騎乗【6　4　8　20】）
- 富田暁（1～5番人気【6　1　4　12】）

テキ　このテキも買い！
- 角田晃一（単勝30倍以内【5　4　2　14】）
- 中竹和也（単勝20倍以内【5　1　5　14】）
- 大根田裕之（単勝20倍以内【3　4　2　9】）

父　この父は消し！
- エピファネイア（7、8枠【0　0　0　12】）
- ジャスタウェイ（単勝7倍超【0　1　1　34】）
- キンシャサノキセキ（2番人気以下【0　4　3　63】）

鞍上　この鞍上は消し！
- 丹内祐次（特別戦【0　0　0　18】）
- 菊沢一樹（トータル【0　1　0　20】）
- 今村聖奈（3番人気以下【0　2　0　21】）

テキ　このテキは消し！
- 四位洋文（トータル【0　0　0　20】）
- 須貝尚介（中8週以内【0　1　0　13】）
- 松永幹夫（中3週以上【0　2　0　26】）

総合成績　ダ1700m

●種牡馬別　BEST 15

種牡馬名	1着	2着	3着	4着以下	勝率	連対率	複勝率	単勝回収値	複勝回収値
パイロ	12	10	6	56	14.3%	26.2%	33.3%	100	86
ルーラーシップ	11	7	8	103	8.5%	14.0%	20.2%	108	58
オルフェーヴル	10	7	5	53	13.3%	22.7%	29.3%	144	81
キングカメハメハ	9	7	6	45	13.4%	23.9%	32.8%	374	122
シニスターミニスター	8	1	4	53	12.1%	13.6%	19.7%	143	67
ヘニーヒューズ	7	11	13	83	6.1%	15.8%	27.2%	33	77
ロードカナロア	7	6	6	72	7.7%	14.3%	20.9%	38	99
ハーツクライ	7	4	1	44	12.5%	19.6%	21.4%	121	55
ゴールドアリュール	6	4	5	61	7.9%	13.2%	19.7%	88	81
ドレフォン	6	2	3	29	15.0%	20.0%	27.5%	81	57
マジェスティックウォリアー	5	6	11	72	5.3%	11.7%	23.4%	46	85
エピファネイア	5	1	2	40	10.4%	12.5%	16.7%	74	69
カジノドライヴ	5	1	1	30	13.5%	16.2%	18.9%	400	96
キズナ	4	5	7	59	5.3%	12.0%	21.3%	22	56
クロフネ	4	4	4	41	7.5%	15.1%	22.6%	98	85

●騎手別　BEST 15

騎手名	1着	2着	3着	4着以下	勝率	連対率	複勝率	単勝回収値	複勝回収値
川田将雅	15	11	2	17	33.3%	57.8%	62.2%	112	93
吉田隼人	14	14	6	53	16.1%	32.2%	39.1%	53	76
浜中俊	14	8	9	44	18.7%	29.3%	41.3%	126	111
藤岡康太	14	7	19	86	11.1%	16.7%	31.7%	123	102
松山弘平	13	6	8	61	14.8%	21.6%	30.7%	78	75
鮫島克駿	11	12	11	95	8.5%	17.8%	26.4%	74	86
西村淳也	10	13	8	104	7.4%	17.0%	23.0%	58	63
富田暁	7	5	7	83	6.9%	11.8%	18.6%	116	117
松本大輝	7	5	4	55	9.9%	16.9%	22.5%	63	49
泉谷楓真	6	5	4	36	11.8%	21.6%	29.4%	123	70
小沢大仁	6	4	3	40	11.3%	18.9%	24.5%	81	96
藤岡佑介	6	2	3	23	17.6%	23.5%	32.4%	97	129
松若風馬	5	10	4	79	5.1%	15.3%	19.4%	29	51
団野大成	5	9	8	47	7.2%	20.3%	31.9%	37	74
今村聖奈	5	6	1	25	13.5%	29.7%	32.4%	33	50

●厩舎別　BEST 15

厩舎名	1着	2着	3着	4着以下	勝率	連対率	複勝率	単勝回収値	複勝回収値
中内田充正	7	1	0	10	38.9%	44.4%	44.4%	240	105
武幸四郎	6	9	3	28	13.0%	32.6%	39.1%	48	76
矢作芳人	6	5	3	25	15.4%	28.2%	35.9%	150	139
中竹和也	6	1	6	37	12.0%	14.0%	26.0%	217	116
角田晃一	5	4	3	27	12.8%	23.1%	30.8%	79	94
大久保龍志	5	4	0	34	11.6%	20.9%	20.9%	85	47
松永昌博	5	2	3	33	11.6%	16.3%	23.3%	61	61
松下武士	4	5	4	30	9.3%	20.9%	30.2%	53	70
大根田裕之	4	4	3	31	9.5%	19.0%	26.2%	225	179
池添学	4	3	3	16	15.4%	26.9%	38.5%	58	61
音無秀孝	4	3	2	28	10.8%	18.9%	24.3%	63	50
吉岡辰弥	4	3	2	19	14.3%	25.0%	32.1%	74	82
寺島良	4	3	1	21	13.8%	24.1%	27.6%	132	80
安田翔伍	4	2	2	33	9.8%	14.6%	19.5%	136	50
昆貢	4	2	1	22	13.8%	20.7%	24.1%	701	158

小倉ダ1700m　201

2～4人気のキャロットファーム

　小倉の馬主ランキングで2位のキャロットファーム。1位のシルクレーシングと比較したとき、好走率は互角だが、単複ともに90台の回収値が光る。

　特徴のひとつは上級戦での穴の多さだ。3勝クラス～オープンに限った成績は【5　9　2　16】、勝率15.6％、複勝率50.0％、単勝回収値103、複勝回収値220と優秀で、22年中京記念では、ベレヌスが6番人気1着、カテドラルが10番人気2着と激走ワンツーを決めている。その一方で、クラスを問わず1番人気は単複ともに60台といまいち振るわない。むしろ、【13　8　5　34】、勝率21.7％、単勝回収値121の2～4番人気が価値ある成績を残している。

小倉　キャロットファーム所有馬データ

	1着	2着	3着	4着以下	勝率	連対率	複勝率
牡	10	10	6	49	13.3%	26.7%	34.7%
牝	17	12	6	84	14.3%	24.4%	29.4%
1番人気	11	6	1	21	28.2%	43.6%	46.2%
2～3番人気	10	5	3	20	26.3%	39.5%	47.4%
4～6番人気	5	5	6	39	9.1%	18.2%	29.1%
7～9番人気	1	3	0	21	4.0%	16.0%	16.0%
10番人気～	0	3	2	32	0.0%	8.1%	13.5%

	1着	2着	3着	4着以下	勝率	連対率	複勝率
新馬	4	1	0	13	22.2%	27.8%	27.8%
未勝利	9	3	3	26	22.0%	29.3%	36.6%
1勝クラス	7	8	5	67	8.0%	17.2%	23.0%
2勝クラス	2	1	2	11	12.5%	18.8%	31.3%
3勝クラス	4	3	1	6	28.6%	50.0%	57.1%
オープン特別	0	2	2	2	0.0%	50.0%	50.0%
重賞	1	4	1	8	7.1%	35.7%	42.9%

地元テイエムの単勝50倍以内

　テイエムスパーダが日本レコードを記録した22年CBC賞は、今村聖奈騎手が重賞初騎乗初勝利を収めたレースとしても話題を集めた。同馬を所有するのはもちろん、冠名「テイエム」でおなじみの竹園正繼氏。九州馬主協会に所属するご当地馬主であり、小倉で勝負をかけてくるのは当然である。

　単勝50倍超はすべて凡走で、これを消し去るだけで単勝回収値139、複勝回収値96。さらに、短距離を得意とする所有馬が多く、芝1200mかダート1000mに限れば【11　7　7　26】、勝率21.6％、複勝率49.0％、単勝回収値201、複勝回収値110に上昇する。前述したGⅢ制覇も必然性は大アリだったのだ。

小倉　竹園正繼オーナー所有馬データ

	1着	2着	3着	4着以下	勝率	連対率	複勝率
牡	10	5	7	64	11.6%	17.4%	25.6%
牝	7	2	4	39	13.5%	17.4%	25.0%
1番人気	7	3	0	4	50.0%	71.4%	71.4%
2～3番人気	6	4	2	9	28.6%	47.6%	57.1%
4～6番人気	2	0	6	16	8.3%	8.3%	33.3%
7～9番人気	1	0	2	21	4.2%	4.2%	12.5%
10番人気～	1	0	1	53	1.8%	1.8%	3.6%

	1着	2着	3着	4着以下	勝率	連対率	複勝率
新馬	1	0	4	15	5.0%	5.0%	25.0%
未勝利	9	4	5	57	12.0%	17.3%	24.0%
1勝クラス	3	0	1	12	18.8%	18.8%	25.0%
2勝クラス	3	0	1	12	18.8%	18.8%	25.0%
3勝クラス	0	0	0	1	0.0%	0.0%	0.0%
オープン特別	0	3	0	5	0.0%	37.5%	37.5%
重賞	1	0	0	1	50.0%	50.0%	50.0%

下級条件、単勝20倍以内のウインでウィン！

　クラブ馬主のウインはトータルで単勝回収値59、複勝回収値82。一見しただけでは馬券的な価値を見出しにくいが、小倉ではまったくもって侮れない。50走して１勝もできなかった単勝20倍超をオミットするだけで単勝回収値112、複勝回収値124と、買える馬主に一転するのである。

　また、全11勝が集中する新馬戦・未勝利戦・１勝クラスを狙うことも重要。前述したオッズ条件との合わせ技で、「新馬戦・未勝利戦・１勝クラスで単勝20倍以内」を狙えば、【11　9　5　26】、勝率21.6%、複勝率49.0%、単勝回収値125、複勝回収値130となり、あとはその手で勝利をつかむだけだ。

小倉　ウイン所有馬データ

	1着	2着	3着	4着以下	勝率	連対率	複勝率
牡	7	5	5	48	10.8%	18.5%	26.2%
牝	4	7	2	29	9.5%	26.2%	31.0%
1番人気	3	1	0	1	60.0%	80.0%	80.0%
2～3番人気	6	2	1	9	33.3%	44.4%	50.0%
4～6番人気	1	8	4	19	3.1%	28.1%	40.6%
7～9番人気	0	1	2	16	0.0%	5.3%	15.8%
10番人気～	1	0	0	32	3.0%	3.0%	3.0%

	1着	2着	3着	4着以下	勝率	連対率	複勝率
新馬	2	0	0	3	40.0%	40.0%	40.0%
未勝利	3	4	3	38	6.3%	14.6%	20.8%
1勝クラス	6	6	4	24	15.0%	30.0%	40.0%
2勝クラス	0	1	0	7	0.0%	12.5%	12.5%
3勝クラス	0	1	0	3	0.0%	25.0%	25.0%
オープン特別	0	0	0	1	0.0%	0.0%	0.0%
重賞	0	0	0	1	0.0%	0.0%	0.0%

この馬主も買い！
シルクレーシング（単勝10倍以内【29　22　12　56】）
ビッグレッドファーム（単勝30倍以内【9　4　6　31】）
ＴＣラフィアン（特別戦【7　7　7　53】）

この馬主は消し！
島川隆哉（トータル【0　2　0　33】）
ノルマンディーＴＲ（特別戦【1　1　2　43】）
ロードホースクラブ（単勝7倍超【1　4　5　74】）

●馬主別 BEST 20　総合成績

馬主名	1着	2着	3着	4着以下	勝率	連対率	複勝率	単勝回収値	複勝回収値
シルクレーシング	32	29	17	161	13.4%	25.5%	32.6%	87	78
キャロットファーム	27	22	12	133	13.9%	25.3%	31.4%	90	99
松本好雄	26	31	23	306	6.7%	14.8%	20.7%	58	76
サンデーレーシング	20	23	19	166	8.8%	18.9%	27.2%	43	70
社台レースホース	19	20	19	141	9.5%	19.6%	29.1%	45	62
ゴドルフィン	18	14	16	139	9.6%	17.1%	25.7%	54	57
竹園正繼	17	7	11	103	12.3%	17.4%	25.4%	88	60
ノースヒルズ	16	20	23	124	8.7%	19.7%	32.2%	53	88
サラブレッドクラブ・ラフィアン	14	19	17	157	6.8%	15.9%	24.2%	71	106
吉田勝己	14	6	13	102	10.4%	14.8%	24.4%	47	72
ウイン	11	12	7	77	10.3%	21.5%	28.0%	59	82
金子真人ホールディングス	11	10	10	49	13.8%	26.3%	38.8%	101	86
ノルマンディーサラブレッドレーシング	11	10	9	148	6.2%	11.8%	16.9%	43	51
東京ホースレーシング	11	10	9	79	10.1%	19.3%	27.5%	74	58
ビッグレッドファーム	10	4	8	78	10.0%	14.0%	22.0%	189	101
岡浩二	9	9	10	43	12.7%	25.4%	39.4%	44	72
G1レーシング	9	5	9	89	8.0%	12.5%	20.5%	58	63
岡田牧雄	8	12	7	111	5.8%	14.5%	19.6%	51	72
ライオンレースホース	8	8	4	55	10.7%	21.3%	26.7%	78	126
八木良司	8	7	7	55	10.4%	19.5%	28.6%	121	115

札幌 SAPPORO 芝1200m

施行重賞 キーンランドC（GⅢ）

父 ひとケタ人気のロードカナロア

札幌芝1200mのロードカナロアは、出走数、1着数、1〜3着数がすべて最多。しかも単勝回収値114を記録しており、馬券的な価値も高い。

ただし、10番人気以下には手を出すべきではない。得意の距離でここまで人気薄に甘んじた時点で能力の限界は自明で、16走すべて凡走に終わっている。ここに手を出さず、1〜9番人気だけを狙えば【8 7 6 38】、勝率13.6%、複勝率35.6%、単勝回収値145、複勝回収値83と、すべての数字がパワーアップする。なおかつ外の6〜8枠を引いたら【6 4 5 16】、勝率19.4%、複勝率48.4%、単勝回収値130、複勝回収値105という大チャンスの到来だ。

札幌芝1200m　ロードカナロア産駒詳細データ

	1着	2着	3着	4着以下	勝率	連対率	複勝率
牡	4	0	1	23	14.3%	14.3%	17.9%
牝	4	7	5	31	8.5%	23.4%	34.0%
1番人気	0	2	1	3	0.0%	33.3%	50.0%
2〜3番人気	6	2	4	7	31.6%	42.1%	63.2%
4〜6番人気	0	3	1	15	0.0%	15.8%	21.1%
7〜9番人気	2	0	0	13	13.3%	13.3%	13.3%
10番人気〜	0	0	0	16	0.0%	0.0%	0.0%

	1着	2着	3着	4着以下	勝率	連対率	複勝率
良	8	4	5	44	13.1%	19.7%	27.9%
稍重	0	3	1	5	0.0%	33.3%	44.4%
重	0	0	0	5	0.0%	0.0%	0.0%
不良	0	0	0	0	-	-	-
2歳	2	0	0	3	40.0%	40.0%	40.0%
3歳	3	4	1	15	13.0%	30.4%	34.8%
4歳以上	3	3	5	36	6.4%	12.8%	23.4%

鞍上 単勝50倍以内の丹内祐次騎手

ランキング1位の横山武史騎手、2位の武豊騎手も好成績であることを確認したうえで、それ以上に推奨したいのが3位の丹内祐次騎手だ。なにより推せるのが単勝回収値の安定感で、20年145→21年221→22年238と集計期間内の3年とも抜群の数字を記録。前述した横山武騎手、武豊騎手はともに単勝回収値100を割り込んだ年が1回はあり、丹内騎手の確実性がますます光る。

あまり難しいことを考える必要はなく、18走すべて凡走の単勝50倍超を消すだけで十分。単勝50倍以内で【7 4 3 35】、勝率14.3%、複勝率28.6%、単勝回収値275、複勝回収値122という、札幌の秘密兵器になってくれる。

札幌芝1200m　丹内祐次騎手詳細データ

	1着	2着	3着	4着以下	勝率	連対率	複勝率
牡	3	2	1	19	12.0%	20.0%	24.0%
牝	4	2	2	34	9.5%	14.3%	19.0%
1番人気	1	2	0	2	20.0%	60.0%	60.0%
2〜3番人気	3	0	0	6	33.3%	33.3%	33.3%
4〜6番人気	0	2	2	12	0.0%	12.5%	25.0%
7〜9番人気	2	0	1	14	11.8%	11.8%	17.6%
10番人気〜	1	0	0	19	5.0%	5.0%	5.0%

	1着	2着	3着	4着以下	勝率	連対率	複勝率
良	7	4	2	40	13.2%	20.8%	24.5%
稍重	0	0	1	11	0.0%	0.0%	8.3%
重	0	0	0	2	0.0%	0.0%	0.0%
不良	0	0	0	0	-	-	-
2歳	4	1	1	8	28.6%	35.7%	42.9%
3歳	2	3	1	20	7.7%	19.2%	23.1%
4歳以上	1	0	1	25	3.7%	3.7%	7.4%

テキ ヒモ穴要員に中野栄治厩舎を抜擢!

　厩舎ランキングを眺めると、回収値が高い厩舎が多く入っている様子が見て取れる。しかし、その多くは2、3頭が好走を繰り返して記録した成績であり、見た目の数字ほどは評価しづらい。また、4位の安田隆行厩舎は異なる6頭が好走とさすがの選手層だが、そもそもの回収値が低迷し、推せない。

　そこでランキング外から発掘してきたのが、関東の中野栄治厩舎だ。単勝回収値14とアタマでは買えないが、異なる5頭が好走し、複勝回収値141は侮りがたい。前走からマイナス馬体重および増減なしなら【1　2　3　12】、複勝率33.3％、複勝回収値215。ヒモ穴要員として知っておいて損はないはずだ。

札幌芝1200m　中野栄治厩舎詳細データ

	1着	2着	3着	4着以下	勝率	連対率	複勝率
牡	0	0	2	12	0.0%	0.0%	14.3%
牝	1	3	1	10	6.7%	26.7%	33.3%
1番人気	0	0	0	1	0.0%	0.0%	0.0%
2～3番人気	1	1	0	3	20.0%	40.0%	40.0%
4～6番人気	0	1	0	3	0.0%	25.0%	25.0%
7～9番人気	0	1	2	2	0.0%	20.0%	60.0%
10番人気～	0	0	1	13	0.0%	0.0%	7.1%

	1着	2着	3着	4着以下	勝率	連対率	複勝率
良	1	2	3	18	4.2%	12.5%	25.0%
稍重	0	1	0	4	0.0%	20.0%	20.0%
重	0	0	0	0			
不良	0	0	0	0			
2歳	1	2	0	7	10.0%	30.0%	30.0%
3歳	0	1	1	3	0.0%	20.0%	40.0%
4歳以上	0	0	2	12	0.0%	0.0%	14.3%

総合成績　芝1200m

●種牡馬別　BEST 10

種牡馬名	1着	2着	3着	4着以下	勝率	連対率	複勝率	単勝回収値	複勝回収値
ロードカナロア	8	7	6	54	10.7%	20.0%	28.0%	114	65
ダイワメジャー	7	2	4	42	12.7%	16.4%	23.6%	161	71
キングカメハメハ	4	2	0	4	40.0%	60.0%	60.0%	218	128
モーリス	3	2	2	16	13.0%	21.7%	30.4%	227	85
マツリダゴッホ	3	0	3	28	8.8%	8.8%	17.6%	268	80
スクリーンヒーロー	3	0	2	20	12.0%	12.0%	20.0%	163	68
キズナ	3	0	1	22	11.5%	11.5%	15.4%	64	29
キンシャサノキセキ	2	4	5	26	5.4%	16.2%	29.7%	12	105
ハーツクライ	2	4	3	11	10.0%	30.0%	45.0%	31	184
Frankel	2	3	4	5	14.3%	35.7%	64.3%	35	223

●騎手別　BEST 10

騎手名	1着	2着	3着	4着以下	勝率	連対率	複勝率	単勝回収値	複勝回収値
横山武史	10	6	9	31	17.9%	28.6%	44.6%	145	104
武豊	7	7	2	19	20.0%	40.0%	45.7%	102	86
丹内祐次	7	4	3	53	10.4%	16.4%	20.9%	201	89
藤岡佑介	6	8	5	20	15.4%	35.9%	48.7%	74	120
亀田温心	6	3	2	23	17.6%	26.5%	32.4%	258	189
C．ルメール	5	5	2	14	19.2%	38.5%	46.2%	90	86
横山和生	4	7	5	29	8.9%	24.4%	35.6%	63	77
秋山稔樹	4	2	3	42	7.8%	11.8%	17.6%	86	59
坂井瑠星	4	0	1	21	15.4%	15.4%	19.2%	137	51
吉田隼人	3	6	6	39	5.6%	16.7%	27.8%	23	68

●厩舎別　BEST 10

厩舎名	1着	2着	3着	4着以下	勝率	連対率	複勝率	単勝回収値	複勝回収値
須貝尚介	4	2	1	3	40.0%	60.0%	70.0%	155	117
大江原哲	3	3	1	4	27.3%	54.5%	63.6%	556	404
奥村武	3	0	1	5	33.3%	33.3%	44.4%	230	86
安田隆行	2	3	1	13	10.5%	26.3%	31.6%	34	51
藤岡健一	2	3	0	5	20.0%	50.0%	50.0%	252	122
牧田和弥	2	1	2	7	16.7%	33.3%	41.7%	96	253
高橋裕	2	1	2	11	12.5%	18.8%	31.3%	49	65
昆貢	2	1	1	14	11.1%	16.7%	22.2%	66	44
黒岩陽一	2	1	1	6	20.0%	30.0%	40.0%	343	128
藤原英昭	2	1	1	8	15.4%	23.1%	30.8%	70	88

東京
中山
阪神
中京
新潟
福島
小倉
札幌
函館

札幌芝1200m　205

札幌 芝1500m

SAPPORO

施行重賞 なし

（父）ロベルト系、なかでもエピファネイアをチェック！

　札幌芝1500mで目立つのがロベルト系の種牡馬たちで、ランキング10位以内にエピファネイア、グラスワンダー、モーリスと3頭が入っている。いずれも優秀な好走率を記録しており、狙っていきたいところだが、今回はランキング1位のエピファネイアを順当に取り上げたい。

　まず、8走すべて凡走の単勝20倍超は消してもOK。また、前走6着以下馬も【0　0　1　10】と振るわない。これらを除いた「前走1～5着もしくは初出走」かつ「単勝20倍以内」なら【4　2　3　5】、勝率28.6%、複勝率64.3%、単勝回収値155、複勝回収値97。グッと勝利が近づくはずだ。

札幌芝1500m　エピファネイア産駒詳細データ

	1着	2着	3着	4着以下	勝率	連対率	複勝率
牡	0	0	0	4	0.0%	0.0%	0.0%
牝	4	2	4	13	17.4%	26.1%	43.5%
1番人気	2	0	0	0	100.0%	100.0%	100.0%
2～3番人気	1	0	2	6	11.1%	11.1%	33.3%
4～6番人気	1	2	1	3	14.3%	42.9%	57.1%
7～9番人気	0	0	1	1	0.0%	0.0%	50.0%
10番人気～	0	0	0	7	0.0%	0.0%	0.0%

	1着	2着	3着	4着以下	勝率	連対率	複勝率
良	2	1	3	16	9.1%	13.6%	27.3%
稍重	2	1	1	1	40.0%	60.0%	80.0%
重	0	0	0	0	-	-	-
不良	0	0	0	0	-	-	-
2歳	0	1	3	6	0.0%	10.0%	40.0%
3歳	3	1	0	8	25.0%	33.3%	33.3%
4歳以上	1	0	1	3	20.0%	20.0%	40.0%

（鞍上）菱田裕二騎手の一発大穴に期待

　注目はランキング2位の菱田裕二騎手だ。20年9月6日の3歳以上1勝クラスでは14番人気のカズミドリームで単勝8980円。22年9月3日の2歳新馬でも9番人気のサラサハウプリティで単勝5410円と大穴を2発。ほかに5番人気でも2勝を挙げ、トータルで単勝回収値552と恐ろしいことになっている。

　大魚を獲り逃がすリスクを負うぐらいなら、ベタ買いが無難だろう。それでも効率よく買いたいのであれば、馬番の確認をオススメしたい。フルゲート14頭のこのコースで外の10～14番枠を引いたら【0　0　0　11】。逆に1～9番枠に入った菱田騎手は、単勝回収値841、複勝回収値225という脅威の存在になる。

札幌芝1500m　菱田裕二騎手詳細データ

	1着	2着	3着	4着以下	勝率	連対率	複勝率
牡	3	0	0	7	30.0%	30.0%	30.0%
牝	3	2	3	14	13.6%	22.7%	36.4%
1番人気	0	0	0	0	-	-	-
2～3番人気	1	0	1	3	20.0%	20.0%	40.0%
4～6番人気	3	2	2	9	18.8%	31.3%	43.8%
7～9番人気	1	0	0	5	16.7%	16.7%	16.7%
10番人気～	1	0	0	4	20.0%	20.0%	20.0%

	1着	2着	3着	4着以下	勝率	連対率	複勝率
良	4	1	3	16	16.7%	20.8%	33.3%
稍重	2	1	0	5	25.0%	37.5%	37.5%
重	0	0	0	0	-	-	-
不良	0	0	0	0	-	-	-
2歳	2	1	2	8	15.4%	23.1%	38.5%
3歳	1	1	0	5	14.3%	28.6%	28.6%
4歳以上	3	0	1	8	25.0%	25.0%	33.3%

武幸四郎厩舎、特に新馬は買い

ランキング1位の武幸四郎厩舎は、トータル【3 3 0 4】、勝率30.0%、複勝率60.0%、単勝回収値222、複勝回収値149の好成績。6回の連対を5頭の異なる馬でマークした内容も充実している。1、2番人気で2戦2勝を挙げ、6番人気1着、7番人気2着と穴もある。全出走の半分以上を新馬戦が占めているのも特徴で、【2 2 0 2】と結果もついてきている。このコースに管理馬を使ってきたら概ね買いと考えたい。

同様に、須貝尚介厩舎と安田隆行厩舎も異なる3頭で3勝をマーク。1500mというJRA唯一の距離だけに、適性を知る厩舎を買う作戦は大アリだ。

札幌芝1500m 武幸四郎厩舎詳細データ

	1着	2着	3着	4着以下	勝率	連対率	複勝率
牡	1	1	0	2	25.0%	50.0%	50.0%
牝	2	2	0	2	33.3%	66.7%	66.7%
1番人気	1	0	0	0	100.0%	100.0%	100.0%
2〜3番人気	1	1	0	1	33.3%	66.7%	66.7%
4〜6番人気	1	1	0	3	20.0%	40.0%	40.0%
7〜9番人気	0	1	0	0	0.0%	100.0%	100.0%
10番人気〜	0	0	0	0	-	-	-

	1着	2着	3着	4着以下	勝率	連対率	複勝率
良	2	0	0	2	50.0%	50.0%	50.0%
稍重	0	2	0	2	0.0%	50.0%	50.0%
重	1	1	0	0	50.0%	100.0%	100.0%
不良							
2歳	3	2	0	3	37.5%	62.5%	62.5%
3歳	0	1	0	1	0.0%	50.0%	50.0%
4歳以上							

総合成績 芝1500m

●種牡馬別 BEST 10

種牡馬名	1着	2着	3着	4着以下	勝率	連対率	複勝率	単勝回収値	複勝回収値
エピファネイア	4	2	4	17	14.8%	22.2%	37.0%	80	64
ハービンジャー	3	2	3	21	10.3%	17.2%	27.6%	24	98
グラスワンダー	3	0	0	0	100.0%	100.0%	100.0%	456	146
ロードカナロア	2	4	3	33	4.5%	13.6%	25.0%	27	77
ディープインパクト	2	4	5	27	5.3%	15.8%	28.9%	18	60
モーリス	2	2	4	16	8.3%	16.7%	33.3%	58	65
ガルボ	2	2	0	3	28.6%	57.1%	57.1%	107	248
キングカメハメハ	2	1	1	6	20.0%	30.0%	40.0%	69	66
リオンディーズ	2	1	0	8	18.2%	27.3%	27.3%	143	60
キズナ	2	1	0	11	14.3%	21.4%	21.4%	465	113

●騎手別 BEST 10

騎手名	1着	2着	3着	4着以下	勝率	連対率	複勝率	単勝回収値	複勝回収値
横山武史	9	4	3	26	21.4%	31.0%	38.1%	60	60
菱田裕二	6	2	3	21	18.8%	25.0%	34.4%	552	147
C.ルメール	5	5	4	14	17.9%	35.7%	50.0%	62	72
横山和生	5	3	4	21	15.2%	24.2%	36.4%	93	70
丹内祐次	5	1	3	26	13.2%	15.8%	31.6%	264	108
池添謙一	4	2	2	24	12.5%	18.8%	25.0%	36	45
団野大成	3	6	3	20	9.4%	28.1%	37.5%	89	123
藤岡佑介	3	5	3	22	9.1%	24.2%	33.3%	59	63
武豊	3	2	1	10	18.8%	31.3%	37.5%	62	60
坂井瑠星	3	2	0	14	15.8%	26.3%	26.3%	94	60

●厩舎別 BEST 10

厩舎名	1着	2着	3着	4着以下	勝率	連対率	複勝率	単勝回収値	複勝回収値
武幸四郎	3	3	0	4	30.0%	60.0%	60.0%	222	149
長谷川浩大	3	1	0	3	42.9%	57.1%	57.1%	195	84
須貝尚介	3	0	1	7	27.3%	27.3%	36.4%	131	76
安田隆行	3	0	1	7	27.3%	27.3%	36.4%	70	54
清水英克	2	2	0	0	50.0%	100.0%	100.0%	187	435
萩原清	2	1	0	1	50.0%	75.0%	75.0%	97	157
杉山晴紀	2	1	0	4	28.6%	42.9%	42.9%	252	87
鹿戸雄一	2	1	0	3	33.3%	50.0%	50.0%	81	63
中内田充正	2	1	0	2	40.0%	60.0%	60.0%	140	104
伊藤圭三	2	0	2	2	33.3%	33.3%	66.7%	198	181

札幌 芝1800m 施行重賞 クイーンS(GⅢ)、札幌2歳S(GⅢ)

父 安定のキズナ、爆発力のゴールドシップ

　札幌芝1800mで狙いどころがわかりやすい種牡馬といえばキズナだろう。馬券になるのは単勝20倍以内だけで、該当馬は【5　1　3　7】、勝率31.3％、複勝率56.3％、単勝回収値166、複勝回収値119。面白みには欠けるが、収支への貢献という点では確実すぎるほど確実。堅実派には最適な選択肢となる。

　もう少し爆発力も欲しいという方には、ゴールドシップをオススメしたい。こちらは単勝25倍以内で【3　3　3　5】、勝率21.4％、複勝率64.3％、単勝回収値303、複勝回収値145。前述したキズナと大差ない安定性をキープしたまま爆発力を増しており、穴党ファンにも満足いただけるのではないか。

札幌芝1800m　キズナ産駒詳細データ

	1着	2着	3着	4着以下	勝率	連対率	複勝率
牡	2	1	1	5	22.2%	33.3%	44.4%
牝	3	0	2	12	17.6%	17.6%	29.4%
1番人気	1	0	1	1	33.3%	33.3%	66.7%
2～3番人気	2	0	1	1	50.0%	50.0%	75.0%
4～6番人気	2	1	1	4	25.0%	37.5%	50.0%
7～9番人気	0	0	0	9	0.0%	0.0%	0.0%
10番人気～	0	0	0	2	0.0%	0.0%	0.0%

	1着	2着	3着	4着以下	勝率	連対率	複勝率
良	5	1	3	13	22.7%	27.3%	40.9%
稍重	0	0	0	2	0.0%	0.0%	0.0%
重	0	0	0	2	0.0%	0.0%	0.0%
不良	0	0	0	0	-	-	-
2歳	2	1	1	8	16.7%	25.0%	33.3%
3歳	2	0	2	7	18.2%	18.2%	36.4%
4歳以上	1	0	0	2	33.3%	33.3%	33.3%

鞍上 吉田隼人騎手×関西馬＝激アツ

　ランキング1位の横山武史騎手も素晴らしい成績を収めており、買う価値の高いジョッキーだ。しかし、本書では2位の吉田隼人騎手を推す。なにせ単勝回収値295は横山武騎手の2倍以上。驚くべきは1番人気馬に1回も騎乗していないことで、それで勝率23.5％、複勝率52.9％は驚異的といっていい。20年にクイーンSをレッドアネモスで、札幌2歳Sをソダシでそれぞれ制覇し、22年札幌2歳Sでもドゥアイズで6番人気2着と重賞実績も十分だ。

　特に新馬戦は【4　1　1　1】、勝率57.1％、単勝回収値587と圧巻。この4勝を挙げた関西馬に乗ってきたら、激アツ演出とみて間違いない。

札幌芝1800m　吉田隼人騎手詳細データ

	1着	2着	3着	4着以下	勝率	連対率	複勝率
牡	4	1	2	9	25.0%	31.3%	43.8%
牝	4	5	2	7	22.2%	50.0%	61.1%
1番人気	0	0	0	0	-	-	-
2～3番人気	6	3	2	6	35.3%	52.9%	64.7%
4～6番人気	1	3	1	5	10.0%	40.0%	50.0%
7～9番人気	0	0	1	4	0.0%	0.0%	20.0%
10番人気～	1	0	0	1	50.0%	50.0%	50.0%

	1着	2着	3着	4着以下	勝率	連対率	複勝率
良	6	6	4	13	20.7%	41.4%	55.2%
稍重	1	0	0	2	33.3%	33.3%	33.3%
重	1	0	0	1	50.0%	50.0%	50.0%
不良	0	0	0	0	-	-	-
2歳	5	3	1	3	41.7%	66.7%	75.0%
3歳	1	0	2	3	16.7%	16.7%	50.0%
4歳以上	2	3	1	10	12.5%	31.3%	37.5%

単勝10倍以内の矢作芳人厩舎

　このコースで唯一3勝を挙げたのが矢作芳人厩舎。計7回の1〜3着を異なる5頭でマークした内容も整っている。馬券になったのは単勝10倍以内だけで、基本的には人気馬を狙っていくことになるが、【3 2 2 2】、勝率33.3%、複勝率77.8%、単勝回収値162、複勝回収値132なら文句はない。ジョッキーでは藤岡佑介騎手を起用して【2 1 0 0】と勝負度が高い。

　もうひとつ、関東の小桧山悟厩舎にも触れておきたい。注目ファクターは馬主で、このコースで島川隆哉氏の所有馬を使ってきたら【2 2 2 3】、単勝回収値157、複勝回収値124。「トーセン」確実と言っても過言ではないぞ。

札幌芝1800m　矢作芳人厩舎詳細データ

	1着	2着	3着	4着以下	勝率	連対率	複勝率
牡	2	0	1	4	28.6%	28.6%	42.9%
牝	1	2	1	4	12.5%	37.5%	50.0%
1番人気	2	2	1	1	33.3%	66.7%	83.3%
2〜3番人気	0	0	0	0	0.0%	0.0%	0.0%
4〜6番人気	1	0	1	0	50.0%	50.0%	100.0%
7〜9番人気	0	0	0	5	0.0%	0.0%	0.0%
10番人気〜	0	0	0	1	0.0%	0.0%	0.0%

	1着	2着	3着	4着以下	勝率	連対率	複勝率
良	3	2	1	8	21.4%	35.7%	42.9%
稍重	0	0	1	0	0.0%	0.0%	100.0%
重	0	0	0	0	-	-	-
不良	0	0	0	0	-	-	-
2歳	1	0	1	1	33.3%	33.3%	66.7%
3歳	0	2	0	4	0.0%	28.6%	42.9%
4歳以上	2	0	0	3	40.0%	40.0%	40.0%

総合成績　芝1800m

●種牡馬別 BEST 10

種牡馬名	1着	2着	3着	4着以下	勝率	連対率	複勝率	単勝回収値	複勝回収値
ディープインパクト	7	7	4	24	16.7%	33.3%	42.9%	63	99
キズナ	5	1	3	17	19.2%	23.1%	34.6%	102	73
ハービンジャー	4	5	2	29	10.0%	22.5%	27.5%	107	81
ドゥラメンテ	4	3	4	11	18.2%	31.8%	50.0%	100	94
エピファネイア	4	2	1	17	16.7%	25.0%	29.2%	76	31
ゴールドシップ	3	3	3	16	12.0%	24.0%	36.0%	170	81
ルーラーシップ	3	2	1	9	20.0%	33.3%	40.0%	216	91
キングカメハメハ	3	1	0	12	18.8%	25.0%	25.0%	96	33
ハーツクライ	2	1	2	17	9.1%	13.6%	22.7%	59	49
オルフェーヴル	2	0	2	14	11.1%	11.1%	22.2%	51	38

●騎手別 BEST 10

騎手名	1着	2着	3着	4着以下	勝率	連対率	複勝率	単勝回収値	複勝回収値
横山武史	14	5	0	23	33.3%	45.2%	45.2%	140	81
吉田隼人	8	6	4	16	23.5%	41.2%	52.9%	295	126
Ｃ.ルメール	7	9	2	8	26.9%	61.5%	69.2%	47	80
池添謙一	4	1	5	11	19.0%	23.8%	47.6%	80	62
横山典弘	3	0	0	4	42.9%	42.9%	42.9%	215	60
武豊	2	7	3	17	6.9%	31.0%	41.4%	16	77
横山和生	2	4	5	22	6.1%	18.2%	33.3%	20	66
藤岡佑介	2	4	4	17	7.4%	22.2%	37.0%	44	112
斎藤新	2	1	1	7	18.2%	27.3%	36.4%	170	51
大野拓弥	1	5	2	9	5.9%	35.3%	47.1%	41	80

●厩舎別 BEST 10

厩舎名	1着	2着	3着	4着以下	勝率	連対率	複勝率	単勝回収値	複勝回収値
矢作芳人	3	2	2	8	20.0%	33.3%	46.7%	97	79
藤沢和雄	2	6	2	5	13.3%	53.3%	66.7%	20	77
杉山晴紀	2	3	0	4	22.2%	55.6%	66.7%	168	118
小桧山悟	2	2	3	9	12.5%	25.0%	43.8%	88	70
須貝尚介	2	1	2	9	14.3%	21.4%	35.7%	65	77
上村洋行	2	1	1	4	25.0%	37.5%	50.0%	117	106
手塚貴久	2	1	1	1	40.0%	60.0%	80.0%	50	124
萩原清	2	1	0	1	50.0%	75.0%	75.0%	230	120
昆貢	2	0	1	11	14.3%	14.3%	21.4%	93	32
国枝栄	2	0	1	7	20.0%	20.0%	30.0%	38	33

札幌 芝2000m

SAPPORO

施行重賞 札幌記念（GⅡ）

父 人気に注意も、安定感あるハービンジャー

　札幌芝2000mでランキング１位のハービンジャーは、１〜３着を６回ずつ記録。単勝30倍以内に限れば【６　６　６　16】、勝率17.6%、複勝率52.9%、単勝回収値158、複勝回収値145と安定しているが、１番人気に推された場合は【０　０　０　３】と不発に終わっている点に気をつけたい。オッズ条件をクリアしつつ、本命視されていない産駒を狙うことが儲けるコツだ。

　また、ランキング２位のオルフェーヴルもかなりの好成績で、数値的にはハービンジャーを上回るほど。１番人気で【４　１　１　１】と強く、こちらは◎が並んでいてもドンとこい。両種牡馬を上手に使い分けていこう。

札幌芝2000m　ハービンジャー産駒詳細データ

	1着	2着	3着	4着以下	勝率	連対率	複勝率
牡	3	4	3	22	9.4%	21.9%	31.3%
牝	3	2	3	12	15.0%	25.0%	40.0%
1番人気	0	0	0	3	0.0%	0.0%	0.0%
2〜3番人気	4	2	3	1	40.0%	60.0%	90.0%
4〜6番人気	1	4	1	8	7.1%	35.7%	42.9%
7〜9番人気	1	0	2	9	8.3%	8.3%	25.0%
10番人気〜	0	0	0	13	0.0%	0.0%	0.0%

	1着	2着	3着	4着以下	勝率	連対率	複勝率
良	6	6	6	30	12.5%	25.0%	37.5%
稍重	0	0	0	3	0.0%	0.0%	0.0%
重	0	0	0	1	0.0%	0.0%	0.0%
不良	0	0	0	0	-	-	-
2歳	1	0	0	4	20.0%	20.0%	20.0%
3歳	3	3	4	13	13.0%	26.1%	43.5%
4歳以上	2	3	2	17	8.3%	20.8%	29.2%

鞍上 横山和生騎手のオッズ、枠順をチェック

　オススメしたいのはランキング２位の横山和生騎手。回収値は単複ともに水準以上の90台で、少しの取捨でプラス収支が見えてくる。手っ取り早いのは単勝30倍超をカットすること。単勝30倍以内に限るだけで【６　３　２　17】、勝率21.4%、複勝率39.3%、単勝回収値119、複勝回収値112となる。

　弱点としては、外の12〜16番枠を引いたときに【０　１　０　５】とあまり馬券になっていないこと。すなわち「１〜11番枠で単勝30倍以内」が狙い目となり、該当馬は【６　２　２　12】、勝率27.3%、複勝率45.5%、単勝回収値152、複勝回収値135。馬番までケアすれば、さらに儲けやすくなるはずだ。

札幌芝2000m　横山和生騎手詳細データ

	1着	2着	3着	4着以下	勝率	連対率	複勝率
牡	4	1	1	12	22.2%	27.8%	33.3%
牝	2	2	1	11	12.5%	25.0%	31.3%
1番人気	2	1	0	1	50.0%	75.0%	75.0%
2〜3番人気	1	1	1	1	25.0%	50.0%	75.0%
4〜6番人気	2	0	0	7	22.2%	22.2%	22.2%
7〜9番人気	1	1	1	10	7.7%	15.4%	23.1%
10番人気〜	0	0	0	4	0.0%	0.0%	0.0%

	1着	2着	3着	4着以下	勝率	連対率	複勝率
良	6	2	2	21	19.4%	25.8%	32.3%
稍重	0	1	0	1	0.0%	50.0%	50.0%
重	0	0	0	1	0.0%	0.0%	0.0%
不良	0	0	0	0	-	-	-
2歳	1	1	0	1	33.3%	66.7%	66.7%
3歳	3	1	2	10	18.8%	31.3%	37.5%
4歳以上	2	1	0	12	13.3%	13.3%	20.0%

210

単勝15倍以内の須貝尚介厩舎

　21年札幌記念を制したソダシは須貝尚介厩舎の管理馬。父クロフネということもあって距離を疑問視する声もあったが、オークス馬ラヴズオンリーユー以下の古馬を見事に撃破した。ちなみに翌22年の札幌記念でソダシは5着に敗れているが、加齢によってよりマイル指向が強まった影響もあるようだ。

　それはともかく、須貝厩舎が札幌芝2000mを得意としており、単勝15倍以内なら【3　2　1　5】、勝率27.3％、複勝率54.5％、単勝回収値130、複勝回収値94の好成績。馬券になった6頭がすべて異なる馬という点でも信頼性が高く、このコースを使ってきた須貝厩舎には必ず注意を払うよう心がけたい。

札幌芝2000m　須貝尚介厩舎詳細データ

	1着	2着	3着	4着以下	勝率	連対率	複勝率
牡	0	2	0	7	0.0%	22.2%	22.2%
牝	3	0	1	3	42.9%	42.9%	57.1%
1番人気	1	1	0	1	33.3%	66.7%	66.7%
2～3番人気	0	1	0	3	20.0%	20.0%	40.0%
4～6番人気	1	1	0	1	33.3%	66.7%	66.7%
7～9番人気	0	0	0	4	0.0%	0.0%	0.0%
10番人気～	0	0	1	0	0.0%	0.0%	0.0%

	1着	2着	3着	4着以下	勝率	連対率	複勝率
良	3	2	1	9	20.0%	33.3%	40.0%
稍重	0	0	0	1	0.0%	0.0%	0.0%
重	0	0	0	0	-	-	-
不良	0	0	0	0	-	-	-
2歳	0	2	0	0	0.0%	100.0%	100.0%
3歳	2	0	1	5	25.0%	25.0%	37.5%
4歳以上	1	0	0	5	16.7%	16.7%	16.7%

総合成績　芝2000m

●種牡馬別　BEST 10

種牡馬名	1着	2着	3着	4着以下	勝率	連対率	複勝率	単勝回収値	複勝回収値
ハービンジャー	6	6	6	34	11.5%	23.1%	34.6%	103	94
オルフェーヴル	6	5	2	20	18.2%	33.3%	39.4%	140	156
ドゥラメンテ	5	2	3	23	15.2%	21.2%	30.3%	116	114
キズナ	4	0	4	25	12.1%	12.1%	24.2%	134	77
ディープインパクト	3	7	2	42	5.6%	18.5%	22.2%	57	66
ハーツクライ	3	4	1	35	7.0%	16.3%	18.6%	105	56
モーリス	3	3	2	11	15.8%	31.6%	42.1%	76	74
ロードカナロア	3	3	2	18	11.5%	23.1%	30.8%	60	55
キングカメハメハ	3	2	3	26	8.8%	14.7%	23.5%	153	120
エピファネイア	3	2	1	20	11.5%	19.2%	23.1%	74	35

●騎手別　BEST 10

騎手名	1着	2着	3着	4着以下	勝率	連対率	複勝率	単勝回収値	複勝回収値
C.ルメール	7	8	2	20	18.9%	40.5%	45.9%	46	61
横山和生	6	3	2	23	17.6%	26.5%	32.4%	98	92
横山武史	5	7	5	29	10.9%	26.1%	37.0%	26	56
吉田隼人	5	4	5	30	11.4%	20.5%	31.8%	64	84
丹内祐次	4	4	5	37	8.0%	16.0%	26.0%	52	49
大野拓弥	4	4	2	17	14.8%	29.6%	37.0%	149	172
藤岡佑介	3	4	2	27	8.3%	19.4%	25.0%	38	48
坂井瑠星	3	1	0	14	16.7%	22.2%	22.2%	158	83
亀田温心	3	0	5	18	11.5%	11.5%	30.8%	166	209
菱田裕二	2	4	2	28	5.6%	16.7%	22.2%	84	63

●厩舎別　BEST 10

厩舎名	1着	2着	3着	4着以下	勝率	連対率	複勝率	単勝回収値	複勝回収値
矢作芳人	3	3	0	13	15.8%	31.6%	31.6%	64	73
須貝尚介	3	2	1	10	18.8%	31.3%	37.5%	89	65
奥村武	3	0	1	3	42.9%	42.9%	57.1%	244	414
北出成人	3	0	1	2	50.0%	50.0%	66.7%	803	580
国枝栄	2	4	1	10	11.8%	35.3%	41.2%	112	90
高木登	2	3	1	4	20.0%	50.0%	60.0%	71	123
宗像義忠	2	3	0	7	16.7%	41.7%	41.7%	166	95
藤沢和雄	2	3	0	6	18.2%	45.5%	45.5%	31	79
小島茂之	2	1	2	6	18.2%	27.3%	45.5%	139	119
友道康夫	2	1	1	10	14.3%	21.4%	28.6%	40	53

札幌 芝2600m 施行重賞 なし

父 ドゥラメンテはベタ買いでOK！

　注目すべきはランキング２位のドゥラメンテだ。出走数は１位ハーツクライの３分の１にも満たないが、同じく５勝をマーク。また、特定の馬が固め打ちしたわけではなく、異なる４頭が勝利を挙げた点も価値が高い。上位人気に推される産駒が多かったのも事実だが、トータル【５　１　１　４】、勝率45.5%、複勝率63.6%、単勝回収値257、複勝回収値115ならベタ買いが無難だろう。

　出走数が最多で、実際に馬券を買う機会が多いハーツクライにも触れておくと、１〜３番人気なら【５　０　７　３】、勝率33.3%、複勝率80.0%、単勝回収値112、複勝回収値108。人気サイドなら軸馬として信頼できる。

札幌芝2600m　ドゥラメンテ産駒詳細データ

	1着	2着	3着	4着以下	勝率	連対率	複勝率
牡	3	1	1	3	37.5%	50.0%	62.5%
牝	2	0	0	1	66.7%	66.7%	66.7%
1番人気	2	0	1	1	50.0%	50.0%	75.0%
2〜3番人気	1	1	0	1	33.3%	66.7%	66.7%
4〜6番人気	2	0	0	1	66.7%	66.7%	66.7%
7〜9番人気	0	0	0	1	0.0%	0.0%	0.0%
10番人気〜	0	0	0	0	-	-	-

	1着	2着	3着	4着以下	勝率	連対率	複勝率
良	3	1	1	3	37.5%	50.0%	62.5%
稍重	2	0	0	1	66.7%	66.7%	66.7%
重	0	0	0	0	-	-	-
不良	0	0	0	0	-	-	-
2歳	0	0	0	0	-	-	-
3歳	5	1	0	3	55.6%	66.7%	66.7%
4歳以上	0	0	1	1	0.0%	0.0%	50.0%

鞍上 C.ルメール断然も、「1」には注意

　ここは素直に１位のC.ルメール騎手を買いたい。なるべく消して勝負したいという向きもあるだろうが、トータル【６　０　３　５】、勝率42.9%、複勝率64.3%、単勝回収値172、複勝回収値95というジョッキーを嫌ってもまったく意味はない。集計期間内において、20年に騎乗機会４連勝をマークし、22年は４回乗って凡走なし。すべて１〜３番人気という豪華な騎乗馬ではあるが、期待以上の結果を残しているのは前述の回収値が示す通りである。

　ただし、１番人気だった２頭はいずれも着外。また、１番枠に入った２頭でも凡走と、数字の「１」が絡むと不吉なデータが残っている。ここだけ注意だ。

札幌芝2600m　C.ルメール騎手詳細データ

	1着	2着	3着	4着以下	勝率	連対率	複勝率
牡	5	0	3	5	38.5%	38.5%	61.5%
牝	1	0	0	0	100.0%	100.0%	100.0%
1番人気	0	0	0	2	0.0%	0.0%	0.0%
2〜3番人気	6	0	3	3	50.0%	50.0%	75.0%
4〜6番人気	0	0	0	0	-	-	-
7〜9番人気	0	0	0	0	-	-	-
10番人気〜	0	0	0	0	-	-	-

	1着	2着	3着	4着以下	勝率	連対率	複勝率
良	5	0	1	5	45.5%	45.5%	54.5%
稍重	1	0	2	0	33.3%	33.3%	100.0%
重	0	0	0	0	-	-	-
不良	0	0	0	0	-	-	-
2歳	0	0	0	0	-	-	-
3歳	2	0	1	3	33.3%	33.3%	50.0%
4歳以上	4	0	2	2	50.0%	50.0%	75.0%

テキ 堀宣行厩舎＆Ｃ．ルメールコンビで勝負

　いずれも関東の有力どころである国枝栄厩舎と堀宣行厩舎が４勝を挙げ、３位以下を引き離している。好走率も抜群で、どちらを狙っても問題ないが、ボスジラ１頭で計５回の１～３着を記録した国枝厩舎より、全６回の好走をすべて別の馬でマークした堀厩舎のほうが数字の信憑性は高いと判断できる。

　そして、堀厩舎の勝負度合いを計るにはジョッキーがわかりやすい。具体的には、Ｃ．ルメール騎手を起用したら【３　０　１　１】。ルメール騎手以外だと【１　０　１　３】だから、このコースでもやはり外国人ジョッキーへの依存は変わらない。もちろん「堀＆ルメール」コンビで勝負だ。

札幌芝2600m　堀宣行厩舎詳細データ

	1着	2着	3着	4着以下	勝率	連対率	複勝率
牡	3	0	2	4	33.3%	33.3%	55.6%
牝	1	0	0	0	100.0%	100.0%	100.0%
1番人気	1	0	1	0	50.0%	50.0%	100.0%
2～3番人気	3	0	1	2	50.0%	50.0%	66.7%
4～6番人気	0	0	0	2	0.0%	0.0%	0.0%
7～9番人気	0	0	0	0	-	-	-
10番人気～	0	0	0	0	-	-	-

	1着	2着	3着	4着以下	勝率	連対率	複勝率
良	3	0	1	4	37.5%	37.5%	50.0%
稍重	1	0	1	0	50.0%	50.0%	100.0%
重	0	0	0	0	-	-	-
不良	0	0	0	0	-	-	-
2歳	0	0	0	0	-	-	-
3歳	2	0	0	1	66.7%	66.7%	66.7%
4歳以上	2	0	2	3	28.6%	28.6%	57.1%

総合成績　芝2600m

●種牡馬別 BEST 10

種牡馬名	1着	2着	3着	4着以下	勝率	連対率	複勝率	単勝回収値	複勝回収値
ハーツクライ	5	2	8	20	14.3%	20.0%	42.9%	48	69
ドゥラメンテ	5	1	1	4	45.5%	54.5%	63.6%	257	115
ディープインパクト	3	6	3	12	12.5%	37.5%	50.0%	50	80
キズナ	3	2	1	7	23.1%	38.5%	46.2%	290	254
キングカメハメハ	2	1	0	5	25.0%	37.5%	37.5%	83	77
ルーラーシップ	2	0	1	17	10.0%	10.0%	15.0%	32	21
ハービンジャー	1	2	1	22	3.8%	11.5%	15.4%	16	26
エピファネイア	1	1	1	5	12.5%	25.0%	37.5%	16	68
ゴールドシップ	1	0	1	16	5.6%	5.6%	11.1%	21	18
ジャスタウェイ	1	0	0	2	33.3%	33.3%	33.3%	123	50

●騎手別 BEST 10

騎手名	1着	2着	3着	4着以下	勝率	連対率	複勝率	単勝回収値	複勝回収値
Ｃ．ルメール	6	0	3	5	42.9%	42.9%	64.3%	172	95
武豊	2	4	2	4	16.7%	50.0%	66.7%	42	95
横山和生	2	2	0	3	28.6%	57.1%	57.1%	91	144
池添謙一	2	1	0	6	22.2%	33.3%	33.3%	91	82
横山武史	2	0	4	8	14.3%	14.3%	42.9%	59	53
団野大成	2	0	2	11	13.3%	13.3%	26.7%	34	47
大野拓弥	2	0	0	6	25.0%	25.0%	25.0%	71	32
吉田隼人	1	3	1	14	5.3%	21.1%	26.3%	29	47
岩田康誠	1	1	0	1	33.3%	66.7%	66.7%	1043	283
川田将雅	1	1	0	0	50.0%	100.0%	100.0%	170	150

●厩舎別 BEST 10

厩舎名	1着	2着	3着	4着以下	勝率	連対率	複勝率	単勝回収値	複勝回収値
国枝栄	4	2	2	4	33.3%	50.0%	66.7%	96	92
堀宣行	4	0	2	4	40.0%	40.0%	60.0%	154	86
辻野泰之	2	0	0	1	66.7%	66.7%	66.7%	213	96
佐々木晶三	2	0	0	2	50.0%	50.0%	50.0%	182	85
橋口慎介	1	1	1	2	20.0%	40.0%	60.0%	76	82
四位洋文	1	1	1	1	25.0%	50.0%	75.0%	92	150
小島茂之	1	1	0	5	14.3%	28.6%	28.6%	34	41
音無秀孝	1	0	4	1	16.7%	16.7%	83.3%	21	101
和田正一郎	1	0	1	0	50.0%	50.0%	100.0%	200	180
宮徹	1	0	0	2	33.3%	33.3%	33.3%	1043	226

札幌芝2600m

札幌 SAPPORO ダ1000m 施行重賞 なし

（父）単勝50倍以内のヘニーヒューズ

　ランキング1位のサウスヴィグラス、2位のスクリーンヒーローの数字がいい。ただし、前者は残された現役産駒が少なくなってきた。意外な適性を披露した後者は面白い存在だが、本来の距離適性とは遠く、コンスタントな出走を期待しづらい。現に21年は産駒の出走が一度もなかった。

　となると3位のヘニーヒューズ。その成績は優秀で、決して消去法で選んだわけではない。好走がない単勝50倍超を消せば【3　4　2　10】、勝率15.8%、複勝率47.4%、単勝回収値144、複勝回収値200と、ますます買いやすくなる。牡馬は2着どまりが多いことに留意して、上手に買い目を組んでいこう。

札幌ダ1000m　ヘニーヒューズ産駒詳細データ

	1着	2着	3着	4着以下	勝率	連対率	複勝率
牡	1	4	0	9	7.1%	35.7%	35.7%
牝	2	0	2	5	22.2%	22.2%	44.4%
1番人気	1	0	0	2	33.3%	33.3%	33.3%
2〜3番人気	0	2	1	3	0.0%	33.3%	50.0%
4〜6番人気	2	0	0	3	40.0%	40.0%	40.0%
7〜9番人気	0	1	1	1	0.0%	33.3%	66.7%
10番人気〜	0	1	0	5	0.0%	16.7%	16.7%

	1着	2着	3着	4着以下	勝率	連対率	複勝率
良	2	3	2	12	10.5%	26.3%	36.8%
稍重	1	0	0	1	50.0%	50.0%	50.0%
重	0	0	0	1	0.0%	0.0%	0.0%
不良	0	1	0	0	0.0%	100.0%	100.0%
2歳	0	0	0	0	-	-	-
3歳	2	2	2	10	12.5%	25.0%	37.5%
4歳以上	1	2	0	4	14.3%	42.9%	42.9%

（鞍上）内枠以外の角田大和騎手

　自然と目に入ってくるのは、唯一の5勝ジョッキーである吉田隼人騎手。好走率、回収値ともに高く、なんら問題ないようだが、気になるのは直近の22年が【0　0　0　5】に終わった点。この5走中4走は7番人気以下で、言い訳の余地は多分にあるが、復調気配が見えてから狙っても遅くはない。

　代わって注目したいのは若手の角田大和騎手。集計期間内の北海道シリーズ参戦は22年だけながら、当コース4勝を挙げてランキング4位に食い込んだ。ただし、1〜3枠では【0　0　0　3】と、まだ遠慮している様子も垣間見える。内枠以外を引いたときに狙っていけば、いい仕事をしてくれるだろう。

札幌ダ1000m　角田大和騎手詳細データ

	1着	2着	3着	4着以下	勝率	連対率	複勝率
牡	1	1	1	2	20.0%	40.0%	60.0%
牝	3	0	0	3	50.0%	50.0%	50.0%
1番人気	1	1	0	1	33.3%	66.7%	66.7%
2〜3番人気	2	0	0	3	40.0%	40.0%	40.0%
4〜6番人気	1	0	1	1	33.3%	33.3%	66.7%
7〜9番人気	0	0	0	0	-	-	-
10番人気〜	0	0	0	0	-	-	-

	1着	2着	3着	4着以下	勝率	連対率	複勝率
良	2	0	0	4	33.3%	33.3%	33.3%
稍重	2	1	1	1	40.0%	60.0%	80.0%
重	0	0	0	0	-	-	-
不良	0	0	0	0	-	-	-
2歳	0	0	0	0	-	-	-
3歳	3	1	0	5	33.3%	44.4%	44.4%
4歳以上	1	0	1	0	50.0%	50.0%	100.0%

高配当も期待できる斎藤誠厩舎

　唯一の4勝厩舎である浅見秀一厩舎は22年2月一杯で解散済。3つある3勝厩舎はどれも狙いが立ちそうだが、やはり内容的にはランキング2位の斎藤誠厩舎が充実している。3勝をすべて異なる年で挙げた継続性、すべて異なる馬で挙げた層の厚さはポイントが高い。21年6月12日の3歳未勝利で11番人気のエレファンティネが単勝6770円を叩き出し、22年8月21日の3歳未勝利ではバオバブスピリットが5番人気1着と穴の期待も大きい。

　4つある2勝厩舎では【2　4　1　2】の本田優厩舎がいい。異なる5頭での馬券絡みは3勝厩舎を上回っており、こちらも大いにオススメできる。

札幌ダ1000m　斎藤誠厩舎詳細データ

	1着	2着	3着	4着以下	勝率	連対率	複勝率
牡	0	0	0	0	-	-	-
牝	3	2	0	1	50.0%	83.3%	83.3%
1番人気	1	0	0	1	50.0%	50.0%	50.0%
2〜3番人気	0	2	0	0	0.0%	100.0%	100.0%
4〜6番人気	1	0	0	0	100.0%	100.0%	100.0%
7〜9番人気	0	0	0	0	-	-	-
10番人気〜	1	0	0	0	100.0%	100.0%	100.0%

	1着	2着	3着	4着以下	勝率	連対率	複勝率
良	2	1	0	0	66.7%	100.0%	100.0%
稍重	0	1	0	0	0.0%	100.0%	100.0%
重	0	0	0	0	-	-	-
不良	1	0	0	1	50.0%	50.0%	50.0%
2歳	0	0	0	0	-	-	-
3歳	3	2	0	1	50.0%	83.3%	83.3%
4歳以上	0	0	0	0	-	-	-

総合成績　ダ1000m

●種牡馬別 BEST 10

種牡馬名	1着	2着	3着	4着以下	勝率	連対率	複勝率	単勝回収値	複勝回収値
サウスヴィグラス	7	3	4	28	16.7%	23.8%	33.3%	148	61
スクリーンヒーロー	4	2	0	6	33.3%	50.0%	50.0%	262	126
ヘニーヒューズ	3	4	2	14	13.0%	30.4%	39.1%	119	165
キンシャサノキセキ	3	2	2	14	14.3%	23.8%	33.3%	86	67
アイルハヴアナザー	2	4	2	10	11.1%	33.3%	44.4%	31	97
シニスターミニスター	2	2	0	6	20.0%	40.0%	40.0%	199	88
ロードカナロア	2	1	2	28	6.1%	9.1%	15.2%	20	36
トゥザワールド	2	1	0	1	50.0%	75.0%	75.0%	265	122
スマートファルコン	2	0	0	5	28.6%	28.6%	28.6%	138	57
ダノンレジェンド	2	0	0	4	33.3%	33.3%	33.3%	75	45

●騎手別 BEST 10

騎手名	1着	2着	3着	4着以下	勝率	連対率	複勝率	単勝回収値	複勝回収値
吉田隼人	5	3	2	15	20.0%	32.0%	40.0%	148	118
横山武史	4	2	4	16	15.4%	23.1%	38.5%	46	63
武豊	4	2	1	8	26.7%	40.0%	46.7%	110	71
角田大和	4	1	1	5	36.4%	45.5%	54.5%	191	90
池添謙一	4	0	4	9	23.5%	23.5%	47.1%	61	83
丹内祐次	4	0	2	30	11.1%	11.1%	16.7%	207	80
横山和生	3	2	1	9	20.0%	33.3%	40.0%	116	124
秋山稔樹	2	7	2	28	5.1%	23.1%	28.2%	46	66
小沢大仁	2	3	4	8	11.8%	29.4%	52.9%	280	144
団野大成	2	2	3	21	7.1%	14.3%	25.0%	71	55

●厩舎別 BEST 10

厩舎名	1着	2着	3着	4着以下	勝率	連対率	複勝率	単勝回収値	複勝回収値
浅見秀一	4	3	0	5	33.3%	58.3%	58.3%	523	179
斎藤誠	3	2	0	1	50.0%	83.3%	83.3%	1368	835
飯田祐史	3	0	1	2	50.0%	50.0%	66.7%	310	131
伊藤圭三	3	0	0	7	30.0%	30.0%	30.0%	185	63
本田優	2	4	1	2	22.2%	66.7%	77.8%	61	226
新谷功一	2	3	1	3	22.2%	55.6%	66.7%	110	137
坂口智康	2	1	0	4	28.6%	42.9%	42.9%	138	85
田中剛	2	0	0	1	66.7%	66.7%	66.7%	323	133
今野貞一	1	2	0	4	14.3%	42.9%	42.9%	28	54
杉浦宏昭	1	2	0	4	20.0%	60.0%	60.0%	40	114

札幌ダ1000m

札幌 ダ1700m

施行重賞 エルムS（GⅢ）

父 関西のマジェスティックウォリアー狙い

　札幌ダート1700mでランキング1位のマジェスティックウォリアーは、トータル【8 6 9 25】、勝率16.7%、複勝率47.9%、単勝回収値235、複勝回収値157という圧巻の好成績を収めている。全8勝のうち半分の4勝を7〜9番人気、1〜3着23回のうち3分の1以上にあたる8回を7〜10番人気が占め、激走が非常に多いことがこの高い回収値につながっている。

　ただし、単勝50倍を超えた延べ9頭はすべて凡走に終わっており、人気薄でも侮れないとはいえ、単勝50倍以内に収まっているかどうかは必ずチェックするようにしたい。

　馬場状態も重要だ。安定して走っているのは良馬場で、【7 6 7 14】、勝率20.6%、複勝率58.8%、単勝回収値216、複勝回収値173。単勝回収値を除き、自身のトータル成績を上回る数値を記録している。一方、馬場が湿った稍重〜不良では【1 0 2 11】、勝率7.1%、複勝率21.4%、単勝回収値280、複勝回収値116。稍重だった22年8月20日の3歳未勝利で単勝3930円を決めたタマモベローナがおり、完全に無視できるわけではないが、勝率や複勝率は雲泥の差。良馬場のほうがはるかに安心して勝負に出られる。

　また、関東馬は【0 0 3 10】と連対がなく、ヒモにとどめておきたい。そもそも入厩している産駒の数に差があるのも確かだが、【8 6 6 15】の関西馬を狙うことがマジェスティックウォリアーの基本戦略となる。

札幌ダ1700m　マジェスティックウォリアー産駒詳細データ

	1着	2着	3着	4着以下	勝率	連対率	複勝率
牡	2	3	7	12	8.3%	20.8%	50.0%
牝	6	3	2	13	25.0%	37.5%	45.8%
1番人気	2	3	2	2	22.2%	55.6%	77.8%
2〜3番人気	1	1	4	5	9.1%	18.2%	54.5%
4〜6番人気	1	0	1	2	25.0%	25.0%	50.0%
7〜9番人気	4	2	1	6	30.8%	46.2%	53.8%
10番人気〜	0	0	1	10	0.0%	0.0%	9.1%

	1着	2着	3着	4着以下	勝率	連対率	複勝率
良	7	6	7	14	20.6%	38.2%	58.8%
稍重	1	0	1	10	8.3%	8.3%	16.7%
重	0	0	0	1	0.0%	0.0%	0.0%
不良	0	0	1	0	0.0%	0.0%	100.0%
2歳	1	0	2	3	16.7%	16.7%	50.0%
3歳	6	4	7	14	19.4%	32.3%	54.8%
4歳以上	1	2	0	8	9.1%	27.3%	27.3%

（父）前走6〜9着のディープインパクト

ダートは走らないことで有名なディープインパクトだが、札幌ダート1700mではランキング3位に躍進。ダート専門の2位シニスターミニスターを上回る好走率を記録しているのも驚きで、その意外性が単勝131、複勝145という高い回収値につながっている。

取捨の急所は前走着順にある。全6勝を前走6〜9着馬がマークしており、【6 2 1 6】、勝率40.0％、複勝率60.0％、単勝回収値342、複勝回収値330と数字も超抜。しかし、前走10着以下馬は【0 0 0 11】と巻き返しの目はない。あくまで前走6〜9着に負けていたディープ産駒を狙うのがポイントだ。なお、前走は芝・ダートを問わないことも記しておく。

札幌ダ1700m　ディープインパクト産駒詳細データ

	1着	2着	3着	4着以下	勝率	連対率	複勝率
牡	3	2	1	13	15.8%	26.3%	31.6%
牝	3	1	2	14	15.0%	20.0%	30.0%
1番人気	1	0	0	1	50.0%	50.0%	50.0%
2〜3番人気	1	1	0	2	25.0%	50.0%	50.0%
4〜6番人気	4	0	3	8	26.7%	26.7%	46.7%
7〜9番人気	0	0	0	8	0.0%	0.0%	0.0%
10番人気〜	0	2	0	8	0.0%	20.0%	20.0%

	1着	2着	3着	4着以下	勝率	連対率	複勝率
良	5	2	1	20	17.9%	25.0%	28.6%
稍重	0	1	0	4	0.0%	20.0%	20.0%
重	1	0	2	1	25.0%	25.0%	75.0%
不良	0	0	0	2	0.0%	0.0%	0.0%
2歳	0	0	0	0		-	-
3歳	6	1	1	14	27.3%	31.8%	36.4%
4歳以上	0	2	2	13	0.0%	11.8%	23.5%

（鞍上）外枠の横山和生騎手

ランキング1位の横山武史騎手、2位のC.ルメール騎手はいずれも単勝回収値80台で悪くない成績。しかし、本当に美味しいジョッキーたちはその下に存在する。単勝回収値150以上を記録した3位の横山和生騎手、4位の丹内祐次騎手、5位の池添謙一騎手はいずれも有望だが、今回は横山和騎手を紹介したい。

理由は、わかりやすい狙い目が存在するから。全12勝中9勝を7、8枠で挙げており、ここに入ったら【9 2 3 15】、勝率31.0％、複勝率48.3％、単勝回収値298、複勝回収値113と文句なし。ただし、このコースのフルゲートである14頭立てになり、大外14番枠を引いたら【0 0 0 3】と、これだけはいけない。ピンク帽の14番を除く、外枠の横山和騎手を狙っていこう。

札幌ダ1700m　横山和生騎手詳細データ

	1着	2着	3着	4着以下	勝率	連対率	複勝率
牡	10	11	11	25	17.5%	36.8%	56.1%
牝	2	0	2	20	8.3%	8.3%	16.7%
1番人気	2	5	3	6	12.5%	43.8%	62.5%
2〜3番人気	4	2	6	10	18.2%	27.3%	54.5%
4〜6番人気	2	3	4	13	9.1%	22.7%	40.9%
7〜9番人気	3	1	0	8	25.0%	33.3%	33.3%
10番人気〜	1	0	0	8	11.1%	11.1%	11.1%

	1着	2着	3着	4着以下	勝率	連対率	複勝率
良	11	10	11	35	16.4%	31.3%	47.8%
稍重	1	0	1	7	11.1%	11.1%	22.2%
重	0	0	0	1	0.0%	0.0%	0.0%
不良	0	1	1	2	0.0%	25.0%	50.0%
2歳	1	2	0	5	12.5%	37.5%	37.5%
3歳	9	8	10	28	16.4%	30.9%	49.1%
4歳以上	2	1	3	12	11.1%	16.7%	33.3%

札幌ダ1700m

テキ 斎藤誠厩舎はまず人気を見よ！

　22年エルムSをフルデプスリーダーで制した斎藤誠厩舎は、このコース唯一の6勝厩舎。人気別成績に特徴があり、1番人気で【3　3　0　0】と確実に仕事をこなす一方、2～5番人気では【0　0　0　6】とサッパリ。ところが、6番人気以下では【3　0　0　6】と穴をあけ、このゾーンでは単勝回収値653にも達する。前述したフルデプスリーダーのGⅢ制覇も9番人気での激走だった。この通り、必ず人気を確認してから狙うことが急所と言える。

　また、関西の須貝尚介厩舎もかなり優秀な成績を収めており、10番人気以下だけ削れば【5　4　1　10】、勝率25.0%、複勝率50.0%、単勝回収値203、複勝回収値168。安定感では斎藤誠厩舎を上回るほどで、こちらもオススメだ。

札幌ダ1700m　斎藤誠厩舎詳細データ

	1着	2着	3着	4着以下	勝率	連対率	複勝率
牡	6	2	0	9	35.3%	47.1%	47.1%
牝	0	1	0	3	0.0%	25.0%	25.0%
1番人気	3	3	0	0	50.0%	100.0%	100.0%
2～3番人気	0	0	0	1	0.0%	0.0%	0.0%
4～6番人気	1	0	0	6	14.3%	14.3%	14.3%
7～9番人気	2	0	0	3	40.0%	40.0%	40.0%
10番人気～	0	0	0	2	0.0%	0.0%	0.0%

	1着	2着	3着	4着以下	勝率	連対率	複勝率
良	5	3	0	9	29.4%	47.1%	47.1%
稍重	1	0	0	3	25.0%	25.0%	25.0%
重	0	0	0	0	-	-	-
不良	0	0	0	0	-	-	-
2歳	0	0	0	0	0.0%	0.0%	0.0%
3歳	4	2	0	6	33.3%	50.0%	50.0%
4歳以上	2	1	0	3	33.3%	50.0%	50.0%

○

父 この父も買い！ ▶▶▶
- シニスターミニスター（中3週以内【7　4　1　23】）
- マクフィ（未勝利戦【4　4　4　6】）
- ハーツクライ（2勝クラス～オープン【4　3　2　5】）

鞍上 この鞍上も買い！ ▶▶▶
- 池添謙一（平場戦【9　5　5　20】）
- 丹内祐次（5～8枠【8　13　4　43】）
- 秋山稔樹（単勝30倍以内【8　1　4　18】）

テキ このテキも買い！ ▶▶▶
- 武英智（平場戦【4　3　0　8】）
- 田中博康（単勝7倍以内【4　1　3　1】）
- 伊藤圭三（単勝15倍以内【3　4　3　9】）

×

父 この父は消し！ ▶▶▶
- エピファネイア（1～5番枠【0　0　0　11】）
- ルーラーシップ（4番人気以下【0　1　1　40】）
- クロフネ（トータル【0　1　1　18】）

鞍上 この鞍上は消し！ ▶▶▶
- 鮫島克駿（4番人気以下【0　0　0　20】）
- 斎藤新（トータル【0　0　3　19】）
- 吉田隼人（1～3枠【0　1　0　24】）

テキ このテキは消し！ ▶▶▶
- 国枝栄（トータル【0　0　0　10】）
- 高柳大輔（2番人気以下【0　0　1　13】）
- 音無秀孝（トータル【0　1　0　12】）

総合成績　ダ1700m

●種牡馬別　BEST 15

種牡馬名	1着	2着	3着	4着以下	勝率	連対率	複勝率	単勝回収値	複勝回収値
マジェスティックウォリアー	8	6	9	25	16.7%	29.2%	47.9%	235	157
シニスターミニスター	7	4	1	39	13.7%	21.6%	23.5%	113	65
ディープインパクト	6	3	3	27	15.4%	23.1%	30.8%	131	145
ルーラーシップ	6	2	1	45	11.1%	14.8%	16.7%	47	43
ハーツクライ	5	6	3	24	13.2%	28.9%	36.8%	70	123
ヘニーヒューズ	5	5	4	36	10.0%	20.0%	28.0%	62	200
キズナ	5	0	1	26	15.6%	15.6%	18.8%	54	24
ロージズインメイ	5	0	0	15	25.0%	25.0%	25.0%	193	66
マクフィ	4	4	4	13	16.0%	32.0%	48.0%	62	105
リオンディーズ	4	2	0	12	22.2%	33.3%	33.3%	50	43
ドゥラメンテ	4	1	2	17	16.7%	20.8%	29.2%	77	62
アイルハヴアナザー	4	1	2	17	16.7%	20.8%	29.2%	291	109
ロードカナロア	3	5	3	37	6.3%	16.7%	22.9%	46	92
グランプリボス	3	4	1	7	20.0%	46.7%	53.3%	181	97
トゥザグローリー	3	4	0	18	12.0%	28.0%	28.0%	90	53

●騎手別　BEST 15

騎手名	1着	2着	3着	4着以下	勝率	連対率	複勝率	単勝回収値	複勝回収値
横山武史	18	9	8	59	19.1%	28.7%	37.2%	87	66
C．ルメール	13	6	6	27	25.0%	36.5%	48.1%	84	75
横山和生	12	11	13	45	14.8%	28.4%	44.4%	163	104
丹内祐次	11	16	9	75	9.9%	24.3%	32.4%	167	131
池添謙一	10	5	7	32	18.5%	27.8%	40.7%	156	103
武豊	8	9	5	24	17.4%	37.0%	47.8%	93	101
秋山稔樹	8	1	5	58	11.1%	12.5%	19.4%	130	58
吉田隼人	6	6	5	70	6.9%	13.8%	19.5%	54	43
藤岡佑介	6	5	1	37	12.2%	22.4%	24.5%	75	61
菱田裕二	5	4	9	54	6.9%	12.5%	25.0%	69	65
黛弘人	4	5	2	62	5.5%	12.3%	15.1%	85	56
団野大成	3	4	7	48	4.8%	11.3%	22.6%	64	93
亀田温心	3	4	3	43	5.7%	13.2%	18.9%	90	52
川田将雅	3	0	0	2	60.0%	60.0%	60.0%	148	88
小林凌大	2	4	3	34	4.7%	14.0%	20.9%	32	57

●厩舎別　BEST 15

厩舎名	1着	2着	3着	4着以下	勝率	連対率	複勝率	単勝回収値	複勝回収値
斎藤誠	6	3	0	12	28.6%	42.9%	42.9%	306	95
武英智	5	5	1	16	18.5%	37.0%	40.7%	78	102
須貝尚介	5	4	1	13	21.7%	39.1%	43.5%	176	146
池添兼雄	5	3	5	14	18.5%	29.6%	48.1%	117	137
矢作芳人	4	3	6	25	10.5%	18.4%	34.2%	46	88
和田勇介	4	2	2	10	22.2%	33.3%	44.4%	71	87
田中博康	4	1	3	9	23.5%	29.4%	47.1%	128	80
伊藤圭三	3	5	3	17	10.7%	28.6%	39.3%	71	119
南井克巳	3	5	3	17	10.7%	28.6%	39.3%	93	87
田中克典	3	3	0	6	25.0%	50.0%	50.0%	135	125
岡田稲男	3	2	5	18	10.7%	17.9%	35.7%	81	171
藤原辰雄	3	2	2	18	12.0%	20.0%	28.0%	77	87
加藤征弘	3	1	2	8	21.4%	28.6%	42.9%	100	79
小笠倫弘	3	1	0	7	27.3%	36.4%	36.4%	550	117
安田隆行	3	0	2	10	20.0%	20.0%	33.3%	116	64

札幌ダ1700m

札幌 馬主 HORSE OWNER

馬主 過剰人気騎手以外のキャロットファーム

　札幌のリーディングオーナーはキャロットファーム。トータル20勝は抜きん出た数字で、単勝回収値83、複勝回収値99も水準を上回る。全勝利を収めた単勝15倍以内に限れば【20 10 11 45】、勝率23.3%、複勝率47.7%、単勝回収値123、複勝回収値94で、1着づけで狙うならこの範囲で買いたい。

　ジョッキーは横山武史騎手とC．ルメール騎手が主戦となるが、ともに過剰人気の傾向が否めない。「横山武史騎手とルメール騎手以外で単勝15倍以内」だと【13 5 6 29】、勝率24.5%、複勝率45.3%、単勝回収値163、複勝回収値105。単勝回収値はもちろん、勝率もアップし、美味しい狙い目となる。

札幌　キャロットファーム所有馬データ

	1着	2着	3着	4着以下	勝率	連対率	複勝率
牡	8	6	6	39	13.6%	23.7%	33.9%
牝	12	6	7	44	17.4%	26.1%	36.2%
1番人気	10	0	4	6	50.0%	50.0%	70.0%
2～3番人気	6	4	6	23	15.4%	25.6%	41.0%
4～6番人気	4	7	1	21	12.1%	33.3%	36.4%
7～9番人気	0	0	0	18	0.0%	0.0%	0.0%
10番人気～	0	1	2	15	0.0%	5.6%	16.7%

	1着	2着	3着	4着以下	勝率	連対率	複勝率
新馬	3	1	3	5	25.0%	33.3%	58.3%
未勝利	5	4	3	34	10.4%	18.8%	29.2%
1勝クラス	5	5	3	25	13.2%	26.3%	34.2%
2勝クラス	4	1	1	8	28.6%	35.7%	42.9%
3勝クラス	1	1	1	3	16.7%	33.3%	50.0%
オープン特別	2	0	0	2	50.0%	50.0%	50.0%
重賞	0	0	0	6	0.0%	0.0%	0.0%

馬主 G1レーシング×キングマンボ系

　追分ファームの生産馬を中心とするクラブ馬主・G1レーシングが、トータル【11 10 9 59】、勝率12.4%、複勝率33.7%、単勝回収値203、複勝回収値122の侮れない成績を収めている。激走の多さは回収値から伺えるが、単勝20～50倍の【5 3 3 15】、勝率19.2%、複勝率42.3%、単勝回収値578、複勝回収値220は驚異的の一言。印が薄かろうと、必ず注意を払っておきたい。

　そして、穴馬を探す際に確認したいのが父。札幌に出走した父キングマンボ系のG1レーシング所有馬は【7 2 1 12】、勝率31.8%、複勝率45.5%、単勝回収値497、複勝回収値137の好成績で、コースを問わず要チェックだ。

札幌　G1レーシング所有馬データ

	1着	2着	3着	4着以下	勝率	連対率	複勝率
牡	7	3	4	32	15.2%	21.7%	30.4%
牝	4	7	5	27	9.3%	25.6%	37.2%
1番人気	2	1	1	2	33.3%	50.0%	66.7%
2～3番人気	3	4	2	9	16.7%	38.9%	50.0%
4～6番人気	1	2	4	11	5.6%	16.7%	38.9%
7～9番人気	4	3	2	17	15.4%	26.9%	34.6%
10番人気～	1	0	0	20	4.8%	4.8%	4.8%

	1着	2着	3着	4着以下	勝率	連対率	複勝率
新馬	1	0	0	0	100.0%	100.0%	100.0%
未勝利	4	4	4	28	10.0%	20.0%	30.0%
1勝クラス	4	2	2	18	15.4%	23.1%	30.8%
2勝クラス	1	1	1	6	11.1%	22.2%	33.3%
3勝クラス	1	0	1	3	20.0%	20.0%	40.0%
オープン特別	0	1	0	2	0.0%	33.3%	33.3%
重賞	0	2	1	2	0.0%	40.0%	60.0%

金子真人HDの芝・2～4歳馬

　個人オーナーでは金子真人ホールディングス。トータルで単勝回収値123とベタ買いも視野に入り、ソダシで20年札幌2歳S、21年札幌記念と重賞2勝を挙げたほか、ボスジラでオープン特別を2勝と中身も非常に濃い。また、全7勝を挙げた芝だけで狙っていけばいいというわかりやすさも備えている。

　そして、年齢のチェックも重要だ。芝における年齢別成績を見ると良績は2～4歳に集中し、その成績は【6　5　4　12】、勝率22.2%、複勝率55.6%、単勝回収値205、複勝回収値125と抜群。意外と高齢まで所有馬を走らせることも多い金子氏だが、札幌では4歳までの若い馬を狙っていくのが重要だ。

札幌　金子真人HD所有馬データ

	1着	2着	3着	4着以下	勝率	連対率	複勝率
牡	3	5	3	18	10.3%	27.6%	37.9%
牝	4	2	2	11	21.1%	31.6%	42.1%
1番人気	1	2	1	3	14.3%	42.9%	57.1%
2～3番人気	5	2	3	7	29.4%	41.2%	58.8%
4～6番人気	0	2	1	5	0.0%	25.0%	37.5%
7～9番人気	0	1	0	5	0.0%	16.7%	16.7%
10番人気～	1	0	0	9	10.0%	10.0%	10.0%

	1着	2着	3着	4着以下	勝率	連対率	複勝率
新馬	0	2	0	0	0.0%	100.0%	100.0%
未勝利	1	0	0	9	10.0%	10.0%	10.0%
1勝クラス	1	1	2	5	11.1%	22.2%	44.4%
2勝クラス	1	1	2	1	20.0%	40.0%	80.0%
3勝クラス	0	0	0	3	0.0%	0.0%	0.0%
オープン特別	2	2	1	3	25.0%	50.0%	62.5%
重賞	2	1	0	8	18.2%	27.3%	27.3%

この馬主も買い！
ロードホースクラブ（単勝30倍以内【7　5　3　26】）
ビッグレッドファーム（丹内祐次【6　3　8　35】）
東京ホースレーシング（1、2番人気【6　0　2　2】）

この馬主は消し！
田中成奉（特別戦【0　2　1　25】）
社台レースホース（4歳以上【0　3　2　39】）
ウイン（4番人気以下【1　2　3　47】）

●馬主別 BEST 20　総合成績

馬主名	1着	2着	3着	4着以下	勝率	連対率	複勝率	単勝回収値	複勝回収値
キャロットファーム	20	12	13	83	15.6%	25.0%	35.2%	83	99
シルクレーシング	14	7	17	99	10.2%	15.3%	27.7%	85	88
社台レースホース	13	9	14	98	9.7%	16.4%	26.9%	51	72
サンデーレーシング	11	12	13	59	11.6%	24.2%	37.9%	43	72
G１レーシング	11	10	9	59	12.4%	23.6%	33.7%	203	122
サラブレッドクラブ・ラフィアン	9	13	9	85	7.8%	19.0%	26.7%	176	93
ノルマンディーサラブレッドレーシング	8	8	13	93	6.6%	13.1%	23.8%	88	63
東京ホースレーシング	8	1	4	41	14.8%	16.7%	24.1%	126	51
ゴドルフィン	7	12	7	70	7.3%	19.8%	27.1%	28	73
吉田勝己	7	8	6	40	11.5%	24.6%	34.4%	35	68
金子真人ホールディングス	7	7	5	29	14.6%	29.2%	39.6%	123	81
ロードホースクラブ	7	5	4	39	12.7%	21.8%	29.1%	107	83
ビッグレッドファーム	7	4	10	60	8.6%	13.6%	25.9%	120	78
グリーンファーム	6	5	1	37	12.2%	22.4%	24.5%	125	63
ウイン	6	4	6	52	8.8%	14.7%	23.5%	69	51
里見治	6	4	3	19	18.8%	31.3%	40.6%	150	101
青山洋一	6	2	0	10	33.3%	44.4%	44.4%	272	113
嶋田賢	5	8	4	36	9.4%	24.5%	32.1%	81	110
市川義美ホールディングス	5	2	2	12	23.8%	33.3%	42.9%	64	85
広尾レース	5	1	3	15	20.8%	25.0%	37.5%	112	80

父 ロードカナロアの単勝オッズ、馬体重をチェック！

　函館芝1200mのロードカナロアはトータル【10 12 6 71】、勝率10.1%、複勝率28.3%、単勝回収値46、複勝回収値60という成績。得意距離のロードカナロアにしてはイマイチの好走率で、単複の回収値は正直不満だ。

　とはいえ、出走99回、10勝、1〜3着28回はいずれも最多。重賞の函館スプリントSでも20年にダイアトニックが1着、22年にジュビリーヘッドが2着と結果を出している。回収値が悪いからといって買わないと、そもそも馬券が当たらない。なかなか悩ましい存在と化している当コースのロードカナロアだが、上澄み部分だけを綺麗にすくい取っていくしかないだろう。

　まず、単勝15倍以内に限れば【10 10 5 24】、勝率20.4%、複勝率51.0%、単勝回収値93、複勝回収値95と、たったこれだけで回収値が一気に改善する。一方、単勝15倍を超えると【0 2 1 47】と不発。数少ない2、3着も単勝30倍までに限られ、大きな穴はまず期待できない。欲をかかず、印が回っている産駒のみ狙っていくのが正解だ。

　馬体重もチェックしたい。当日460キロ未満は【4 4 4 35】、勝率8.5%、複勝率25.5%、単勝回収値28、複勝回収値45という成績。好走率は致命的というほどではないが、とにかく回収値が冴えない。手堅いのは当日460キロ以上の産駒で、前述した単勝15倍以内なら【6 6 1 12】、勝率24.0%、複勝率52.0%、単勝回収値130、複勝回収値102で、これなら勝負に出られる。

函館芝1200m　ロードカナロア産駒詳細データ

	1着	2着	3着	4着以下	勝率	連対率	複勝率
牡	5	6	1	26	13.2%	28.9%	31.6%
牝	5	6	5	45	8.2%	18.0%	26.2%
1番人気	5	3	1	5	35.7%	57.1%	64.3%
2〜3番人気	4	4	3	8	21.1%	42.1%	57.9%
4〜6番人気	1	3	1	16	4.8%	19.0%	23.8%
7〜9番人気	0	2	0	14	0.0%	12.5%	12.5%
10番人気〜	0	0	1	28	0.0%	0.0%	3.4%

	1着	2着	3着	4着以下	勝率	連対率	複勝率
良	8	9	5	58	10.0%	21.3%	27.5%
稍重	1	3	1	12	5.9%	23.5%	29.4%
重	1	0	0	1	50.0%	50.0%	50.0%
不良	0	0	0	0	-	-	-
2歳	3	1	0	4	37.5%	50.0%	50.0%
3歳	5	5	4	29	11.6%	23.3%	32.6%
4歳以上	2	6	2	38	4.2%	16.7%	20.8%

父 ポイントはサドラーズウェルズ持ち

　21年に初年度産駒がデビューしたビッグアーサーは、函館芝1200mでトータル【5 3 4 12】、勝率20.8%、複勝率50.0%、単勝回収値114、複勝回収値72の好成績をマーク。5番人気以下は10走して好走がなく、穴を狙えないのは残念だが、1〜4番人気に限定すれば【5 3 4 2】、勝率35.7%、複勝率85.7%、単勝回収値195、複勝回収値125と相当堅い。22年函館2歳Sを制したブトンドールも4番人気で、これは買いの一手だった。

　ほかにもモーリスやトーセンラーといった新しい種牡馬が好成績を収めているが、ビッグアーサーを含めた3頭はいずれもSadler's Wellsを持つ。この血を持つ未知の種牡馬が出てきたら、今後も注目する価値がありそうだ。

函館芝1200m　ビッグアーサー産駒詳細データ

	1着	2着	3着	4着以下	勝率	連対率	複勝率
牡	2	1	1	7	18.2%	27.3%	36.4%
牝	3	2	5	3	23.1%	38.5%	61.5%
1番人気	1	2	1	0	25.0%	75.0%	100.0%
2〜3番人気	2	1	1	1	40.0%	60.0%	80.0%
4〜6番人気	2	0	2	4	25.0%	25.0%	50.0%
7〜9番人気	0	0	0	3	0.0%	0.0%	0.0%
10番人気〜	0	0	0	3	0.0%	0.0%	0.0%

	1着	2着	3着	4着以下	勝率	連対率	複勝率
良	3	1	2	8	21.4%	28.6%	42.9%
稍重	2	2	2	4	20.0%	40.0%	60.0%
重	0	0	0	0	-	-	-
不良	0	0	0	0	-	-	-
2歳	3	2	4	8	17.6%	29.4%	52.9%
3歳	2	1	0	4	28.6%	42.9%	42.9%
4歳以上	0	0	0	0	-	-	-

鞍上 武豊騎手騎乗の関西馬。外枠ならなお良し!

　20年函館スプリントSをダイアトニックで制した武豊騎手は、当コースの最多勝ジョッキーともなった。トータル成績も【13 13 10 20】、勝率23.2%、複勝率64.3%、単勝回収値129、複勝回収値127と極めて優れている。特に、7、8枠では【7 4 3 7】、勝率33.3%、複勝率66.7%、単勝回収値250、複勝回収値171と数値がさらに上昇。外枠を引いたら、すかさず◎を打ちたい。

　頼りになるレジェンドだが、関東馬を任されたときは【1 3 3 5】と勝ち切れない。複勝率58.3%、複勝回収値101なので消すわけにはいかないものの、アタマ勝負は危険だ。関西馬なら【12 10 7 15】、勝率27.3%、複勝率65.9%、単勝回収値157、複勝回収値134で、これなら安心だ。

函館芝1200m　武豊騎手詳細データ

	1着	2着	3着	4着以下	勝率	連対率	複勝率
牡	4	6	2	10	18.2%	45.5%	54.5%
牝	9	7	8	10	26.5%	47.1%	70.6%
1番人気	6	3	3	8	30.0%	45.0%	60.0%
2〜3番人気	6	7	4	4	28.6%	61.9%	81.0%
4〜6番人気	0	2	2	4	0.0%	25.0%	50.0%
7〜9番人気	1	1	1	3	16.7%	33.3%	50.0%
10番人気〜	0	0	0	5	0.0%	0.0%	0.0%

	1着	2着	3着	4着以下	勝率	連対率	複勝率
良	8	10	5	17	20.0%	45.0%	57.5%
稍重	5	3	4	3	33.3%	53.3%	80.0%
重	0	0	1	0	0.0%	0.0%	100.0%
不良	0	0	0	0	-	-	-
2歳	4	4	3	6	23.5%	47.1%	64.7%
3歳	6	7	5	8	23.1%	50.0%	69.2%
4歳以上	3	2	2	6	23.1%	38.5%	53.8%

テキ 人気でも穴でも清水久詞厩舎

　唯一の５勝厩舎となった清水久詞厩舎は、トータル【５　３　５　16】、勝率17.2％、複勝率44.8％、単勝回収値435、複勝回収値196という圧巻の成績を記録。この回収値は、21年７月３日の函館日刊スポーツ杯で単勝9500円の激走を決めたメリーメーキングによる部分も大きいが、この１走を除いても単勝回収値111、複勝回収値156とベタ買い可能な数値が残る。人気でも穴でも水準以上の成績をマークしており、このコースでは常に警戒が必要な厩舎だ。

　ただし、連闘は【０　０　１　３】と結果につながっておらず、これは要注意。また、前走よりマイナス馬体重で出してきたときは【１　２　３　５】で、馬券にはなるが勝ち切れないことが多く、ヒモ扱いまでにとどめたい。

函館芝1200m　清水久詞厩舎詳細データ

	1着	2着	3着	4着以下	勝率	連対率	複勝率
牡	3	2	3	9	17.6%	29.4%	47.1%
牝	2	1	2	7	16.7%	25.0%	41.7%
1番人気	0	0	0	1	0.0%	0.0%	0.0%
2〜3番人気	3	1	1	2	42.9%	57.1%	71.4%
4〜6番人気	0	0	3	5	0.0%	0.0%	37.5%
7〜9番人気	1	2	0	3	16.7%	50.0%	50.0%
10番人気〜	1	0	1	5	14.3%	14.3%	28.6%

	1着	2着	3着	4着以下	勝率	連対率	複勝率
良	3	2	4	12	14.3%	23.8%	42.9%
稍重	2	0	1	4	28.6%	28.6%	42.9%
重	0	1	0	0	0.0%	100.0%	100.0%
不良	0	0	0	0	-	-	-
2歳	1	1	2	2	16.7%	50.0%	66.7%
3歳	1	0	2	5	12.5%	12.5%	37.5%
4歳以上	3	1	2	9	20.0%	26.7%	40.0%

父 この父も買い！
- ジョーカプチーノ（1〜5番人気【5　2　1　2】）
- モーリス（前走6着以下【4　2　1　11】）
- リオンディーズ（中3週以内【3　2　4　6】）

鞍上 この鞍上も買い！
- 大野拓弥（単勝15倍以内【8　4　6　16】）
- 鮫島克駿（継続騎乗【5　2　1　8】）
- 団野大成（6〜8枠【2　3　2　9】）

テキ このテキも買い！
- 牧浦充徳（平場戦【3　1　4　9】）
- 武幸四郎（武豊【3　0　1　1】）
- 武藤善則（1〜5番人気【2　1　4　1】）

父 この父は消し！
- ディープインパクト（トータル【0　0　1　24】）
- ドゥラメンテ（トータル【0　0　1　17】）
- ミッキーアイル（3番人気以下【0　0　3　16】）

鞍上 この鞍上は消し！
- 藤岡康太（トータル【0　0　2　20】）
- 丸山元気（3番人気以下【0　1　3　33】）
- Ｃ.ルメール（3番人気以下【0　2　1　12】）

テキ このテキは消し！
- 加藤征弘（3番人気以下【0　0　0　12】）
- 松下武士（トータル【0　0　1　15】）
- 昆貢（2番人気以下【0　0　1　13】）

総合成績　芝1200m

●種牡馬別　BEST 15

種牡馬名	1着	2着	3着	4着以下	勝率	連対率	複勝率	単勝回収値	複勝回収値
ロードカナロア	10	12	6	71	10.1%	22.2%	28.3%	46	60
ダイワメジャー	8	5	6	61	10.0%	16.3%	23.8%	39	61
モーリス	6	3	2	29	15.0%	22.5%	27.5%	226	128
ビッグアーサー	5	3	4	12	20.8%	33.3%	50.0%	114	72
ジョーカプチーノ	5	2	1	9	29.4%	41.2%	47.1%	183	83
トーセンラー	5	2	0	9	31.3%	43.8%	43.8%	204	100
カレンブラックヒル	4	3	2	26	11.4%	20.0%	25.7%	130	76
リオンディーズ	4	2	5	13	16.7%	25.0%	45.8%	104	116
キンシャサノキセキ	3	8	4	43	5.2%	19.0%	25.9%	65	111
マツリダゴッホ	3	4	4	40	5.9%	13.7%	21.6%	130	71
エピファネイア	3	3	5	35	6.5%	13.0%	23.9%	50	90
ハーツクライ	3	3	4	17	11.1%	22.2%	37.0%	21	215
ミッキーアイル	3	1	4	17	12.0%	16.0%	32.0%	41	61
ジャスタウェイ	3	1	2	15	14.3%	19.0%	28.6%	200	118
エイシンヒカリ	3	0	1	8	25.0%	25.0%	33.3%	525	177

●騎手別　BEST 15

騎手名	1着	2着	3着	4着以下	勝率	連対率	複勝率	単勝回収値	複勝回収値
武豊	13	13	10	20	23.2%	46.4%	64.3%	129	127
池添謙一	12	8	4	53	15.6%	26.0%	31.2%	79	47
横山武史	11	8	12	46	14.3%	24.7%	40.3%	53	86
大野拓弥	8	4	8	34	14.8%	22.2%	37.0%	87	134
鮫島克駿	7	4	2	20	21.2%	33.3%	39.4%	193	125
藤岡佑介	6	9	5	36	10.7%	26.8%	35.7%	41	79
吉田隼人	6	4	6	43	10.2%	16.9%	27.1%	96	81
丹内祐次	5	7	13	70	5.3%	12.6%	26.3%	86	103
団野大成	5	3	4	33	11.1%	17.8%	26.7%	268	111
菱田裕二	4	12	2	57	5.3%	21.3%	24.0%	35	93
秋山稔樹	4	4	6	43	7.0%	14.0%	24.6%	36	131
泉谷楓真	4	2	1	30	10.8%	16.2%	18.9%	64	42
坂井瑠星	3	4	7	36	6.0%	14.0%	28.0%	59	110
岩田康誠	3	2	2	34	7.3%	12.2%	17.1%	77	65
松田大作	3	2	2	31	7.9%	13.2%	18.4%	134	117

●厩舎別　BEST 15

厩舎名	1着	2着	3着	4着以下	勝率	連対率	複勝率	単勝回収値	複勝回収値
清水久詞	5	3	5	16	17.2%	27.6%	44.8%	435	196
牧浦充徳	4	1	4	20	13.8%	17.2%	31.0%	114	71
武幸四郎	4	0	3	8	26.7%	26.7%	46.7%	142	165
池添兼雄	3	2	2	14	14.3%	23.8%	33.3%	34	135
岩戸孝樹	3	1	0	12	18.8%	25.0%	25.0%	88	65
長谷川浩大	3	1	0	4	37.5%	50.0%	50.0%	132	77
栗田徹	3	0	1	15	15.8%	15.8%	21.1%	171	83
加用正	3	0	0	15	16.7%	16.7%	16.7%	335	92
須貝尚介	2	4	0	14	10.0%	30.0%	30.0%	28	59
畠山吉宏	2	3	0	6	18.2%	45.5%	45.5%	64	103
安田翔伍	2	2	1	3	25.0%	50.0%	62.5%	223	162
田中博康	2	2	0	6	20.0%	40.0%	40.0%	47	88
武藤善則	2	1	4	6	15.4%	23.1%	53.8%	134	96
高柳大輔	2	1	3	7	15.4%	23.1%	46.2%	60	97
音無秀孝	2	1	2	8	14.3%	21.4%	42.9%	222	100

東京
中山
阪神
中京
新潟
福島
小倉
札幌
函館

函館芝1200m

函館 HAKODATE 芝1800m 施行重賞 なし

父 キズナ、父超えの安定感

父ディープインパクトに及ばず、種牡馬ランキングでは2位にとどまったキズナだが、好走率、回収値に関しては完全に父を上回っている。トータル成績は【5　4　4　17】、勝率16.7%、複勝率43.3%、単勝回収値143、複勝回収値116。安定感ある好バランスの数値が並んでいる。

とはいえ苦手な条件はあって、7、8枠では【0　1　0　6】と凡走がち。また、単勝50倍を超えた産駒も3走して好走がない。これらを除いた「1～6枠で単勝50倍以内」であれば【5　3　4　9】、勝率23.8%、複勝率57.1%、単勝回収値205、複勝回収値159という、珠玉の数字が出現するのであった。

函館芝1800m　キズナ産駒詳細データ

	1着	2着	3着	4着以下	勝率	連対率	複勝率
牡	2	2	0	5	22.2%	44.4%	44.4%
牝	3	2	4	12	14.3%	23.8%	42.9%
1番人気	2	2	0	0	50.0%	100.0%	100.0%
2～3人気	2	1	1	4	25.0%	37.5%	50.0%
4～6番人気	0	0	2	5	0.0%	0.0%	28.6%
7～9人気	1	0	1	6	12.5%	12.5%	25.0%
10番人気～	0	1	0	2	0.0%	33.3%	33.3%

	1着	2着	3着	4着以下	勝率	連対率	複勝率
良	2	2	3	16	8.7%	17.4%	30.4%
稍重	3	2	1	1	42.9%	71.4%	85.7%
重	0	0	0	0	-	-	-
不良	0	0	0	0	-	-	-
2歳	2	2	1	8	15.4%	30.8%	38.5%
3歳	3	1	1	5	30.0%	40.0%	50.0%
4歳以上	0	1	2	4	0.0%	14.3%	42.9%

鞍上 連軸、ヒモには丹内祐次騎手を!

但し書きはつくものの、函館芝1800mの丹内祐次騎手は使いでがある。トータル成績は【4　11　4　25】、勝率9.1%、複勝率43.2%、単勝回収値42、複勝回収値141。弱点は一目瞭然で、アタマで買っては裏目を喰らう可能性が高い。当然ながら優秀な複勝率や複勝回収値を頼みにして、馬連や3連複の軸馬として狙ったり、有望なヒモ候補として扱ったりするべきだ。

前走10着以下馬に騎乗した場合は【0　2　0　10】とさすがに苦戦も、前走1～9着馬なら【4　9　2　12】、複勝率55.6%、複勝回収値180。前走でひとケタ着順に収まっている馬であれば、警戒を怠らないように気をつけたい。

函館芝1800m　丹内祐次騎手詳細データ

	1着	2着	3着	4着以下	勝率	連対率	複勝率
牡	2	5	2	13	9.1%	31.8%	40.9%
牝	2	6	2	12	9.1%	36.4%	45.5%
1番人気	1	0	0	0	100.0%	100.0%	100.0%
2～3人気	3	3	2	5	23.1%	46.2%	61.5%
4～6番人気	0	5	1	2	0.0%	62.5%	75.0%
7～9人気	0	2	1	12	0.0%	13.3%	20.0%
10番人気～	0	1	0	6	0.0%	14.3%	14.3%

	1着	2着	3着	4着以下	勝率	連対率	複勝率
良	3	9	4	19	8.6%	34.3%	45.7%
稍重	1	1	0	5	14.3%	28.6%	28.6%
重	0	1	0	1	0.0%	50.0%	50.0%
不良	0	0	0	0	-	-	-
2歳	0	0	2	5	0.0%	0.0%	28.6%
3歳	3	6	0	10	15.8%	47.4%	47.4%
4歳以上	1	5	2	10	5.6%	33.3%	44.4%

テキ 西村真幸厩舎×吉田隼人騎手かC.ルメール騎手

　ランキング上位厩舎の回収値がなかなか優秀な函館芝1800m。そのなかでも狙いやすいのは２位の西村真幸厩舎だろう。というのも、好走を記録したのは吉田隼人騎手とC.ルメール騎手のどちらかで、合算して【３　３　０　１】、勝率42.9％、複勝率85.7％、単勝回収値154、複勝回収値191。ほかの騎手を起用した４走は凡走に終わっており、ジョッキー欄さえチェックすれば簡単に取捨できてしまうのだ。

　もうひとつ、３戦３勝の大竹正博厩舎も要注目。その内訳も新馬戦２勝、オープン１勝と充実しており、使ってきたら大いに期待できる。

函館芝1800m　西村真幸厩舎詳細データ

	1着	2着	3着	4着以下	勝率	連対率	複勝率
牡	2	2	0	2	33.3%	66.7%	66.7%
牝	1	1	0	3	20.0%	40.0%	40.0%
1番人気	1	1	0	0	50.0%	100.0%	100.0%
2〜3番人気	2	0	0	1	66.7%	66.7%	66.7%
4〜6番人気	0	2	0	2	0.0%	50.0%	50.0%
7〜9番人気	0	0	0	1	0.0%	0.0%	0.0%
10番人気〜	0	0	0	1	0.0%	0.0%	0.0%

	1着	2着	3着	4着以下	勝率	連対率	複勝率
良	2	3	0	4	22.2%	55.6%	55.6%
稍重	1	0	0	1	50.0%	50.0%	50.0%
重	0	0	0	0	-	-	-
不良	0	0	0	0	-	-	-
2歳	0	0	0	0	0.0%	0.0%	0.0%
3歳	3	2	0	1	50.0%	83.3%	83.3%
4歳以上	0	1	0	3	0.0%	25.0%	25.0%

総合成績　芝1800m

●種牡馬別　BEST 10

種牡馬名	1着	2着	3着	4着以下	勝率	連対率	複勝率	単勝回収値	複勝回収値
ディープインパクト	8	7	4	43	12.9%	24.2%	30.6%	77	55
キズナ	5	4	4	17	16.7%	30.0%	43.3%	143	116
ハービンジャー	4	1	3	41	8.2%	10.2%	16.3%	106	50
オルフェーヴル	3	3	0	14	15.0%	30.0%	30.0%	58	53
ダイワメジャー	3	2	0	10	20.0%	33.3%	33.3%	92	273
ブラックタイド	3	1	1	9	21.4%	28.6%	35.7%	65	76
リオンディーズ	3	0	0	3	50.0%	50.0%	50.0%	206	78
ルーラーシップ	2	4	3	23	6.3%	18.8%	28.1%	13	74
モーリス	2	3	1	7	15.4%	38.5%	46.2%	667	161
ドゥラメンテ	2	2	2	19	8.0%	16.0%	24.0%	128	80

●騎手別　BEST 10

騎手名	1着	2着	3着	4着以下	勝率	連対率	複勝率	単勝回収値	複勝回収値
C.ルメール	7	8	3	11	24.1%	51.7%	62.1%	69	89
横山武史	6	4	4	30	13.6%	22.7%	31.8%	58	51
池添謙一	6	3	5	28	14.3%	21.4%	33.3%	58	52
吉田隼人	6	3	3	25	16.2%	24.3%	32.4%	82	84
武豊	5	4	4	16	15.2%	39.4%	51.5%	60	100
丹内祐次	4	11	4	25	9.1%	34.1%	43.2%	42	141
藤岡康太	3	3	1	7	21.4%	42.9%	50.0%	109	150
浜中俊	3	0	2	5	30.0%	30.0%	50.0%	184	141
横山和生	2	3	1	28	5.9%	14.7%	17.6%	8	30
坂井瑠星	2	1	0	21	8.3%	12.5%	12.5%	203	72

●厩舎別　BEST 10

厩舎名	1着	2着	3着	4着以下	勝率	連対率	複勝率	単勝回収値	複勝回収値
上村洋行	4	1	2	8	26.7%	33.3%	46.7%	87	94
西村真幸	3	3	0	5	27.3%	54.5%	54.5%	98	121
伊藤大士	3	1	2	6	25.0%	33.3%	50.0%	125	89
大竹正博	3	0	0	0	100.0%	100.0%	100.0%	356	153
藤沢和雄	2	4	3	10	10.5%	31.6%	47.4%	74	86
小桧山悟	2	2	1	9	14.3%	28.6%	35.7%	72	53
須貝尚介	2	1	3	7	15.4%	23.1%	46.2%	56	122
国枝栄	2	1	1	4	25.0%	37.5%	50.0%	65	50
池添兼雄	2	1	0	3	33.3%	50.0%	50.0%	148	73
武幸四郎	2	1	0	1	50.0%	75.0%	75.0%	220	127

函館芝1800m

函館 芝2000m

HAKODATE

施行重賞 函館記念（GⅢ）

（父）人気のエピファネイアを信頼

　函館芝2000mの種牡馬ランキングは実に興味深い並びになっている。10位までにサンデーサイレンスの直仔が1頭もいないのだ。代表格であるディープインパクトとハーツクライはどちらも1勝どまり。前者の31走は2位タイ、後者の30走は4位と出走は多かったのだが、全然勝てなかった。

　対して、ランキング1位のエピファネイアは16走で4勝、2位のジャスタウェイも14走で4勝をマーク。ただし、ジャスタウェイは産駒数がやや減少傾向にある。今後馬券で狙う機会が多くなりそうなのはエピファネイアで、単勝10倍以内で【4　0　2　2】、単勝回収値238、複勝回収値137と絶品だ。

函館芝2000m　エピファネイア産駒詳細データ

	1着	2着	3着	4着以下	勝率	連対率	複勝率
牡	2	1	3	4	20.0%	30.0%	60.0%
牝	2	0	0	4	33.3%	33.3%	33.3%
1番人気	2	0	0	1	66.7%	66.7%	66.7%
2〜3番人気	1	0	2	1	25.0%	25.0%	75.0%
4〜6番人気	1	1	0	0	50.0%	100.0%	100.0%
7〜9番人気	0	0	1	4	0.0%	0.0%	20.0%
10番人気〜	0	0	0	2	0.0%	0.0%	0.0%

	1着	2着	3着	4着以下	勝率	連対率	複勝率
良	3	1	3	7	21.4%	28.6%	50.0%
稍重	1	0	0	1	50.0%	50.0%	50.0%
重	0	0	0	0	-	-	-
不良	0	0	0	0	-	-	-
2歳	0	0	0	0	-	-	-
3歳	3	1	3	8	20.0%	26.7%	46.7%
4歳以上	1	0	0	0	100.0%	100.0%	100.0%

（鞍上）下級クラスの横山武史騎手

　トータル【7　4　7　15】、勝率21.2%、複勝率54.5%、単勝回収値138、複勝回収値120の好成績を記録し、函館芝2000mでランキング1位に輝いたのは横山武史騎手。オープン〜3勝クラスという上級戦で【0　1　0　5】と凡走傾向が見られる点だけは残念だが、馬券を買う側にとっては、クラスを見れば取捨できるという長所に転じさせることが可能だ。

　実際、未勝利戦〜2勝クラスなら【7　3　7　10】、勝率25.9%、複勝率63.0%、単勝回収値169、複勝回収値138と、すべての数字が自身のトータル成績からパワーアップ。得意の内枠を引いたらさらにチャンスが増すだろう。

函館芝2000m　横山武史騎手詳細データ

	1着	2着	3着	4着以下	勝率	連対率	複勝率
牡	5	2	4	12	21.7%	30.4%	47.8%
牝	2	2	3	3	20.0%	40.0%	70.0%
1番人気	1	3	0	3	14.3%	57.1%	57.1%
2〜3番人気	3	0	4	7	21.4%	21.4%	50.0%
4〜6番人気	3	1	2	4	30.0%	40.0%	60.0%
7〜9番人気	0	0	1	1	0.0%	0.0%	50.0%
10番人気〜	0	0	0	0	-	-	-

	1着	2着	3着	4着以下	勝率	連対率	複勝率
良	4	3	6	13	15.4%	26.9%	50.0%
稍重	3	1	1	1	50.0%	66.7%	83.3%
重	0	0	0	1	0.0%	0.0%	0.0%
不良	0	0	0	0	-	-	-
2歳	0	0	0	0	-	-	-
3歳	4	3	6	9	18.2%	31.8%	59.1%
4歳以上	3	1	1	6	27.3%	36.4%	45.5%

テキ 友道康夫厩舎は全買い、須貝尚介厩舎はローテをチェック!

　最多の３勝を挙げた厩舎はふたつ。いずれも関西の一流どころとして知られた須貝尚介厩舎と友道康夫厩舎だ。両者ともに優秀な成績を収めており、特に友道厩舎は【３　１　２　１】とほとんど凡走なし。ここまでくると全部買いとしか言いようがないため、今回は須貝厩舎の狙い方を考えたい。

　結論から述べると出走間隔が肝だ。１着固定で買うなら全３勝を挙げた中５週以上。20年函館記念で単勝7730円の激走を果たしたアドマイヤジャスタもこのローテに該当する。逆に、２、３着はすべて中２週以内の詰まったローテで記録。アタマで買うか、ヒモに拾うか、出走間隔を確認すれば見抜けてしまうのだ。

函館芝2000m　須貝尚介厩舎詳細データ

	1着	2着	3着	4着以下	勝率	連対率	複勝率
牡	2	0	0	6	25.0%	25.0%	25.0%
牝	1	2	1	4	12.5%	37.5%	50.0%
1番人気	1	1	1	1	25.0%	50.0%	75.0%
2～3番人気	0	0	0	2	0.0%	0.0%	0.0%
4～6番人気	1	1	0	4	16.7%	33.3%	33.3%
7～9番人気	0	0	0	1	0.0%	0.0%	0.0%
10番人気～	1	0	0	2	33.3%	33.3%	33.3%

	1着	2着	3着	4着以下	勝率	連対率	複勝率
良	3	2	1	8	21.4%	35.7%	42.9%
稍重	0	0	0	2	0.0%	0.0%	0.0%
重	0	0	0	0	-	-	-
不良	0	0	0	0	-	-	-
2歳	0	0	0	1	0.0%	0.0%	0.0%
3歳	1	2	0	5	12.5%	37.5%	37.5%
4歳以上	2	0	1	4	28.6%	28.6%	42.9%

総合成績　芝2000m

●種牡馬別　BEST 10

種牡馬名	1着	2着	3着	4着以下	勝率	連対率	複勝率	単勝回収値	複勝回収値
エピファネイア	4	1	3	8	25.0%	31.3%	50.0%	119	132
ジャスタウェイ	4	1	2	7	28.6%	35.7%	50.0%	658	182
ハービンジャー	3	4	4	21	9.4%	21.9%	34.4%	117	109
ノヴェリスト	3	3	2	7	20.0%	40.0%	53.3%	134	284
ヴィクトワールピサ	3	2	0	13	16.7%	27.8%	27.8%	198	100
オルフェーヴル	2	3	3	15	8.7%	21.7%	34.8%	26	86
キングカメハメハ	2	2	2	20	7.7%	15.4%	23.1%	96	60
スクリーンヒーロー	2	2	1	10	13.3%	26.7%	33.3%	49	120
キズナ	2	1	1	20	8.3%	12.5%	16.7%	297	134
アイルハヴアナザー	2	0	0	6	25.0%	25.0%	25.0%	2746	463

●騎手別　BEST 10

騎手名	1着	2着	3着	4着以下	勝率	連対率	複勝率	単勝回収値	複勝回収値
横山武史	7	4	7	15	21.2%	33.3%	54.5%	138	120
武豊	5	0	3	10	27.8%	27.8%	44.4%	164	84
丹内祐次	4	4	1	26	11.4%	22.9%	25.7%	54	55
藤岡佑介	4	0	4	15	17.4%	17.4%	34.8%	95	85
C.ルメール	3	2	1	11	17.6%	29.4%	35.3%	60	49
吉田隼人	2	7	1	23	6.1%	27.3%	30.3%	243	100
池添謙一	2	3	2	11	11.1%	27.8%	38.9%	40	95
大野拓弥	2	2	3	13	10.0%	20.0%	35.0%	241	134
坂井瑠星	2	0	0	15	11.8%	11.8%	11.8%	134	32
勝浦正樹	1	3	1	10	6.7%	26.7%	33.3%	93	223

●厩舎別　BEST 10

厩舎名	1着	2着	3着	4着以下	勝率	連対率	複勝率	単勝回収値	複勝回収値
須貝尚介	3	2	1	10	18.8%	31.3%	37.5%	560	147
友道康夫	3	1	2	1	42.9%	57.1%	85.7%	122	141
渡辺薫彦	2	4	1	1	25.0%	75.0%	87.5%	83	226
池添学	2	2	0	4	25.0%	50.0%	50.0%	76	93
鹿戸雄一	2	2	0	2	33.3%	66.7%	66.7%	73	88
和田勇介	2	1	0	8	18.2%	27.3%	27.3%	438	162
国枝栄	2	0	1	3	33.3%	33.3%	50.0%	430	151
清水久詞	2	0	0	2	50.0%	50.0%	50.0%	480	150
田中克典	1	2	0	3	16.7%	50.0%	50.0%	330	133
木村哲也	1	2	0	1	25.0%	75.0%	75.0%	680	342

函館芝2000m

函館 HAKODATE 芝2600m 施行重賞 なし

父 ステイゴールドの黄金配合2頭に注目

　種牡馬ではオルフェーヴルを取り上げたい。勝率20.0%、複勝率40.0%はいずれも産駒が10走以上した種牡馬のなかで最高の数値。洋芝の2600mという特殊な条件だけに特定の馬が固め打ちするケースも少なくないが、オルフェーヴルはいずれも異なる産駒で3勝を挙げている点も大いに評価できる。

　また、トータル【1　3　4　20】という成績以上に価値ある種牡馬と考えられるのがゴールドシップ。1勝のみながら、出走した産駒13頭のうち8頭が好走を記録しており、層の厚さという点では全種牡馬でも屈指の存在と言っていい。「黄金配合」から生まれた種牡馬2頭に注目したい函館芝2600mである。

函館芝2600m　オルフェーヴル産駒詳細データ

	1着	2着	3着	4着以下	勝率	連対率	複勝率
牡	3	0	3	9	20.0%	20.0%	40.0%
牝	0	0	0	0	-	-	-
1番人気	1	0	0	1	50.0%	50.0%	50.0%
2～3番人気	0	0	0	1	0.0%	0.0%	0.0%
4～6番人気	1	0	2	1	25.0%	25.0%	75.0%
7～9番人気	1	0	0	4	20.0%	20.0%	20.0%
10番人気～	0	0	1	2	0.0%	0.0%	33.3%

	1着	2着	3着	4着以下	勝率	連対率	複勝率
良	3	0	3	6	25.0%	25.0%	50.0%
稍重	0	0	0	3	0.0%	0.0%	0.0%
重	0	0	0	0	-	-	-
不良	0	0	0	0	-	-	-
2歳	0	0	0	0	-	-	-
3歳	2	0	2	3	28.6%	28.6%	57.1%
4歳以上	1	0	1	6	12.5%	12.5%	25.0%

鞍上 単勝10倍以内の吉田隼人騎手

　函館芝2600mの最多勝ジョッキーとなった吉田隼人騎手のトータル成績は、【5　0　0　11】とかなり極端だ。というとイチかバチかで狙うしかないようにも思えるが、単勝10倍以内だけを狙えば【5　0　0　1】、勝率83.3%、単勝回収値455。まったくもって安全かつ十分すぎる回収値が出現し、自信を持ってアタマ勝負に打って出ることが可能になる。

　もうひとり、3連複向きのジョッキーとして丹内祐次騎手もオススメで、全好走を記録した単勝30倍以内で【2　2　3　6】、勝率15.4%、複勝率53.8%、単勝回収値300、複勝回収値192。この優良銘柄を狙わない手はない。

函館芝2600m　吉田隼人騎手詳細データ

	1着	2着	3着	4着以下	勝率	連対率	複勝率
牡	3	0	0	9	25.0%	25.0%	25.0%
牝	2	0	0	2	50.0%	50.0%	50.0%
1番人気	1	0	0	0	100.0%	100.0%	100.0%
2～3番人気	1	0	0	1	50.0%	50.0%	50.0%
4～6番人気	3	0	0	4	42.9%	42.9%	42.9%
7～9番人気	0	0	0	3	0.0%	0.0%	0.0%
10番人気～	0	0	0	3	0.0%	0.0%	0.0%

	1着	2着	3着	4着以下	勝率	連対率	複勝率
良	3	0	0	9	25.0%	25.0%	25.0%
稍重	1	0	0	2	33.3%	33.3%	33.3%
重	1	0	0	0	100.0%	100.0%	100.0%
不良	0	0	0	0	-	-	-
2歳	0	0	0	0	-	-	-
3歳	3	0	0	3	50.0%	50.0%	50.0%
4歳以上	2	0	0	8	20.0%	20.0%	20.0%

距離延長の堀宣行厩舎

　集計期間内に2勝以上を挙げた厩舎が見当たらず、1～3着数が最多の厩舎でも3回。この状況で得意厩舎を選ぶのは、正直なところ容易ではない。

　それでも名前を挙げるとすれば、1～3着3回をすべて異なる馬で記録した関東の堀宣行厩舎、関西の寺島良厩舎、吉田直弘厩舎ということになる。特に堀厩舎は【1 2 0 1】と、使ってきたら高確率で結果を残す。そして、この好走3回には距離延長という共通項がある。たとえば、21年8月7日の札幌日経オープンで4番人気2着のカウディーリョは、前走七夕賞から600mの延長。距離延長という外堀が埋まったら、堀厩舎で勝負のタイミングだ。

函館芝2600m　堀宣行厩舎詳細データ

	1着	2着	3着	4着以下	勝率	連対率	複勝率
牡	1	2	0	0	33.3%	100.0%	100.0%
牝	0	0	0	1	0.0%	0.0%	0.0%
1番人気	1	0	0	1	50.0%	50.0%	50.0%
2～3番人気	0	1	0	0	0.0%	100.0%	100.0%
4～6番人気	0	1	0	0	0.0%	100.0%	100.0%
7～9番人気	0	0	0	0	-	-	-
10番人気～	0	0	0	0	-	-	-

	1着	2着	3着	4着以下	勝率	連対率	複勝率
良	1	2	0	0	33.3%	100.0%	100.0%
稍重	0	0	0	1	0.0%	0.0%	0.0%
重	0	0	0	0	-	-	-
不良	0	0	0	0	-	-	-
2歳	0	0	0	0	-	-	-
3歳	1	0	0	1	50.0%	50.0%	50.0%
4歳以上	0	2	0	0	0.0%	100.0%	100.0%

総合成績　芝2600m

● 種牡馬別　BEST 10

種牡馬名	1着	2着	3着	4着以下	勝率	連対率	複勝率	単勝回収値	複勝回収値
ディープインパクト	5	2	0	19	19.2%	26.9%	26.9%	102	51
ハーツクライ	3	2	1	23	10.3%	17.2%	20.7%	92	60
オルフェーヴル	3	0	3	9	20.0%	20.0%	40.0%	277	129
ゴールドシップ	1	3	4	20	3.6%	14.3%	28.6%	33	111
ハービンジャー	1	2	2	17	4.5%	13.6%	22.7%	15	42
キングカメハメハ	1	1	0	6	12.5%	25.0%	25.0%	85	58
ダノンシャンティ	1	0	1	2	25.0%	25.0%	50.0%	225	192
エピファネイア	1	0	0	3	25.0%	25.0%	25.0%	200	62
アドマイヤムーン	1	0	0	2	33.3%	33.3%	33.3%	143	73
ロードカナロア	1	0	0	1	50.0%	50.0%	50.0%	710	210

● 騎手別　BEST 10

騎手名	1着	2着	3着	4着以下	勝率	連対率	複勝率	単勝回収値	複勝回収値
吉田隼人	5	0	0	11	31.3%	31.3%	31.3%	170	61
C.ルメール	3	2	0	4	33.3%	55.6%	55.6%	111	96
丹内祐次	2	2	3	11	11.1%	22.2%	38.9%	217	138
藤岡佑介	1	2	2	10	6.7%	20.0%	33.3%	52	108
横山武史	1	2	0	8	9.1%	27.3%	27.3%	129	90
大野拓弥	1	1	3	4	11.1%	22.2%	55.6%	75	233
古川吉洋	1	1	2	6	10.0%	20.0%	40.0%	595	254
坂井瑠星	1	1	0	11	7.7%	15.4%	15.4%	131	63
松田大作	1	0	1	4	16.7%	16.7%	33.3%	55	55
団野大成	1	0	0	4	20.0%	20.0%	20.0%	160	50

● 厩舎別　BEST 10

厩舎名	1着	2着	3着	4着以下	勝率	連対率	複勝率	単勝回収値	複勝回収値
堀宣行	1	2	0	1	25.0%	75.0%	75.0%	47	152
寺島良	1	1	1	8	9.1%	18.2%	27.3%	81	110
高橋祥泰	1	1	0	0	50.0%	100.0%	100.0%	710	330
吉田直弘	1	0	2	7	10.0%	10.0%	30.0%	93	119
庄野靖志	1	0	2	2	20.0%	20.0%	60.0%	68	192
武英智	1	0	1	4	16.7%	16.7%	33.3%	55	55
松永幹夫	1	0	1	1	33.3%	33.3%	66.7%	263	230
奥村豊	1	0	0	3	25.0%	25.0%	25.0%	200	65
音無秀孝	1	0	0	2	33.3%	33.3%	33.3%	266	83
藤沢和雄	1	0	0	2	33.3%	33.3%	33.3%	246	86

函館 HAKODATE ダ1000m 施行重賞 なし

父 人気のヘニーヒューズ、妙味ならパイロ

　函館ダート1000mで最多の6勝を挙げたヘニーヒューズ。トータルで単勝73、複勝48という回収値が示す通り、穴は期待できない。その代わり、上位人気に推されたときの信頼性は抜群で、1～3番人気で【6　2　0　2】、勝率60.0%、複勝率80.0%、単勝回収値184、複勝回収値120。特に牝馬はオール連対を記録しており、厚い印が回っていたらすぐさま軸馬に抜擢しよう。

　妙味も欲しい方にはパイロをオススメしたい。前走で4角を1～4番手で通過した産駒だけを狙えば【3　3　0　1】、勝率42.9%、複勝率85.7%、単勝回収値487、複勝回収値161というプレミアム条件が飛び出してくる。

函館ダ1000m　ヘニーヒューズ産駒詳細データ

	1着	2着	3着	4着以下	勝率	連対率	複勝率
牡	3	1	0	11	20.0%	26.7%	26.7%
牝	3	1	0	6	30.0%	40.0%	40.0%
1番人気	3	1	0	1	60.0%	80.0%	80.0%
2～3番人気	3	1	0	1	60.0%	80.0%	80.0%
4～6番人気	0	0	0	5	0.0%	0.0%	0.0%
7～9番人気	0	0	0	3	0.0%	0.0%	0.0%
10番人気～	0	0	0	7	0.0%	0.0%	0.0%

	1着	2着	3着	4着以下	勝率	連対率	複勝率
良	5	2	0	14	23.8%	33.3%	33.3%
稍重	0	0	0	2	0.0%	0.0%	0.0%
重	0	0	0	1	0.0%	0.0%	0.0%
不良	1	0	0	0	100.0%	100.0%	100.0%
2歳	0	0	0	0	-	-	-
3歳	5	2	0	9	31.3%	43.8%	43.8%
4歳以上	1	0	0	8	11.1%	11.1%	11.1%

鞍上 横山武史騎手の1着固定で勝負！

　頭ひとつ抜けた8勝を挙げた横山武史騎手を狙って問題あるまい。トータル成績は【8　2　1　11】、勝率36.4%、複勝率50.0%、単勝回収値115、複勝回収値69というもの。勝ち切りが多く、2、3着はレアなため、1着固定で攻めていったほうが儲けやすい。馬券になったのは単勝7倍以内に限られ、該当馬は【8　2　1　3】、勝率57.1%、複勝率78.6%、単勝回収値182、複勝回収値109。面白みには欠けるが、これほど確実な勝負もそうはない。

　また、ランキング2位の団野大成騎手も優秀で、やはりこちらも単勝7倍以内で勝率41.7%、複勝率66.7%、単勝回収値150、複勝回収値146と狙い目だ。

函館ダ1000m　横山武史騎手詳細データ

	1着	2着	3着	4着以下	勝率	連対率	複勝率
牡	4	0	0	5	44.4%	44.4%	44.4%
牝	4	2	1	6	30.8%	46.2%	53.8%
1番人気	5	1	0	0	83.3%	100.0%	100.0%
2～3番人気	2	1	1	4	25.0%	37.5%	50.0%
4～6番人気	1	0	0	4	20.0%	20.0%	20.0%
7～9番人気	0	0	0	3	0.0%	0.0%	0.0%
10番人気～	0	0	0	5	-	-	-

	1着	2着	3着	4着以下	勝率	連対率	複勝率
良	7	1	1	9	38.9%	44.4%	50.0%
稍重	0	1	0	2	0.0%	33.3%	33.3%
重	0	0	0	0	-	-	-
不良	1	0	0	0	100.0%	100.0%	100.0%
2歳	4	0	0	0	100.0%	100.0%	100.0%
3歳	4	2	1	5	33.3%	50.0%	58.3%
4歳以上	0	0	0	6	0.0%	0.0%	0.0%

成績上位3厩舎を使い分けろ!

ランキング1位の伊藤圭三厩舎は、出走数、1着数、1～3着数がすべて最多。異なる7頭が好走という層の厚さでも群を抜く。馬券になったのは1～3番人気のみで、穴党には狙いづらいかもしれないが、その1～3番人気に限れば【5 4 0 5】、勝率35.7%、複勝率64.3%、単勝回収値115、複勝回収値101と、特に馬連の軸馬として信頼を置くことができる。

とはいえ、穴厩舎も教えてほしいという向きもあるだろう。その場合は新開幸一厩舎と尾形和幸厩舎がオススメ。いずれも全3勝を異なる馬で挙げ、単勝回収値は超抜。関東の3厩舎を硬軟自在に使い分けられたら最高だ。

函館ダ1000m 伊藤圭三厩舎詳細データ

	1着	2着	3着	4着以下	勝率	連対率	複勝率
牡	3	0	0	2	60.0%	60.0%	60.0%
牝	2	4	0	12	11.1%	33.3%	33.3%
1番人気	5	1	0	2	62.5%	75.0%	75.0%
2～3番人気	0	3	0	3	0.0%	50.0%	50.0%
4～6番人気	0	0	0	5	0.0%	0.0%	0.0%
7～9番人気	0	0	0	3	0.0%	0.0%	0.0%
10番人気～	0	0	0	1	0.0%	0.0%	0.0%

	1着	2着	3着	4着以下	勝率	連対率	複勝率
良	4	3	0	9	25.0%	43.8%	43.8%
稍重	1	1	0	1	33.3%	66.7%	66.7%
重	0	0	0	1	0.0%	0.0%	0.0%
不良	0	0	0	3	0.0%	0.0%	0.0%
2歳	2	1	0	2	40.0%	60.0%	60.0%
3歳	3	3	0	9	20.0%	40.0%	40.0%
4歳以上	0	0	0	3	0.0%	0.0%	0.0%

総合成績 ダ1000m

●種牡馬別 BEST 10

種牡馬名	1着	2着	3着	4着以下	勝率	連対率	複勝率	単勝回収値	複勝回収値
ヘニーヒューズ	6	2	0	17	24.0%	32.0%	32.0%	73	48
サウスヴィグラス	4	5	5	34	8.3%	18.8%	29.2%	52	101
シニスターミニスター	3	4	2	18	11.1%	25.9%	33.3%	84	67
パイロ	3	3	0	3	33.3%	66.7%	66.7%	378	125
カレンブラックヒル	3	2	0	8	23.1%	38.5%	38.5%	1216	255
ロードカナロア	3	1	3	18	12.0%	16.0%	28.0%	36	47
ドレフォン	3	1	1	2	42.9%	57.1%	71.4%	327	162
マクフィ	3	0	2	1	50.0%	50.0%	83.3%	135	128
ディスクリートキャット	2	4	1	11	11.1%	33.3%	38.9%	46	277
ロージズインメイ	2	2	1	3	25.0%	50.0%	62.5%	90	98

●騎手別 BEST 10

騎手名	1着	2着	3着	4着以下	勝率	連対率	複勝率	単勝回収値	複勝回収値
横山武史	8	2	1	11	36.4%	45.5%	50.0%	115	69
団野大成	5	3	2	11	23.8%	38.1%	47.6%	85	150
岩田康誠	4	1	2	10	23.5%	29.4%	41.2%	97	57
小林凌大	4	1	1	16	18.2%	22.7%	27.3%	74	53
吉田隼人	3	3	2	16	12.5%	25.0%	33.3%	105	87
秋山稔樹	3	2	3	33	7.3%	12.2%	19.5%	81	61
池添謙一	3	2	3	10	16.7%	27.8%	44.4%	98	74
丹内祐次	2	6	4	32	4.5%	18.2%	27.3%	34	58
藤岡佑介	2	3	4	5	14.3%	35.7%	64.3%	57	97
泉谷楓真	2	2	2	9	13.3%	26.7%	40.0%	30	184

●厩舎別 BEST 10

厩舎名	1着	2着	3着	4着以下	勝率	連対率	複勝率	単勝回収値	複勝回収値
伊藤圭三	5	4	0	14	21.7%	39.1%	39.1%	70	61
新開幸一	3	1	0	5	33.3%	44.4%	44.4%	247	102
尾形和幸	3	0	0	5	37.5%	37.5%	37.5%	452	111
茶木太樹	2	1	2	0	40.0%	60.0%	100.0%	134	158
松永昌博	2	1	0	4	28.6%	42.9%	42.9%	80	62
昆貢	2	1	0	3	33.3%	50.0%	50.0%	105	188
加藤征弘	2	0	2	2	33.3%	33.3%	66.7%	95	108
庄野靖志	2	0	0	2	50.0%	50.0%	50.0%	175	72
矢作芳人	2	0	0	1	66.7%	66.7%	66.7%	216	83
西浦勝一	1	4	1	2	12.5%	62.5%	75.0%	25	111

函館ダ1000m

施行重賞 なし

父 内枠、単勝7倍以内のロードカナロア

　函館ダート1700mの種牡馬ランキングを眺めたとき、目につくのは3位のハーツクライである。しかし、よくよくデータを確認すると、直近1年の22年が【0 0 0 4】というのは大いに不満。20年、21年の好成績を思えば復活しても不思議はないが、今回はひとまず保留としておきたい。

　その点、1位のロードカナロアは集計期間の20〜22年に毎年2勝ずつと極めてコンスタント。トータルで単勝49、複勝70という回収値には不満があるものの、全6勝を挙げた単勝7倍以内なら【6 1 5 10】、勝率27.3％、複勝率54.5％、単勝回収値98、複勝回収値90とグッと見栄えがよくなる。面白みに欠ける狙い方にはなるが、人気馬の信頼性は決して低くない。

　馬番も重要で、9〜14番枠に入ったときは【0 1 0 13】と大苦戦しており、これは大幅に割り引かなくてはならない。「1〜8番枠で単勝7倍以内」なら【6 1 5 6】、勝率33.3％、複勝率66.7％、単勝回収値120、複勝回収値111となり、これなら安心して狙うことができる。

　また、未勝利戦が【1 1 1 18】と不振傾向で、これがトータル成績の足を引っ張っている部分がある。集計期間に新馬戦の出走はないので、1勝クラス〜オープンであれば、オッズを問わず【5 3 4 11】、勝率21.7％、複勝率52.2％、単勝回収値73、複勝回収値103。22年6月26日の大沼Sで8番人気2着のロッシュローブのように、この場合は穴を狙うことも可能だ。

函館ダ1700m　ロードカナロア産駒詳細データ

	1着	2着	3着	4着以下	勝率	連対率	複勝率
牡	4	3	4	12	17.4%	30.4%	47.8%
牝	2	1	1	17	9.5%	14.3%	19.0%
1番人気	4	0	1	2	57.1%	57.1%	71.4%
2〜3番人気	2	1	4	7	14.3%	21.4%	50.0%
4〜6番人気	0	1	0	8	0.0%	11.1%	11.1%
7〜9番人気	0	2	0	7	0.0%	22.2%	22.2%
10番人気〜	0	0	0	5	0.0%	0.0%	0.0%

	1着	2着	3着	4着以下	勝率	連対率	複勝率
良	6	1	1	19	22.2%	25.9%	29.6%
稍重	0	1	2	5	0.0%	12.5%	37.5%
重	0	2	1	4	0.0%	28.6%	42.9%
不良	0	0	1	1	0.0%	0.0%	50.0%
2歳	0	0	0	0	-	-	-
3歳	3	3	2	25	9.1%	18.2%	24.2%
4歳以上	3	1	3	4	27.3%	36.4%	63.6%

前走好走のマクフィ

　新しめの種牡馬で面白いのがマクフィだ。国内の初年度産駒がデビューした20年には出走がなく、2年間のみのデータとなるが、【3　2　4　8】、勝率17.6％、複勝率52.9％、単勝回収値146、複勝回収値107のトータル成績は非常に優秀。極端な大穴こそないものの、21年7月4日の3歳未勝利では6番人気のタガノリバイバーが逃げ切って単勝1850円をつけている。

　出走した範囲ではさほど偏りなく好走していて、際立った狙い目は見当たらないのだが、強いて挙げれば前走4着以下だった産駒は【0　0　2　5】と連対例がない。前走で1～3着に入っていれば【3　2　2　3】、勝率30.0％、複勝率70.0％、単勝回収値249、複勝回収値148で、より安心して買えるだろう。

函館ダ1700m　マクフィ産駒詳細データ

	1着	2着	3着	4着以下	勝率	連対率	複勝率
牡	2	0	3	3	25.0%	25.0%	62.5%
牝	1	2	1	5	11.1%	33.3%	44.4%
1番人気	1	0	1	1	33.3%	33.3%	66.7%
2～3番人気	1	2	3	2	12.5%	37.5%	75.0%
4～6番人気	1	0	0	0	100.0%	100.0%	100.0%
7～9番人気	0	0	0	1	0.0%	0.0%	0.0%
10番人気～	0	0	0	4	0.0%	0.0%	0.0%

	1着	2着	3着	4着以下	勝率	連対率	複勝率
良	3	1	4	7	20.0%	26.7%	53.3%
稍重	0	1	0	1	0.0%	50.0%	50.0%
重	0	0	0	0	-	-	-
不良	0	0	0	0	-	-	-
2歳	0	0	0	0	-	-	-
3歳	2	2	3	6	15.4%	30.8%	53.8%
4歳以上	1	0	1	2	25.0%	25.0%	50.0%

吉田隼人騎手騎乗の関西人気馬

　函館ダート1700mはランキング上位騎手が軒並み優秀な成績を収めている。そのなかでも目につくのが、2位につけた吉田隼人騎手の単勝回収値252という数字。これは20年7月11日の3歳未勝利で単勝1万3370円の大穴をあけたノワールフレグランの一撃の影響が大きく、当コースの吉田隼騎手の実態を反映したものとは言いづらい。

　全10勝中9勝は1～5番人気で挙げており、該当馬は【9　4　6　16】、勝率25.7％、複勝率54.3％、単勝回収値100、複勝回収値107と確実に走ってくる。また、所属は関東のままだが、現在は関西を拠点に騎乗。このコースで馬券になったのも関西馬だけで、7戦凡走の関東馬は見送りが正解だ。

函館ダ1700m　吉田隼人騎手詳細データ

	1着	2着	3着	4着以下	勝率	連対率	複勝率
牡	8	3	9	25	17.8%	24.4%	44.4%
牝	2	2	2	16	9.1%	18.2%	27.3%
1番人気	4	0	1	2	57.1%	57.1%	71.4%
2～3番人気	4	2	4	8	22.2%	33.3%	55.6%
4～6番人気	1	2	1	11	6.7%	20.0%	26.7%
7～9番人気	0	1	4	9	0.0%	7.1%	35.7%
10番人気～	1	0	1	11	7.7%	7.7%	15.4%

	1着	2着	3着	4着以下	勝率	連対率	複勝率
良	5	4	9	30	10.4%	18.8%	37.5%
稍重	3	1	0	5	33.3%	44.4%	44.4%
重	2	0	0	2	50.0%	50.0%	50.0%
不良	0	0	2	4	0.0%	0.0%	33.3%
2歳	0	0	0	1	0.0%	0.0%	0.0%
3歳	9	3	8	27	19.6%	23.9%	41.3%
4歳以上	1	3	3	13	5.0%	20.0%	35.0%

テキ ベタ買いOKの中尾秀正厩舎、条件を絞ればさらに上昇

　20年に出走がなかったにもかかわらず、ランキング１位に躍り出たのが中尾秀正厩舎。当然ながらトータル成績は【４　３　２　４】、勝率30.8%、複勝率69.2%、単勝回収値193、複勝回収値213と極めて優秀で、ベタ買いでもまったく問題ない。単勝15倍以内に限れば【４　３　１　１】、勝率44.4%、複勝率88.9%、単勝回収値278、複勝回収値208と鉄板級で、即座に◎を打ちたい。

　加えて、馬体重の増減もチェックすると万全の態勢が整う。前走よりマイナス馬体重で出走させてきたら【４　１　０　１】。一方、増減なしかプラス馬体重だと【０　２　２　３】とアタマがない。勝ち切れるかどうかの判断をするうえで、馬体重の増減が効果的なファクターとなってくれるだろう。

函館ダ1700m　中尾秀正厩舎詳細データ

	1着	2着	3着	4着以下	勝率	連対率	複勝率
牡	4	3	2	2	36.4%	63.6%	81.8%
牝	0	0	0	2	0.0%	0.0%	0.0%
1番人気	2	0	0	0	100.0%	100.0%	100.0%
2～3番人気	0	2	0	0	0.0%	100.0%	100.0%
4～6番人気	2	1	1	2	33.3%	50.0%	66.7%
7～9番人気	0	0	0	0	-	-	-
10番人気～	0	0	1	2	0.0%	0.0%	33.3%

	1着	2着	3着	4着以下	勝率	連対率	複勝率
良	2	2	1	4	22.2%	44.4%	55.6%
稍重	1	0	1	0	50.0%	50.0%	100.0%
重	1	1	0	0	50.0%	100.0%	100.0%
不良	0	0	0	0	-	-	-
2歳	0	0	0	1	0.0%	0.0%	0.0%
3歳	2	2	2	3	22.2%	44.4%	66.7%
4歳以上	2	1	0	0	66.7%	100.0%	100.0%

父 この父も買い！
- ハーツクライ（単勝30倍以内【５　２　１　11】）
- ヘニーヒューズ（単勝30倍以内【４　２　２　15】）
- ホッコータルマエ（５～８枠【４　１　３　15】）

鞍上 この鞍上も買い！
- 横山武史（1、２番人気【10　２　１　11】）
- 横山和生（平場戦【８　４　６　34】）
- 菱田裕二（乗り替わり【５　２　２　16】）

テキ このテキも買い！
- 平田修（1～3番人気【３　１　１　０】）
- 水野貴広（中３週以内【２　２　１　８】）
- 高橋義忠（吉田隼人【２　１　２　１】）

父 この父は消し！
- ドゥラメンテ（単勝７倍超【０　０　０　14】）
- スマートファルコン（中２週以上【０　０　１　10】）
- キンシャサノキセキ（未勝利戦以外【０　１　０　13】）

鞍上 この鞍上は消し！
- 秋山稔樹（５～８枠【０　１　０　26】）
- 横山琉人（1～6枠【０　１　０　15】）
- 大野拓弥（単勝７倍超【０　３　１　31】）

テキ このテキは消し！
- 本田優（トータル【０　０　０　11】）
- 渡辺薫彦（中５週以内【０　０　０　８】）
- 宮本博（単勝10倍以内【０　０　０　４】）

総合成績　ダ1700m

◉種牡馬別　BEST 15

種牡馬名	1着	2着	3着	4着以下	勝率	連対率	複勝率	単勝回収値	複勝回収値
ロードカナロア	6	4	5	29	13.6%	22.7%	34.1%	49	70
ルーラーシップ	5	3	3	41	9.6%	15.4%	21.2%	51	83
ハーツクライ	5	2	1	18	19.2%	26.9%	30.8%	141	96
オルフェーヴル	5	1	1	32	12.8%	15.4%	17.9%	54	39
ヘニーヒューズ	4	2	2	24	12.5%	18.8%	25.0%	114	82
ホッコータルマエ	4	1	3	21	13.8%	17.2%	27.6%	87	65
アイルハヴアナザー	3	5	4	23	8.6%	22.9%	34.3%	64	105
カレンブラックヒル	3	4	1	14	13.6%	31.8%	36.4%	70	173
キズナ	3	3	1	20	11.1%	22.2%	25.9%	63	49
ダイワメジャー	3	3	1	19	11.5%	23.1%	26.9%	111	78
シニスターミニスター	3	2	5	20	10.0%	16.7%	33.3%	45	94
マクフィ	3	2	4	8	17.6%	29.4%	52.9%	146	107
エイシンフラッシュ	3	2	1	21	11.1%	18.5%	22.2%	48	40
マジェスティックウォリアー	2	4	4	22	6.3%	18.8%	31.3%	69	102
キングカメハメハ	2	4	2	19	7.4%	22.2%	29.6%	34	121

◉騎手別　BEST 15

騎手名	1着	2着	3着	4着以下	勝率	連対率	複勝率	単勝回収値	複勝回収値
横山武史	14	7	5	46	19.4%	29.2%	36.1%	94	72
吉田隼人	10	5	11	41	14.9%	22.4%	38.8%	252	132
菱田裕二	8	8	4	41	13.1%	26.2%	32.8%	109	88
横山和生	8	6	6	44	12.5%	21.9%	31.3%	100	95
C.ルメール	7	1	2	16	26.9%	30.8%	38.5%	81	62
藤岡佑介	6	5	4	28	14.0%	25.6%	34.9%	123	87
坂井瑠星	6	1	4	33	13.6%	15.9%	25.0%	116	110
亀田温心	5	2	2	37	10.9%	15.2%	19.6%	45	62
団野大成	3	6	5	34	6.3%	18.8%	29.2%	26	81
池添謙一	3	6	4	33	6.5%	19.6%	28.3%	21	63
泉谷楓真	3	3	2	30	7.9%	15.8%	21.1%	251	102
勝浦正樹	3	3	0	38	6.8%	13.6%	13.6%	50	31
古川吉洋	3	2	3	34	7.1%	11.9%	19.0%	93	47
岩田康誠	2	3	5	33	4.7%	11.6%	23.3%	36	76
武豊	2	3	5	27	5.4%	13.5%	27.0%	32	90

◉厩舎別　BEST 15

厩舎名	1着	2着	3着	4着以下	勝率	連対率	複勝率	単勝回収値	複勝回収値
中尾秀正	4	3	2	4	30.8%	53.8%	69.2%	193	213
加藤征弘	4	0	0	3	57.1%	57.1%	57.1%	182	88
中舘英二	3	1	2	15	14.3%	19.0%	28.6%	76	55
平田修	3	1	1	5	30.0%	40.0%	50.0%	115	87
田中克典	2	5	0	2	22.2%	77.8%	77.8%	338	214
矢作芳人	2	3	2	24	6.5%	16.1%	22.6%	78	82
水野貴広	2	3	1	10	12.5%	31.3%	37.5%	110	81
田中博康	2	3	1	10	12.5%	31.3%	37.5%	40	84
高橋義忠	2	2	2	5	18.2%	36.4%	54.5%	58	166
池添学	2	2	0	6	20.0%	40.0%	40.0%	88	82
谷潔	2	1	2	12	11.8%	17.6%	29.4%	30	84
四位洋文	2	1	1	4	25.0%	37.5%	50.0%	60	95
昆貢	2	1	1	3	28.6%	42.9%	57.1%	272	148
藤沢和雄	2	1	0	5	25.0%	37.5%	37.5%	55	47
吉田直弘	2	1	0	5	25.0%	37.5%	37.5%	128	66

東京　中山　阪神　中京　新潟　福島　小倉　札幌　**函館**

函館ダ1700m　237

函館 馬主 HORSE OWNER

馬主 間隔のあいたシルクの人気馬

　同じくノーザンファーム系のサンデーレーシングが単勝回収値34、キャロットファームも単勝回収値27と苦しむなか、ランキング1位のシルクレーシングは単勝回収値86と水準以上の数値を記録。馬券絡みの大半を占める単勝10倍以内に限れば【11 6 4 18】、勝率28.2%、複勝率53.8%、単勝回収値110、複勝回収値96と、ますます有望な存在になってくる。

　また、滞在競馬が多い函館だが、ノーザン系だけに詰めて使うとイマイチ。「中4週以上か初出走で単勝10倍以内」なら【10 4 4 14】、勝率31.3%、複勝率56.3%、単勝回収値126、複勝回収値100と安心して狙っていける。

函館　シルクレーシング所有馬データ

	1着	2着	3着	4着以下	勝率	連対率	複勝率
牡	8	1	3	14	30.8%	34.6%	46.2%
牝	4	5	1	47	7.0%	15.8%	17.5%
1番人気	6	1	1	6	42.9%	50.0%	57.1%
2〜3番人気	3	5	1	8	17.6%	47.1%	52.9%
4〜6番人気	2	0	2	12	12.5%	12.5%	25.0%
7〜9番人気	1	0	0	20	4.8%	4.8%	4.8%
10番人気〜	0	0	0	15	0.0%	0.0%	0.0%

	1着	2着	3着	4着以下	勝率	連対率	複勝率
新馬	2	3	0	1	33.3%	83.3%	83.3%
未勝利	5	3	1	30	12.8%	20.5%	23.1%
1勝クラス	2	0	2	20	8.3%	8.3%	16.7%
2勝クラス	1	0	0	5	16.7%	16.7%	16.7%
3勝クラス	0	0	1	3	0.0%	0.0%	25.0%
オープン特別	0	0	0	0	-	-	-
重賞	2	0	0	2	50.0%	50.0%	50.0%

馬主 ビッグレッドファームを3連複で狙う！

　函館の芝コースは小回りかつ洋芝で、あまり切れ味を求められない。日高系の馬主にもチャンスがある条件といえる。実際、芝に限った馬主ランキングを出すと、ビッグレッドファームやサラブレッドクラブ・ラフィアンが、サンデーレーシングの上に来ている。

　特に前者のビッグレッドファームは、函館芝トータルで【7 5 13 34】、勝率11.9%、複勝率42.4%、単勝回収値158、複勝回収値109の好成績。3着が多めの傾向があるため、券種としてはワイドや3連複が基本。ただ、単勝回収値が示す通り、ここ一番では1着づけで勝負に出ることも不可能ではない。

函館　ビッグレッドファーム所有馬データ

	1着	2着	3着	4着以下	勝率	連対率	複勝率
牡	2	2	5	22	6.5%	12.9%	29.0%
牝	6	5	10	28	12.2%	22.4%	42.9%
1番人気	1	0	0	1	50.0%	50.0%	50.0%
2〜3番人気	3	5	3	4	20.0%	53.3%	73.3%
4〜6番人気	3	1	9	15	10.7%	14.3%	46.4%
7〜9番人気	0	1	3	20	0.0%	4.2%	16.7%
10番人気〜	1	0	0	10	9.1%	9.1%	9.1%

	1着	2着	3着	4着以下	勝率	連対率	複勝率
新馬	1	0	3	1	20.0%	20.0%	80.0%
未勝利	2	5	3	23	6.1%	21.2%	30.3%
1勝クラス	3	2	4	15	12.5%	20.8%	37.5%
2勝クラス	0	0	3	8	0.0%	0.0%	27.3%
3勝クラス	1	0	1	2	25.0%	25.0%	50.0%
オープン特別	0	0	0	0	0.0%	0.0%	50.0%
重賞	1	0	0	0	100.0%	100.0%	100.0%

タイセイは中穴が狙い目

　個人オーナーで注目したいのが田中成奉氏。トータル【7　3　8　30】、勝率14.6％、複勝率37.5％、単勝回収値100、複勝回収値105と優秀な成績を収めており、函館で冠名「タイセイ」の馬を見かけたら気に留めるようにしたい。単勝20倍以内なら勝負圏で、該当馬は【7　3　7　10】、勝率25.9％、複勝率63.0％、単勝回収値178、複勝回収値148。特に単勝10倍台の中穴を多くあけているのが特徴で、▲や△がポツポツ回っていれば警戒しておきたい。

　ジョッキーでは吉田隼人騎手が【3　1　2　2】と抜群で、大野拓哉騎手も【2　0　1　2】。合算して単勝回収値214にも達し、これはマストバイだ。

函館　田中成奉オーナー所有馬データ

	1着	2着	3着	4着以下	勝率	連対率	複勝率
牡	5	1	7	18	16.1%	19.4%	41.9%
牝	2	2	1	12	11.8%	23.5%	29.4%
1番人気	2	0	0	0	100.0%	100.0%	100.0%
2～3番人気	2	2	4	1	22.2%	44.4%	88.9%
4～6番人気	2	1	2	6	18.2%	27.3%	45.5%
7～9番人気	1	0	1	9	9.1%	9.1%	18.2%
10番人気～	0	0	1	14	0.0%	0.0%	6.7%

	1着	2着	3着	4着以下	勝率	連対率	複勝率
新馬	0	0	0	2	0.0%	0.0%	0.0%
未勝利	2	3	3	9	11.8%	29.4%	47.1%
1勝クラス	3	0	3	12	16.7%	16.7%	33.3%
2勝クラス	0	0	1	2	40.0%	40.0%	60.0%
3勝クラス	0	0	1	2	0.0%	0.0%	0.0%
オープン特別	0	0	0	0	0.0%	0.0%	0.0%
重賞	0	0	1	2	0.0%	0.0%	33.3%

この馬主も買い！
- Ｇ１レーシング（単勝50倍以内【9　6　9　38】）
- 金子真人ＨＤ（ノーザンＦ生産【5　3　3　13】）
- 岡田牧雄（関西馬【5　3　3　15】）

この馬主は消し！
- サンデーレーシング（5番人気以下【0　2　2　42】）
- キャロットファーム（4番人気以下【0　5　2　41】）
- 東京ホースレーシング（平場戦【1　0　0　25】）

馬主別 BEST 20　総合成績

馬主名	1着	2着	3着	4着以下	勝率	連対率	複勝率	単勝回収値	複勝回収値
シルクレーシング	12	6	4	61	14.5%	21.7%	26.5%	86	52
ゴドルフィン	11	9	5	59	13.1%	23.8%	29.8%	67	57
サンデーレーシング	9	7	4	71	9.9%	17.6%	22.0%	34	55
Ｇ１レーシング	9	6	9	45	13.0%	21.7%	34.8%	88	120
松本好雄	8	12	8	82	7.3%	18.2%	25.5%	26	59
社台レースホース	8	11	16	77	7.1%	17.0%	31.3%	78	111
ビッグレッドファーム	8	7	15	50	10.0%	18.8%	37.5%	131	98
岡田牧雄	7	4	6	45	11.3%	17.7%	27.4%	65	86
田中成奉	7	3	8	30	14.6%	20.8%	37.5%	100	105
吉田勝己	7	2	2	34	14.9%	19.1%	27.7%	87	73
サラブレッドクラブ・ラフィアン	6	15	5	66	6.5%	22.8%	28.3%	52	67
キャロットファーム	6	14	2	60	7.3%	24.4%	26.8%	27	53
金子真人ホールディングス	6	3	4	19	18.8%	28.1%	40.6%	134	121
カナヤマホールディングス	6	2	5	22	17.1%	22.9%	37.1%	170	125
ヒダカ・ブリーダーズ・ユニオン	5	6	3	32	10.9%	23.9%	30.4%	43	70
西山茂行	5	6	2	41	9.3%	20.4%	24.1%	151	75
小笹芳央	5	2	3	27	13.5%	18.9%	27.0%	62	50
吉田和美	5	1	0	15	23.8%	28.6%	28.6%	105	52
ノルマンディーサラブレッドレーシング	4	7	11	68	4.4%	12.2%	24.4%	36	63
永井啓弐	4	5	0	20	13.8%	31.0%	31.0%	134	130

A-10解析班の精鋭が、

国内最大級の競馬情報サイト
netkeiba.com
にて、渾身の勝負予想を配信中！

- ●対象レース……**全平地重賞を含む一日2～4レース**
- ●予想内容………**印、買い目、資金配分、詳細な見解**
- ●提供時刻………**レース当日午前9時までに配信**

A-10解析班の予想のすべてをご覧いただけます！

競馬開催当日は
netkeiba.com 内
「厳選予想ウマい馬券」へ
GO！

A-10解析班の予想

11R 安田記念 GI
6月5日(日) 15:40 東京 芝1600m

予想印

◎	13	ソングライン (4人気)	
○	16	レシステンシア (9人気)	
▲	3	ロータスランド (11人気)	
△	7	ファインルージュ (3人気)	
△	9	シュネルマイスター (2人気)	
△	17	サリオス (8人気)	

【ご注意】予想の転載はお控えください

買い目

券種・買い目	組み合わせ・点数
馬連 (ボックス)	3　9　13　16 6通り 各500円 払い戻し 9-13：500円x17.4倍=8,700円 的中
3連複 (フォーメーション)	馬1：13 馬2：3　7　9　16　17 馬3：3　7　9　16　17 10通り 各300円 払い戻し 9-13-17：300円x118.1倍=35,430円 的中
3連単 (フォーメーション)	1着：13 2着：3　7　9　16　17 3着：3　7　9　16　17 20通り 各200円 払い戻し 13-9-17：200円x641.4倍=128,280円 的中
合計	10,000円

レース結果

着順	印	馬番	馬名	人気(単勝オッズ)
1	◎	13	ソングライン	4人気(8.2倍)
2	△	9	シュネルマイスター	2人気(4.9倍)
3	△	17	サリオス	8人気(15.7倍)

もっとみる ▶

払い戻し・収支

払い戻し金額	収支
172,410円	+162,410円

A-10解析班の予想

11R 天皇賞（秋） GI
10月30日(日) 15:40 東京 芝2000m

予想印

◎	7	イクイノックス (1人気)	
○	3	パンサラッサ (7人気)	
▲	6	シャフリヤール (2人気)	
△	2	カラテ (9人気)	
△	5	ダノンベルーガ (4人気)	
△	9	ジャックドール (3人気)	

【ご注意】予想の転載はお控えください

買い目

券種・買い目	組み合わせ・点数
馬連 (流し)	軸　：7 相手：3　8 2通り 各1,000円 払い戻し 3-7：1,000円x33.3倍=33,300円 的中
3連複 (2軸流し)	軸1：7 軸2：8 相手：2　3　5　9 4通り 各800円
3連単 (フォーメーション)	1着：3　7 2着：3　7　8 3着：2　3　5　7　8　9 16通り 各300円 払い戻し 7-3-5：300円x233.7倍=70,110円 的中
合計	10,000円

レース結果

着順	印	馬番	馬名	人気(単勝オッズ)
1	◎	7	イクイノックス	1人気(2.6倍)
2	○	3	パンサラッサ	7人気(22.8倍)
3	△	5	ダノンベルーガ	4人気(7.9倍)

もっとみる ▶

払い戻し・収支

払い戻し金額	収支
103,410円	+93,410円

3連単100万馬券用

ハンデ戦は儲かってたまらん！

的中の手順を初公開

絶賛発売中

ありそうでなかったJRAハンデ戦の必勝法。
黒字収支にするためには、3連単100万馬券が必須。
それが常識的な予想で叶わぬことはご存知のとおり。
だが、ハンデキャッパーのミスを突けば的中に一直線！

■ ハンデ戦の"神" ステルス佐藤[著]
■ A5判200頁　■ 定価1,500円

単行本37冊目

(現役馬券師最多？)の著者が、
その秘策をついに編みだした。

近1年は全部！獲りました!!

GⅢ　中日新聞杯（中京・芝2000m）
3連単　¥2,368,380

L　コーラルS（阪神・ダート1400m）
3連単　¥2,359,270

GⅢ　中山牝馬S（中山・芝1800m）
3連単　¥1,737,720

OP　師走S（中山・ダート1800m）
3連単　¥1,289,930

コンビニで予想が買える！

eプリントサービス

https://www.e-printservice.net

ステルス佐藤と
弟子のステルス鈴木の予想は、
全国58,000軒のコンビニエンス・ストアに
設置されているマルチコピー機で
購入できます。
ぜひ、ご利用ください。
どちらも、金曜日の夜から発売開始。

【爆勝的中シート】　　ステルス佐藤
【ハンデ戦の"神"】　　ステルス鈴木

A-10解析班の予想も、同じくコンビニの
マルチコピー機で買うことができます。

A-10解析班（えーてんかいせきはん）

超一流大学出身の馬券師集団。必勝法の開発に余念がなく、各種データを解析、さまざまな馬券術を考案している。平成8年にはA-10オッズ解析班として名著『これでダメなら馬券は買うな！』（ブックマン）を出版。インサイダー情報による過剰投票の実態にメスを入れた。その後も、『血統ピタリ！ この父で黒字だ!!』などのヒットを飛ばし、平成20年に『この父 このテキ この鞍上で稼ごう！』を発表。世の競馬ファンからの絶大な支持を集め、シリーズ化された。本書がシリーズ13作目となる。
なお、A-10とは「快楽を通じて人を動機づける脳内の神経系」の名称である。

装丁■西郷久礼デザイン事ム所
編集■松岡亮太
制作■フォルドリバー

大入り袋！
この父・このテキ・
この鞍上・この馬主 2023

2023年2月4日　初版第1刷発行

著　者　　A-10解析班
発　行　　フォルドリバー
発行／発売　株式会社ごま書房新社
　　　　　　〒102-0072
　　　　　　東京都千代田区飯田橋三丁目4番6号　新都心ビル4階
　　　　　　TEL：03-6910-0481
　　　　　　FAX：03-6910-0482
　　　　　　http://gomashobo.com/

印刷・製本　精文堂印刷株式会社
©A-10KAISEKIHAN 2023 Printed in Japan
ISBN978-4-341-13277-4

本書の一部あるいは全部を無断で複写・複製（コピー、スキャン、デジタル化等）・転載することは、法律で定められた場合を除き、禁じられています。また、購入者以外の第三者による本書のいかなる電子複製も一切認められておりません。落丁・乱丁（ページ順序の間違いや抜け落ち）の場合は、ご面倒でも購入された書店名を明記して、小社販売部あてにお送りください。送料小社負担でお取り替えいたします。ただし、古書店等で購入されたものについてはお取り替えできません。定価はカバーに表示してあります。